Schwellen. Ansätze für eine neue Theorie des Raums

d|u|p

Schwellen. Ansätze für eine neue Theorie des Raums

Herausgegeben von

Sieglinde Borvitz
und
Mauro Ponzi

d|u|p

Bibliografische Information der Deutschen Nationalbibliothek
Die Deutsche Nationalbibliothek verzeichnet diese Publikation in der
Deutschen Nationalbibliografie; detaillierte bibliografische Daten sind
im Internet über http://dnb.dnb.de abrufbar.

Dieses Werk wurde finanziert aus Mitteln des Dekanats der
Philosophischen Fakultät der Heinrich-Heine-Universität und der
Gesellschaft der Freunde und Förderer der Heinrich-Heine-Universität Düsseldorf.

© düsseldorf university press, Düsseldorf 2014
http://www.dupress.de
Korrektorat: Sieglinde Borvitz, Hans Bouchard, Francesca Cavaliere, Matthias Edeler,
    Daniel Fliege, Elena Girardi
Lektorat: Sieglinde Borvitz, Daniel Fliege
Übersetzungslektorat: Sieglinde Borvitz
Umschlaggestaltung: Daniel Fliege
Layout und Satz: STÜTTGEN | Lektorat · Satz · Druck, Jüchen
Herstellung: docupoint, Barleben

ISBN 978-3-943460-77-3

Inhalt

Sieglinde Borvitz und Mauro Ponzi

Vorwort

Rites de passage – so heißen in der Folklore die Zeremonien, die sich an Tod, Geburt, an Hochzeit, Mannbarwerden etc. anschließen. In dem modernen Leben sind diese Übergänge immer unkenntlicher und unerlebter geworden. Wir sind sehr arm an Schwellenerfahrungen geworden. Das Einschlafen ist vielleicht die einzige, die uns geblieben ist. (Aber damit auch das Erwachen). [...] Die Schwelle ist ganz scharf von der Grenze zu unterscheiden. Schwelle ist eine Zone. Wandel, Übergang, Fluten liegen im Worte „schwellen" und diese Bedeutung hat die Etymologie nicht zu übersehen.[1]

Die von der Globalisierung geförderte Idee von Raum hat zweifellos die Krise des traditionellen Verständnisses der Rolle der Grenzen und ihrer spezifischen Topographie bewirkt. Was heute in Frage gestellt wird, ist die Trennlinie, die seit Jahrhunderten verwendet wurde, um das Innere vom Außen deutlich zu abzugrenzen, nach einer Logik von Inklusion und Exklusion, welche die Moderne mit ihren geopolitischen Strategien und ihren Natur- und Humanwissenschaften gekennzeichnet hat. Mit seiner gewohnten Eigenschaft, die Zukunft vorwegzunehmen, schrieb Michel Foucault im Jahr 1967: „Hingegen wäre die aktuelle Epoche eher eine Epoche des Raumes. Wir sind in der Epoche des Simultanen, wir sind in der Epoche der Juxtaposition, in der Epoche des Nahen und Fernen, des Nebeneinander, des Auseinander."[2]

In der Tat hat unser Verständnis von Raum einen epistemologischen Bruch erlebt. Dieser schlägt sich heute in der Suche nach neuen räumlichen Kategorien nieder, die in der Lage sind, die spezifischen Phänomene unserer zeitgenössischen Welt darzustellen. In diesem Zusammenhang ist es kein Zufall, dass eine Reihe von Fachbereichen, über die starren Demarkationen der Vergangenheit hinaus, ein gemeinsames Interesse an dem Begriff der Schwelle zeigen, stellt diese doch die passendste Topographie dar, um die heutige Räumlichkeit zu inter-

---

[1] Walter Benjamin, *Gesammelte Schriften*, hrsg. von Rolf Tiedemann und Hermann Schweppenhäuser, Suhrkamp, Frankfurt a. M., 1972–1989, Bd. V, S. 617 f.
[2] Michel Foucault, „Andere Räume", in: Karlheinz Barck (Hrsg.), *Aisthesis. Wahrnehmung heute oder Perspektiven einer anderen Ästhetik*, Reclam, Leipzig, 1990, S. 34–46, hier S. 34.

pretieren. Jedoch sind nur wenige Begriffe so komplex und vielschichtig wie der der Schwelle.[3]

In Französisch und Italienisch zeigen zum Beispiel *seuil* und *soglia* ihren gemeinsamen Ursprung im lateinischen Terminus *solia*, der auf die Sohle der Sandalen (*solea*) hinweist, was sowohl auf die Vorstellung der Bewegung als auch auf das Stehen auf festem Boden (*solum*) hindeutet. In der deutschen Sprache verweist *Schwelle* auf den Architrav der Tür, sie kann aber auch – wie Benjamin schreibt – mit dem Verb *schwellen* und allen seinen Nebenbedeutungen („Wandel, Übergang, Fluten") verbunden werden. Auch das englische Wort *threshold* umfasst sowohl den materiellen Verweis auf die Stufe oder *thrash* (= rattern) als auch den heutigen Sinn von „sich aufhalten, verweilen, zögern" (*to hold*). Dieses Zögern vor einem Durchgang durch eine „dunkle" Zone, ohne klar definierte Grenzen und mit undeutlichen Zügen, bezeichnet auch das spanische Wort *umbral*: Wörtlich handelt es sich um das Fensterbrett, welches etwas zur Straße übersteht und seinen eigenen Schatten wirft.

Das Ergebnis dieser kurzen etymologischen Abhandlung ist klar: Während die Mehrdeutigkeit des Begriffs „Schwelle" verhindert, dass wir ihm einen eindeutigen Sinn verleihen, ermutigt er uns dennoch, ihm eine kohärente Sinngebung zuzuschreiben. In erster Linie muss die Schwelle vom Begriff der Grenze, also von der Linie, die zwei verschiedene Gebiete teilt, unterschieden werden. Dass es sich dabei um eine qualitative Unterteilung handelt, ist bereits an der auf binären Paaren basierenden Topographie abzulesen: innen/außen, Inklusion/Exklusion. Wie Walter Benjamin bemerkt, ist die Schwelle eine eigentümliche Art der Grenze, die wegen ihrer „Schwellung", sich in eine „Zone" verwandelt, und als solche nach wie vor über eine Innen- und eine Außenseite verfügt, ohne diese jedoch deutlich zu unterscheiden. Sie schließt beide vielmehr in ihren eigenen Raum mit ein.

Zwischen Innen und Außen entsteht also keine Demarkationslinie, sondern ein Bereich des Übergangs und der Transformation. Innerhalb der Schwelle beobachten wir eine konstante Verschiebung von einem Zustand zu einem anderen; dennoch ist keiner dieser Zustände je klar fixierbar. Im Gegensatz zur Inklusion ist der Zustand des Ausgegrenztseins nicht identifizierbar, weil er jede Identität durchquert, die so politisch und rechtswissenschaftlich dem traditionellen Paradigma der nationalen Staatsbürgerschaft nicht mehr entspricht.

---

[3] Vgl. Bernhard Waldenfels, „Threshold Experiences", in: Alexis Nuselovici/Mauro Ponzi/Fabio Vighi (Hrsg.), *Between Urban Topographies and Political Spaces*, Lexington Books, Lanham, 2014, S. 3–18.

Dennoch erweist sich der Unterschied zwischen Ausschluss und Einschluss keineswegs als eine allgemeine oder magmatische Unbestimmtheit, die jede Differenz verneint und vernichtet. Auf die Differenz, auf die Alterität, auf das Fremde „tritt" man wie „auf eine tiefe Stufe, die man nicht sah" – genau wie es dem benjaminschen Flaneur passiert, der die Alltagserfahrung des heutigen Menschen als das Schlendern durch Stadträume voller Schwellen schildert:

> Sie [die Städte] kennen heißt jene Linien, die längst der Eisenbahnüberführungen, quer durch Häuser, innehrhalb des Parks, am Ufer des Flusses entlang als Grenzscheiden verlaufen, wissen, heißt diese Grenzen wie auch die Enklaven der verschiedenen Gebiete kennen. Als Schwelle zieht die Grenze über Straßen; ein neuer Rayon fängt an wie ein Schritt ins Leere; als sei man auf eine tiefe Stufe getreten, die man nicht sah.[4]

Benjamins spezifische Konnotation der Schwelle verweist sowohl auf die lateinische als auch auf die angelsächsischen Wurzeln des Begriffs: sowohl auf den Boden, gegen den sich die Schuhsohle presst – und der uns ständig zwischen Ein- und Ausschluss, zwischen Identität und Differenz oszillieren bzw. über diese stolpern lässt –, als auch auf den Bereich, der jenen definitorisch nicht fassbaren Transformationen gemein ist. Die Kohärenz, mit der Benjamin die Komplexität und Mehrdeutigkeit der Schwellen dargestellt hat, erklärt, warum sein Denken ein Bezugspunkt vieler Beiträge dieses Buches ist.

In der Schwelle überschneidet sich die räumliche mit der zeitlichen Dimension in einer Art Chronotopie. Man muss also den Begriff „Raum" neu denken, und zwar nicht nur in Bezug auf diese zeitliche Dimension, sondern vor allem in Bezug auf die Natur der Schwelle, die, wie Benjamin betont, ihren eigenen Zustand „überschreitet", hinübergeht, und somit andere Räume schafft. Diese Räume sind nicht leer, sondern von Figuren bevölkert wie dem Selbst und dem Fremden, welche manchmal in Heterotopien miteinander verschmelzen. Eine Topologie des Schwellenraums bringt – wie Gilles Deleuze schreibt – ein „anderes Denken" mit sich. Sie betont also die Produktion von „anderen Räumen" und ihrer Zugänglichkeit.

Ein Begriff wie die Schwelle, der die Beziehung zwischen Innen und Außen nicht als gegensätzliche Kategorien (drinnen *oder* draußen), sondern als komplementär (innen *und* außen) definiert, kann sich als entscheidend erweisen, um die Beziehung zwischen Eigenem und Fremden, zwischen den verschiede-

---

[4] Walter Benjamin, *Gesammelte Schriften*, a.a.O., Bd. V, S. 141.

nen Kulturen und innerhalb unserer westlichen Zivilisation über die Logik der Inklusion/Exklusion hinaus neu zu denken.

Ziel dieses Buches ist es also, nicht nur neue Konzepte des Raums in Form von Kategorien zu thematisieren, sondern auch sie anzuwenden, um Orte und Räume der Gegenwart zu verstehen, in denen sich verschiedene Sprachen und Kulturen begegnen und verschmelzen.

Das Hauptziel unseres räumlichen und topographischen Ansatzes ist es, in erster Linie eine Methode zu definieren, die es erlaubt, verschiedene Fachdisziplinen und kulturelle Bereiche transversal zu durchqueren, scheinen doch gerade Letztere, aufgrund ihrer derzeitigen institutionellen Rigidität, dem sich innerhalb der Geisteswissenschaften vollziehenden Wandel nachzustehen und den Umstand zu ignorieren, dass die Grenzen zwischen ihnen zunehmend porös geworden sind. Wenn man den heutigen *spatial turn* – den Foucault vorwegnahm – ernst nehmen will und daraus Konsequenzen zieht, so muss man das Raumparadigma verwenden, um ebenso die Geschichte neu zu lesen: Dann werden sowohl die Grenzen zwischen den näheren und ferneren Epochen als auch diejenigen zwischen Kunst- und Denkströmungen relativiert. Dies bedeutet zugleich, dass sogar die traditionellen Gegensätze – zwischen Natur und Kultur, Menschlichen und Unmenschlichen, Bürger und Fremden – an Gültigkeit verlieren.

Die Betonung des städtischen Raums ist eines der zentralen Themen dieses Buches, gerade weil in der Stadt, in der Metropole oder in der Post-Metropole – ganz im Sinne Benjamins – Schwellen, Zwischenräume und Heterotopien paradigmatisch erfahrbar werden. Überall dort, wo Konflikte, Widersprüche und Aporien anzutreffen sind, wissen wir, dass wir die hermeneutischen Kategorien, die einen scharfen Gegensatz zwischen Innen und Außen, oder Inklusion und Exklusion voraussetzen, neu denken müssen.

Düsseldorf, im April 2014

Schwellen

Bernhard Waldenfels

Aufmerken auf das Fremde[1]

Offensichtlich gehört die Aufmerksamkeit nicht zu den großen Themen der westlichen Philosophie, die sich wahlweise mit dem Sein, der Zeit, dem Raum, der Freiheit oder dem Subjekt beschäftigt. Eine derartige Zurückhaltung wird ihre Gründe haben. Mir scheint, daß es einige schwache Punkte gibt, die dafür verantwortlich zu machen sind. Erstens scheint sich Aufmerksamkeit auf eine Vorstufe zu beschränken nach Art eines Doppelpunktes: Man öffne Augen und Ohren, und der Rest wird sich finden. Zweitens lehnt sich die Aufmerksamkeit zumeist anderswo an. So stützt sie sich als *intentio voluntatis* auf Willensabsichten; sie bereitet Erkenntnisse vor, indem sie das Gesuchte ins Licht rückt; sie trägt zum verantwortlichen Tun bei, indem sie die Wachsamkeit fördert. Immer ist also schon etwas im Spiel, das mit der Aufmerksamkeit direkt nichts zu tun hat. Drittens neigt die Aufmerksamkeit dazu, sich aufzuspalten in die Dualität von Akten und Mechanismen oder von Aktivität und Passivität, und dies durchaus vor dem Hintergrund des cartesianischen Dualismus von Seele und Körper. Viertens und letztens fehlt es an einer zentralen Leitfrage. Die Idee der Aufmerksamkeit nimmt auf diese Weise nomadische und hybride Züge an, die sie daran hindern, eigene Kräfte zu entfalten.

Dennoch finden wir im Rahmen des abendländischen Denkens Philosophen wie Plotin, Augustinus, Descartes, Malebranche oder Leibniz, die der Aufmerksamkeit einen beträchtlichen Platz im Leben des Geistes, des Bewusstseins oder des Handelns einräumen. Dies ändert nichts daran, dass es lange dauert, bis die Aufmerksamkeit wirklich zählt. Die zweite Hälfte des 19. Jahrhunderts ist stark beherrscht vom Eklektizismus eines Wilhelm Wundt, der die Aufmerksamkeit zu einer psychologischen Begleiterscheinung degradiert. Erst an der Schwelle des 20. Jahrhunderts ändert sich die Lage. In William James, Henri Bergson und Edmund Husserl begegnen wir drei großen Figuren, die versuchen, die Erfahrung auf neuartige Weise zu radikalisieren, weit entfernt von den Unzulänglich-

---

[1] Dieser Text erschien zuerst auf Französisch unter dem Titel „Attention suscitée et dirigée", in: *Alter*, 18 (2010), S. 33–44, dann auf Italienisch unter dem Titel „Un'etica dell'attenzione", in: Ugo Perone (Hrsg.), *Estraneo, straniero, straordinario. Saggi di fenomenologia responsiva*, Rosenberg & Sellier, Turin, 2011.

Bernhard Waldenfels

keiten des Empirismus und des Psychologismus. Jeder sucht auf seine Art die Aufmerksamkeit im Herzen der Erfahrung zu situieren. Diese Versuche werden verstärkt durch parallel laufende Bemühungen in Nachbarbereichen, so in der Theorie und Technologie der Wahrnehmung, in der Organisation von Arbeitsprozessen und in künstlerischen Experimenten der Malerei, der Musik und der Photographie, die sich an den Grenzen des Darstellbaren bewegen.[2] Ich selbst werde hier versuchen, entscheidende Grundmotive einer Theorie der Aufmerksamkeit zu skizzieren auf der Grundlage einer responsiven Phänomenologie und einer Phänomenologie des Fremden, wie sie schon in anderen Zusammenhängen erörtert wurde. Die Aufmerksamkeit gibt ein Paradebeispiel ab für diese Art von Phänomenologie.

Die beiden Leitmotive der Aufmerksamkeit und des Fremden teilen das gleiche Schicksal einer weitgehenden Geringschätzung. Die Aufmerksamkeit wurde immer wieder mit einem Scheinwerferkegel verglichen, der in verborgene Winkel hineinleuchtet und hervorholt, was sich dort verbirgt. Das Fremde wird bis heute gleichgesetzt mit dem, was wir vorläufig noch nicht kennen, aber unter geeigneten Bedingungen kennenlernen könnten. Ich zitiere zwei Autoren, die zeitig auf die Mängel einer solchen Vernunftgläubigkeit aufmerksam gemacht haben. Der eine von ihnen ist Georg Lichtenberg, ein Göttinger Physiker, der sehr wohl wusste, was Forschung ist. In seinen *Sudelbüchern* bemerkt er trocken: „Sehr viele Menschen und vielleicht die meisten Menschen müssen, um etwas zu finden, erst wissen, dass es da ist."[3] Der andere Autor, stadtbekannt in Turin, ist Friedrich Nietzsche, der in seiner Schrift *Über Wahrheit und Lüge im außermoralischen Sinne* mit leisem Spott feststellt: „Wenn jemand ein Ding hinter einem Busche versteckt, es ebendort wieder sucht und auch findet, so ist an diesem Suchen und Finden der ‚Wahrheit‘ nicht viel zu rühmen."[4] Unter den Voraussetzungen einer fertigen Welt gibt es im eigentlichen Sinne nichts zu finden; Finden wäre bloßes Wiederfinden. Was uns dagegen vorschwebt, ist eine starke Form der Erfahrung, die im Zuge der Aufmerksamkeit von dem ausgeht, was uns auffällt oder einfällt; in einer solchen Erfahrung verändert sich die Welt,

---

[2] Vgl. Jonathan Crary, *Suspensions of Perception. Attention, Spectacle and Modern Culture*, MIT Press, Cambridge, 1999.
[3] Georg Christoph Lichtenberg, „Sudelbücher", in: ders., *Schriften und Bücher*, Bd. II, Insel Verlag, Frankfurt a. M., 1971, S. 752.
[4] Friedrich Nietzsche, *Kritische Studienausgabe*, hg. von G. Colli, M. Montinari, Bd. I, De Gruyter, Berlin, 1980, S. 880.

und auch wir selbst verändern uns. Das Auffallen und Aufmerken ist gewissermaßen der springende Punkt der Erfahrung. Es ist gewiss nicht so, dass unsere Erfahrung aus lauter Höhepunkten und Festtagen besteht, doch wenn wir von Erfahrung sprechen, sollten wir sie an ihren stärksten Möglichkeiten messen. Dies sind Augenblicke, wo etwas aufleuchtet, sich einprägt, sich einbrennt und auf diese Weise eine Geschichte in Gang setzt.

Aufmerksamkeit als Urtatsache

Die entscheidende Rolle, die wir der Aufmerksamkeit zumessen, hängt von Voraussetzungen ab, die sehr bescheiden aussehen, es aber nicht sind. Alles dreht sich um dreierlei, nämlich darum, *dass* überhaupt etwas in der Erfahrung auftritt, dass *vielmehr dieses* auftritt und nicht etwa jenes und dass es *vielmehr so* auftritt und nicht etwa anders. Wir stoßen hier auf eine Urtatsache, die bei Goethe, aber auch bei Husserl und Wittgenstein Urphänomen heißt. Dies bedeutet keineswegs ein Prinzip, aus dem man bestimmte Behauptungen herleiten kann. Die Urtatsache ist ursprünglich, sofern sie den unentbehrlichen Ausgangspunkt bildet für quasi-offizielle Fragen wie: Was ist das? Wer bin ich? Wer bist du? Warum ist etwas so? Urtatsachen rufen solche Fragen wach, noch bevor wir beschreiben und definieren können, was da geschieht. Nehmen wir einen plötzlichen Lärm auf der Straße, ein überraschendes Tor im Fußball, eine Explosion, einen Verkehrsunfall, einen stechenden Schmerz; oder nehmen wir eine Sternschnuppe am Sommerhimmel, einen unerwarteten Ein-fall, eine In-vention im wörtlichen Sinne. Nehmen wir schließlich eine religiöse oder künstlerische Inspiration, eine Eingebung, die wir gleichsam einatmen und die eigene Bemühungen und Fertigkeiten keineswegs überflüssig macht. Was es auch sein mag, das unsere Aufmerksamkeit weckt, erst nachträglich stellt sich die Frage, was uns denn auf so außergewöhnliche Weise aus der Fassung gebracht hat.

Bevor ich dieser neuen Frage nachgehe, möchte ich eine methodische und historische Erläuterung einschieben. Die Urtatsache ist etwas, das man nur zeigen, nicht aber beweisen kann. So unterscheiden wir im Deutschen zwischen ,aufweisen' (*monstrare*) und ,beweisen' (*demonstrare*). Nichtsdestoweniger sind wir genötigt, ausdrücklich nachzuweisen, dass diese seltsame Tatsache wirklich originär und primär ist; andernfalls würden wir dogmatische Behauptungen aufstellen, die einen gewissen Fundamentalismus nach sich ziehen. Selbst wenn es Fremdes gibt, das sich unserem Anschauen und Begreifen entzieht, müssen wir

Bernhard Waldenfels

zeigen, dass es so ist. Andernfalls würden Philosophen ihren Beruf verfehlen. Nun stellt schon Aristoteles fest, dass im Felde praktischer Überlegungen das ‚dass' (*hoti*) dem ‚weil' (*dihoti*) vorausgeht.[5] So hängt die Entscheidung darüber, ob ein Argument zieht oder welches Prinzip anzuwenden ist, von der Definition der Situation ab. Außerdem ist die Rolle des Zufalls (*tyche*) zu berücksichtigen, der unsere Pläne durchkreuzt. Selbst Kant, dem es in seiner Vernunftkritik darum geht, jedwede Urteile und Handlungen zu legitimieren, beruft sich auf einen „ostensiven Beweis", der „mit der Überzeugung von der Wahrheit, zugleich Einsicht in die Quellen derselben verbindet".[6]

Aufmerksamkeit als Doppel- und Zwischenereignis

Einer minimalen Beschreibung, die dem nahekommt, was die Minimal Art mit Farben und Linien zustande bringt, stellt sich die Aufmerksamkeit als ein Doppelereignis dar: *etwas fällt mir auf – ich merke auf*. In diesem Zusammenhang ziehe ich verbale Ausdrücke wie ‚auffallen' und ‚aufmerken' vor, da sie näher bei der Genese der Erfahrung bleiben als nominale Ausrücke. Diese so schlicht anmutende Ausgangsskizze bedarf der Explikation; sie enthält eine Reihe wesentlicher Aspekte, die schon an anderer Stelle ausführlich unter den Stichworten Pathos, Response und Diastase behandelt wurden. Daran soll hier in knapper Form erinnert werden.

(1) Der erste Part der Aufmerksamkeit besteht darin, dass mir etwas geschieht, dass mich etwas trifft, berührt, affiziert. Hierfür benutze ich das deutsche Wort *Widerfahrnis* oder das griechische Wort *Pathos* in seiner dreifachen Bedeutung als grammatische Leidensform, als Leiden und als Leidenschaft. Wir haben es noch nicht mit einem Akt zu tun, sondern mit einem Ereignis. Etwas geschieht, wenn ein Vulkan ausbricht, wenn mich jemand auf der Straße anredet oder wenn im Opernhaus der Vorhang aufgeht. Wir sind in solche Ereignisse verwickelt, doch nicht im Nominativ des verantwortlichen Autors, sondern im Dativ oder Akkusativ, das heißt unter grammatischen Formen, die sich auf jemanden beziehen, der betroffen oder angesprochen ist. Karl Bühler spricht in seiner *Sprachtheorie* von einem „Adressendativ".[7] Ein Satz wie „Ich weiß nicht,

---

[5] Vgl. Aristoteles, *Nikomachische Ethik*, I, 1, Clarendon, Oxford, 1954, S. 1–3.
[6] Immanuel Kant, „Kritik der reinen Vernunft", B 817, in: ders., *Werke* (in sechs Bänden), hg. von W. Weischedel, Wissenschaftliche Buchgesellschaft, Darmstadt, 1956, Bd. II, S. 666.
[7] Karl Bühler, *Sprachtheorie*, G. Fischer, Jena, 1962, S. 251.

wie mir geschieht" bringt diese Zwischenlage einer passiven Beteiligung treffend zum Ausdruck.

(2) Den zweiten Part des Doppelereignisses bildet die *Antwort*, die ich gebe oder verweigere. Dabei fällt der Antwortgehalt nicht zusammen mit dem Ereignis des Antwortens, so wie das Gesagte und Getane nicht mit dem Sagen und Tun zusammenfällt. Im Falle der leibhaftigen Aufmerksamkeit besteht das Antworten eben darin, dass ich auf das, was mir auffällt, aufmerke, dass ich mich darauf einlasse. Dabei verwandelt sich das, *worauf* ich aufmerke, in *etwas*, das ich bemerke. Ich sehe, was mich verlockt oder erschreckt; ich folge der Verlockung oder wehre mich gegen das Erschreckende. Erst jetzt nimmt die Aufmerksamkeit eine intentionale und geregelte Struktur an. Aus der Angst, die auch von einer harmlosen Katze oder Spinne ausgehen kann, wird am Ende eine Phobie, die sich therapeutisch behandeln lässt.

(3) Das Ereignis der Aufmerksamkeit stellt sich als ein Doppel- und Zwischenereignis dar, indem es eine *Schwelle* überquert, die zugleich verbindet und trennt. Einerseits verbindet die Schwelle. Es gibt nämlich kein freudiges oder schmerzhaftes Pathos ohne jemanden, dem es zustößt. Umgekehrt gibt es keine Antwort ohne etwas, worauf ich antworte. Andererseits trennt die Schwelle, denn das Pathos kann weder aus der Response noch die Response aus dem Pathos hergeleitet werden. Was *auf mich zukommt*, ist durch eine Kluft getrennt von dem, was *von mir ausgeht*. Ohne diese Kluft könnte keine neue Erfahrung einbrechen.

(4) Die Kluft, die das Auffallen vom Aufmerken und generell das Pathos von der Response trennt, äußert sich in einer Spaltung meiner selbst. Das sogenannte Subjekt ist ein geteiltes und gespaltenes Selbst, wie es uns auch von der Psychoanalyse her bekannt ist. Wir spalten uns auf in einen *Patienten* im weiteren Sinne dieses Wortes und einen *Respondenten*. Jeder wird zu dem, was er ist, durch sein Antworten. Dies beginnt mit dem Lächeln des Kindes, das die Mutter begrüßt. Ganz in diesem Sinne schreibt schon Paul Valéry in seinen *Cahiers*: „*Was* ICH *bin*, belehrt, erstaunt, *was ich bin*. Und es gibt Zeit zwischen mir und mir. Ich entstehe aus mir. – *Ce que JE suis* instruit, étonne *ce que je suis*. Et il y a un temps entre moi et moi. Moi naît de moi."[8] Die Aufmerksamkeit schließt eine radikale Selbstüberraschung mit ein. Die sozialtheoretische Differenzierung des Ego in *Ich* und *Mich*, in *je* und *moi*, in *I* und *me*, die bei so verschiedenen Autoren wie

8 Paul Valéry, *Cahiers*, Gallimard, Paris 1973, Bd. I, S. 1001. Die deutsche Übersetzung stammt aus ders., *Cahiers/Hefte*, Insel-Verlag, Frankfurt a. M. 1989, Bd. 3, S. 171.

James, Mead, Husserl, Jakobson und Lacan auftaucht, hat hier ihren Ursprung. Den Tod des Subjekts, der immer wieder als postmodernes Schreckensbild auftaucht, können wir getrost der Mythologie überlassen.

(5) „Il y a un temps entre moi et moi", wie Valéry schreibt. Diese Zeit, die den Bruchlinien der Erfahrung entstammt, ist eine Zeit besonderer Art. Die beiden Ereignisse des Affiziertwerdens und des Antwortens treten miteinander auf, aber voneinander getrennt durch eine originäre Zeitverschiebung; mit einem alten Terminus, der schon bei Aristoteles und Plotin und gelegentlich auch bei Levinas zu finden ist, bezeichne ich sie als *Diastase*. Was uns widerfährt, kommt jeweils zu früh, unsere Antwort kommt jeweils zu spät. Diese originäre *Vorgängigkeit* und *Nachträglichkeit* ist kein Mangel der Erfahrung, sie gehört zu deren Essenz. Erfahrung kommt nie ganz ohne Überraschung aus, solange sie nicht erstarrt. Das *nil novi sub sole* ist Ausdruck eines resignierten oder blasierten Blicks, der sich gegen alles Fremde abschirmt.

Unser vorläufiges Fazit lautet: Das Aufmerksamkeitsgeschehen reduziert sich nicht auf eine Collage aus äußeren Mechanismen und inneren Akten oder auf eine Skala, die kontinuierlich zwischen Passivität und Aktivität verläuft. Im Gegenteil, Aufmerksamkeit ist wie alle Erfahrung gezeichnet von einer radikalen und originären Passivität, wie sie von Husserl anvisiert und von Levinas radikalisiert wird. Antworten bedeutet, anderswo beginnen, bei dem, was sich unserem Zugriff entzieht. Indem wir antworten auf das, was uns widerfahrt, geraten wir außerhalb unser selbst. Die Fremdheit beginnt, wie Valéry schreibt, „entre moi et moi".

Aufmerksamkeit als Selektion

Nach diesen grundlegenden Überlegungen fassen wir nun einige spezielle Aspekte der Aufmerksamkeit ins Auge. Beginnen wir mit der Selektivität. Die Selektivität ist ein sehr verbreitetes Motiv, doch muss es im Lichte der Aufmerksamkeit präzisiert werden. Offensichtlich gibt es keine Aufmerksamkeit ohne Selektion. Sich einer Sache *zuwenden* bedeutet zugleich, sich von einer anderen *abwenden*. Vordergrund und Hintergrund bilden eine Differenz, die keine visuelle Synthese zulässt. Die Gliederung in Thema, Horizont und Rand gehört zur Struktur des Erfahrungsfeldes.[9] Dieses Hin und Her entspricht dem doppelten ‚vielmehr' unserer Ausgangsbestimmung, dass nämlich *vielmehr* dieses auftritt

---

[9] Vgl. Aron Gurwitsch, *Das Bewußtseinsfeld*, de Gruyter, Berlin, 1975.

und nicht etwa anderes und *vielmehr* so und nicht etwa anders. Diese elementare Präferenz lässt als fernes Echo die ontologische Grundfrage von Leibniz anklingen: „Pourquoi il y a *plutôt* quelque chose que rien?"[10] In jeder Einzelerfahrung steht *aliquomodo* die Welt im Ganzen auf dem Spiel. So spricht auch die Gestalttheorie von bevorzugten Gestalten der Wahrnehmung und des Verhaltens. Wenn diese Präferenz etwas strikt ausschließt, so ist dies ein Panorama, das uns alles auf einmal sehen ließe. Auch ein Gott, der wahrnähme, müsste Raumdinge perspektivisch wahrnehmen, wie Husserl beharrlich versichert.[11] Tatsächlich sehen wir stets mehr als das, worauf wir unseren Blick lenken, so wie wir stets mehr hören als das, dem wir Gehör schenken. Sehen enthält mehr als das Hinsehen, Hören mehr als das Hinhören. Ein solcher Selektionsprozess, der sich inmitten unserer Aufmerksamkeit abspielt, widersetzt sich simplifizierenden Deutungen. Einerseits widersetzt er sich einer *realistischen* Deutung, demzufolge die Aufmerksamkeit sich damit begnügt, etwas auszuwählen, was schon gegeben ist. So nimmt Hume an, dass unsere Aufmerksamkeit, geleitet von der Einbildungskraft, nichts weiter tut, als jene Vorstellungen auszusuchen (*to pick out*), die für unsere Ziele besonders geeignet sind.[12] Selbst William James definiert die Aufmerksamkeit als „selection of some, and the suppression of the rest",[13] ähnlich der Bearbeitung eines Marmorblocks durch den Bildhauer. Dieses Vorurteil dauert fort in dem schon erwähnten Vergleich der Aufmerksamkeit mit einem Scheinwerfer, der von Aron Gurwitsch und Merleau-Ponty entschieden zurückgewiesen wurde.[14] Auf der anderen Seite widersetzt sich die Selektion einer *subjektivistischen* Auffassung im Stile von Wundt[15], gegen die sich Husserl heftig zur Wehr setzt. Der berühmte Leipziger Begründer der experimentellen Psychologie reduziert die Aufmerksamkeit auf einen „durch eigen-

---

[10] Gottfried Wilhelm Leibniz, *Vernunftprinzipien der Natur und der Gnade*, Nr. 7, Meiner, Hamburg, 1956, S. 12.

[11] Vgl. Edmund Husserl, *Ideen zu einer reinen Phänomenologie und phänomenologischen Philosophie, Erstes Buch* (Husserliana. Gesammelte Werke III), Nijhoff, Den Haag, 1950, S. 371.

[12] Vgl. David Hume, *A Treatise of Human Nature*, I, 1, 7, J. M. Dent, London, o. J., S. 31.

[13] William James, *Principles of Psychology*, 2 Bde., Dover Publ., New York, 1950, Bd. I, S. 288.

[14] Vgl. Maurice Merleau-Ponty, *Phénoménologie de la perception*, Gallimard, Paris, 1945; ders. *Phänomenologie der Wahrnehmung*, übersetzt von R. Boehm, De Gruyter, Berlin, 1966; Aaron Gurwitsch, *Das Bewußtseinsfeld*, a. a. O.

[15] Vgl. Wilhelm Wundt, *Grundriß der Psychologie*, Kroener, Leipzig, 1913, 11. Aufl.

tümliche Gefühle charakterisierten Zustand, der die klarere Auffassung eines psychischen Inhalts begleitet".[16] Tatsächlich ist die Aufmerksamkeit, die mit der Enge des Bewusstseins und der Begrenzung unserer Sinnhorizonte verknüpft ist, kein Randphänomen; sie ist vielmehr integrierender Bestandteil unserer Erfahrung. Alles sehen hieße, nichts und nicht sehen.

Aufmerksamkeit als kreative Antwort

Die Wirkungen der Aufmerksamkeit beschränken sich nicht darauf, bestimmte Inhalte auszuwählen, sie verdichten sich vielmehr in bestimmten Modi, in Gegebenheitsweisen der Dinge und in Vollzugsweisen unserer Akte. Erfahrungsweisen gehören weder zur äußeren Welt physischer Dinge noch zu einer Innenwelt mentaler Akte und Zustände, sie sind zu erfinden und zu schaffen. Genauer gesagt, werden sie hervorgebracht durch die Schaffung und Organisation eines Erfahrungsfeldes und durch Bestimmung des Unbestimmten, wie Merleau-Ponty in seiner *Phänomenologie der Wahrnehmung* zeigt.[17] Schon Husserl betont das Unbestimmte, Nebulöse, Skizzenhafte unserer Erfahrung, ohne welches es keine kreative Erfahrung gäbe. So heißt es in den *Ideen I*: „[...] ein leerer Nebel der dunkeln Unbestimmtheit bevölkert sich mit anschaulichen Möglichkeiten, und nur die ‚Form‘ der Welt, eben als ‚Welt‘, ist vorgezeichnet."[18] Doch die Schöpfung ist keine reine Schöpfung, die uns geradewegs in das Reich der Phantasie entrücken würde. Sie vollzieht sich in Form von Antworten, die als Antworten kreativ sind und sich im Zuge einer Umformung auf vorhandene Formen beziehen, so wie die Renaissance sich umgestaltend auf die Bilderwelt der Antike zurückbezieht. Die Nazarener des 19. Jahrhunderts wirken so schwächlich und abgestanden, weil ihnen eine solche Umgestaltung nicht mehr gelingt. Kreative Wahrnehmung besagt: Man sieht und hört Neues, indem man neu sieht und neu hört. Im Durchgang durch den Prozess einer kreativen Antwort verwandelt sich das, wovon wir affiziert sind und worauf wir antworten, in etwas, das wir erfahren und, das wir als etwas meinen, so dass es sich in bestimmte Strukturen einfügt und bestimmten Regeln unterwirft. In *Sein und Zeit* (§ 40) trifft Heidegger eine ähnliche Unterscheidung zwischen dem Wovor der Angst und dem Wovor

---

[16] Ebd., S. 252.
[17] Vgl. Maurice Merlau-Ponty, *Phénoménologie de la perception*, a.a.O., S. 36–40.; ders. *Phänomenologie der Wahrnehmung*, a.a.O., S. 49–53.
[18] Edmund Husserl, *Ideen zu einer reinen Phänomenologie und phänomenologischen Philosophie, Erstes Buch* (Husserliana. Gesammelte Werke III), a.a.O., S. 58 f.

der Furcht;[19] die Furcht betrifft einen furchterregenden Gegenstand in der Welt, während Angst die Welt selbst und unser Sein in der Welt erschüttert.

Diesseits und jenseits von Sinn und Regel

Die kreative Aufmerksamkeit verweist auf eine besondere Dimension der Erfahrung, die ich als *pathisch* und *responsiv* bezeichne. Was sich in der Verborgenheit dieser kreativen Tiefe abspielt, geht jederlei Sinn und Regel voraus und geht über Sinn und Regel hinaus; es hält sich diesseits und jenseits von Intentionalität und Regularität. Was uns widerfährt und uns affiziert, hat zunächst keinen Sinn und folgt keiner Regel, vielmehr empfängt es Sinn und Regel durch die Kreativität unserer Antworten. Um diese Tiefendimension freizulegen, bedarf es einer speziellen Form von Epoché. Wir bedürfen einer *responsiven Epoché*, die eine *attentionale Epoché* einschließt. Sie verhilft uns dazu, den normalen Gang der natürlichen Erfahrung zu durchbrechen. Doch im Gegensatz zur gewöhnlichen *Epoché* im Sinne Husserls bleibt sie nicht stehen bei dem Sinn, den unsere Erfahrung intendiert, sondern sie thematisiert darüber hinaus das, worauf unsere Erfahrung antwortet. Letzten Endes rühren wir an das, was auf uns wartet, ohne dass wir es durch eigene Erwartungen vorwegnehmen können.

Verkörperte und strukturierte Aufmerksamkeit

Was folgt, ist nicht mehr als eine Skizze, die entscheidende Nahtstellen markiert. Zunächst beschränkt sich die Aufmerksamkeit nicht auf Fulgurationen des Augenblicks; sie verkörpert sich in einer Gesamtheit von Strukturen und Habitualitäten. Auf Seiten der Objekte und Ziele stoßen wir auf *Auffälligkeiten*, die sich wiederholen, indem sie eine Welt von Merkzeichen und Wirkzeichen entstehen lassen; dies erinnert an das, was Jakob von Uexküll in seiner 1928 erschienenen, vielbeachteten *Theoretischen Biologie* als Merkwelt und Wirkwelt bezeichnet.[20] Wechseln wir über auf die Seite des subjektiven Verhaltens, so stoßen wir auf jederlei Form von Habitualitäten und Dispositionen, die eine gezielte *Aufmerksamkeitsbereitschaft* erzeugen.

Diese doppelte, halb strukturale, halb habituelle Formierung der Aufmerksamkeit spielt eine besondere Rolle in den verschiedenen Berufswelten, indem sie beispielsweise die medizinische Diagnostik oder das detektivische Gespür

---

[19] Vgl. Martin Heidegger, *Sein und Zeit*, Niemeyer, Tübingen, 1953, 7. Aufl.
[20] Vgl. Jakob von Uexküll, *Theoretische Biologie*, Springer, Berlin, 1928.

Bernhard Waldenfels

unterstützt. Ich wähle ein Beispiel, das dem Umfeld des Drogenhandels entnommen ist. Wie gelingt es dem Drogenfahnder auf dem Flugplatz herauszufinden, welche Person Drogen mit sich führt? Man erzählt die Geschichte von einem besonders geschickten Fahnder, der seine Aufmerksamkeit auf jeden Reisenden richtet, der ängstlich umherschaut. Man darf annehmen, dass solche Personen verraten, dass sie etwas zu verbergen haben; sie machen sich auffällig, wie der polizeiliche Fachausdruck lautet. Ganz ähnlich sprechen wir von auffälligen Symptomen, zum Beispiel von roten Hautflecken, die von einem aufmerksamen Arzt als Anzeichen eines nahenden Fiebers gedeutet werden.

Wie diese Beispiele zeigen, sind es vor allem abweichende Phänomene, die den Blick auf sich ziehen und unsere Aufmerksamkeit wecken. Die Konstitution einer Welt der Aufmerksamkeit, die daraus resultiert, hat bestimmte Implikationen und Konsequenzen.

(1) Zunächst ist zu unterscheiden zwischen einer *primären, innovativen* und einer *sekundären, normalen* Aufmerksamkeit. Im ersten Fall stößt die Erfahrung auf etwas, das uns überrascht, erstaunt oder entsetzt, während wir im zweiten Falle etwas sehen oder hören, das wir bis zu einem gewissen Grad bereits kennen. Die Aufmerksamkeit wird trivialisiert, wenn wir diese Unterscheidung vernachlässigen. Alltägliche Aufforderungen wie „Pass auf" oder einfach „Achtung" scheinen lediglich unsere Erfahrung zu unterfüttern, obwohl sie doch eine latente Sprengkraft enthalten. Selbst das sogenannte mechanische Verhalten ist niemals gänzlich mechanisch; es ist mehr oder weniger mechanisiert. So kommt es, dass das stereotype *Keep smiling*, das Andy Warhol auf quasi-mechanische Weise darstellt, uns das eingefrorene Lächeln der Marilyn Monroe vor Augen führt, das selbst wieder einen Kometenschweif von Nachbildern erzeugt.

(2) Der doppelseitige Prozess einer Stabilisierung durch Strukturen und Habitualitäten, der unsere Aufmerksamkeit fortwährend prägt, erzeugt eine *Zwischensphäre* aus Praktiken, Techniken und Medien. Diese Sphäre ist bevölkert von Wächtern, Monitoren und Alarmgeräten, darin eingeschlossen Art und Weisen des wachsamen Verhaltens; daraus erwächst ein Aufmerksamkeitsstil, der von Kultur zu Kultur variiert. Infolgedessen nimmt die Aufmerksamkeit variable und kontingente Formen an. In der Nachfolge Nietzsches dürfen wir annehmen, dass der Mensch, nachdem die Fesseln des Instinkts sich gelockert haben, als „nicht festgestelltes Tier" da steht. Überflutet von Reizen und Attraktionen, bedarf die menschliche Aufmerksamkeit bestimmter Weisen der „Feststellung", die Teil unserer Kultur sind. Die Technologie und Ökonomie

der Aufmerksamkeit, einschließlich des Kampfes um Aufmerksamkeit, verursachen eine Menge Probleme, die hier nur gestreift werden können. So kämpft die Werbung Tag für Tag um unsere Aufmerksamkeit, oft buhlt sie geradezu um sie, indem sie die angebotene Sache durch libidinöse Lockspeisen ersetzt. Auch die Imagepflege von Politikern gehört zu dieser Art von Schleichwerbung. Die Ökonomisierung und Medialisierung des Politischen droht die Politik in eine Kryptopolitik zu verwandeln. Die Aufmerksamkeit entpuppt sich als ein Problemfeld höchsten Grades.

(3) Schließlich sind alle Einstellungen und Gewohnheiten in unserem Leib verwurzelt. Als *Leibkörper*, wie wir im Deutschen mit Husserl und Scheler sagen können, präsentiert sich unser Leib zugleich als lebendiger Leib und als materieller Körper, einschließlich des Gehirns. Die Materialität erklärt sich daraus, dass unser Leib Teil dessen ist, was er konstituiert. Die Neurologen haben bestimmte Mechanismen einer „reziproken Hemmung" entdeckt, die innerhalb eines Sinnes, zwischen den Sinnen oder zwischen Kognition und Emotion ihre Wirkung entfaltet; sie tragen dazu bei, die Komplexität unseres leiblichen Lebens zu reduzieren. Um der Verkörperung der Aufmerksamkeit im Einzelnen gerecht zu werden, muss die Phänomenologie durch eine *Phänomenotechnik* ergänzt werden. Ihre Aufgabe ist es zu zeigen, wie Sinntechniken an der Sinnbildung, Selbsttechniken an der Selbstbildung und Körpertechniken an der Ausformung der Leiblichkeit beteiligt sind. Um es auf Griechisch zu sagen, es gibt keinen Logos ohne Techne. Dies betrifft auch die Aufmerksamkeitstechniken. In der Schärfeeinstellung oder der Belichtungsdauer der Kamera verfeinert und verändert sich die Blickeinstellung unseres Leibes, die wie alles körperliche Verhalten technomorphe Züge aufweist. Wie Marcel Mauss in seinen Studien zur Körpertechnik betont, ist der Körper für uns das erste technische Objekt.[21]

Polarisierte und blockierte Aufmerksamkeit

Was die diversen Anomalien und Pathologien der Aufmerksamkeit betrifft, so müssen wir die Tatsache beachten, dass die pathischen und die responsiven Anteile der Aufmerksamkeit nie völlig im Gleichgewicht sind. Die Aufmerksamkeit ist einem bestimmten Geschick unterworfen, das dem „Triebgeschick" im Sinne Freuds gleicht. Dieses Geschick zeigt sich in vielfältigen Formen.

---

[21] Vgl. Marcel Mauss, „Les techniques du corps", in: *Sociologie et Anthropologie*, PUF, Paris, 1973.

Durchweg erweist sich die Aufmerksamkeit als polarisiert. Einerseits sind wir geneigt, ein gewisses *laissez-faire* zu praktizieren. Wir lassen unsere Sinne, Gedanken und Wünsche herumschweifen wie Vagabunden. Mit der *Träumerei* geraten wir auf die Bahnen des Tagtraums, wie er schon von Rousseau, Locke und Leibniz unter dem Namen der *rêverie* beschrieben wird; dies spielt sich im „Vorzimmer des Ich" ab.[22] Das *Flanieren*, ein zielloses Herumspazieren und eine elegante Form des Müßiggangs, belebt das öffentliche Leben der Großstädte, wie von Autoren wie Charles Baudelaire, Walter Benjamin und Franz Hessel minutiös beschrieben wurde. Das *Brainstorming*, das buchstäblich einen Gedankensturm entfachen kann, wird eingesetzt als eine Art Bewußtseinstraining, das uns dazu verhilft, den Fluss der Idee zu lockern und von rigiden Formen der Planung abzulassen. Doch dies ist nur die eine Seite der Medaille. Auf der anderen Seite beschreiten wir den Weg der *Konzentration*, indem wir uns auf bestimmte Aufgaben festlegen und alles Störende beiseite schieben. Allgemein betrachtet oszilliert unser Verhalten zwischen Zerstreuung und Sammlung, doch von der spätantiken Askese und der augustinischen Spiritualität bis heutzutage hegt unsere philosophische und theologische Tradition eine Vorliebe für die ideengerichtete Sammlung oder für das *unum necessarium*. In fernöstlichen Kulturen finden wir dagegen Körperpraktiken wie das Bogenschießen oder die Sitzübungen der Zen-Meditation, aus denen eigentümliche Aufmerksamkeitsschulen hervorgegangen sind.[23] Wie immer die Gewichte verteilt sein mögen, beide Tendenzen schlagen ins Pathologische aus, wenn sie ins Extrem getrieben werden. Während die äußerste Konzentration fixe Ideen hervorruft, führt eine maßlose Zerstreuung zur Ideenflucht. Zu erwähnen sind in diesem Zusammenhang Zivilisationsstörungen wie Aufmerksamkeitsdefizit oder Hyperaktivität, die medizinisch als *Attention Defizit Syndrome* (ADS) oder *Attention Hyperactivity Syndrome* (ADHS) etikettiert und mit einem Mangel an Dopamin erklärt werden. Es ist nicht leicht zu sagen, wo und wann wir den Boden einer Übermedikalisierung betreten, die durch die Pharmaindustrie gefördert wird und sich auf den Monolinguismus einer *Unified Medicine* stützt.

Neben der Polarisierung der Aufmerksamkeit ist mit ihrer *Blockierung* zu rechnen. Die beiden Flügel der Aufmerksamkeit, die durch das Ereignis des Af-

---

[22] Edmund Husserl, *Analysen zur passiven Synthesis* (Husserliana. Gesammelte Werke XI), a.a.O., S. 166.
[23] Vgl. Paul R. Fulton/Michael I. Posner/Bernhard Waldenfels/Gary Yontef, „Attention, Awareness, Mindfulness – A Dialog", in: *Studies in Gestalt Therapy*, 3/2, 2009, S. 13–34.

fiziertwerdens von etwas und das Ereignis des Antwortens auf etwas gebildet werden, können sich derart voneinander ablösen, dass die Aufmerksamkeit in die Brüche geht. Am Ende ergibt sich die extreme Möglichkeit, dass jemand von etwas getroffen wird, ohne antworten zu können, oder dass umgekehrt jemand antwortet, ohne von etwas getroffen zu sein. Kurz gesagt, einerseits entsteht die Tendenz zu einem Pathos ohne Response, andererseits die Tendenz zur Response ohne Pathos. Auf der einen Seite begegnen wir dem *Schock*, der unser Verhalten lähmt; in seinem Traktat über die *Passions de l'âme* definiert Descartes diesen Fall als ein *étonnement*, das uns im äußersten Fall zu einer Statue erstarren lässt.[24] Hinzu kommt die *Faszination*, die unseren Blick und unsere Begehren fesselt. Auf der anderen Seite stoßen wir auf *Stereotypen*, das heißt auf erstarrte Antwortformen, aus denen alle Unruhe und jeder Impuls nahezu gewichen ist. Diese pathologische Abweichung tritt ins volle Licht, wenn wir Herbert Melvilles Erzählung *Bartleby* zur Hand nehmen.[25] Dies ist die Geschichte eines Kanzleischreibers, der plötzlich wie aus heiterem Himmel seinen Dienst verweigert, indem er unermüdlich einen einzigen Satz wiederholt: „I would prefer not to", nichts mehr, keine Begründung, keine Entschuldigung. Indem der Antwortverweigerer sich in ein reines Stereotyp flüchtet, nähert er sich einem todähnlichen Zustand der Indifferenz, wo alles gleich ist. Die Aufmerksamkeit erlischt wie ein Feuer.

Schließlich bleibt die Verletzung, die im *Trauma* besonders gravierende Formen annimmt. Im Allgemeinen bedeutet Trauma ein verletzendes und gewaltsames Ereignis, das jede Antwort blockiert. Das Trauma macht buchstäblich sprachlos. Der Patient *ist*, was ihm widerfährt. Dabei handelt es sich um ein vorzeitiges Ereignis, das sich erst nachträglich bekundet, und zwar in der indirekten Form von Symptomen, deren Bedeutung sich nicht unmittelbar erschließt. Um die Rüstung, die dem Selbstschutz dient, zu durchdringen, schlägt Freud spezielle Methoden wie die gleichschwebende Aufmerksamkeit und die freie Assoziation, die dem Versuch gleichen, ein verhaktes Mobile wieder in Bewegung zu setzen.

Dirigierte Aufmerksamkeit

Wie schon gezeigt, hat die Aufmerksamkeit ihren Ausgangspunkt in dem, was uns widerfährt, was unsere Aufmerksamkeit weckt und anzieht. Wir *werden auf-*

---

[24] Vgl. René Descartes, *Die Leidenschaften der Seele*, übersetzt von W. Hamacher, Meiner, Hamburg, 1984, Art. 73, S. 115.
[25] Vgl. Herbert Melville, *Bartleby*, übersetzt von W. E. Süskind, Fischer, Frankfurt a. M., 1988.

merksam, wenn wir auf etwas aufmerken. Doch dies ist keine private Angelegenheit. Zusammenleben schließt die Möglichkeit ein, dass Andere uns auf etwas *aufmerksam machen*. Jemand lenkt jemandes Aufmerksamkeit auf etwas, das es zu anzusehen oder anzuhören gilt. Dies können seltene Blumen sein, eine populäre Melodie, ein Mienenspiel auf dem fremden Gesicht, politische Tricks, Müll in den Straßen oder Opfer der Gewalt auf der Straße. Die soziale Dimension, die sich hier auftut, hat enorme Implikationen; sie umfasst Lehre und Ausbildung, politische Rhetorik, religiöse Missionierung, therapeutische Ratschläge und ökonomische Werbung. Dabei stellt sich die Frage, auf welche Weise und in welchem Maße die Aufmerksamkeit von Macht durchdrungen ist. Ähnlich wie Max Weber oder Michel Foucault verstehe ich unter Machtausübung soziale Einwirkungen, die an Andere adressiert sind und immer auf eine Gegenmacht stoßen. Solche Machtwirkungen sind unvermeidlich mit der Pluralität von Handelnden verbunden. Sie prägen auch das Aufmerksammachen, um das es uns hier geht.

Ich greife nur einen einzigen Aspekt heraus, der an den Kern des Problems rührt. Das, worauf es wesentlich ankommt, zeigt sich deutlich im Verhältnis von Lehrer und Schüler. Wenn Lehrende sich an Schüler wenden, indem sie deren *Aufmerksamkeit auf etwas lenken*, dann tun sie nicht einfach, was sie selbst wollen, vielmehr sind sie zutiefst in die Erfahrung verwickelt, die sie hervorrufen. Freud gibt zu bedenken, dass der Mensch nicht Herr ist im eigenen Hause; ähnlich könnte man sagen: Der Lehrer ist nicht Herr in seiner eigenen Schule. Der Erfolg des Lehrens hängt ganz entscheidend ab von der Antwort der Lernenden. Für die Lehrenden gilt es darauf zu warten, dass sich Aufmerksamkeit regt. Wie sich im Französischen und Italienischen andeutet, ist die Attention nicht nur mit der Intention verwandt, sondern auch mit dem Warten (*attente, attesa*). Außerdem ist der oder die Lehrende selbst jemand, der oder die bei Anderen in die Schule gegangen ist. Die Aufmerksamkeit des Anderen wecken heißt auch, durch Andere erweckt werden. Der Erzieher bedarf selbst der Erziehung, wie Karl Marx uns in der dritten seiner *Thesen über Feuerbach* einschärft.[26] Würden Figuren wie Sokrates, dem Protagonisten einer indirekten Lehre, oder wie Kierkegaard, dem Verfechter einer indirekten Mitteilung, aus unseren Schulen und Universitäten verbannt, so würden diese sich in Lernfabriken verwandeln. Die dirigierte Aufmerksamkeit würde degradiert zu einer fabrizierten Aufmerksamkeit – was bis zu einem gewissen Grad bereits unsere Realität ist.

---

[26] Vgl. Karl Marx, *Thesen über Feuerbach*, MEW, Bd. 3, Dietz, Berlin 1969, S. 5 f.

Aufmerksamkeit und Achtung

Die Aufmerksamkeit ist nicht bloß etwas, das man dirigiert, manipuliert und kontrolliert, letzten Endes handelt es sich um etwas, das wir schenken oder verweigern und einander schulden. Die Konnotationen der Kernausdrücke variieren von Sprache zu Sprache; der deutschen Wendung *Aufmerksamkeit schenken* stehen Ausdrücke wie *to pay attention, faire attention* oder *prestare attenzione* gegenüber. Doch abgesehen von allen sprachlichen Eigenheiten ist keine Aufmerksamkeit frei von ethischen Impulsen. Was uns anrührt und anspricht, ist stets mehr als eine gleichgültige Tatsache, die wir zur Kenntnis nehmen. Es gibt keine nackten Tatsachen, es gibt nur die Verwandlung von Affektionen und Appellen in Tatsachen. Fakten sind Produkte einer Faktifizierung. Dies zeigt sich deutlich in Dostojewskis *Traum eines lächerlichen Menschen*.[27] Der lebensmüde Held, für den selbst der Revolver vor ihm auf dem Tisch seinen Schrecken verloren hat, wird schließlich durch den Hilferuf eines unbekannten Mädchens auf der Straße aus seiner Gleichgültigkeit gerissen; doch wie alle erschütternden Erfahrungen entfaltet auch dieser Einbruch des Menschlichen seine Wirkungen nur *après coup*; in unserem Falle entsteht daraus der visionäre Traum eines nicht mehr lächerlichen Menschen. Es heißt, vom Erhabenen zum Lächerlichen sei es nur ein Schritt, manchmal gilt, wie in dieser Geschichte, aber auch das Gegenteil. Was also den Zusammenhang von Aufmerksamkeit und Ethos angeht, so sei nochmals die Sprache befragt. Hierbei ist die deutsche Sprache besonders vielsagend. Das Verb *aufmerken* läßt sich durch *achtgeben* ersetzen, und das Substantiv *Aufmerksamkeit* ist eng verbunden mit *Achtung* und *Achtsamkeit*, das heißt mit dem, was aus vom Lateinischen her als *Respekt* (*respect, rispetto*) bezeichnet wird. Dabei ist zu beachten, dass auch der Re-spekt als eine Form der Rück-sicht eine perzeptive Komponente aufweist.

Um mit diesen sprachlichen Angeboten Ernst zu machen, bedarf es einer Ethik „von unten", das heißt einer Ethik, die singuläre und situative Ansprüche berücksichtigt, bevor sie sich an allgemeinen Normen orientiert. Folglich stellt die Aufmerksamkeit mehr dar als eine kognitive Leistung; sie erteilt uns deutliche Lektionen eines *Ethos der Sinne*. Dieses grundlegende Ethos geht hervor aus Akten des *Hinsehens* und *Hinhörens*, die sich deutlich vom *Wegsehen* und *Weghören* beziehungsweise vom *Übersehen* und *Überhören* abheben. Auch Hus-

---

[27] Vgl. Fjodor Dostojewski, „Traum eines lächerlichen Menschen", in: *Russische Erzähler*, übersetzt von O. Freiherr von Taube, Rowohlt, Hamburg, 1957.

serl spricht in seinen Analysen der Intersubjektivität von einem „antwortenden Hinsehen und Hinhören".[28] Das Wegsehen und Weghören ist Teil des Sehens und Hörens, so wie die Unterlassung, etwa die unterlassene Hilfeleistung, nicht nur moralisch, sondern auch juristisch zum Handeln gehört und so wie das Verschweigen selbst eine Form der Mitteilung ist. So wie es laut Paul Watzlawick eine kommunikative Falle gibt, die es unmöglich macht, nicht zu kommunizieren, so gibt es auch eine attentionale Falle, die es unmöglich macht, Augen und Ohren gänzlich zu schließen.[29]

In diesem Zusammenhang erlaube ich mir nochmals aus der Literatur zu zitieren und gleichzeitig an die Malerei zu erinnern, die ebenfalls eine appellative Komponente hat. In seinem Gedicht *Musée des Beaux Arts* beschwört Wystan H. Auden eine Brüsseler Reminiszenz, die sich nicht nur auf ein berühmtes Gemälde von Breughel bezieht, sondern auch auf den mythologischen Hintergrund, der uns aus Ovids *Metamorphosen* bestens bekannt ist. Auden schreibt:

> In Breughel's *Icarus*, for instance: how everything turns away
> quite leisurely from the disaster; the ploughman may
> have heard the splash, the forsaken cry,
> but for him it was not an important failure; the sun shone
> as it had to on the white legs disappearing into the green
> water; and the expensive delicate ship that must have seen
> something amazing, a boy falling out of the sky,
> had somewhere to get to and sailed calmly on.[30]

Wie die Phänomenologie zeigt und die Poesie es wahrmacht, ist die Ethik tief in das Werk der Sinne verwickelt. Unser Aufmerken auf das, was uns auffällt und berührt, erweist sich als ethisch überdeterminiert. Die gelebte Aufmerksamkeit überschreitet unsere eigenen Projekte, und sie überschreitet auch die Techniken und Praktiken, die unser Verhalten zurichten. Wenn es eine primäre Aufmerksamkeit gibt, die zur Genese der Welt und zum Elan des Lebens beiträgt, so behält sie stets Züge einer *attention sauvage*.

---

[28] Edmund Husserl, *Zur Phänomenologie der Intersubjektivität, Dritter Teil* (Husserliana. Gesammelte Werke XV), a. a. O., S. 462.
[29] Vgl. Paul Watzlawick u. a., *Menschliche Kommunikation*, Huber, Berlin, 1969.
[30] Wystan Hugh Auden, „Musée des Beaux Arts", in: *Museum der modernen Poesie*, eingerichtet von Hans Magnus Enzensberger, Suhrkamp, Frankfurt a. M., 1960, S. 72 f.

Vittoria Borsò

Auf der Schwelle zwischen Sichtbarkeit und Sagbarkeit. Zum Ereignis der Sichtbarkeit in der Materialität des Bildes

Die Schwelle zwischen Sichtbarkeit und Sagbarkeit

In seiner Arbeit zu Foucault versteht der französische Philosoph Gilles Deleuze dessen Werk *Archäologie des Wissens* (1973) als eine Theorie des Raums. Speziell in dem Kapitel *Topologie: Anders Denken*[1] zeigt Deleuze einen Schlüsselmoment der Produktion von Raum auf: die Sichtbarkeit. Die bedeutendste Leistung Foucaults liegt laut Deleuze darin, die Existenz einer durch die enge Verknüpfung zwischen Sichtbarkeit und Sagbarkeit konstituierten Szenographie zu demonstrieren. Obwohl es sich bei diesen um unterschiedliche, zueinander nicht isomorph angeordnete Ebenen handelt, werden sie mittels Ähnlichkeiten und Äquivalenzen aneinander angeglichen, welche im Vorfeld auf Basis der in der Ordnung des Diskurses gültigen Regeln der Sagbarkeit konstruiert werden. Das Sagbare reguliert somit auch die Ordnung der Sichtbarkeit. Foucault sah sowohl in der Kunst als auch im sogenannten Wahnsinn die Fähigkeit, die Verbindung zwischen Sichtbarem und Sagbarem zu durchtrennen. Die mögliche Entkoppelung dieser Verbindung analysierte er in seinem Buch über Magritte: Die Nicht-Isomorphie zwischen dem Sichtbaren und dem Sagbaren ist das zentrale Moment des Bildes: *Ceci c'est pas une pipe*[2] – so auch der Titel von Foucaults Buch zu Magritte.

Magrittes Bild ist provokant, indem es den Gegensatz der Szenographie bekundet, welche das Dargestellte dem Diskurs unterstellt und beides naturalisiert. In Magrittes Bild negiert der Text die Ähnlichkeit des tatsächlichen Bildes

---

[1] Gilles Deleuze, „Topologie: Anders Denken", in: ders., *Foucault*, Suhrkamp, Frankfurt a. M., 1987, S. 69–172, hier S. 85.

[2] Michel Foucault, *Dies ist keine Pfeife*, Hanser, München, 1974, S. 43 f. und S. 31. Foucault bezieht sich auf das Konzept der „Non-Relation" von Maurice-Blanchot. Verwiesen sei hier noch auf meine Erörterung zu Deleuze: Vittoria Borsò, „Audiovisionen der Schrift an der Grenze des Sagbaren und Sichtbaren: zur Ethik der Materialität", in: Roger Lüdeke et al. (Hrsg.), *Poetische Gerechtigkeit*, Düsseldorf University Press, Düsseldorf, 2012, S. 163–188.

Vittoria Borsò

in Hinblick auf den zugehörigen Referenten. Damit rückt er jenes Element ins Feld der Sichtbarkeit, welches durch die Szenographie im Verborgenen gehalten wird: den Rahmen, der das Bild von der Welt, das Zeichen vom Referenten trennt. Wird er derart hervorgehoben, vernichtet der Bilderrahmen die Illusion der Ähnlichkeit beziehungsweise der Identität, indem er den die mimetische Illusion naturalisierenden Mechanismus demontiert und damit die Non-Relation, oder besser gesagt die Nicht-Homologie zwischen Bild und Referent sichtbar werden lässt, sodass Letztere nicht mehr durcheinander geraten können.

Die platonische Topographie wird hier auf den Kopf gestellt. Letztlich zeigt dieses Gemälde, dass sich die Wahrheit des Bildes nicht außerhalb des Kunstwerks befindet, also nicht in einem externen Behältnis (der realen Welt oder der Vorstellung), dessen Korrelat sich in der Tiefenstruktur des Bildes finden würde. Die Wahrheit, so verstörend sie auch ist, findet sich hingegen in den Oberflächenstrukturen, in der Materialität des Bildes selbst; und das Bild gibt in erster Linie zu verstehen, dass sowohl das Sagbare als auch die Sichtbarkeit durch eine diskursive Konstruktion vereinnahmt werden.[3]

Die Lockerung des Bandes zwischen Sagbarkeit und Sichtbarkeit lässt das visuelle Ereignis aus dem Blick hervorgehen. Eine solche Lockerung und die Fokussierung auf den Rahmen befreien uns von den Fesseln der platonischen Höhle. In der Tat können wir unseren Blick schweifen lassen, ihn vom Bild als Abbild,[4] also (im Sinne Platons) als Schatten oder (im Sinne der realistischen Mimesis) als Träger eines Referenten wegbewegen, um uns der Materialität selbst des visuellen Raums zuzuwenden.

In diesem Raum werden wir die Wahrheit des Bildes als Bild statt als einfachen Verweis auf einen Referenten entdecken. In diesem Sinne beinhaltet dies auch einen Umsturz der Beziehung zwischen Tiefe und Oberfläche, was die Immanenz eines Sinnes in der Oberfläche des Bildes oder eines linguistischen Zeichens betont.[5]

---

[3] In *Die Geburt der Klinik: eine Archäologie des ärztlichen Blicks* (Hanser, München, 1973) untersucht Foucault dieses Moment in Bezug auf den klinischen Blick. Vgl. Michele Cometa, „Modi dell'ékphrasis in Foucault", in: Michele Cometa/Salvo Vaccaro (Hrsg.), *Lo sguardo di Foucault*, Meltemi, Rom, 2007, S. 41–63, hier S. 41.

[4] Vgl. Bernhard Waldenfels, *Spiegel, Spur und Bild. Zur Genese des Bildes*, Salon, Köln, 2003; Alice Barale, *La malinconia dell'immagine. Rappresentazione e significato in Walter Benjamin e Aby Warburg*, Firenze University Press, Florenz, 2009.

[5] Vgl. Vilém Flusser, „Lob der Oberflächlichkeit. Für eine Phänomenologie der Medien", in: ders., *Schriften*, Bd. 1, Bollmann, Bensheim/Düsseldorf, 1993.

Die Oberfläche ist jener Ort, an dem sich die subversiven Prozesse der Visualität und der Textualität ereignen, und es ist speziell der Bilderrahmen, der zuvor als unsichtbare Brücke zwischen Bild und Referenten fungierte und der nun zur Schwelle zwischen Sprache und Bild wird. Die Sprachbildlichkeit, bei der es sich um eine produktive Spannung zwischen differenten medialen und sinnlichen Bedingungen handelt, unterstreicht die Produktivität des Hiatus und zugleich der Übergänge zwischen ihnen, wie unter anderem Walter Benjamin in Bezug auf die visuelle Kraft der mündlichen Sprache des Erzählers bestätigt.[6]

Foucault unterstreicht, dass die Dissonanz zwischen Sichtbarkeit und Sagbarkeit in Magrittes Gemälde besonders evident wird, wenn man die Äquivalenz-Prozesse berücksichtigt, auf denen hingegen das Kalligramm basiert. Im Gegensatz zum Gemälde Magrittes dient das Kalligramm dazu, zu veranschaulichen, wie es selbst die Sichtbarkeit dem Diskurs unterordnet, um das Fehlen der Ikonizität der Sprache zu kompensieren.[7] Die graphische Streuung auf der weißen Seite beschränkt sich darauf, dem Sinn des Textes nachzukommen.[8]

Magritte unterstreicht hingegen die Inhomogenität zwischen Visualität und Sprachlichkeit, indem er auf der Schwelle der Differenz arbeitet und die Ordnung beider Ebenen brüchig werden lässt. Er lässt jene beiden Ebenen ineinander übergehen, indem er den Text im Bildraum und das Bild im Sprachraum

---

[6] Vgl. Walter Benjamin, „Der Erzähler. Betrachtungen zum Werk Nikolai Lesskows", in: ders., *Gesammelte Schriften*, Bd. II, 2, Suhrkamp, Frankfurt a. M., 1977, S. 438–465.

[7] Bereits in *Die Ordnung der Dinge: eine Archäologie der Humanwissenschaften* unterstreicht Foucault, bezugnehmend auf *Las meninas* von Velázquez, die Arbeitsweise der naturalistischen Szenographie, welche den Blick den Regeln sprachlicher Syntax unterstellt. „[V]ergeblich spricht man das aus, was man sieht: das, was man sieht, liegt nie in dem, was man sagt; und vergeblich zeigt man durch Bilder, Metaphern, Vergleiche das, was man zu sagen im Begriff ist. Der Ort, an dem sie erglänzen, ist nicht der, den die Augen freilegen, sondern der, den die syntaktische Abfolge definiert." Michel Foucault, *Die Ordnung der Dinge*, Suhrkamp, Frankfurt a. M., 1971, S. 38. Vgl. auch Michele Cometa, „Modi dell'ékphrasis in Foucault", a. a. O., S. 42 f.

[8] Foucault mag sich hier auf Kalligramme des Typs „Tour Eiffel" aus einem Text nationalistischer Prägung beziehen (vgl. Guillaume Apollinaires *Calligrammes* von 1918), in dem die figurale Anordnung der Buchstaben das Bild des Eiffelturms – Nationalsymbol der Moderne und der französischen Überlegenheit – formt. Die Überlegenheit wird durch das Textliche mittels Bezugnahme auf das Französische als Nationalsprache wiederholt: „Salut monde dont je suis la langue éloquente que sa bouche ô Paris tire et tirera toujours aux allemands." Auch in den komplexeren Kalligrammen bleibt das von Foucault beobachtete Prinzip der Allianz zwischen der Sprache und der Figur bestehen.

aufgehen lässt. Die Schriftzeichen werden zu Fragmenten jenes Bildes, das sich selbst in eine Potentialität von Sprache transformiert.

Diese Verschränkung ermöglicht der Schwelle zwischen Bild und Sprache ihre materielle Realisierung, anstatt sie in mimetischer Illusion zu verhüllen. In diesem intermediären Raum spielt sich das Ereignis der Visualität ab, welches das Subjekt in sein *inter-esse*, sein ‚Dazwischen-Sein‘, in seine eigene Bildhaftigkeit als Teil der Welt hineinzieht. Die von einer solchen Selbstreflexivität ausgehenden Implikationen sollen nun genauer betrachtet werden.

Die Dissonanz zwischen Bild und Sprache ist augenscheinlich ein Schlüsselmoment der Ästhetik bzw. avanciert während der Moderne auf eine programmatische Art zu einem ebensolchen. Auf der Schwelle zwischen Bild und Sprache und auf der Schwelle zwischen Sichtbarem und Unsichtbarem, jenem Ort, an dem der Diskurs – so Foucault – Homogenität suggeriert, implementiert die Kunst eine Asymmetrie zwischen blindem Diskurs und schweigendem Blick.

Auf dieser Schwelle, auf der sich die Verflechtungen kreuzen, sind alle Arten von reziproken Verknüpfungspunkten möglich. Die Dissonanzen werden so etwa zur Grundlage des experimentellen Kinos wie auch zu jener des kommerziellen Hollywoodfilms, und ebendiese Dissonanzen demontieren zudem die implizite Szenografie, welche die Sichtbarkeit den Regeln der Sagbarkeit unterstellt. Als Beispiel hierfür lässt sich der Film-Essay zur Geschichte des Kinos anführen, mit dem Jean-Luc Godard das ‚Sagen‘ mittels einer anderen Weise des Sehens zu transformieren versucht. In seinem Essay wird das Sagen vom Sehen abhängig – und nicht umgekehrt.[9]

Die Unterordnung der Sichtbarkeit unter das Sagbare, und somit auch unter Wissensdiskurse, tendiert zur Abstraktion und zur Distanz von der materiellen Dichte des Bildes, wohingegen die gerade noch betrachtete Dynamik des visuellen Materials jene Selektivmechanismen aufs Spiel setzt, welche die Wahrnehmung diskursiv organisieren – ein Prinzip, dessen Funktionsweise nunmehr aus neurowissenschaftlicher Sicht bestätigt wird. Eine derartige These ist im Sinne Jacques Rancières eminent politischer Art, da die Verteilung des Sinnlichen von

---

[9] Eine der zentralen Thesen Deleuzes – nämlich der Umstand, dass das Kino in sich selbst eine Kinotheorie und eine Kinophilosophie enthält – wurde unter anderem auch durch Jean-Luc Godard in seinem kinematographischen Essay über die (Kino-)Geschichte demonstriert. Vgl. ebenfalls Georges Didi-Huberman, *Devant le temps. Histoire de l'art et anachronisme des images*, Minuit, Paris, 2000.

einer politischen Ordnung abhängt, gegen die hingegen die ins Auge gefasste Ästhetik Reibungen produziert, die potentiell zu einer anderen Verteilung der Sinne führen.[10]

Wenn also die Szenographie des Sichtbaren eine Konstruktion des Diskurses ist, so müssen wir die Materialität des Bildes in ihrem Vorausgehen, aber auch in ihrer Überschreitung der diskursiven Organisation der Sichtbarkeit ins Auge fassen. Diese visuelle Materialität erschöpft sich aufgrund ihrer Heterogenität nicht gänzlich im Diskurs. Wie das Gemälde Magrittes zeigt, existiert sie vielmehr in Form einer (unerreichbaren) ,Exteriorität' des Bildes, welche den bloßen Rahmen im Sinne von ,Einrahmung', Selektion des Sinnlichen transzendiert – wobei der Rahmen selbst auf das Existieren jener Materialität verweist, die nicht-homolog und nicht auf das Bewusstsein reduzibel ist.[11]

Die Materialität des Bildes wird zur Potentialität genau im Zwischenraum der Schwelle, im ,Dazwischen', welches nicht in jenen abstrakten Prozessen der Sinngestaltung denkbar ist, die von der Abwesenheit des Körpers als Bedingung von Sinngebungsprozessen ausgehen. Infolgedessen ist in den vergangenen Jahrzehnten nicht allein die Form fokussiert worden, die bereits durch einen Abstraktions- und Selektionsvorgang bedingt ist, sondern auch die Potentialität des Materiellen, durch welche die hierarchische Beziehung zwischen Form und Materie, im Sinne von Material und Materialisierung umgeworfen wird. Hier eröffnet sich darüber hinaus das zentrale Moment der interstitiellen Ästhetik: Es ist die relative Undeterminiertheit des intermediären Raums, in der die Materialität des Sichtbaren aus ihrer Unterordnung unter den Diskurs befreit wird und somit nicht mehr – oder noch nicht – gänzlich Form ist, sondern vielmehr zu einer Quelle von Produktivität wird.[12]

---

[10] Vgl. Jacques Rancière, *Das Unvernehmen: Politik und Philosophie*, Suhrkamp, Frankfurt a. M., 2007; ders., *Die Aufteilung des Sinnlichen. Die Politik der Kunst und ihre Paradoxien*, B-Books, Berlin, 2006.

[11] Hinsichtlich des Konzeptes der Exteriorität verweise ich auf Emmanuel Lévinas, *Totalität und Unendlichkeit*, Alber, Freiburg, 1987. Zu den Implikationen dieses Konzeptes in Hinblick auf die Ethik und die Visualität, vgl. Vittoria Borsò, „Die Exteriorität des Blickes oder die Ethik der Rahmenverschiebungen (Calvino, Lévinas)", in: Claudia Öhlschläger (Hrsg.), *Narration und Ethik*, Fink, München, 2009, S. 127–144.

[12] Vgl. Vittoria Borsò, „Das mediale Intervall: Inter-Medialität und Visualität am Beispiel des spanischen Kinos", in: Joachim Paech/Jens Schröter (Hrsg.), *Intermedialität analog/ digital. Theorien – Modelle – Analysen*, Fink, München, 2008, S. 361–379.

Die interstitielle Unbestimmtheit könnte dem näherkommen, was Gilles Deleuze und Giorgio Agamben als Potentialität der Materie bezeichneten.[13] Die Materialität selbst ist nicht sichtbar, sondern lediglich in den Präsenz-Effekten klanglicher und optischer Zeichen erfahrbar, in denen ihr Sinn aufgehoben ist[14]; sie zeigt sich als Rest, oder als materielle Überschreitung beziehungsweise als Supplement, als Reibung in der Sinnbildung oder auch als Geräusch in der informatischen Kommunikation. Die Materialität existiert letztlich als Spur einer der Form vorangehenden Potentialität, die zwar nicht originär ist, aber in jedem Falle nicht in die Ordnung des Sichtbaren oder in die des Sagbaren integriert werden kann. Selbstverständlich lässt sich dies nicht allein auf die Visualität beziehen, sondern im selben Maße auf akustische Ereignisse, sofern es sich doch bei diesen nicht minder um materielle Reste von Körperlichkeit handelt, die weder in den Diskurs noch in die diskursive Organisation des Wissens eintreten.[15] Es handelt sich um materielle Ereignisse, die das Subjekt – akustisch oder visuell – treffen und betreffen.[16]

Genau diese Ereignisbezogenheit der interstitiellen Ästhetik veranlasst dazu, einen bislang nicht berücksichtigten Aspekt ins Auge zu fassen, nämlich den Status des Subjekts, welches sich seinem In-der-Welt-Sein als einem Dazwischen aussetzt, um dies mit Bezug auf die Phänomenologie Merleau-Pontys auszudrücken. Bei Merleau-Ponty ist das Subjekt – wie im experimentellen Theater oder auch wie es Roland Barthes für das *punctum* der Fotografie vorgeschlagen hat[17] – nicht mehr Souverän über das, was es sieht oder hört. Vielmehr empfindet es sich als Teil der Welt oder auch als mittels ihrer reinen Präsenz in ihr befindlich.

---

[13] Die sich nach der Ordnung des Diskurses konfigurierende Form reduziert die Potentialität der Materie, wie Agamben am Beispiel von Melvilles *Bartleby* zeigt.

[14] Ich beziehe mich auf das von Deleuze im ersten Kapitel seines Werkes *Das Zeit-Bild. Kino 2* (Suhrkamp, Frankfurt a. M., 1996) erarbeitete Konzept der „obsignes" und „sonsignes".

[15] Vgl. Anm. 2.

[16] Mit dem Konzept der „Widerfahrnis" („Affekt", vom Etymon *ad-ficere*, „zu jemandem/ etwas gelangen") beziehe ich mich auf Bernhard Waldenfels, *Grundmotive der Phänomenologie*, Suhrkamp, Frankfurt a. M., 2006. Mit diesem Konzept kritisiert Waldenfels die „Intention" nach Husserl, welche wie auch die Wahrnehmung der „Widerfahrnis" nachträglich ist (S. 72). Zur „Widerfahrnis" vgl. außerdem Wilhelm Kamlah, *Philosophische Anthropologie. Sprachkritische Grundlegung und Ethik*, Bibliographisches Institut, Mannheim, 1973, S. 34 f.

[17] Vgl. Roland Barthes, *Die helle Kammer. Bemerkungen zur Photographie*, Suhrkamp, Frankfurt a. M., 2012.

Wir treffen auf ein schwaches Konzept von ‚Subjektivität', was Michel Foucault in *Les Mots et Les choses* am Beispiel der berühmten Sequenz aus Antonionis *Blow Up* belegt, in der das Emergieren des Bildes aus der Materie des Fotoapparats dargestellt wird; eine Emergenz, die Foucault als „éclatement" (herausbrechen, explodieren) bezeichnet[18]: ein aus unvorhersehbaren und vom Subjekt unabhängigen Prozessen entstehendes, visuelles und akustisches Ereignis.

Das Ereignis der Visualität – Schwellen im Raum und das ‚Dazwischen-Sein' des Betrachters

Ich möchte hier eine Unterscheidung vorstellen, an der ich seit einigen Jahren arbeite, nämlich jene zwischen dem Konzept der Visualität (*visum*) und dem der Visibilität (*visibilia*). Demzufolge ist mit Sichtbarkeit das gemeint, was sich gemäß der Ordnung des Sagbaren organisiert. Die Visibilität ist demnach das durch den Diskurs regulierte skopische Regime. Die aus dem lateinischen Wort *visum* abgeleitete Visualität meint dagegen die Potenz oder Potentialität des Sehens. Eine derartige Unterscheidung ist auch von dem französischen Kunsttheoretiker Georges Didi-Hubermann in *Devant l'image* entwickelt worden, welcher mit dem Konzept der Vision (oder der Visualität) ebendieses dynamische Moment des Sehens betont. Ein Schlüsselmoment des Ereignisses der Visualität ist die Spannung zwischen Nähe und Ferne, das sich im Satz kristallisiert: „On ne saura donc jamais, heuristiquement parlant, regarder un tableau."[19] Heuristisch gesprochen würde man – so sagt Didi-Hubermann – niemals ein *tableau* anschauen können. Die Betonung liegt auf der Aktivität des Schauens, bei dem der Blick ein Effekt der Nähe ist; es handelt sich also um ein „im Detail Sehen".

Während das *tableau* ein Effekt der Ferne ist, bei dem das Auge basierend auf dem Wissen und der Ordnung des Sichtbaren die Totalität des Bildes wiederherstellt, handelt es sich hingegen bei der Schwelle zwischen Sehen und Schauen um den ereignisbezogenen Raum des Blicks. Es besteht eine Spannung zwischen dem kolonialisierenden Auge, welches sich die diskrete und stabile, von fern interpretierte Abbildung aneignet, und der Instabilität des Blickes auf etwas Nahes; eine Spannung, die wir in Analogie zur Fotografie als Interaktion von *studium* und *punctum* interpretieren könnten. Didi-Hubermann demons-

---

[18] Michel Foucault, *L'Ordre du discours*, Gallimard, Paris, 1971, S. 60. Das Ereignis des „éclatement" impliziert mehr die gewaltsame und geräuschvolle Handlung des Herausziehens von Fragmenten als einen unerwarteten und intensiven Lichteffekt.

[19] Georges Didi-Hubermann, *Devant l'image*, Minuit, Paris, 1990, S. 273.

triert dieses Moment mittels eines Kommentars zum Sturz des Ikarus von Pieter Bruegel dem Älteren aus dem Jahr 1558. Im Bildraum lässt sich schon von weitem das *tableau* als Szenario ausmachen, in dem sich ein Bauer, ein Pastor und ein Fischer in harmonischem Zusammenleben im selben Raum ihrer täglichen Arbeit widmen.

Das Studium des *tableau* zeigt uns eine archaische Gesellschaft und deutet auf diese Weise auf den historischen Kontext der Handlung. Dennoch ist es das Detail, welches dem Gemälde einen Titel verleiht, ein nahezu unsichtbares, sich in der hinteren rechten Bildhälfte befindliches Detail, welches auf den ersten Blick wie die von einer Welle erzeugten Wasserperlen aussieht. Erst aus der Nähe lassen sich im Wasser sowohl die Füße als auch Teile der Beine des soeben vom Himmel hinabgestürzten Ikarus ausmachen. Dieses kontingente und nebensächliche Detail enthält eine gar noch winzigere Besonderheit, die aber für die Handlungsweise und die Ästhetik der Visualität von entscheidender Bedeutung ist. Denn jenes Moment entwickelt eine Dramatik, die einerseits Zugang zum Zentrum der Bilderzählung – nämlich dem Sturz des Ikarus – schafft, und uns andererseits mit einer unbestimmten Materialität konfrontiert. So konstatiert Didi-Hubermann:

> Or, si l'on regarde le comme-si, le quasi, si l'on prête quelque attention à la matière, on constate que les détails nommés „plumes" n'ont aucun trait distinctif déterminant qui les „sépare" tout à fait de l'écume que produit, dans la mer, la chute du corps: ce sont des accents de peinture blanchâtre, des scansions de surface par-dessus le „fond" (l'eau) et tout au tour de la „figure" (les deux bouts du corps humain qui s'immerge). C'est comme l'écume, et pourtant ce n'est pas cela, tout à fait. Rien, d'ailleurs, n'est la „tout à fait". Tout est *quasiment*.[20]

Besagtes Detail zeigt sich gleichzeitig als herunter gleitende Federn (des Ikarus) und als ein Entstehen von Schaum – selbstverständlich spielt Didi-Hubermann mit dem Reim zwischen „plume" und „écume". Eine solche Unbestimmtheit drückt die intrinsische Beziehung zwischen Verschwinden und Auftauchen des Lebens aus. Die Erfahrung des Details setzt die Visualität als Spannungsprozess zweier Narrative instand: friedliches Zusammenleben in arkardischer Harmonie und der sich vor Ikarus auftuende Abgrund.

Einklang und Indifferenz, Kollektivität und subjektives Schicksal teilen sich einen Bildraum, in dem das Pendeln zwischen Lebensharmonie und dem Todes-

---

[20] Ebd., S. 284.

drama essentiell ist, wobei Letzteres eine beinahe nicht wahrnehmbare Reibung in der Ausgewogenheit des Sichtbaren ist. Das Sehen dieses paradoxen Raumes, den wir als heterotopisch[21] bezeichnen könnten, hängt offensichtlich von der Position des Betrachters ab. Es ist offenkundig, dass das Ereignis der Visualität starke selbstreflexive Züge hervorbringt, die man als ethisch bezeichnen könnte, weil sie die Harmonie der Akteure untereinander und gegenüber der Landschaft auch als moralische Indifferenz hinsichtlich der furchtbaren Katastrophen der Geschichte aufscheinen lassen.

Die Schwelle der Schrift: visuelle und akustische Ereignisse

Auch die Schrift ist ein Raum visueller und auditiver Ereignisse, sofern wir von dem nicht-phonologischen Schriftkonzept ausgehen, welches Jacques Derrida und Roland Barthes aufgrund der Materialität der Buchstaben und der darin immanenten Sinnesarbeit vorgeschlagen hatten.[22] In *De la parole à l'écriture*[23] unterscheidet Barthes zwischen Text und Schrift, wobei er Ersteren als pädagogische Funktion und somit Träger der diskursiven Kommunikation bestimmt. Dieser abstrakte Sinngehalt entleert die Sprache von ihrer Körperlichkeit, die wiederum das Schlüsselmoment der Schrift als ein Prozess ist, in dem sich das Subjekt selbst konstituiert.[24] Die Schrift selbst ist somit materieller Raum. Es war Gilles Deleuze, der – in Einklang mit den von Foucault in *Die Geburt der Klinik* aufgestellten Thesen – die Aufmerksamkeit auf die Schwellen des Raums

---

[21] Vgl. Michel Foucault, „Andere Räume", in: Karlheinz Barck et al. (Hrsg.), *Aisthesis. Wahrnehmung heute oder Perspektiven einer anderen Ästhetik*, Reclam, Leipzig, 1992, S. 34–36.

[22] „Schriftbildlichkeit" ist ein Archiv von Spannungen zwischen Schrift und Gesprochenem. Derartige Spannungen verändern die Wahrnehmung: „So ist der Sinnzusammenhang, der in den Lauten des Satzes steckt, der Fundus, aus dem erst blitzartig Ähnliches mit einem Nu aus einem Klang zum Vorschein kommen kann". Walter Benjamin, „Lehre vom Ähnlichen (1933)", in: ders.: *Gesammelte Schriften*, Bd. II.1, a. a. O., S. 204–210, hier S. 209.

[23] Roland Barthes, „De la parole à l'écriture", in: ders.: *Le grain de la voix: entretiens 1962–1980*, Seuil, Paris, 1981, S. 10–13. Zur Theorie der Schrift vgl. Vittoria Borsò, „Écriture et présence. Remapping the Literary Discourses Beyond the Spatial, Iconic and Performative Turns", in: Richard Begam/Dieter Stein (Hrsg.), *Text and Meaning. Literary Discourse and Beyond*, Düsseldorf University Press, Düsseldorf, 2010, S. 267–283.

[24] Das Subjekt ist keine souveräne, der Schrift externe Instanz, wie Hayden White – in die Debatte zwischen Michel Foucault und Roland Barthes einschreitend – aufgrund der radikalen Intransivität der Schrift in der Moderne anmerkt. Vgl. Hayden White, „Schreiben im Medium", in: Hans Ulrich Gumbrecht/Karl Ludwig Pfeiffer (Hrsg.), *Schrift*, Fink, München, 1993, S. 311–318, hier S. 313.

Vittoria Borsò

der Schrift lenkt. In diesem Raum, so konstatiert Deleuze, bilden sich produktive und auch subversive Momente hinsichtlich des politischen Sinngehalts des Diskurses heraus:

> Das Problem des Schreibens: Der Schriftsteller erfindet, wie Proust sagt, innerhalb der Sprache eine neue Sprache, eine Fremdsprache gewissermaßen. Er fördert neue grammatikalische oder syntaktische Einheiten zutage. Er reißt die Sprache aus ihren gewohnten Bahnen heraus und lässt sie delirieren. Aber das Problem des Schreibens lässt sich auch nicht von einem Problem des Sehens oder Hörens trennen: Wenn nämlich eine neue Sprache in der Sprache entsteht, so strebt das Sprachliche insgesamt einer ,asyntaktischen', ,agrammatikalischen' Grenze zu oder kommuniziert mit seinem eigenen Außen. [...] Man sieht und man hört durch die Wörter, zwischen den Wörtern hindurch. [...] Sie werden durch das Delirium erfunden, durch das Delirium als Prozess, der die Wörter von einem Ende des Universums zum anderen treibt. Sie sind Ereignisse an der Grenzlinie der Sprache. [...] Literatur ist ein Zustand der Gesundheit.[25]

Im intermediären Raum zwischen der Schrift und der ihr eigenen Alterität – Visualität oder Akustisches – bewegt sich die Sprache auf eine asyntaktische Grenze zu, nämlich die Grenze syntaktischer Logik. So handelt es sich etwa um anarchische Bewegungen, die eine Form von Fremdsprache emergieren lassen. Genau in dieser Weise materialisiert die Schrift auf der Schwelle des Sprachsystems eine andere Ordnung des Wahrnehmbaren, in der Deleuze auch eine Form der Therapie sehen wollte. Ich werde nun versuchen, die Relevanz derartiger Übergänge zwischen Sprachlichkeit, Visualität und Akustischem auf der Grundlage eines klassischen Textes zu demonstrieren: *L'infinito* von Giacomo Leopardi, der vermutlich meist interpretierte Text der italienischen Literaturgeschichte.

> Sempre caro mi fu quest'ermo colle,
> e questa siepe, che da tanta parte
> de l'ultimo orizzonte il guardo esclude.
> Ma sedendo e mirando, interminati
> spazi di là da quella, e sovrumani
> silenzi, e profondissima quiete
> io nel pensier mi fingo; ove per poco
> il cor non si spaura. E come il vento
> odo stormir tra queste piante, io quello
> infinito silenzio a questa voce

---

[25] Gilles Deleuze, *Kritik und Klinik*, Suhrkamp, Frankfurt a. M., 2000, S. 9.

vo comparando: e mi sovvien l'eterno,
e le morte stagioni, e la presente
e viva, e il suon di lei. Così tra questa
immensità s'annega il pensier mio:
e il naufragar m'è dolce in questo mare.[26]

Ich kann hier nicht ins Detail gehen, jedoch verweise ich darauf, dass sich im ersten Teil des Gedichts das ,romantische' Szenario der Erscheinung des Unendlichen herauszubilden scheint; also genau jenes Szenario, welches aus der Romantik eine säkularisierte Religion macht und dem Subjekt sowohl die Allmacht des Sehenden als auch die Fähigkeit übertragen wird, die Grenzen des Empirischen mittels der Transzendenz der Vorstellungskraft zu überschreiten. Die modernistische Version betrifft schließlich die Allmacht des Kunstwerks als Erscheinung, welche die Grenze des Wahrnehmbaren und den daraus resultierenden Nihilismus („ermo colle") überwindet. In beiden Ansätzen wäre die Ästhetik eine Alternative der Kunst gegenüber der Politik. Wesentlich interessanter scheint mir hingegen die von Italo Calvino in *Lezioni Americane* vorgeschlagene, auf Leopardis Konzept der Wahrnehmung von Raum und Zeit basierende Lesart, derzufolge *L'Infinito* die Erfahrung der Endlichkeit des menschlichen Seins sei[27], welches im Angesicht des Grenzenlosen (Transzendenz, Tod) in Schrecken gerät. Genau diese innere Erfahrung lässt das Ich in der Immanenz der Welt versinken.[28] Die durch das Gedicht postulierte Bedeutung sei nicht die Kraft der

---

[26] Vgl. die deutsche Übersetzung von *L'infinito* (*Das Unendliche*) durch Jürgen von Stackelberg: „Immer war dieser verlassene Hügel mir lieb/und diese Hecke, die den Blick/auf weite Teile des Horizonts verwehrt./Doch wenn ich hier sitze und schaue, denke ich/mir unbegrenzte Räume jenseits von diesem aus/und übermenschliche Stille und tiefste Ruhe,/wo das Herz sich nicht/so leicht ängstigt. Und wenn ich den Wind/durch diese Büsche rascheln höre, vergleiche ich/das grenzenlose Schweigen mit diesem Laut:/ich gedenke der Ewigkeit und der verstorbenen/Jahrhunderte sowie des jetzigen, lebendigen,/und dessen Lärm. In dieser Unendlichkeit/versinkt mein Denken, und süß ist mir/das Untergehen in diesem Meer." Vgl.: Giacomo Leopardi, „Das Unendliche", in: Jürgen von Stackelberg (Hrsg.): *Italienische Lyrik. 50 Gedichte*. Reclam, Stuttgart, 2004, S. 54 f.

[27] Vgl. Italo Calvino, *Lezioni Americane. Sei proposte per il prossimo millennio*, Garzanti, Mailand, 1989, S. 62.

[28] Im Kapitel „Die Erfahrung" seines Buchs *Communitas. Ursprung und Wege der Gemeinschaft* (Diaphanes, Berlin, 2004) demonstriert Roberto Esposito die radikale Immanenz im Denken George Batailles. Dieser forme die heideggerianische Beziehung des Subjekts zur Welt um, indem er den Tod des Subjekts als kraftvoll und die Geburt einer Gemeinschaft als unabhängig von Immunisierungsprozessen denkt.

Vittoria Borsò

Einbildung, sondern die auch dem Erotismus und der Mystik inhärente Erfahrung der Entmächtigung des Subjekts.

Die radikale Immanenz und der Sensualismus des Gedichts heben die Aktualität Leopardis hervor, dessen Sprachgebrauch die Grenze des Sagbaren erreicht, während die Materialität der Schrift auf der Spannung zwischen Sprachgebrauch, Visualität und akustischer Erfahrung beharrt. Die Begrenzung der Sicht ist in der Tat Ausgangspunkt von Erfahrung[29]; und sie ist es auch, die eine dem Subjekt nicht zugängliche Exteriorität produziert[30] – eine Exteriorität, die der französische Philosoph Emmanuel Lévinas als „anderen Raum" im Sinne eines dem Subjekt nicht zugehörigen Raum verstanden wissen will. Tatsächlich betont das Enjambement zwischen dem zweiten und dritten Vers die topographische Trennung, welche die panoramische Erweiterung des Blicks in einen als unendlich vorgestellten Raum verhindert. Es ist ebendiese Begrenzung der Sicht, die uns die Erfahrung einer – noch immer aktuellen – Modernität erreichen lässt, deren okulozentrische Aneignung von Welt sich im Angesicht kontinuierlicher Hindernisse wiederfindet und scheitert.

Der Hügel und die Hecke erzeugen eine Spannung zwischen der mittels intellektueller Fiktionen erreichten Erfahrung des Erhabenen (die Fiktion allertiefster Stille und grenzenloser Ruhe) und der konkreten Erfahrung des Fremden, die das Gemüt erbeben lässt, wie Leopardi auf die „raison de coeur" des für ihn bedeutenden Philosophen Pascal bezugnehmend bemerkt.[31] In dieser Lesart offenbart sich der erste Teil des Gedichts als eine Kritik an der Idee der poetischen Omnipotenz, die auf der Erweiterung der romantischen Vorstellungskraft

---

[29] Zahlreiche Passagen des *Zibaldone* bestätigen diese These: „Da quella parte della mia teoria del piacere dove si mostra come degli oggetti veduti per metà, o con certi impedimenti ecc. ci destino idee indefinite, si spiega perché piaccia la luce del sole o della luna, veduta in un luogo dov'essi non si vedano e non si scopra la sorgente della luce [...] osservo che il piacere della varietà e dell'incertezza prevale a quello dell'apparente infinità, e dell'immensa uniformità". Giacomo Leopardi, *Opere*, a.a.O., S. 685 f. Die Unbestimmtheit ist für Leopardi ein Schlüsselprinzip der poetischen Sprache, vgl. ebd., S. 696.

[30] Vgl. Emmanuel Lévinas, *Totalität und Unendlichkeit*, a.a.O.

[31] Leopardi scheint sich auf die Ratio des Herzens nach dem entsprechenden Aphorismus Blaise Pascals in dessen Werk *Pensées sur la religion* (1670) zu berufen: „Le coeur a ses raisons, que la raison ne connaît point; on le sait en mille choses. Je dis que le coeur aime l'être universel naturellement, et soi-même naturellement selon qu'il s'y adonne; et il se durcit contre l'un ou l'autre à son choix. Vous avez rejeté l'un et conservé l'autre: est-ce par raison que vous vous aimez ?" Blaise Pascal, *Les pensées*, Hrsg. von Francis Kaplan, Cerf, Paris, 1982, S. 588.

basiert, welche imstande ist, in der Totalität des Raumes umherzuschweifen. Diese Kritik ereignet sich durch den Pathos des Affekts, durch etwas, das auf affektiver Ebene von Außen kommend das Gemüt trifft und affiziert, und – so verhält es sich für Leopardi – eine Spaltung zwischen „pensier" und „cor" als Zentrum der dualistischen Topologie des Subjekts verursacht.[32]

Mittels der Grenze der Sichtbarkeit öffnet sich das Ich einem sinnlichen Austausch mit der Welt, und dies nicht lediglich durch die Erfahrung des – laut Leopardis Angaben im *Zibaldone* und den *Operette morali* auf die Zeitlichkeit hindeutenden –„rumore del vento", der in Kontrast zu dem auf die absolute Zeit verweisenden „l'infinito silenzio" gesetzt wird, sondern auch durch seine Körperlichkeit. Tatsächlich ist das Ich erst dann imstande, sich mit seinem Körper in einem materiellen Kontext zu situieren. Die Deixis des Textes verdeutlicht dies: „queste piante" (V. 9) und „questa voce" (V. 10.) sind, in ihrer Gegenüberstellung zu „quello infinito silenzio" und „questa immensità" (V. 10), Anhaltspunkte auf die Position des Körpers im Raum, eine Position, welche die Immanenz des Ichs in der Welt betont. Die sinnliche Erfahrung zwingt das Denken zum Rückzug, indem es das Ich zwar aus dem Meer der Welt hinaustreten lässt, wobei aber in ebendiesem Meer, dieser intensiven Erfahrung von Flüssigkeit ein „dolce naufragar" möglich ist. In der Immanenz der Welt geschieht für das Subjekt *hic et nunc* das Ereignis einer vitalen Bewegung, welche das davon unterschiedene Bild der „vita mortale" unterbricht. Mittels der körperlichen Erfahrung[33], die das Subjekt die Endlichkeit des Lebens gewahr werden lässt, tritt das Erhabene aus der Schwelle körperlicher Immanenz heraus und nimmt bereits jene Spuren in sich auf, die dem ästhetischen Subjekt den Impuls zu Selbsterfahrung und

---

[32] Vgl. außerdem die gespaltene Topologie des Subjekts im 1833 verfassten „A se stesso" (XXVIII), einem der letzten *Canti*.

[33] Das Konzept des „embodied knowledge", also des „verkörperten Wissens", erlangte durch den zwischen Neurowissenschaften und Philosophie angelegten Beitrag von Humberto Maturana und Francisco Varela Bedeutung, vgl. Francisco J. Varela/Humberto R. Maturana, *Der Baum der Erkenntnis. Die biologischen Wurzeln menschlichen Erkennens*, Fischer, Frankfurt a. M., 2012. Für das von Donna Haraway erarbeitete Konzept des *situated knowledge*, vgl. Donna Haraway, „Situated Knowledge. The Sciences Question in Feminism and the Priviledge of Partial Perspectives", in: dies., *A Cyborg Manifesto: Science, Technology, and Socialist-Feminism in the Late Twentieth Century, Simians, Cyborgs, and Women: The Reinvention of Nature*, Routledge, New York, 1991, S. 183–220; ein weiterer Ansatz zur Körperlichkeit des Bewusstseins stammt von Rosi Braidotti, *In metamorfosi*, Feltrinelli, Mailand, 2003.

Vittoria Borsò

politischer Verantwortung liefern werden, welche übrigens auch in jenem zu-
recht als politisches Testament des Poeten gesehenen und tragischerweise in der
Geschichte der Moderne ausgelassenen *La Ginestra* evoziert wird.

Die Schwelle der Ékphrasis

Ich schließe mit der berühmten neunten These der Philosophiegeschichte, einer *ékphrasis* des von Walter Benjamin im Jahre 1921 erworbenen Gemäldes
Angelus Novus von Paul Klee. Benjamins Text beschreibt den „Angelus" als eine
mit direktem Blick auf die sich genau vor seinen Füßen ausbreitenden, vergangenen Katastrophen mit ihren von Augenblick zu Augenblick anwachsenden
Ausmaßen der Zerstörung gerichtete Gestalt.

> Er möchte wohl verweilen, die Toten wecken und das Zerschlagene zusammen-
> fügen. Aber ein Sturm weht vom Paradies her, der sich in seinen Flügeln verfan-
> gen hat und so stark ist, daß der Engel sie nicht mehr schließen kann [...] Das,
> was wir den Fortschritt nennen, ist *dieser* Sturm.[34]

Diese *ékphrasis* drückt die überaus bekannte These der Unüberwindlichkeit der
Katastrophe aufgrund der Ohnmacht der durch den Fortschritt eingeholten Ge-
schichte aus. In einer derart allegorischen Lesart wird der Engel zum Bild des
Zusammenbruchs des vom Unheil der Vergangenheit heimgesuchten Gedächt-
nisses. Auf der Schwelle zwischen Vergangenheit und Zukunft existiert keine
Gegenwart, weil sie durch den Wind des Fortschritts hinweggefegt wurde.

Die Allegorie des Engels ist eine Präfiguration dessen, was man später als
die Geschichte des 20. Jahrhunderts bezeichnen sollte und das möglicherweise
damit fortfährt, unsere Geschichte zu sein. Benjamin illustriert diese Diagnose anhand der allegorischen Lektüre des Gemäldes von Klee. Anstatt aber auf
Äquivalenz zu beharren, versuchen wir die Differenz zwischen dem visuellen
Ereignis des Gemäldes und dem Text von Benjamin zu berücksichtigen, indem
wir die *ékphrasis* einer neuen Lesart unterziehen, die nicht auf Äquivalenz oder
auf die Unterordnung des Gemäldes unter den Text (oder umgekehrt) bezogen
ist, sondern Bild und Diskurs als zwei unterschiedliche, einander gänzlich fremde, füreinander eine bestimmte Form des *sensus obtusus*[35] generierende Ord-

---

[34] Walter Benjamin, „Über den Begriff der Geschichte", in: ders.: *Gesammelte Schriften*,
Bd. I.2, a.a.O., S. 698f.
[35] Vgl. Roland Barthes, „Der dritte Sinn", in: ders.: *Der entgegenkommende und der stump-
fe Sinn. Kritische Essays III,* Suhrkamp, Frankfurt a.M., 2009, S. 47–68.

42

nungen verstehbar werden lässt. Die Differenz zwischen dem Gemälde von Klee und dem Text Benjamins ist bemerkenswert; zwischen beiden existiert eine tiefe Zäsur. Benjamins Kommentar verknüpft tatsächlich die Visualität des Bildes mit einem die Koordinaten der Visualität erfassenden Diskurs, der die Unbestimmtheit und die Instabilität des Bildes reduziert. Das Bild ist jedoch bereits in sich selbst instabil, erfüllt von Fluchtpunkten. Während wir etwa der von Benjamin vorgeschlagenen Beschreibung des Gesichtsausdrucks noch folgen können (fester und entfremdeter Blick, weit aufgerissener Mund), finden sich im Rest der Beschreibung eine Reihe von Divergenzen zwischen Beschreibung und Gemälde.

Entgegen dem Gedanken Benjamins, der den Engel der Vergangenheit zugewandt sieht, ist es in Wahrheit nicht möglich, seine Position zu bestimmen; vielmehr müssen wir unseren Blick näher herantreten lassen, um den Gesichtsausdruck zu erfassen. Das expressive Pathos der Augen und des Gesichts lässt erahnen, dass die Gestalt etwas Erschreckendes gesehen haben muss: etwas, das weder sagbar noch darstellbar ist. Der im Blick aufscheinende Schreck trifft seinen Beobachter ohne ihm den Inhalt des Gesehenen zu liefern, also ohne dass der Sichtraum des Engels in die Darstellung des Bildes fallen beziehungsweise sich unseren Augen eröffnen kann. Der Blick des Engels verweigert uns demnach Informationen über den Raum und seine eigene Positionierung in ebendiesem. Der Bewegungsvektor ist genauso wenig zu erkennen wie die Position des Körpers. Der Bildraum ist absolut topologisch, unbestimmt, frei von jeglicher stabilen Konfiguration.

Beim (genauen) Beobachten fällt zudem auf, dass ein Auge des Engels einem anderen Raum entgegenblickt, einem Raum außerhalb des Sichtfeldes, und derart einen Fluchtweg aus dem Bild offenlegt, ohne uns aber genaue Daten zu liefern, ohne uns die Aneignung dieser Exteriorität zu ermöglichen. Die Unsichtbarkeit ist jedoch tief in die Sichtbarkeit des Gemäldes eingeschrieben. Der Bildrahmen wird zur Schwelle einer ,unheimlichen', fremden Exteriorität, zur Schwelle zwischen *cadre* und *cache* (André Bazin), zwischen dem Rahmen und dem *off*; eine Schwelle, die typischerweise in der kinematographischen Ästhetik Anwendung findet, um Fluchtwege gegenüber einem bedrohlichen *off* zu erzeugen. Im Angesicht eines derartigen topologischen Enigmas wird unser Blick autoreflexiv. Wir werden uns hier einerseits der Macht des Bildes gewahr, aber andererseits auch der Ohnmacht der Sicht und unserer eigenen kognitiven Fähigkeiten. Genau diese Unbestimmtheit und Öffnung auf das nicht sichtbare Feld intensiviert die Tragödie vom Chiasmus der durch Benjamins *ékphrasis* ausgedrückten Zeitlichkeit und überträgt die Unruhe der Geschichte. Ausgehend vom *obtusus*, von der Unentscheidbarkeit in der Position des Engels, werden wir uns der Tatsache bewusst, dass es sich bei dem entgegengesetzten Prozess, der das Bild der Sichtbarkeit des Sagbaren – auch des Sagbaren der Geschichte – unterliegen lässt (eventuell auch unterwirft), um eine Konstruktion handelt. Es sind immunisierte Bilder, die den Text begründen, insofern es sich bei ihnen um „den stumpfen Sinn im Hintergrund" handelt, „auf dem das Entgegenkommende des Textes ikastisch hervorgehoben werden kann".[36]

Betrachten wir also die Visualität des Gemäldes in ihrer Indeterminiertheit, also ohne der Versuchung zu verfallen, sie dem Diskurs Benjamins zu unterstellen, bemerken wir, dass uns die Definition der Bewegung in die Zukunft und der Position des der Vergangenheit zugewandten Körpers nicht über etwa das Gemälde informiert, sondern über die Positionierung von Walter Benjamins Denken. Auch hier ist das Ereignis der Visualität im Zwischenraum der *ékphrasis* entscheidend. Reflektiert man die Arbitrarität ebenjener Interpretation Benjamins – die darüber hinaus durch ihn noch hervorgehoben wird[37]– vollführen wir das, was Benjamin für die Deutung der Geschichte fordert, nämlich die Kenntnisnahme ihrer Arbitrarität, ihrer Kontingenz und somit ihrer Transformierbarkeit.

Genau diese Kraft der Umformbarkeit der Geschichte liegt darüber hinaus in der Interpretation des Engels der Geschichte durch Bolívar Echeverría, der – als einer der bekanntesten Interpreten von Benjamins Werk in Mexiko – durch die Berücksichtigung der Zäsur zwischen Bild und benjaminscher Interpretation sowohl die Fragilität des Dargestellten als auch das Eingreifen-Wollen in die Geschichte und Politik der Gegenwart unterstreicht.[38] Die Interpretation der Position und das Bewusstsein der Engelsgestalt, die Bestimmung seiner Bewegung und der raumzeitlichen Beziehung transformieren die topologische Indeterminiertheit des Gemäldes in eine Topographie, die uns – wie bereits beobachtet – vor allem über die Position des Interpreten informiert. Von dort wird man ein wichtiges Moment und eine Methodologie im Studium der *ékphrasis* ableiten können, wo die Konfrontation der Sprache mit seiner in der Visualität liegenden

---

[36] Vgl. Michele Cometa, „Modi dell'ékphrasis in Foucault", a. a. O., S. 45.
[37] Vgl. Walter Benjamin, „Über den Begriff der Geschichte", a. a. O., S. 697: „Der Engel der Geschichte muss so aussehen."
[38] Vgl. Bolívar Echeverría, *La mirada del Angel. Sobre el concepto de la historia de Walter Benjamin*, Era, Mexiko, 2005.

Alterität die Schrift an ihre Grenze treibt, indem sie andere Räume der Wahrnehmung und der Reflexion eröffnet.

Es wäre interessant, die verschiedenen Ausgestaltungen der *ékphrasis* des Engels der Geschichte vertiefend zu untersuchen. Aus diesen lassen sich die Metamorphosen des Denkens hinsichtlich seiner Zeitlichkeit als auch die Weise ableiten, in der verschiedene Schriftsteller in unterschiedlichen Epochen die Beziehung zwischen Vergangenheit, Gegenwart und Zukunft ableiten.

In seiner in den fünfziger Jahren begonnenen Lyriksammlung mit dem Titel *Der glücklose Engel* kehrt Heiner Müller die von Benjamin gesehene Position des Engels um. Laut Heiner Müller zeigt dieser der Vergangenheit die Schultern, während sich in seinem Angesicht die Zukunft als eine blockierte und auf ihre Immobilität reduzierte Zeit zeigt. Nach der Shoah sieht sich dieser traumatisierte Engel von einem nihilistischen Geist durchdrungen, durch den jegliche Möglichkeit eines messianischen Denkens hinsichtlich der Zukunft negiert wird.

Heiner Müller: *Der glücklose Engel* (1958)[39]

Hinter ihm schwemmt Vergangenheit an, schüttet Geröll auf Flügel und Schultern, mit Lärm wie von begrabnen Trommeln, während vor ihm sich die Zukunft staut, seine Augen eindrückt, die Augäpfel sprengt wie ein Stern, das Wort umdreht zum tönenden Knebel, ihn würgt mit seinem Atem. Eine Zeit lang sieht man noch sein Flügelschlagen, hört in das Rauschen die Steinschläge vor über hinter ihm niedergehen, lauter je heftiger die vergebliche Bewegung, vereinzelt wenn sie langsam wird. Dann schließt sich über ihm der Augenblick: auf dem schnell verschütteten Stehplatz kommt der glücklose Engel zur Ruhe, wartend auf Geschichte in der Versteinerung von Flug Blick Atem. Bis das erneute Rauschen mächtiger Flügelschläge sich in Wellen durch den Stein fortpflanzt und seinen Flug anzeigt.

Auch der Zukunftsraum wird durch die Agonie der Geschichte überschwemmt. Wie der Engel nimmt auch das Subjekt der Schrift seine Flugbahn, seinen Blick und seinen Atem als versteinert wahr. Heiner Müller führt vor Augen, wie jene, die in den fünfziger und sechziger Jahren in die Geschichte der demokratischen Republik eintraten, jegliche Hoffnung verloren.

---

[39] Heiner Müller, *Gedichte 1949–1991*, Alexander, Berlin 1992. Zur Rezeption in Italien siehe z. B. Bruno Arpaia, *L'angelo della Storia*, Guanda, Mailand, 2001, aber vor allem Giorgio Agamben und Claudio Magris. Vgl. Vittoria Borsò, „Der Engel der Geschichte zu Beginn des 21. Jahrhunderts. Gedächtnistheoretische Umschreibungen der Katastrophe (Italien, Frankreich, México, ConoSur)", in: Thomas Klinkert et al. (Hrsg.), *Katastrophe und Gedächtnis*, De Gruyter, Berlin, 2014.

Die Schwelle des Archivs

Giorgio Agamben lieferte eine Neudefinition des foucaultschen Konzepts vom Archiv, indem er die Aufmerksamkeit auf die Tatsache lenkt, dass die Materialität des Archivs sowohl das Gesagte als auch das Nicht-Gesagte beinhaltet.[40] An ihrer Grenze öffnet sich die Schwelle zum Nicht-Sagbaren und zum Nicht-Denkbaren, also zu all jenem Ausgestoßenen, unter dem Druck des Sagbaren und des Sichtbaren zum Verschwinden gezwungenen. Mit ebendieser Methode erlöst Agamben auch die von Michel Foucault hervorgehobene Präsenz der Ausgelöschten in den Archiven der Infamen aus dem achtzehnten Jahrhundert.[41] Der sich auf der Schwelle der Ordnung eröffnende Zwischenraum ist tatsächlich eine Unbestimmtheitszone, also eine durch die „Muselmänner" von Auschwitz verkörperte Grauzone, die insofern tödlich für die Macht ist, da sie jenen Mechanismus angreift, der die Ordnung naturalisiert und omnipotent macht. Diese Schwelle zwischen Gesagtem und Nicht-Gesagtem, zwischen Sichtbarem und Unsichtbarem transformiert den Blick, macht ihn auf die jederzeit mögliche Ankunft des Messias aufmerksam; eines schwachen Messias, der erst von Nahem, innerhalb der Schwelle der verbleibenden Zeit, zwischen Ankunft und möglicher Perfektion des messianischen Ereignisses wahrnehmbar ist. Ein derartiges Ereignis, so sagt Agamben[42], ist linguistischer und visueller Art: Es ist jenes Ereignis, das möglich wird, wenn das Material des Sprechens (oder des Bildes) an seinen eigenen Grenzen arbeitet, indem es die Existenz des nicht Nicht-Beweisbaren, eines Existenzraums des Nicht-Erinnerbaren auf der sich am Rande der Ordnung öffnenden Schwelle beweist.

Aus dem Italienischen von Philip Hüpkes

---

[40] Ich beziehe mich auf „Das Archiv und das Zeugnis", das letzte Kapitel aus Giorgio Agambens *Was von Auschwitz bleibt*, Suhrkamp, Frankfurt a. M., 2004.

[41] Vgl. Giorgio Agamben, „Der Autor als Geste", in: ders.: *Profanierungen*, Suhrkamp, Frankfurt a. M., 2005, S. 57–69. Vgl. Michel Foucault, *Das Leben der infamen Menschen*, Merve, Berlin, 2001.

[42] Vgl. Giorgio Agamben, *Die Zeit, die bleibt: ein Kommentar zum Römerbrief.* Suhrkamp, Frankfurt a. M., 2006.

Paolo Giaccaria und Claudio Minca

Schwellengeographien – Geographien der Schwelle

„Nicht der Akt der Grenzziehung, sondern ihre Tilgung oder Negierung [...] ist der Gründungsakt des Staates"[1], behauptet Giorgio Agamben in den eröffnenden Überlegungen zu seiner Theorie des modernen politischen Raums. Schon allein diese Aussage könnte genügen, um den Sinn jener unausgesprochenen Herausforderung wiederzugeben, die Agambens Denken für die zeitgenössische Humangeographie darstellt. In der Tat verkündet Agamben, dass „es also an der Zeit [ist], den Mythos von der Gründung des modernen Staates von Hobbes bis Rousseau noch einmal von vorn zu lesen".[2] Den Gründungsmythos der Stadt zu revidieren, bedeutet auch in einem gewissen Sinne die Grundlagen der Geographie als einer „Schrift der Erde"[3] neu zu denken. In diesem Sinne besteht Agambens „Baustelle" demzufolge nicht nur im Versuch, eine einheitliche Theorie der Macht zu schaffen, sondern auch darin, eine spezifische *räumliche Theorie der Macht* zu entwickeln: eine Theorie, welche die Konstitution der souveränen Macht ausgehend von der Auslotung des Ausnahmezustands und seiner grundlegenden Lokalisierungen, dem Lager und des Banns, zu ermitteln vermag.[4]

Dies erklärt auch, zumindest teilweise, den Erfolg von Agambens Werk in der *koiné* der angloamerikanischen Geographie – natürlich über den Bereich der Politischen Philosophie hinaus; ein Erfolg, der in den letzten zwanzig Jahren mit der fast vollständigen Übersetzung seiner Werke einherging. Insbesondere die *Homo Sacer*-Triologie (*Homo Sacer, Was von Auschwitz bleibt* sowie *Der Ausnahmezustand*) ist von den Geographen als Vorschlag für eine kritische Neulektüre der räumlichen Ontologie gelesen worden, welcher das *Arcanum Imperii* der souveränen Macht in der Moderne zu Grunde liegt. Zugleich wurde

---

[1] Giorgio Agamben, *Homo Sacer. Die souveräne Macht und das nackte Leben*, Suhrkamp, Frankfurt a. M., 2002, S. 95. Im italienischen Original verwendet Agamben den Begriff der Stadt, welcher in der angegebenen Übersetzung mit Staat wiedergegeben wird, Anm. d. Ü.

[2] Ebd., S. 118.

[3] Vgl. Giuseppe Dematteis, *Le metafore della terra*, Feltrinelli, Mailand, 1985.

[4] Vgl. Claudio Minca, „Agamben's geography of modernity", in: *Political Geography*, 26, 2007, S. 78–97.

sie als ein Entwurf betrachtet, der zeigt, wie jeder *Ausnahmezustand* notwendigerweise auch einen *Raum der Ausnahme* hervorbringt.[5]

Unter den verschiedenen räumlichen Metaphern, die Agamben in seinem Werk vorschlägt, hat das Lager, verstanden als biopolitischer *Nomos* und als Raum des Ausnahmezustands, das geographische Imaginarium am nachhaltigsten beeinflusst. Es hat eine lebhafte Diskussion insbesondere zum biopolitischen Wesen des zeitgenössischen Raumes des Lagers („spazio-campo", Anm. d. Ü.) hervorgebracht, der in Zusammenhang mit dem sog. Krieg gegen den Terror steht[6], aber auch – und dies erst kürzlich – zur Topographie der nazistischen Lager, wenn man sie als Schwellenräume versteht.[7]

Doch hier soll nicht die Genealogie der aktuellen Popularität gewisser Schriften der italienischen Philosophie in der englischsprachigen Geographie oder gar in der angloamerikanischen Wissenschaftslandschaft rekonstruiert werden. Vielmehr nimmt dieser Aufsatz eine geographische Neulektüre der Schwellenmetapher vor, so wie sie von Giorgio Agamben selbst – und vor ihm von Walter Benjamin – verwendet wird. Insbesondere richtet sich unsere Aufmerksamkeit dabei auf eine scheinbare Aporie, die dieser spezifischen Interpretation der Schwelle innewohnt. Einerseits scheint das von Benjamin und Agamben verwendete Bild der Schwelle, den metaphorischen Raum und den sozusagen „konkreten" Raum als materielle „Bühne" unseres Lebens einander überlagern und bis zur Ununterscheidbarkeit miteinander verschmelzen zu lassen. Die Schwelle des *Passagen-Werks* und/oder von *Homo Sacer* verweist nämlich auf einen idealen, metaphorischen, abstrakten Raum, der jedoch immer in seinem unauflösbaren Verhältnis zu einem materiellen, konkreten Raum (die Passage, das Lager) steht. Es handelt sich also um eine typisch geographische Fragestellung. Auf der anderen Seite scheint die geographische Bedeutung der Schwellenmetapher kurioserweise nicht voll erkannt worden zu sein – weder von den angloamerikanischen Geographen und noch weniger von den Vertretern der Politischen Philosophie, selbst wenn sie großes Interesse für die Theorie des Lagers an den Tag gelegt haben. Dieses mangelnde Interesse wird noch virulenter,

[5] Vgl. Claudio Minca, „The return of the camp", in: *Progress in Human Geography*, 29, 4, 2005, S. 405–412; ders., „Giorgio Agamben and the new biopolitical Nomos", in: *Geografiska Annaler* B, 88, 4, 2006, S. 387–403.
[6] Siehe hierzu die Gesamtausgabe von *Geografiska Annaler B*, 88, 4, 2006.
[7] Vgl. Paolo Giaccaria/Claudio Minca, „Topographies/topologies of the camp: Auschwitz as a spatial threshold", in: *Political Geography*, 30, 2011, S. 3–12.

wenn man bedenkt, dass sie sowohl die kürzlich von den Sozialwissenschaften vorgenommene Exegese von Agambens Werk als auch die weitaus fundiertere hermeneutische Lektüre von Benjamins Oeuvre gleichermaßen affiziert.[8]

Ausgehend von diesem Kurzschluss eröffnet sich daher unsere Reflektion über den geographischen Charakter der Schwelle, die provokatorisch die Hypothese aufstellt, dass das geographische Wissen *tout court* als eine „Schwellentheorie" gedacht werden kann. Wenn es wahr ist, dass die Geschichte der Geographie in gewisser Hinsicht die Geschichte der Bestätigung einer Ordnung und der kartographischen Kontrolle der Welt ist, wie Franco Farinelli[9] meint, so hat sie im Laufe ihrer Geschichte zugleich auch Impulse und Momente gekannt, in denen sie mit der Schwelle „in Berührung gekommen ist" („,frequentato'", Anm. d. Ü.) – bevor sie im Treibsand ihrer kartographischen Imagination versank, aus dem sie erst vor Kurzem wieder aufgetaucht zu sein scheint.

Genealogien der Schwelle: Von Benjamin zu Agamben

Agambens Überlegungen zur souveränen Ausnahme sind gekennzeichnet von einer „Verräumlichung" des Ausnahmezustands, d. h. von dem Versuch, die räumliche Dimension der von Carl Schmitt entworfenen politischen Ontologie zu fassen und gegen sie selbst zu wenden. Agamben greift in der Tat kontinuierlich auf Raummetaphern zurück, um das profunde Wesen des Ausnahmezustands zu durchdringen. Diesen versteht er als

> den *Ort*, wo der Gegensatz zwischen [der] Norm und ihrer Anwendung seine höchste Intensität erreicht. Er ist ein *Feld rechtlicher Spannungen*, in dem ein Minimum an formaler Geltung einem Maximum an wirklicher Anwendung entspricht und umgekehrt. Aber auch in dieser äußersten Zone, ja, eigentlich kraft dieser, zeigen die beiden Elemente des Rechts ihre innigste Verbindung.[10]

---

[8] Siehe z. B. Susan Buck-Morss, *The dialectics of seeing*, MIT Press, Harvard, 1991; Beatrice Hanssen (Hrsg.), *Walter Benjamin and the Arcades Project*, Continuum International, New York, 2006.

[9] Vgl. Franco Farinelli, *Geografia*, Einaudi, Turin, 2003; ders., *La crisi della ragione cartografica*, Einaudi, Turin, 2009. Siehe hierzu auch: Gunnar Olsson, *Abysmal. A critique of cartographic reason*, Chicago University Press, Chicago, 2007. Zum Konzept der kalkulierenden Rationalität in der Geographie siehe: Stuart Elden, *Speaking against number: Heidegger, language and the politics of calculation*, Edinburgh University Press, Edinburgh, 2006.

[10] Giorgio Agamben, *Ausnahmezustand*, Suhrkamp, Frankfurt a. M., 2004, S. 47, Hervorhebungen des Vf.

Paolo Giaccaria und Claudio Minca

Diese Gegenüberstellung bzw. Spannung ist Agamben zufolge der eigentliche Ursprung der westlichen juridischen Struktur. In ihr liegt das „Fundament der Stadt" und von ihr aus muss die Funktionsweise der „ursprüngliche[n] Verräumlichung"[11] untersucht werden. Ebenjener grundlegende ontologische Gestus Schmitts – wenn der Leser diesen Terminus erlaubt – regelt die Verbindung zwischen Ordnung und Ortung. Der Zustand bzw. Raum der Ausnahme „ist das Dispositiv, das in letzter Instanz die beiden Seiten der rechtlich-politischen Maschine zum Ausdruck bringen und zusammenhalten muss und dabei eine Schwelle der Unentscheidbarkeit errichtet, zwischen Anomie und Nomos, Leben und Recht, *auctoritas* und *potestas*."[12]

Agamben betont, dass, solange die beiden Elemente verbunden bleiben und sich aber konzeptuell, zeitlich und räumlich unterscheiden, ihre Dialektik – auch wenn sie auf einer Fiktion beruht – in gewisser Weise funktionieren kann. Aber „wenn der Ausnahmezustand, in dem sie sich verbinden und indeterminieren, die Regel wird, dann transformiert sich das politisch-rechtliche System in eine tödliche Maschine".[13] Die räumliche Ontologie von Agambens Schmitt-Interpretation begrenzt sich dennoch nicht auf die metaphorische Ebene, sondern stößt zu einer zweiten und radikaleren Verräumlichung vor. Sie bringt nämlich zugleich nicht nur die Definition eines metaphorischen Raums hervor, sondern auch, wie bereits angedeutet, eines materiellen, konkreten, klaren Raums – und daher einer rein geographischen Dimension.

Die zur Regel gewordene Ausnahme, welche Agamben als spätmodernen Umstand ausmacht, in welchen die westlichen Demokratien abgerutscht sind, bedarf daher eines Ortes, eines physischen Raums, in welchem die Aktualisierung der souveränen Macht tatsächlich stattfindet, die sich in einer außergewöhnlichen Geste, in einer Geste der Ausnahme, niederschlägt. Diese konkrete Lokalisierung ermöglicht die Konvergenz von Form und zugleich ihrer Überschreitung, da sie diese in einer Unbestimmtheitszone verortet, in der die Ausnahme Form, Bedeutung und Legitimation erhält. Diesen Schwellenraum bewohnt sowohl der Souverän als auch der *homo sacer*[14] – in die Falten dieses

---

[11] Giorgio Agamben, *Homo sacer. Die Souveränität der Macht und das nackte Leben*, a. a. O., S. 121.
[12] Giorgio Agamben, *Ausnahmezustand*, a. a. O., S. 101.
[13] Ebd., S. 102.
[14] Vgl. Giorgio Agamben, *Homo sacer. Die Souveränität der Macht und das nackte Leben*, a. a. O., S. 91–96.

50

Spannungsfelds dringen die heutigen Geographien der Ausnahme vor, welche die Gefahr in sich tragen, das „Politische" zu einer reinen Geo-Biopolitik mutieren zu lassen.

Daher müssen in diesem Schwellenraum die Kategorien innen/außen, Inklusion/Exklusion, welche als der „kartographischen Vernunft" gegensätzlich konzipiert worden waren und welche die geographischen Darstellungen während des ganzen 20. Jahrhunderts gekennzeichnet haben, neu gedacht und in ein topologisches Verhältnis überführt werden: „*[A]ußerhalb der Rechtsordnung zu stehen und doch zu ihr zu gehören*: das ist die topologische Struktur des Ausnahmezustands"[15]. Dieser ist „nicht so sehr eine raumzeitliche Aufhebung als vielmehr eine komplexe topologische Figur, in der nicht nur Ausnahme und Regel, sondern auch Naturzustand und Recht, das Draußen und das Drinnen ineinander übergehen."[16]

In dieser Hinsicht avanciert die Schwelle zu einem Ort, in dem die Agambensche Verräumlichung ihre vollkommenste und radikalste Formulierung findet:

In Wahrheit steht der Ausnahmezustand weder außerhalb der Rechtsordnung, noch ist er ihr immanent, und das Problem seiner Definition betrifft genau eine *Schwelle* oder eine Zone der Unbestimmtheit, in der innen und außen einander nicht ausschließen, sondern sich un-bestimmen [s'indeterminano]. Die Suspendierung der Norm bedeutet nicht ihre Abschaffung, und die Zone der Anomie, die sie einrichtet, ist nicht ohne Bezug zur Rechtsordnung [...]. Von daher rührt das Interesse an Theorien wie der Schmittschen, die den topographischen Gegensatz in eine komplexere topologische Beziehung überführen, bei der die Grenzlinien der Rechtsordnung selbst in Frage stehen. Das Problem des Ausnahmezustands zu begreifen[,] setzt jedenfalls eine korrekte Bestimmung seiner Lokalisierung (oder Nichtlokalisierung) voraus. [...] der Konflikt um den Ausnahmezustand [zeigt sich] wesentlich als Streit um den *locus*, der ihm zukommt.[17]

Auch wenn Agamben diesbezüglich keine direkte Quelle nennt, so scheint diese Konzeption der Schwelle Benjamins *Passagen-Werk* entlehnt zu sein, dessen erste italienische Ausgabe er 1986 herausgab. Auch wenn das *Passagen-Werk* in

---

[15] Giorgio Agamben, *Ausnahmezustand*, a.a.O., S. 45.
[16] Giorgio Agamben, *Homo Sacer. Die Souveränität der Macht und das nackte Leben*, a.a.O., S. 48.
[17] Giorgio Agamben, *Ausnahmezustand*, a.a.O., S. 33. Hervorhebung d. Vf.

gewisser Hinsicht in seiner Gesamtheit als eine Schwellentheorie *in nuce*[18] gelesen werden kann, so lohnt es sich, hier die berühmte Definition in Augenschein zu nehmen, die Benjamin zu diesem Konzept gibt, wenn er über Prostitution und Glücksspiel spricht:

> Rites de passage – so heißen in der Folklore die Zeremonien, die sich an Tod, Geburt, an Hochzeit, Mannbarwerden etc. anschließen. In dem modernen Leben sind diese Übergänge immer unkenntlicher und unerlebter geworden. Wir sind sehr arm an Schwellenerfahrungen geworden. […] Es sind nicht nur die Schwellen dieser phantastischen Tore, es sind die Schwellen überhaupt, aus denen Liebende, Freunde, sich Kräfte zu saugen lieben. Die Huren aber lieben die Schwellen dieser Traumtore. – Die Schwelle ist ganz scharf von der Grenze zu scheiden. Schwelle ist eine Zone. Wandel, Übergang, Fluten liegen im Worte „schwellen" und diese Bedeutungen hat die Etymologie nicht zu übersehen. Andererseits ist es notwendig, den unmittelbaren tektonischen und zeremonialen Zusammenhang festzustellen, der das Wort zu seiner Bedeutung gebracht.[19]

Die Schwelle ist hier nicht nur eine räumliche Metapher, die in Beziehung zu „phantastischen Toren" steht, sondern auch im Verhältnis zu einem konkreten physischen Raum „als solchem". Die Materialität und Gegenständlichkeit der Tür gründet hier auf dem Umstand, dass die Prostituierten auf der Türschwelle verweilen, welche gewissermaßen an die Öffnung der Übergangsriten anknüpft, an das Band, welches die Schwelle, den Übergang und die Veränderung miteinander verbindet. Die räumliche Dimension der Schwelle wird später noch deutlicher, wenn zwischen „Schwelle" und „Grenze" und ihrer Definition als Bereich „der Veränderung, des Übergangs und des Überfließens" unterschieden wird. Die Schwelle darf daher nicht als eine klare – kalkulierbare, kartographische – Grenze verstanden werden, welche unmissverständlich ein Innen von einem Außen trennt, sondern vielmehr als eine Art Grenzzone, Grauzone oder eine komplexe Topologie, welche, wie im *Passagen-Werk,* auf eine Spiegelung verweist, so beispielsweise auf das Panorama[20] und auf Spiegel.[21] Die benjaminschen Schwellen-Passagen verbergen eine komplexe topologische Raumvorstel-

[18] Vgl. Dario Gentili, *Topografie politiche. Spazio urbano, cittadinanza, confini in Walter Benjamin e Jacques Derrida*, Quodlibet, Macerata, 2009, insb. S. 45–56.

[19] Walter Benjamin, „Das Passagen-Werk", in: ders., *Gesammelte Schriften*, hrsg. von Rolf Tiedemann und Hermann Schweppenhäuser, Suhrkamp, Frankfurt a.M., 1982, Bd. V.1, S. 617 f.

[20] Vgl. Walter Benjamin, „Das Passagen-Werk", a.a.O., Bd. V.2, S. 655 ff.

[21] Vgl. ebd., S. 667 ff.

lung, in welcher innen und außen ununterscheidbar werden, sich gegenseitig ein- und ausschließen – ein Ansatz, den wir fast identisch, auch wenn nur implizit, bei Agamben wiederfinden.

Sowohl für Benjamin als auch für Agamben ist die Schwelle ein Ort der Ununterscheidbarkeit und der Unentscheidbarkeit zwischen innen und außen. Insbesondere Benjamins Auslegung der revolutionären Gewalt und ihres Zerstörungscharakters kreist um die Notwendigkeit, dass diese Schwelle messianisch frei gelassen werden muss[22]:

> Dem destruktiven Charakter schwebt kein Bild vor. Er hat wenig Bedürfnisse, und das wäre sein geringstes: zu wissen, was an Stelle des Zerstörten tritt. Zunächst, für einen Augenblick zumindest, der leere Raum, der Platz, wo das Ding gestanden, das Opfer gelebt hat. Es wird sich schon einer finden, der ihn braucht, ohne ihn einzunehmen.[23]

In Benjamins Perspektive gibt es keinen Souverän, der in der Lage wäre, diese Schwelle zu besetzen, umzuformulieren und einen politischen, kartographischen Raum neu zu legitimieren – einen Raum, in welchem innen und außen, Inkludierter und Exkludierter, Freund und Feind erkennbar und von einer stabilen und sichtbaren Grenze voneinander getrennt sind, von einer metaphorischen und zugleich materiellen Grenze.

Für Benjamin ist diese Schwelle hingegen ein dialektisches Bild[24], das weder „besetzt" werden kann, noch besetzt werden darf. In ihm gibt es keine hegelsche Synthese und keinen Geist der Geschichte, welche die der Schwelle immanente Spannung zwischen Innen und Außen überwinden. Wie in den Pariser Passagen kann jene Schwelle nur überquert-und-bewohnt werden („attraversata-e-abitata", Anm. d. Ü.), niemals jedoch besetzt und somit auch nicht kartographiert. Die Schwelle in eine Grenze zu verwandeln, bedeutet sich einen dritten Begriff vorzustellen und diesen hervorzubringen – eine dialektische Synthese, welche das „Innen" und „Außen" als zwei verschiedene, kalkulierbare und somit kartographierbare Räume wiederherstellt. Benjamins Schwelle widersetzt sich hingegen der kartographischen Vernunft und ihrer berechnenden Logik. Sie verhält sich vielmehr so, wie Agamben in Bezug auf das Verhältnis von Natur und

---

[22] Vgl. Dario Gentili, *Topografie politiche*, a. a. O., S. 79–93.

[23] Walter Benjamin, „Der destruktive Charakter", in: ders., *Gesammelte Schriften*, a. a. O., Bd. IV.1, S. 397.

[24] Vgl. Maria Teresa Costa, *Il carattere distruttivo. Walter Benjamin e il pensiero della soglia*, Quodlibet, Macerata, 2008, S. 87–105.

Menschheit schreibt, „gemäß Benjamins Modell einer ‚Dialektik im Stillstand' nur das ‚Zwischen' entscheidend, das Intervall und das Spiel zwischen den zwei Begriffen, deren unmittelbare Konstellation einer Nicht-Koinzidenz."[25] Der Einsatz der modernen Biopolitik – und, wie wir sehen werden, auch der Geographie – besteht in der Besetzung ebenjener Schwelle, die für Benjamin frei, verfügbar und offen bleiben muss und nie durch eine kartographische Grenze versiegelt werden darf. Sie ist, so Gentili, ein von der Macht und von der Topographie der Grenze befreiter Raum.[26]

Dies ist die Aporie der souveränen Ausnahme: Einerseits wird der „Raum der Ausnahme" sozusagen durch das Dispositiv der souveränen Entscheidung besetzt, die Agamben als einen Prozess der „ausschließenden Inklusion" und zugleich der „einschließenden Exklusion" versteht. Andererseits wird dieser Raum aber auch von einer Spannung durchquert, die mit dem Versuch einhergeht, die Schwelle selbst zu verbergen, indem man sie als eine Grenze und einen kartographierbaren Raum präsentiert. Diese Operation besteht in nichts anderem als in dem Versuch, die Schwelle durch ein räumliches Dispositiv zu stabilisieren oder, anders gesagt, das Unverortbare zu verorten; „[a]ls man in unserer Zeit versucht hat, diesem Unlokalisierbaren eine dauerhafte sichtbare Lokalisierung zu verleihen, kam das Konzentrationslager heraus"[27], so Agamben.

Geopolitik und Biopolitik des Nationalstaats[28]

Aus politischer Sicht stellt diese Schwelle nicht nur den Kern einer jeden möglichen Ausnahmegeographie („geografia dell'eccezione", Anm. d. Ü.) dar, sondern auch den grundlegenden Übergang bei der Produktion des Körpers der Nation und ihrer Territorialisierung, ein historisches Schicksal, dessen Scheitern, wie wir sehr wohl wissen, bereits in dessen Konzeption eingeschrieben ist.[29] Be-

---

[25] Giorgio Agamben, *Das Offene. Der Mensch und das Tier*, Suhrkamp, Frankfurt a. M., 2003, S. 91.

[26] Vgl. Dario Gentili, „Destruzione. Demolizione, vetro, deserto, spazzatura: Walter Benjamin e l'architettura", in: Seminario di studi benjaminiani (Hg.), *Le vie della distruzione. A partire da* Il carattere distruttivo *di Walter Benjamin*, Quodlibet, Macerata, 2010, S. 89.

[27] Giorgio Agamben, *Homo Sacer. Die Souveränität der Macht und das nackte Leben*, a. a. O., S. 30.

[28] Dieser Abschnitt nimmt eine bereits ausgeführte Thematik auf, vgl. Claudio Minca, „Agamben's geography of modernity", a. a. O., insb. S. 78–80.

[29] Vgl. Roberto Esposito, *Communitas. Origine e destino della comunità*, Einaudi, Turin, 2006.

kanntlich schlägt Agamben vor, von der ursprünglichen Geste, die der Geburt des modernen Nationalstaates zu Grunde liegt, auszugehen: die Inklusion des nackten Lebens, um seine Legitimität und sein Souveränitätsprinzip zu begründen. Mit der Geburt der westlichen Demokratien wird jedes Individuum zu einem souveränen Rechtssubjekt und sein Körper wird zunehmend als Teil eines größeren organischen „Ganzen" verstanden. Ab dem 19. Jahrhundert begreift der bürgerliche Nationalstaat das „Volk" nämlich als Körper und die Nation als dessen Verräumlichung. Die Bürger werden Mitglieder dieses Nationskörpers, den es zu verwalten, zu organisieren, zu bändigen, zu geo-graphieren und zu „identifizieren" gilt – sowohl im Hinblick auf ein die Bürger „identisch" machendes Prinzip als auch im Hinblick darauf, ihre Subjektivität auf ein einziges Maß zu reduzieren.[30]

So wird nicht nur jeder Mensch mit seiner Geburt auch Teil der Nation. Mehr noch: Die Verbindung von Nation und *Ius soli* liegt der Produktion von Staatsbürgerschaft zu Grunde. Die Bestimmung von (auch biologischer) Zugehörigkeit zur Nation wird zu einer grundlegenden politischen Angelegenheit. Dorthin, wo das Recht nicht vorzudringen vermag, stößt hingegen die Geographie vor, mit ihrer unablässigen Überführung der Schwelle in eine geographische Grenze – gerade aufgrund der Ambiguität, die der obigen Vorstellung innewohnt. Auf diese Art und Weise trägt sie dazu bei, das Zusammenfallen von Geburt, Nation und Territorium – Agamben definiert dies als die Dreifaltigkeit der modernen Politik – immer wieder nachzuahmen.

Der Schutz und die Pflege des Körpers der Nation werden so zur obersten Aufgabe der Politik. Die Medizin und die Geographie sind zwei Bereiche, in denen sich diese Aufgabe in einer ebenso offensichtlichen wie auch mimetischen Art und Weise zu entfalten scheint. Die souveräne Macht wird durch den ständigen Schutz der Grenzen dieses „Körpers" ausgeübt, indem man diese Grenzen verschiebt und definiert. Dies erfolgt mittels eines unaufhörlichen ausschließenden Inklusionsprozesses, welcher der Tötbarkeit desjenigen entspricht, der auf dieser mobilen Grenze von der Norm verlassen wird. Diese ausschließende Inklusion ereignet sich notwendigerweise mittels einer unbegrenzten Verräumlichung des ursprünglichen Prinzips der Nation; aus ihr geht das Prinzip der Staatsbürgerschaft und Zugehörigkeit selbst hervor, der rein räumliche Ausdruck der Bannstruktur.

---

[30] Vgl. Andrea Cavalletti, *La città biopolitica. Mitologie della sicurezza*, Mondadori, Mailand, 2005.

Erst wenn die Nationalstaaten authentisches und nacktes Leben systematisch getrennt haben werden und Letzteres bar jedes politischen Werts (das heißt vollkommen politisch) ist, erst dann wird Staatsbürgerschaft ein allein geographischer Begriff sein, während sich das nackte Leben unausweichlich in reine Biopolitik verwandeln wird.[31] Die Schwelle zwischen diesen beiden Formen des Lebens – ihr „Nicht-mehr-sichtbar-Sein", der Versuch sie mittels ständiger Zäsuren in eine kartographische Grenze zu überführen – wird so das wahre Terrain der zeitgenössischen Politik. Gerade ihre notwendige Mobilität, ihr Bedürfnis, unaufhörlich durch eine Reihe räumlicher Praktiken hervorgerufen zu werden, macht alle Bürger potentiell zu *homines sacri*. Mit der definitiven Auflösung des Nomos der Erde, die, Schmitt zufolge, dem europäischen *Ius publicum* erlaubte, die von dieser grundlegenden Ambiguität hervorgerufenen Spannungen in einen äußeren Raum auszulagern – eine Auflösung, die sowohl laut Schmitt als auch Agamben zufolge mit dem Ersten Weltkrieg zusammenfällt –, kommt das Arkanum dieser Machtstruktur auf tragische Art und Weise ans Licht und zeigt das gewaltsame Gesicht ebenjener Vorstellung, die für lange Zeit an die unabwendbare Verknüpfung von Geburt und Nation glauben ließ.

Nachdem der Nationalstaat seine historische Mission, wenn auch nur partiell, erfüllt hat, ersetzt diese Vorstellung – das heißt den Kompromiss von Physis und Nomos, von Geburt und Nation, auf dem das bürgerliche Projekt des Staats gründet – seinen eigentlichen Auftrag und avanciert letzten Endes zu seiner essentiellen Aufgabe, so dass er vollkommen biopolitisch wird. Mangels einer umfassenden Raumtheorie, die imstande wäre, seiner tatsächlichen Eroberung der Welt – dem Nomos der Erde – Sinn zu verleihen, zerbricht der Nationalstaat endgültig das Verhältnis von Ordnung und Territorium, und enthüllt sein verstecktes Fundament.[32] Auf diese Art und Weise kündigt er die zeiträumlichen Grenzen des juristisch leeren Raums auf, den Schmitt mit einem gewissen Essentialismus im nicht-europäischen Raum und im kolonialen Ausnahmeregime, das lange die Meere betraf[33], ausmacht, so dass diese Grenzen sich mit der normalen Ordnung vermischen und letztendlich mit ihr eins werden. In diesem

---

[31] Vgl. Giorgio Agamben, *Homo Sacer. Il potere sovrano e la nuda vita*, Einaudi, Turin, 1995, S. 146 f.

[32] Vgl. ebd., S. 42 ff.

[33] Die Autoren beziehen sich hier sowohl auf das koloniale *Ius gentium* als auch auf Carl Schmitts *Land und Meer. Eine weltgeschichtliche Betrachtung* von 1942, in dem er darlegt, dass das Meer der dem Nomos eigenen Ordnung sich zu entziehen scheint. Anm. d. Ü.

leeren Raum, der bis ins Herz ebenjenes Europas vordringt, welches ihn eigentlich erst erschaffen hat, wird alles wirklich möglich.

Mit dem Versinken des alten Nomos der Erde, so betont Agamben, tritt der verdrängte Unterschied von Geburt und Nation zu Tage und verliert seine Fähigkeit, sich selbst zu regulieren.[34] Dies ermöglicht Faschismus und Nazismus, den biopolitischen Regimen par excellence, die Bedeutung des nackten Lebens in der Struktur des Staats zur obersten politischen Aufgabe, zum historischen Schicksal werden zu lassen.[35] Genau an diesem Punkt schlägt die Geopolitik in Biopolitik um, da sie die gewaltsame Rückkehr zum Grundfundament der souveränen Macht darstellt, zur „Zone der Unterscheidbarkeit [zwischen] *bíos* und *zoe*"[36]: „das nackte Leben, das im Niemandsland zwischen dem Haus und dem Staat"[37], zwischen Biographie und Geographie, zwischen Gelebtem und Karte wohnt.

In einem Nationskörper, der stets aufs Neue gesäubert werden muss, wird der Umstand, dass die Nation kartographisch fixiert wird, zum anderen Ausdruck eines räumlichen Projekts. Letzteres zielt per definitionem auf diese Säuberung ab, ganz so als ob diese ein idealer Ausdruck sei und sich durch Territorialpolitik, durch den Nomos der Erde, erreichen ließe, auch wenn dieses Ideal unerreichbar bleibt.

Die Geographie nähert sich hier auf unheilvolle Weise der Biographie an und trägt mittels der kartographischen Fiktion dazu bei, die tödliche Verbindung von Geburt und Nation am Leben zu erhalten, welche in diesem Punkt dazu bestimmt ist, einen Weg zu beschreiten, von dem aus es kein Zurück gibt und der extreme Folgen nach sich zieht. Agamben zufolge kann daher „[d]as heilige Leben [...] in keinem Fall im Gemeinwesen der Menschen wohnen"[38], denn „[e]iner der wesentlichen Züge der modernen Biopolitik (der in unserem Jahrhundert rasen wird) ist die Notwendigkeit, im Leben laufend die Schwelle neu zu ziehen, die das, was drinnen und das, was draußen ist, verbindet und trennt."[39] Die Schrift und die Bedeutungszuschreibung der Schwelle sind demzufolge ein entscheidender Vorgang.

---

[34] Vgl. ebd., S. 145 f.
[35] Vgl. ebd., S. 150–159.
[36] Ebd., S. 100.
[37] Ebd.
[38] Ebd., S. 110.
[39] Ebd., S. 140.

Die Geographie als Schwellentheorie und Theorie der Schwelle[40]

Traditionell steht die Geographie am Schnittpunkt von Nomos und Physis. Sie markiert, erzählt und erkennt diesen Limes nicht nur, sondern existiert als (oft unausgesprochene) Schwellentheorie. Wie uns Dematteis lehrt, sind geographische Darstellungen Metaphern, die zwischen dem Existierenden und dem, was existieren könnte, stehen; sie zeigen also Verbindungen zwischen dem, was wir sind, und dem, was wir sein möchten. Aus diesem Grund sind sie seit jeher relevant bei der Kartierung von Innen und Außen, dessen, was es bestimmt und/oder bestimmen könnte.

Verwechseln wir, so wie wir dies viel zu lange taten, diese Metaphern mit dem geographischen Raum (dem geometrischen *id est*) und vergessen dabei, dass sie nichts weiter als das „offene" Maß des Möglichen sind, dann riskieren wir ein wahres Monster hervorzubringen, den kartographierenden Souverän (oder den souveränen Kartographen), der, weil er einen unbestimmten Raum bewohnt, sich weder innerhalb noch außerhalb der Metapher befindet, sondern sich von der Welt ausschließt – von einer Welt, die er beschreibt, um von Mal zu Mal ihr einschließendes Ausschlussprinzip festzulegen.

Die Geographie als eine Schwellentheorie zu denken, bedeutet zugleich zu erkennen, dass der souveräne Kartograph seine Souveränität in der Entscheidung über Öffnung und Schließung ebenjener Schwelle zwischen Landkarte und Erde ausübt, also dort, wo die Transformation der Erde in Welt erfolgt – und nicht zuletzt die des Tiers zum Menschen.[41] Ist dieses demiurgische Werk erst einmal vollendet, bleiben dem Geographen bzw. Kartographen zwei Möglichkeiten: Er kann die Schwelle enthüllen, er kann sie leer und frei lassen, sie bewohnen, ohne sie jedoch zu besetzen, damit bei Bedarf neue Welten hervorgebracht werden können. Oder er kann die Entscheidung treffen, die Schwelle zu versiegeln, indem er eine Grenze zieht. Er kann die Schwelle verstecken und verhüllen – mit seinem illusionistischen Geschick und der Täuschung des

---

[40] Das im italienischen Originaltext verwendete „geografia della soglia" erlaubt ein mehrdeutiges Wortspiel, welches im Deutschen mit „Schwellentheorie" und „Theorie der Schwelle" wiedergegeben werden kann. Auch wenn in der Folge aus stilistischen Gründen nur einer der beiden Begriffe im Text genannt ist, so bezieht er sich dennoch auf beide Bedeutungen. Anm. d. Ü.

[41] Vgl. Giorgio Agamben, *L'aperto. L'uomo e l'animale*, Bollati Boringhieri, Turin, 1995, S. 75–77.

kartographischen, kalkulierbaren und zuordenbaren Raums, der mittels von Grenzen, die sich als gewiss und unveränderlich zeigen möchten, und durch die Unterteilung in Innen und Außen trennt.

Der erste Schritt, der diese Vermutung zu unterstützen scheint, ist die Erfindung der „wissenschaftlichen" Landschaft durch Alexander von Humboldt.[42] Wenn wir uns der Interpretation anschließen, die Franco Farinelli[43] von Humboldts Werk gibt, so muss besonders die Art und Weise betont werden, wie geschickt Humboldt mit einer ganzen Reihe von strategischen Schwellen spielt, wenn er das ästhetische Landschaftskonzept zum wissenschaftlichen Instrument für den Zugang zur Welt werden lässt. Diese strategischen Schwellen sind als immaterieller Ort zu verstehen, an dem sich Erfahrung und Verständnis der Welt berühren und zum Projekt avancieren.[44] Vincenzo Guarrasi hat daher Recht, wenn er vorschlägt, dass die Landschaft als Schwelle verstanden werden kann[45]; und dies umso mehr, wenn man die Art und Weise bedenkt, mit der Humboldt die Landschaft in das politisch-wissenschaftliche Denken des bürgerlichen Europas überführt, auf welches sein Werk abzielt. In der Tat ist die Landschaft für Humboldt in erster Linie eine politische Schwelle; implizit ist sie der Raum, in dem die ästhetische Kultur seiner Zeit auf das große bürgerliche Projekt der wissenschaftlichen Eroberung der Welt trifft. Sie ist aber auch der Ort, an dem sich Humboldts romantische Neigung mit ebenjenen aufklärerischen Prinzipien verschmilzt, die seine Entdeckungen und seine Reisetheorie leiten – mit einem Blick auf den Raum, der durch das Fehlen einer klaren Grenze gekennzeichnet ist, der ohne Begrenzung, aber dennoch als Instrument zur Erkenntnis der Welt ebenso nützlich ist. Die Landschaft ist für Humboldt nämlich eine Zugangsschwelle zur Wirklichkeit, eine immer offene Tür, ein genuin moderner Raum der Erkenntnis, und daher auch ebenso ambivalent.

Die Landschaft dominiert Humboldts Erkenntnistheorie gerade deshalb, weil sie zum Mittel wird, das die Geographie in eine Schwellentheorie überführt; eine Schwelle, welche die mobile Grenze zwischen dem abgeschlossenen Raum

---

[42] Vgl. Alexander von Humboldt, *Ansichten der Natur*, Eichborn, Frankfurt a. M., 2004 (erstmals erschienen 1808).

[43] Vgl. Franco Farinelli, *I segni del mondo*, La Nuova Italia, Florenz, 1992.

[44] Vgl. Claudio Minca, „Humboldt's compromise, or the forgotten geographies of landscape", in: *Progress in Human Geography*, 31, 2, 2007, S. 179–193.

[45] Vgl. Vincenzo Guarrasi, „Paradoxes of Modern and Postmodern Geography", in: Claudio Minca (Hrsg.), *Postmodern Geographies*, Blackwell, London, 2001, S. 226–237.

des wissenschaftlichen Maßes und dem Natureindruck definiert, also zwischen der Geographie als Wissenschaft und unserer alltäglichen Erfahrung der Welt. Die humboldtsche Schwellenlandschaft („paesaggio-soglia", Anm. d. Ü.) erklärt, inkludiert, definiert und konkretisiert beide Dimensionen. In diesem Sinne stellt sie einen klar modernen Aspekt des geographischen Wissens dar. Leider vergisst die Geographie, welche in den folgenden Jahrzehnten zu einer Staatswissenschaft wird, ihre wichtige Funktion als kognitive und politische Schwelle, die ihr der Ansatz der Erdkunde zuschreibt.

Ein zweites Moment, anhand dessen die Geographie als mögliche Schwellentheorie verstanden werden kann, ist (auch wenn viele weitere vorstellbar sind) der Ansatz der Humangeographie, den Paul Vidal de la Blache auf der Schwelle des 19. zum 20. Jahrhundert hervorgebracht hat. Insbesondere gilt dies für die implizite Regionaltheorie, die in der Humangeographie mitschwingt, mit positivistischem Historizismus getränkt ist und oft als genuines Produkt des europäischen Humanismus dargestellt wird.[46] Für Vidal ist die Geographie „die Wissenschaft der Orte". Eine Wissenschaft voller Synthesen, ein merkwürdiger Kompromiss zwischen außergewöhnlichen, nicht klassifizierbaren Aspekten und ordnenden Elementen, zwischen Daten und unmittelbarer Beobachtung, zwischen der Darstellungsfähigkeit des Geographen und der Wirklichkeit des Territoriums. So lautet zumindest die offizielle historische Interpretation, die seit nunmehr gut einem Jahrhundert durch die verschiedenen sowohl europäischen als auch nichteuropäischen nationalen geographischen Traditionen überliefert wird. Recht betrachtet gründet die französische Regionalgeographie – welche später als Possibilismus bezeichnet werden wird – dennoch auf einer Art der Historisierung der Beziehung von menschlicher Gemeinschaft und Umwelt. Sie analysiert die Bewirtschaftung des Territoriums und dessen je spezifische Formung. Das Ergebnis dieser Formung ist die Einzigartigkeit dessen, was aus ihr frei und aktiv hervorgeht, wie die Region, ein „organischer" Körper, der den genuinsten Ausdruck der eineindeutigen Mensch-Natur-Beziehung darstellt. Auch in diesem Fall handelt es sich um eine Schwellentheorie, selbst wenn diese ganz und gar implizit oder, besser gesagt, versteckt und verborgen ist. Die erste entscheidende Schwelle ist ebenjene, die a priori die Grenze zwischen dem Natürlichen und dem Menschlichen festlegt und so in Wirklichkeit einer grundlegenden sowohl politischen als auch wissenschaftlichen Handlung

---

[46] Vgl. Paul Vidal de la Blache, *Principes de géographie humaine*, Colin, Paris, 1922.

entspricht. Mehr noch: Es ist vor allem die Analyse dieser Grenze, worauf die possibilistische Geographie und ihr Überleben hinauslaufen. Diese Grenze ist dennoch als eine echte Schwelle zu verstehen, als ein Raum, in dem zwei Elemente, die das Leben einer Gemeinschaft (Kultur und Natur) ausmachen, sich gegenseitig durchdringen, beeinflussen und verschmelzen, wenn sie – aus einer notwendigerweise „vertikalen" Sicht – im Sinne Vidals zum Ort und zur Region werden. Vidals Betonung des *terrain* verweist genau auf ebenjene Mehrdeutigkeit der Geographie als Schwellengeographie und Geographie der Schwelle: Um die Schwelle zwischen menschlicher Formung und Natur erforschen zu können, muss er die Schwelle bewohnen und die Komplexität und Mehrdeutigkeit des Realen akzeptieren. Er muss also Position beziehen, um eine ganze Reihe von sichtbaren und materiellen Aspekten des von ihm studierten territorialen Objekts voller Neugier und unmittelbar zu beobachten. Zugleich muss er aber auch, objektiv und verborgen, Theorien über diesen Beobachtungsgegenstand formulieren. Der vidalianische Geograph lebt und reist stets auf bzw. in der Schwelle. Sie ist der einzig wahre Zustand, der ihm zugestanden wird. Die Schwelle ist der einzige wirkliche und metaphorische Raum, der ihm erlaubt, die Geographien der Mensch-Natur-Beziehung zu schreiben und faktisch über die Grenze zwischen beiden zu entscheiden. In gewisser Hinsicht handelt es sich, wie im Falle des humboldtschen Experiments, um „Eindrücke", aber dieses Mal werden diese nicht mehr als solche präsentiert, da sie von der durch die Wirklichkeit des Territoriums geleiteten Wissenschaft und Erkenntnis als etwas anderes deklariert wurden. So verschwindet die Schwelle, der für die geographisch-vidalianische Wissensproduktion entscheidende Raum, aus dem Blickfeld und die Grauzone zwischen Gemeinschaft und Umwelt wird – dank eines epistemologischen und vollkommen politischen Zugs – zu einem Faktum, zu einer offensichtlichen Konfiguration, die der Geograph nur noch erkennen und textualisieren muss. Die Schwelle, die den Geographen aufnimmt, der zugleich interpretiert und entscheidet – wie zu großen Teilen auch die von der kartographischen Logik beherrschte moderne Geographie –, avanciert so zwar zu einem unsichtbaren, aber dennoch einem ebenso wirklichen und wirksamen Raum. „Schließt" man die Schwelle zwischen Gemeinschaft und Umwelt, so fallen die beiden Begriffe schlussendlich zusammen: An ihre Stelle tritt in der mobilen humboldtschen Kultur die Gewissheit der Grenzen und der Aufteilungen des Territoriums. Die Landschaft wird abgelöst durch das *pays*, durch die konkretisierte Region, durch das *genre de vie*, durch den *genius loci*, das heißt durch einen dritten Begriff, nämlich durch die dialektische Synthese, welche die Schwelle, das Segel, schließt und sie so für die Bedürfnisse künftiger Geographen unzugänglich macht.

Die Rückkehr der bzw. auf die Schwelle

Akzeptiert man diese Überlegungen, so kann damit begonnen werden, das Verhältnis von Geographie und Macht anhand der Schwelle auf andere und potentiell innovative Art und Weise in den Blick zu nehmen. Von besonderem Interesse ist in diesem Zusammenhang die Beziehung, die das „Subjekt der Geographie" zur Schwelle herstellt. Das Subjekt der modernen Geographie ist nämlich der natürliche Bewohner der Schwelle. Dieser Bewohner beschließt zu einem gewissen Zeitpunkt in der Geschichte dieses Faches, sich vor dem Blick der Anderen zu verstecken, zu verschwinden. Durch die „Brille" der kartographischen Vernunft beginnt er (erneut und unsichtbar), mit den Kategorien von Darstellung und Territorium, von Theorie und Praxis zu spielen, indem er die Grenze zwischen diesen frei verschiebt – dank der immateriellen Grauzone, die er bewohnt und welche die seiner Handlung innewohnende Macht verschleiert. Hierbei ging es um nichts Geringeres als mithilfe der Schwelle den Prozess zu verbergen, welcher die Grenze zwischen Beschreibung und Vorschrift, zwischen Sprache und Macht erst hervorbringt.

Die Regionalgeographien, welche das ganze 20. Jahrhundert über in den Schulen Europas und zunehmend auch im Rest der Welt unterrichtet wurden, waren tatsächlich nichts anderes als die banale Erklärung einer politisch notwendigen (und um unschuldig zu erscheinen, daher zu verschleiernden) Beziehung zwischen *bíos* und *zoé*, zwischen Natur und Kultur, zwischen Wald und Stadt. Farinelli[47] zufolge bestand die gesamte positivistische Geographie – und dies bedeutet im Grunde genommen die ganze politische Geographie des 20. Jahrhunderts – in dem Kraftakt, diese Zone der Unterscheidbarkeit zu denken, ohne sie je zu benennen. Es galt, mit ihr den Nationalstaat zu begründen, der ja immerfort seine inneren Grenzen neu bestimmen und sie als offensichtlich und ewig erscheinen lassen muss. Zugleich aber war diese Zone unsichtbar zu machen. Dieser merkwürdige Punkt, an dem Kultur und Natur zusammenfallen und auf dem ein großer Teil der Humangeographie vidalianischer – aber auch neopositivistischer – Prägung beruht, ist der gleiche, der die Schwelle zwischen dem Le-

---

[47] Vgl. Franco Farinelli, *Geografia. Un'introduzione ai modelli del mondo*, Einaudi, Turin, 2003.

ben in der Stadt, den Ort und den *rigor mortis* der Karte (des Subjekts, welches unbeweglich die Landschaft, die Gemeinschaft usw. betrachtet) bezeichnet. Es handelt sich um eine Schwelle, die zunehmend unsere Kategorien des Möglichen kolonisiert hat.

In gewisser Hinsicht beruht das gesamte erkenntnistheoretische Gebäude der positivistischen Geographie (das heißt von großen Teilen der Geographie des 20. Jahrhunderts) auf diesem Trick. Dieser erlaubt nicht nur, die (souveräne?) Macht desjenigen zu verschleiern, der das Schicksal und den Raum der Anderen denkt und geographisch darüber entscheidet. Dieser Trick vermag vor allem, die Schwelle selbst verschwinden zu lassen – also ebenjenen Raum, in welchen wir ganz eintauchen und dem wir auf den Grund gehen müssten, um das ambivalente Wesen des modernen Subjekts zu begreifen, welches das konzeptuelle Gebäude der Geographie und der Schwellentheorie aufrecht erhält.

Eine Geographie der Schwelle – oder, besser gesagt, eine Analyse der Geographie als Schwellentheorie – muss also erst noch geschrieben werden. Es handelt sich jedoch um eine überaus dringende Aufgabe, wenn wir die Reflexion über Agambens Konzeptualisierung der Schwelle als Raum der Ausnahme innerhalb des emanzipatorischen Diskurses auf die Grenzen der kalkulierenden und kartographischen Vernunft anwenden.

Im Übrigen: Welches andere Fach hat es sich zur höchsten Aufgabe gemacht, zwei Welten – die menschliche und die natürliche – zusammenzudenken und dennoch dazu beizutragen, sie streng voneinander getrennt zu halten? Welche andere Disziplin hat sich so leidenschaftlich mit der Erkundung der Stadt, also der Definition der eminenten Beziehungen von Nomos und Physis gewidmet? Ist es möglich – wie Giuseppe Dematteis in seinem einflussreichen Buch *Le metafore della Terra*[48] zu suggerieren scheint –, dass die Geographie, gerade weil sie im Kompromiss mit der Macht entsteht, eine Theorie der Schwelle bieten kann, die imstande wäre, die souveräne Struktur der Ausnahme auszuhebeln, auf der sie in der Vergangenheit aufbaute? Wird die Geographie gerade wegen ebendieser historischen Bedeutung – welche übrigens auch Agamben anerkennt – fähig sein, eine Sprache und eine Raumtheorie zu entwickeln, die in der Lage sind, eine politische Theorie zu imaginieren, die ohne den Mythos von der Reinheit und dem Ursprung der Gemeinschaft ebenso wie auf all seine konzeptuellen Ableger, wie zum Beispiel das Prinzip der „Zugehörigkeit" oder der territorialen

---

[48] Vgl. Giuseppe Dematteis, *Le metafore della Terra: la geografia umana tra mito e scienza*, Feltrinelli, Mailand, 1985.

„Identität", auskommt? Oder anders gesagt: Werden wir fähig sein, eine neue Stadt zu denken, welche die von den ständigen Ausnahmegeographien hervorgebrachte, souveräne Gewalt zu verbannen vermag?

Aus dem Italienischen von Sieglinde Borvitz

Massimo Donà

Der Gesang der Sirenen[1]

Die hier sprechende Person muss eines zugeben: Ihr gefällt es, aus einem Kino-saal *hinauszutreten*. Sich auf der erleuchteten und nahezu ausgestorbenen Straße wiederzufinden und sich gemächlich in Richtung irgendeines Cafés zu begeben. Dabei verliert sie kein Wort (sie mag es nicht, sofort über den Film zu reden, den sie gerade gesehen hat), sie ist ein bisschen benommen, orientierungslos, fröstelnd, kurz, schläfrig: *Sie ist müde*, das genau denkt sie. In ihrem Körper hat sich ein Gefühl von Schlummer, Süße und Ruhe breit gemacht: Sie ist ermattet wie eine schlafende Katze und fühlt sich ein wenig schummerig oder, besser ge-sagt, von jedem Verantwortungsgefühl befreit. Kurz gesagt, es ist klar, dass sie aus einer Hypnose erwacht. [...] Und Hypnose bedeutet für sie vor allem eines; die älteste aller Mächte: die Heilung.[2]

Ausgehend von Bazins Überzeugung, Kino gebe die Essenz einer unhinter-gehbaren Wirklichkeit wieder, soll im Folgenden reflektiert werden, inwiefern auch Paul Schrader Recht haben könnte, dem zufolge das Kino in der Lage sei, Ereignisse zu zeigen, welche über die reine Wirklichkeit hinaus gehen, also Transzendentes mitzuteilen.[3] Zunächst gilt es jedoch zu zeigen, wie das Kino das Transzendente überhaupt fassen kann. Wenn das Kino, wie Bazin meint, realistisch ist und das Reale unhintergehbar, dann kann das Im-Kino-Sichtbare nur die Wahrheit des Realen sein. Denn die Wirklichkeit ist im Grunde indeter-miniert, da es nicht möglich ist, etwas zu fassen, das über das Reale hinausgeht oder jenseits von ihm existiert, und das in der Lage wäre, es zu determinieren.

---

[1] Dieser Text erschien zuerst auf Italienisch unter dem Titel „Il canto delle sirene", in: Dario Gentili/Mauro Ponzi (Hrsg.), *Soglie. Per una nuova teoria dello spazio*, Mimesis, Mailand/Udine, 2012, S. 61–94. Die vorliegende deutsche, gekürzte Fassung orientiert sich an der englischen, von Alfredo Gatto und Fabio Vighi übersetzten und gekürzten Version des Artikels „The Singing of the Sirens", in: Mauro Ponzi/Alexis Nuselovici/Fabio Vighi (Hrsg.), *Between Urban Topographies and Political Spaces: Threshold Experiences*, Lexington Books, Lanham, 2014.

[2] Vgl. Roland Barthes, „En sortant du cinéma", in: *Communications*, 23, 1975, S. 104–107, hier S. 104. Dt. d. Ü.

[3] Vgl. Paul Schrader, *Transcendental Style in Film: Ozu, Bresson, Dreyer*, University of California Press, Berkeley, 1972.

Massimo Donà

Dennoch kann uns das Kino mit dem Nicht-Wirklichen („non-reale", Anm. d. Ü.) in Verbindung bringen, zu welchem wir innerhalb der Dimension der existierenden Wirklichkeit keinen Zugang haben, da jenseits von ihr nichts ist. Die Essenz des Kinos ist dabei mit dem Gesang der Sirenen vergleichbar, den Homer im zwölften Buch der *Odyssee* beschreibt. Dort zeigt bzw. entlarvt er das bloße „Nichts" oder, anders gesagt, die „Negation" jeder Bedeutung und damit unser aller Lebenshorizonts. Dieser Gesang, den auch das Kino unbeirrbar und unablässig anstimmt, lässt sich somit sehr gut auf das Schweigen übertragen, das schon Kafka in den Verwicklungen der homerischen Erzählung erkennen konnte. Eben deswegen ist die Erfahrung, die wir jedes Mal im Kino machen, mit derjenigen zu vergleichen, die Buñuel so glänzend und eindrucksvoll in seinem *Würgeengel* skizziert hat. Doch hierzu später.

Auch wenn uns niemand daran hindert, die Grenzen der Wirklichkeit zu überschreiten und uns aus der Immanenz herauszuwagen, so wäre es uns dennoch unmöglich. Daher befinden wir uns alle in derselben Situation wie der Mann vom Lande in Kafkas berühmter Parabel *Vor dem Gesetz*, der sein Leben lang auf die Erlaubnis wartet, eine aus einer „eindeutig offenen Tür" bestehende Schwelle zu überschreiten. Es ist uns nicht möglich, den begrenzten Horizont zu verlassen, der uns alle umfasst, da dieser unhintergehbar und somit auch nicht überschreitbar ist, selbst wenn wir beharrlich nach etwas suchen, das jenseitig ist.

Odysseus als archetypischer Experimentator des Kinoerlebnisses

Homer beschreibt in seiner Erzählung eine Urszene und insbesondere Odysseus' Treffen mit den Sirenen verkörpert den Archetyp des Kinos. So scheint der erste Kinozuschauer tatsächlich genau der unersättliche Experimentator gewesen zu sein, der in der *Odyssee* besungen wird, Odysseus also. Lang vor den tief in einer Höhle angeketteten Menschen, von denen uns Platon im *Staat* erzählt und die dazu verdammt sind, einem völlig rätselhaften und trügerischen Schauspiel beizuwohnen, das mit den eigentümlicheren Eigenschaften des Kinoerlebnisses nichts gemein haben dürfte, konnte Odysseus eine echte kinematographische Erfahrung erleben.

Odysseus' fatales Zusammentreffen war vorab ja schon von der Zauberin Kirke prophezeit worden. Lieblich singend versprachen die Sirenen, jene Hybridwesen von verführerischer Attraktivität, Odysseus eine wahrhaftige und umfassende Erfahrung der Vollkommenheit zuteil werden zu lassen – mittels eines

einzigen und unfehlbaren Blicks. Sie stellen Odysseus die Möglichkeit in Aus-
blick, in den Genuss einer vollkommenen Befriedigung zu kommen, die einer
Erkenntnis entspringt, die sich als größer erweist als jede andere. Sie hat nichts
mit dem einfachen und begrenzten Wissen zu tun, das jeder Mensch erwerben
kann, sondern ist vielmehr die Erkenntnis eines vollständigen und vollendeten
„Ganzen". Während Odysseus also für eine unwiederbringliche Vergangenheit
steht, so verkörpern die Sirenen die Utopie, sich von den Anstrengungen der
Zeit zu befreien und in einer perfekten und daher glücklichen Ruhe auflösen
zu können.

Odysseus ist ein *homo viator*, ein unermüdlicher Reisender, der ohne Unter-
lass vorwärts schreitet, in der Hoffnung, seinen Ausgangspunkt wiederzuerlan-
gen. Seine Reise ist in der Tat ein *Nostos*, eine buchstäbliche Rückkehr zu den
Wurzeln. Sie ist eine essenzielle Erkenntnisreise und somit das, was jede wahre
Philosophie ist: ein Abenteuerweg[4], der uns ermöglicht, das einzig wahre „Fundament" von allem wiederzugewinnen oder, mit Hegel gesprochen, das, was vor
jedem Anfang steht. Denn das Ganze bzw. die Totalität kann nur dann erfahren
werden, wenn man seine theoretische Struktur versteht, die uns ermöglicht den
Kreis zu schließen und uns mit dem Beginn wiederzuvereinigen.

Doch bereits eine Zauberin weist Odysseus auf die Gefahr hin, dass er während seiner Erkenntnisreise auf die Probe gestellt wird. Sie zeigt ihm einen Ausweg auf und liefert somit den spielentscheidenden Zug, um ihn vor dem Schiffbruch zu bewahren. Wäre dem homerischen Helden nicht geholfen worden (wir
könnten auch sagen: *iuxta propria principia*), so hätte er jenem *Melos* und seinen
Versprechungen nicht widerstehen können, die jeden Wissensdurstigen dazu
verführt hätten, die Wahrheit des Seienden oder aber seine grundlegende Determiniertheit erkennen zu wollen. Jenes Versprechen war für Odysseus eine
einmalige Gelegenheit eine wahrhaft *außergewöhnliche* Erfahrung zu machen
und die Grenzen des Menschlichen zu überschreiten; es ließ die Totalität also
erreichbar erscheinen.

Die Sirenen hätten Odysseus sicherlich überzeugt (Kirke wusste dies nur zu
gut), denn ihr *Melos* hätte das Unmögliche offenbart, das jeder erkennen will,
der *virtus et sapientia* erlangen möchte. Ihr *Melos* versprach ein ent-grenztes
und unendliches Wissen. Ihr Versprechen verwies auf *A-peiron*, dessen grenzenlose Macht den homerischen Helden mit einem Abgrund konfrontiert hätte.

---

[4] Zur Philosophie als Abenteuer vgl. Massimo Donà, *Filosofia. Un'avventura senza fine*,
Bompiani, Mailand, 2010.

Mit Frauengesicht und Vogelkörper ausgestattet, verkörpern die Sirenen besonders anschaulich die chthonischen Götterbilder, die Freud zu jenem psychischen Magma inspiriert haben sollen, das er das „Unbewusste" nannte. Sie haben jedoch nichts mit der erotischen Faszination des Weiblichen gemein, denn ihre Anziehungskraft ist auf die Erfahrung des Nicht-Konditionierten zurückzuführen, welche auch im Denken Kants von großer Bedeutung ist, auch wenn dieser bekennt, dass der Intellekt ihr gegenüber machtlos ist.

Das täuschende Versprechen unkonditionierter Erkenntnis

Die Erkenntnis, welche das Nicht-Konditionierte zu fassen trachtet, kann nicht zu einer wahren Erkenntnis werden, denn letzten Endes ist es unmöglich, sie direkt und ohne irgendeine Hilfe zu erlangen. Das Bedingte kann stets nur eine weitere Bedingtheit an*erkennen*; es kann seine eigene Kondition nicht überwinden. Es ist also genau in dem Horizont eingesperrt, von dem es sich entfernen will.

Wäre Odysseus dem Rat der Zauberin nicht gefolgt, hätte er unausweichlich Schiffbruch erlitten. Er hätte sich selbst getäuscht und sich vielleicht eingebildet, seine Endlichkeit überwunden zu haben. Der Gesang der Sirenen muss wohl unwiderstehlich gewesen sein, gerade wegen seiner perfekten Melodie, deren ungekannte Harmonie in ihrer Totalität sich nicht nur aus ihren einzelnen Teilen zusammensetzte.

Die verführerische Macht dieses Gesangs war das Versprechen einer Totalität, die nicht bewohnt werden kann. Dies reflektiert sich im Bild der Insel, welche die Sirenen bewohnen. Es handelt sich dabei um ein abgetrenntes bzw. „anderes" Gebiet, es unterscheidet sich vollkommenen von den Gebieten, die wir erreichen können, wenn man den herkömmlichen Reiserouten „unserer" Welt folgt.

Es konnte also nur ein Gesang sein, der diesen Zugang ermöglicht hätte, auch wenn dessen perfekte melodische Harmonie sich nicht auf ihre einzelnen Teile reduzieren lässt und auch nicht von unserer Welt aus zugänglich ist. Eine solch perfekte Melodie stellt die Negation der Gegebenheit dar. In der Tat kann Musik nicht auf eine einfache und eine einzige Bedeutung festgelegt werden; ebenso wenig lehrt sie, zwischen falsch und wahr zu unterscheiden. Selbst wenn man versucht, dies zu übersetzen, was sich jedweder Übersetzung entzieht, so muss man sich dessen gewahr sein, dass das Übersetzte keine präzise Wiedergabe des eigentlichen Inhalts ist.

Daher brauchte Odysseus eine Zauberin, die ihm das Fundament jener Melodie erläuterte. Denn die Ratio des Helden allein hätte ihm weder geholfen, noch hätte sie die dem Sirenengesang innewohnende Täuschung entlarvt. Die *Metis* des homerischen Helden hingegen hätte nicht ausgereicht, um die von Kirke angekündigte Prüfung zu bestehen. Oder anders gesagt, Odysseus hätte Orpheus' Sieg nicht wiederholen können. Der Gesang der Sirenen hätte ihn verzaubert.

Das Kino als Schwellenerfahrung

Die von Kirke eingeflüsterte Strategie entspricht tatsächlich dem, was wir als den Prototyp der Kinoerfahrung bezeichnen könnten. Es ist interessant, dass es gerade eine Zauberin war, die das heraufbeschwört, was sich der logischen Dimension von Sprache entzieht. Ihr Rat hat den homerischen Helden vor dem sonst unausweichlichen Schiffbruch bewahrt, forderte sie ihn doch dazu auf, sich an den Mast binden zu lassen, um zu überleben. Sie gab ihm die große Chance, der erste Zuschauer einer wahrhaftigen Kinoerfahrung zu sein, indem er den bezaubernden und „unbegrenzten" Gesang der Sirenen vernahm. Selbst wenn dieser nichts Konkretes besagt, so kann das von ihnen abgegebene Versprechen dennoch nicht auf eine einfache weltimmanente Gegebenheit reduziert werden. Odysseus anzubinden, verhinderte daher, dass er die Grenzen des Menschlichen nicht überschreitet und den typisch menschlichen Versuchungen nicht nachgibt. Zugleich ermöglichte es ihm an einer Erfahrung teilzuhaben, welche die Seinskondition des Menschen negiert. Hätte er Kirkes Rat nicht befolgt, wäre er der faszinierenden Totalität des verlockenden Sirenengesangs erlegen, der eine andere „Welt" und eine andere Lebensmöglichkeit zu verheißen schien.

Ohne die Zauberin Kirke wäre all dies nicht möglich gewesen. Odysseus hätte von selbst nie verstanden, dass die menschliche Kondition nicht überwindbar ist. Von daher musste er einen Weg finden, ihrem Gesang zu lauschen, ohne ihm jedoch zu erliegen. Was Odysseus also tat, indem er sich anbinden ließ, war, auf der Möglichkeitsschwelle zu verharren, die ihm der Gesang der Sirenen eröffnete. Dass dieser gefährlich war, erkannte er, als er an der Insel vorüber segelte und die zahlreichen Skelette am Ufer erblickte.

Er hatte also nur die Möglichkeit, innerhalb der eigenen Begrenztheit zu verbleiben und dabei vielleicht von einer Grenze zur anderen vorzustoßen, da das Versprechen der Unendlichkeit ein unstillbares Verlangen in ihm entfachte. Gegenüber diesem Verlangen ist der Intellekt machtlos, es ist weder rational fassbar noch mit bloßem Auge sichtbar. Einzig die Einsicht, dass es nicht darstellbar ist, macht es uns verständlich. Da das Unbegrenzte kein Objekt sein kann (wäre es das, so wäre es nicht indeterminiert), so können wir auch niemals eine Vorstellung von ihm erlangen, denn seine Essenz kann nicht mit den Grenzen der menschlichen Kondition erfasst werden, stellt sie doch gerade die Negation jeder möglichen Eingrenzung dar.

Dies ist der Grund, warum wir innerhalb eines endlichen Horizonts verbleiben, der als eine nicht überschreitbare Schwelle verstanden werden kann. Dies ist auch im Kino der Fall, wenn der Zuschauer unendlichen Genuss erfährt, der von etwas Bestimmten ausgelöst wird. Auch im Hinblick auf die Körperhaltung ähnelt der Kinozuschauer Odysseus: Er sitzt gebannt und reglos da, während im Film die Ereignisse ihren Lauf nehmen, ohne dass wir diese unterbrechen oder verändern könnten. Dank der kinematographischen Phantasmagorien begreifen wir, dass wir Teil einer unendlichen Reihe von Ereignissen sind, die das Geschehen in unserer Welt reflektieren.

All dies verdeutlicht der Film *11:14*, ein hervorragender Thriller von Greg Marcks aus dem Jahre 2003. Er zeigt die weitläufige und überraschende Verkettung von Ereignissen, die durch ein augenscheinlich zufälliges, in Wirklichkeit aber völlig unausweichliches Schicksal verbunden werden. Alles hängt miteinander zusammen. Die eventuelle Absicht, den Lauf der Dinge zu verändern, ist in eine zwingende Kausalitätskette von Ereignissen eingeschrieben. Deshalb wollen wir im Kino nie etwas verändern, sondern uns einfach einer Erfahrung hingeben. Im Kino sind wir Teil eines nichtüberschreitbaren Horizonts und selbst wenn wir diesen nicht verändern können, so empfinden wir dies dennoch nicht als einen Mangel an Freiheit.

Im Kino ähneln wir Odysseus, auch wenn wir nicht an einen Schiffsmast, sondern nur an einen Sitz gefesselt sind, vom dem aus wir das Spektakel betrachten. Schon bevor wir den Saal betreten, wissen wir, dass wir etwas sehen und hören, lachen oder leiden werden. Zudem wissen wir, dass wir nicht einfach plötzlich aufstehen und gehen oder erst den Saal betreten können, wenn der Film schon läuft, ohne so nicht auch die Kinoerfahrung negativ zu beeinträchtigen.

Aufgrund der verzaubernden Macht des Films, die durch die Dunkelheit des Kinosaals hervorgerufen wird, scheinen auch wir jenen Warnungen ausgesetzt zu sein, die Kirke Odysseus gab, ganz so als würden wir genau jene Szene erneut erleben. Darum avanciert jeder von uns im Kino selbst zu einer „Schwelle" und ist einer außer-ordentlichen Erfahrung ausgesetzt, bei der unsere ontologische Endlichkeit nicht als eine von uns überschreitbare Grenze empfunden wird. Nur im Kino können wir uns der perfekten Immanenz unserer ursprünglichen Endlichkeit bewusst werden. Würden wir hingegen diese Situation als eine Grenze erleben, die es verdiente, überschritten zu werden, dann wären wir gezwungen, ebenjenen Todessprung zu vollziehen, der bereits von all jenen verwesenden Skeletten vollzogen wurde, die an den Ufern der Sireneninsel liegen.

Die Entgrenzung der Wirklichkeit im Kino

André Bazin hat also vollkommen recht. Das Kino zeigt die Wirklichkeit, genau die Wirklichkeit, die uns in der Regel nur über abstrakte Überlegungen zugänglich ist. Sie erweist sich uns als begrenzt, zusammengesetzt aus einfachen und bestimmten Gegebenheiten und verhindert die Erfahrung von Totalität. Das Kino zerstört diesen Zauber, indem es uns ermöglicht, die Wirklichkeit von einem anderen Standpunkt aus zu denken. Bazin erläutert dies bereits auf den ersten Seiten seines bekannten Buchs *Was ist Film?*:

> Der Realismusstreit in der Kunst ist aus diesem Mißverständnis hervorgegangen, aus der Verwechslung von Ästhetischem und Psychologischem, von wahrhaftem Realismus, das heißt dem Bedürfnis, die zugleich konkrete und essentielle Bedeutung der Welt auszudrücken, und jenem Pseudorealismus der Sinnestäuschung (oder Geistestäuschung), der sich mit der Illusion der Formen zufrieden gibt. [...] Die Perspektive war [diesbezüglich] der Sündenfall der abendländischen Malerei.[5]

Aufgrund der mechanischen Aufnahmetechniken der siebten Kunst kommt dem Fotografierenden oder Filmenden keine essentielle Funktion zu. Abgesehen vom Umstand, dass die Kamera von einem Menschen bedient und kontrolliert wird, gibt das hieraus hervorgehende Bild dennoch stets nur die Welt wider: Dies impliziert, dass die Welt selbst diesen Prozess erst ermöglicht. Dabei ist es ganz so, als ob die Wirklichkeit, während sie reproduziert wird, ihrer natürlichen Vergänglichkeit entzogen würde und so unendlich und beliebig wiederholbar wird.

Im Kinobild hinterlässt die Welt stets eine Spur von sich selbst. Diese Spur ist nichts anderes als die Wirklichkeit selbst; auch wenn die andere Form der Wirklichkeit nicht zwingend der instrumentellen Logik unseres sonstigen, alltägli-

---

[5] André Bazin, *Was ist Film?*, Alexander, Berlin, 2004, S. 35 f.

chen Lebens folgt. Zugleich sollen die Bilder jedoch möglichst getreu gerade die Wirklichkeit unseres Lebens reflektieren (was vielleicht auch den jüngsten Erfolg des 3D-Kinos erklärt). Bazin hatte richtig erkannt, dass der durch das Kino ermöglichte absolute Realismus eine vollkommen außergewöhnliche Erfahrung hervorruft, welche sich nicht mit unseren herkömmlichen Alltagserfahrungen deckt. Weit mehr noch als die Fotografie ist das Kino in der Lage „sich der Zeit des Gegenstands anzuschmiegen und überdies den Abdruck seiner Dauer zu nehmen"[6].

Dennoch fehle es dem Kino an etwas, so Bazin weiter. Im Gegensatz zum Theater rufe es eine Art ästhetischen Kurzschluss hervor, der uns „eine gewisse, der Bühne entschieden eigene Spannung"[7] vorenthält. Während das Theater also ein wahrhaft individuelles, aktives Bewusstsein voraussetzt, verlangt das Kino Bazin zufolge „nur passives Einverständnis"[8], also eine passive Identifikation. „Im Kino hingegen betrachten wir – allein in einem schwarzen Raum verborgen – durch halb geöffnete Vorhänge ein Schauspiel, das uns ignoriert und ein Teil des Universums ist."[9]

Deshalb avancieren die „Welten", die sich vor uns im Kino auftun, zu *„der Welt"*. Ebenso befreit sich das Drama eines einzelnen Ereignisses von jeder spezifischen Konnotation und wird zu einem Spiegel, der eine als unhintergehbar verstandene „Wirklichkeit" widerspiegelt. Im Kino fällt die Wirklichkeit mit dem zusammen, was auf der Leinwand erscheint. Im Gegensatz zur Malerei oder zum Theater ist Letztere kein Rahmen mehr. Bazin hat dies richtig erfasst: „Die Leinwand hat keine Kulissen, sie könnte sie gar nicht haben, ohne die für sie spezifische Illusion zu zerstören, durch die ein Revolver oder ein Gesicht zum Mittelpunkt des Universums werden kann."[10]

Wenn wir nach dem Filmende aus dem Saal gehen, so verlassen wir keinen spezifischen Raum, der in Bezug zu unserem alltäglichen Leben steht, sondern ein ganzes Universum an Möglichkeiten, die man außerhalb des Kinos nicht finden kann. Deshalb fühlen wir uns melancholisch oder als ob etwas an uns nage, wenn wir aus dem Kino kommen – ganz so als hätten wir einen seltene, außergewöhnliche und einzigartige Gelegenheit verpasst.

---

[6] Ebd., S. 184.
[7] Ebd., S. 185 f.
[8] Ebd., S. 187.
[9] Ebd., S. 188.
[10] Ebd.

Dennoch kann uns nur das Kino ebenjene Gelegenheit bieten, wenn unsere Wahrnehmung in einer unbestimmten Totalität aufgeht, wo jedes Ereignis und jede Begegnung sich als ein wahrhaftiges Versinken in die gleichgültige Mechanik des Universellen ausnehmen. Nur in der Dunkelheit des Kinos dürften wir uns wohl für ebenjene absolute Negation in all ihrer Gegebenheit offen fühlen, nämlich für die Negation ganz bestimmter Situationen, die wir gewöhnlich im Laufe unseres Lebens durchleben.

Nur im Kino öffnet sich die Welt und verleugnet dabei jeglichen Rahmen. Auf diese Weise lässt es uns begreifen, was es wirklich bedeutet, *auf der Schwelle* oder *jene Schwelle* selbst zu sein. Nur im Kino vermag die Wirklichkeit über sich selbst hinaus zu gehen, da sie als etwas Nichtwirkliches erscheint.

Obgleich Paul Schraders Kinotheorie derjenigen Bazins ganz offensichtlich gegenüber steht, hat auch er recht. Während das Kino für Bazin dabei helfen kann, die „ursprüngliche Vision" wiederzufinden, ohne jedoch eine Antwort auf die Fragen des Zuschauers geben zu können, so solle das Kino in Schraders Augen hingegen die große Lektion der heiligen Kunst verinnerlichen. Schrader zufolge sollte der Regisseur versuchen, die gereinigte und geläuterte Vision der Welt zu verklären und dem Zuschauer zu ermöglichen, ebenjene absolute Alterität wahrzunehmen, welche die Kamera nicht einfangen und sichtbar werden lassen kann. Schrader zufolge sollte sich das Kino eines transzendentalen Stils bedienen, der nach dem Unsagbaren und Unsichtbaren trachtet, selbst wenn dieses weder fass- noch sichtbar ist.[11]

Anders gesagt, wenn Bilder Ausdruck des Transzendenten sein könnten, so können sie uns dennoch nicht mitteilen, was das Transzendente eigentlich ist. Deshalb kann das Kino nur das Transzendente im Spiegelbild des Menschen ausdrücken[12]. Für Schrader sind Kunst und Religion eine Verkörperung des Transzendenten, selbst wenn sie diese nicht als ein spezifisches und bestimmtes Objekt beschreiben können. Auch wenn wir zudem die uns definierende Immanenz nie überwinden werden können, so sind wir dennoch stets von dem unstillbaren Verlangen getrieben, das zu erkennen, was nicht auf unsere Welt reduzierbar ist.

Der Künstler muss sich bewusst sein, dass sein Unterfangen vergeblich ist und dass selbst seine gehaltvollsten Äußerungen nur zum Schweigen führen

---

[11] Vgl. Paul Schrader, *Il trascendente nel cinema*, Donzelli, Rom, 2010, S. 3.
[12] Vgl. ebd., S. 6.

können.[13] Sonst sind seine Bemühungen sinnlos, denn Sinn oder Nutzen sind stets an eine spezifische Erfahrung und an etwas Objektivierbares gebunden. Deshalb ist der Künstler gezwungen zu erkennen, dass das Schweigen der Schwelle zwischen der konkreten Bedeutungszuschreibung und dem nicht auf Bedeutung reduzierbaren und somit jedwede Bedeutung annullierenden, allumfassenden Göttlichen ist.

Kafkas Schweigen der Sirenen

Es ist kein Zufall, dass sich Franz Kafka dazu entschieden hat, die soeben analysierte homerische Episode neu zu interpretieren und radikal zu verändern. Er suggeriert uns, dass der Gesang der Sirenen vielleicht gar nicht wirklich erklungen ist, sondern dass Odysseus einem unerträglichen Schweigen ausgesetzt gewesen sei. Nur das Schweigen könne den Kontakt mit dem „absolut Anderen" nachvollziehbar machen. Auch wenn ihm zufolge der „Sang der Sirenen [alles] durchdrang"[14] und „die Leidenschaft der Verführten mehr als Ketten und Mast gesprengt [hätte]"[15], so ahnte Odysseus nicht, dass „die Sirenen eine noch schrecklichere Waffe als den Gesang [haben], nämlich das Schweigen."[16] Kurzum, Odysseus hat bei Kafka nicht begriffen, was eigentlich passiert war: Dank des Wachses in seinen Ohren ging er davon aus, die Sirenen besiegt zu haben, doch diese Sirenen hatten in Wirklichkeit gar nicht gesungen, sondern geschwiegen. Vor allen Dingen aber *will* Kafkas Odysseus jenen Gesang nicht hören, denn er ist davon überzeugt, dass es nicht ausgereicht hätte, sich an den Großmast binden zu lassen; er wäre wohl dennoch ihrem Gesang verfallen und gefolgt. Auch wenn Kafkas Odysseus also glaubt, einen Sieg errungen zu haben, so verhält es sich gerade anders herum. Der Sieg der Sirenen liegt in ihrem Schweigen, versagen sie Odysseus so doch die Möglichkeit, überhaupt zu entdecken, was gerade passiert. Dabei ist es dem homerischen Helden zugleich ebenso versagt, die – in De Chiricos Worten – „reine Stille der Existenz" zu erfahren, denn Odysseus hat von Beginn an den Vorsatz gefasst, dem Gesang nicht zu lauschen und sich nicht von ihm verzücken zu lassen, was einem willentlichen Verbleiben in der eigenen Endlichkeit gleichkommt.

---

[13] Vgl. ebd., S. 7.
[14] Franz Kafka, *Das Schweigen der Sirenen*, Suhrkamp, Frankfurt a. M., 1970, S. 71.
[15] Ebd.
[16] Ebd.

Letztendlich hat Odysseus diese mächtige Waffe der Sirenen nicht neutralisiert, weil nicht er sie zum Schweigen gebracht hat, sondern sie dies aus eigenem Entschluss taten. Ihr Sieg brachte bei dem homerischen Helden also nur eine abstrakte Identität des Intellekts hervor, um es mit Hegel zu sagen.

Insofern beschreibt Kafka die schicksalhafte Niederlage des menschlichen Denkens und somit den Verzicht auf die Kinoerfahrung. Zugleich zeigt Kafka eine Alternative auf und dass die Dinge sich auch ganz anders zugetragen haben könnten. Dass er nicht bemerkte, dass die Sirenen nicht sangen, könnte Odysseus nämlich auch einfach nur vorgetäuscht haben, um so ihre Strategie auszuhebeln – nicht ahnend, dass er ihr dennoch erlag.

Trotz der verschiedenen Versionen dieser Geschichte ist besonders eines relevant: nämlich dass der Gesang der Sirenen bzw. ihr unwiderstehlicher *Melos* letztlich – zumindest in Kafkas Version der homerischen Erzählung – mit einem mächtigen Schweigen zusammenfiel. Kafka geht im Grunde davon aus, dass die Begegnung mit dem, was wir am meisten begehren, sich als ein wahrhaftiges Zusammentreffen mit dem Schweigen gestaltet. Insofern bedeutet „die Schwelle zu bewohnen", das Verständnis nach sich zu ziehen, dass jedes Wort und jede Bedeutung eindeutig an das Schweigen gerichtet sind, das ihren Versuch offenlegt, sich selbst zu überwinden. Daher handelt es sich beim Schweigen um eine rätselhafte Öffnung, die die Präsenz einer anderen Schwelle signalisiert, nämlich einer Grenze, die sich ganz anders ausnimmt als die uns bekannten Grenzen. Kafkas Neuinterpretation von Odysseus' Treffen mit den Sirenen folgt dem Vorbild seiner bekannten Parabel *Vor dem Gesetz*, welche eine frappierend ähnliche Situation beschreibt.

Ein Mann vom Lande bittet um Erlaubnis, das Gesetz betreten zu können. Der Wächter antwortet, dass er ihm diese Erlaubnis momentan nicht geben könne, aber vielleicht später, wer weiß. Über Jahre hinweg wartet der Mann vor der offenen – und damit passierbaren – Tür. Als er am Ende schon im Sterben liegt und untröstlich ist, die Erlaubnis noch nicht erhalten zu haben, und den Wärter fragt, warum nie jemand anderes zu jener Schwelle gekommen sei und um Einlass gebeten habe, antwortet dieser ihm: „Hier konnte niemand sonst Einlaß erhalten, denn dieser Eingang war nur für dich bestimmt. Ich gehe jetzt und schließe ihn."[17]

Diese Tür war immer offen gewesen und niemand hatte den Mann je daran gehindert, hindurchzugehen. Gewiss hatte er nie die Erlaubnis erhalten, aber

---

[17] Franz Kafka, „Vor dem Gesetz", in: ders., *Sämtliche Erzählungen*, Fischer, Frankfurt a. M., 1970, S. 149.

nur weil es dafür überhaupt keine Notwendigkeit gab, denn sie war allein für ihn bestimmt. Da die Tür offen und nicht verschlossen war, konnte sie auch kein konkretes und begrenztes Territorium umschreiben. Vielmehr verweist sie aufgrund ihrer Offenheit auf die bloße Verneinung jeder möglichen Grenze. Die Tür hätte dem Mann vom Lande also suggerieren sollen, dass seine Endlichkeit stets an eine unbegrenzte Öffnung gebunden ist. Mittels der Tür materialisiert sich also nicht nur eine spezifische und stets begrenzte Gegebenheit, sondern diese Endlichkeit offenbart durch sie auch ihre Essenz.

Der Mann vom Lande ist mit dem transzendentalen Horizont der phänomenalen Wirklichkeit eins geworden. Zugleich war sein ganzes Leben von dem Wunsch erfüllt, diese Kondition zu überwinden. Dies ist die Aporie, die unser Leben kennzeichnet. Die transzendentale Begrenztheit, die unsere Wahrnehmung charakterisiert, kann nicht verhindern, dass wir früher oder später auf den verführerischsten aller Gesänge stoßen, der mit seiner eigenen Unhintergehbarkeit zusammenfällt.

Offenheit und Schwelle

Wenn der Horizont, in dem wir uns befinden, in unbegrenzter Offenheit erscheint, so kann die Endlichkeit dieses Horizonts nur als unbegrenzt gedacht werden, denn dieser gibt sich stets als etwas, das jetzt schon *nicht mehr das ist, was es ist*, also als etwas, das immer schon negiert ist. Deshalb ist die Dimension dieses Horizonts nicht vorstellbar; er kann nicht die Vorstellung erwecken, dass sich in ihm noch etwas Anderes befindet. Daher war die Tür bei Kafka offen, denn dort gab es nichts, das versteckt werden sollte. Es gab keine Grenze, die auf eine Schwelle hinweist, die uns davor schützt, das zu werden, was wir immer waren.

Der Mann vom Lande nimmt die Tür jedoch als verschlossen wahr, denn er erkennt nicht, dass die durch die Öffnung angekündigte „Zukunft" nicht in einer anderen Welt liegt, sondern schon immer Teil von ihm war. Anders gesagt, Kafkas Mann vom Lande ist sich nicht bewusst, dass jene Zukunft *in primis* seine Gegenwart betrifft, da sie Teil der Offenheit ist, die das unsere Wahrnehmung kennzeichnende Unmögliche darstellt. Deshalb braucht er keinen Passierschein. Die Offenheit der Tür entsprach der Offenheit seines eigenen Lebens. Hinter der Schwelle liegt nichts – nichts, das überschritten werden könnte, da die von der Tür verheißene Zukunft weder positiv noch wahrhaftig überwunden werden kann. Wäre die Tür zudem als das erkannt worden, was sie wirklich war, so hätte man in ihr eine jener unzähligen Schwellen gesehen, die wir im Leben zu überschreiten versuchen. Erst im Versuch, die Tür zu durchschreiten, erkennen wir, dass wir nicht über die Gegenwart hinaus gehen können. In anderen Worten können wir so erst verstehen, dass die Tür unseren Horizont nicht begrenzt, da es keine Grenze innerhalb unseres möglichen Wahrnehmungshorizont gibt. Wie Kafkas Tür zeigt, kann die Grenze nur als grenzenlose Offenheit erscheinen; wir sind ein Teil von ihr. Zugleich macht sie deutlich, dass hinter der sie definierenden Schwelle nichts liegt und dass nichts unsere konstitutive Begrenztheit bestimmen kann. Letztlich kann uns niemand die Erlaubnis erteilen, die Tür zu durchschreiten, denn das Durchschreiten selbst ist unsere ursprüngliche Kondition.

Die von der Tür verdeutlichte Schwelle offenbart daher nicht „etwas", das jenseits liegt. Jenseits der Tür ist nichts anderes. Wir können keinem „Anderen" begegnen, von dem wir annehmen, dass es sich in einem anderen Raum befindet, da dieses Andere immer schon Teil unserer Erfahrung ist. Überschritten wir die Schwelle, so fänden wir nichts anderes oder neues, selbst wenn wir auf zukünftige Ereignisse warten. Wir können also sagen, dass wir alle auf etwas warten, dass niemals eintreten wird. Wir alle warten auf Godot oder aber auf das Unmögliche, das in seiner Form als Unmögliches selbst immer schon präsent ist. Künftiges muss also immer auch als schon Gewesenes gedacht werden. Vielleicht dachte Hegel auch deshalb, dass das Vorwärtsgehen im Erkenntnisprozess einem Zurückgehen zum Wahren und zum Ursprung entspricht. Entsprechend können wir das Indeterminierte stets auch nur als etwas Determiniertes denken, ganz so als handele es sich dabei um eine einfache Alterität. Wenn uns also unsere praktische Veranlagung zu solch einem Denken nötigt, so müssen wir verstehen lernen, dass wir einfach auf etwas warten, auf das man gar nicht warten kann, d. h. auf die unmögliche Zukunft, die wir bereits leben. Wir warten somit auf etwas Unmögliches, das als Anselmischer Gottesbeweis definiert werden kann, nämlich dass nichts Größeres gedacht werden kann.

In Wirklichkeit erwarten wir jedoch nicht eine einfache oder spezifische Bedeutung, sondern die absolute Negation jedweder Bedeutung, d. h. etwas, was weder gemessen noch ausgedrückt werden kann, da diese Negativität nicht in Bedeutungen fassbar ist. Dies ist der Grund, warum wir stets das absolut Unmögliche erwarten, nämlich die unmögliche Zukunft, die wir bereits jetzt schon leben. Diese Unmöglichkeit kann jedoch nur in der einfachen Negation der uns zur Verfügung stehenden Bedeutungen dargestellt werden, ohne dass wir uns auch nur in einer dieser Bedeutungen wiederfänden.

Obgleich die Essenz dieser Unmöglichkeit nicht in die Determiniertheit übersetzt werden kann, die sie postuliert, so erscheint sie zwangsläufig zugleich in jedweder reduzier- noch darstellbaren Bedeutung. Daher kann Universelles nur erinnert werden, wie schon Platon betonte, da es nicht auf einen einzelnen und bestimmten Teil der es postulierenden Wirklichkeit reduziert werden kann. Aristoteles erkennt, dass die Essenz das bereits Gewesene ist (*to ti en einai*, wörtlich: das, was das Sein war). Aus diesem Grund zeugt die von uns angenommene Zukunft von der Existenz einer absoluten Unmöglichkeit. Die Zukunft bestätigt, dass die Dinglichkeit, die unsere verschiedenen Erfahrungen kennzeichnet, nicht in der Art und Weise existiert, wie wir dies annehmen, da der ontologische Status der von uns beschriebenen Zukunft die aporetische Struktur der Wirklichkeit als solche zeigt.

Daher konnte es jenseits der offenen Tür nichts Anderes geben, daher war sie offen. Die durch die Tür symbolisierte Offenheit repräsentiert die konstitutive Indeterminiertheit jeder definierten und daher von uns erkennbaren Determiniertheit. Deshalb konnte die Bitte von Kafkas Mann vom Lande nicht erfüllt werden: Wir können uns nicht über die Schwelle hinaus bewegen, denn wir befinden uns immer schon innerhalb und außerhalb der durch die Tür gesetzten Grenzen.

Transzendenz im Kino

Kafkas Lesart der Sirenenepisode und seine Erzählung *Vor dem Gesetz* setzen letztlich eine Menschheit in Szene, die sich im Gegensatz zu Homers Odysseus von den Sirenen verführen lässt. Dabei ist sie von der Tatsache überzeugt, dass das „Transzendente" immer nur in der Gestalt eines „Jenseits" auftritt. Denn das Transzendente (Anselms *maius quam cogitari possit*, das größer ist, als man sich vorstellen kann) wird von den Menschen stets in rationalen Formen konzipiert, ganz so als sei das Transzendente etwas Universelles, das mit unserer Ratio erfasst werden könne. So entgeht ihnen jedoch, was die Kinoerfahrung so besonders macht.

Im Gegensatz zu Bazin ist Paul Schrader davon überzeugt, dass der Zuschauer das Gesehene gewöhnlich in rationalem Sinne interpretiert.[18] Dennoch zeigt

---

[18] Dies unterstreicht auch Gabriele Pedullà im Vorwort zu der von ihm herausgegebenen italienischen Ausgabe von Schraders *Transcendental Style in Film: Ozu, Bresson, Dreyer*.

das Kino eine reale Möglichkeit auf. Dabei handelt es sich jedoch nicht um das abstrakte Überwinden von Kontingenz. Vielmehr ist diese Möglichkeit an die Erfahrung des unveränderlichen Akts gebunden, die „sicher" und „frei" ist von dem Schmerz und der Mühe, die mit unserer Erfahrung des Werdens verbunden sind.

Wenn wir alle Teil desselben transzendentalen Horizonts sind und diesen nicht zu überwinden vermögen, da dieser unhintergehbar ist, so scheint uns das Kino dennoch eine andere Möglichkeit aufzuzeigen. Denn das Kino macht uns eines bewusst: Obgleich wir den Horizont nicht verlassen können, in den wir alle eingeschrieben sind, so können wir uns doch mit der Schwelle identifizieren, die allein das Kino ganz entscheidend erfahrbar macht. Wir können deshalb lernen, wie die Grenzen, welche unsere Wahrnehmung zu konditionieren scheinen, sich herausbilden *und* wie nicht (dies ist die Aporie des Kinos). Dabei handelt es sich um das wahre Analogon des mächtigen Schweigens der Sirenen, dessen paradoxes Übermaß schon Odysseus erkannte. Womit wir es, kurz gesagt, zu tun haben, ist die Erfahrung einer Zukunft, die letztlich imstande ist, die Gegenwart zu „rhythmisieren" und sie – um es mit Schrader zu sagen – in eine wahrhaftige Hierophanie zu verwandeln, also im Profanen das Heilige aufscheinen zu lassen.

Darum vermittelt das Kino etwas, das selbst Kafkas Mann vom Lande hätte verstehen können, auch wenn er nicht vermocht hätte, diese Erfahrung in einen Lebensstil zu überführen. Im Kino „lebt" man nicht im eigentlichen Sinne, beziehungsweise ist man Platon zufolge nicht wirklich „menschlich". In der Reglosigkeit und der Passivität, die es bei uns hervorruft, befinden wir uns nicht auf der Ebene der ursprünglichen und praktischen Disposition von Wahrheit (Platon führt in seinem *Staat* umfassend aus, dass die Wahrheit und die Schönheit nur in ihrer praktischen Bedeutung Ausdruck finden). Das Kino führt dazu, dass wir in Unkenntnis fallen, da wir plötzlich kein Ziel mehr verfolgen. Hierin besteht, so Bazin, die Außergewöhnlichkeit der Kinoerfahrung, in der die von der Realität hinterlassene Spur sowohl plausibel als auch phantastisch und virtuell ist, und daher nicht als etwas Zielgerichtetes betrachtet werden kann. Darum ist die von Homer beschriebene „Urszene" die erste reale Umschreibung einer Chance, die sich zwar einerseits als unmöglich und undurchführbar erwies, aber andererseits ihr Potential in der Erfindung der Brüder Lumière entfalten sollte.

Vgl. Gabriele Pedullà, „Perceval, Usa. Prefazione", in: Paul Schrader, *Il trascendente nel cinema*, Donzelli, Rom, 2010, S. IX–XXIII.

*Massimo Donà*

Odysseus erkennt genau, dass das von den Sirenen besungene „Andere"
nicht auf dieselbe Weise betrachtet werden kann wie irgendeine andere erfahrbare Alterität. Diese Intuition führt dazu, dass er sich selbst die Handlung unter-
sagt, zu der ihn seine (menschliche, allzu menschliche) *Metis* notwendigerweise
getrieben hätte. Auf diese Weise erkennt er, dass das Schweigen der Sirenen die
essentielle Wahrheit darstellt. Zudem wird ihm bewusst, dass er rein gar nichts
gewonnen hätte, wenn er ihrem Schweigen gefolgt wäre, da es sich beim Letzteren ja nur um eine unmögliche Zukunft handelt, die die Etappen seines *Nostos*
schon immer begleitet hat. Aus seiner Intuition heraus erkennt Odysseus, dass
es nur einen gangbaren Weg gibt, der zu einer reellen Erfahrung des Heiligen
führt. Deshalb lässt er sich an den Mast seines persönlichen Kinos binden, um
sich so der Erfahrung einer absoluten Negation hinzugeben.

Die Schwelle als Möglichkeitsraum

Das Kino ist also in der Lage, die soeben beschriebene Kondition mit außerge-
wöhnlicher Macht darzustellen. Doch es gibt einen Film, dem dies mit bewundernswerter und überraschender Effizienz gelungen ist: *Der Würgeengel* von
Luis Buñuel. 1962 in Mexiko gedreht, handelt dieser Film von einem Fest in
einer großbürgerlichen mexikanischen Villa. Als sich dieses dem Ende zuneigt
und die Gäste aufbrechen wollen, kann keiner mehr den Salon verlassen, in dem
man sich niedergelassen hatte, um einem Klavierkonzert beizuwohnen. Auch
in diesem Fall ist die Tür eindeutig offen; niemand wird daran gehindert, sich
von der Gesellschaft zu verabschieden. Dennoch gelingt es keinem, den Saal
zu verlassen oder die Schwelle zu überqueren. Buñuel zeigt eine stumpfsinni-
ge Menschheit, die die Schwelle der eigenen Welt wie eine der unzähligen behandelt, die stets getrost überquert werden können. Sie kann die Schwelle nicht
überqueren, da dies immer schon der Fall ist, auch wenn sie sich dessen nicht
bewusst ist. So gelingt es dem spanischen Regisseur, die Wahrheit eines Horizonts sichtbar zu machen, der, da er sich nichts und niemandem widersetzt,
die Unkonditioniertheit des Seins darstellt. Zugleich zeigt er die Neutralisierung
der Kriterien, mithilfe derer gewöhnlich zwischen wahr und falsch, zwischen
rational und irrational, zwischen Gut und Böse unterschieden wird. Der von
Buñuel geschilderte Horizont bringt das zusammen, was wir stets als getrennt
und gegenteilig gedacht haben, und stellt so das dar, was Freud – bei seinem
Versuch, den unerklärlichen und nicht nennbaren Grund des Bewusstseins zu
beschreiben – das „Unbewusste" nannte.

80

Im Film stehen Aspekte, die durch eine intelligible Ratio regiert werden (die ihre Möglichkeitsbedingungen definiert), neben Aspekten, die unsere logischen und rationalen „Werkzeuge" nicht rechtfertigen können. Der spanische Regisseur wollte nichts Geringeres, als uns das eigentliche Anliegen des Kinos bewusst zu machen, nämlich dass das, was wir als etwas voneinander Verschiedenes wahrnehmen, dies eigentlich gar nicht ist. Das Kino bietet uns die kathartische Gelegenheit, diese Aporie zu erleben. Anders gesagt, räumt es uns also die Möglichkeit ein, eine „unmögliche" Kondition zu erleben – einen Zustand, den der praktische *homo platonicus* in keinster Weise legitimieren könnte. Das Kino lehrt uns, dass kein wirklicher Unterschied gemacht werden kann, da nichts abstrakt von etwas anderem getrennt oder unterschieden werden kann. Dies geschieht erst, wenn der Würgeengel kommt, um Hass und Liebe, Demut und Stolz, Unschuld und Sünde zu trennen. Gegenwärtig, das heißt *in hoc speculo*, sind all jene so klar umrissenen Unterscheidungen nicht die, die sie zu sein scheinen; vielmehr können sie nur in ihrer absoluten und mysteriösen Verleugnung existieren. Die von Buñuel gefilmte unerklärliche Begebenheit bezeugt dies sehr eindrücklich. Kurz gesagt, in dem von uns bewohnten transzendentalen Horizont bilden die Unterscheidungen und ihr konstitutives Prinzip (das Aristotelische *principium firmissimum*) ein einziges und sehr realistisches Unmögliches, das nur ein Würgeengel schließlich eines Tages uns verständlich und erfahrbar machen können wird, indem er das Endliche von seiner unerträglichen Unendlichkeit befreit.

Kino als Erlösung

Das Kino besitzt eine erlösende Eigenschaft; auf weltliche Weise erlaubt es uns, eine Art von Erlösung zu erreichen. Unsere Aufgabe kann dabei mit der Chance verglichen werden, die von Italo Calvino verfasste Tragödie des Herrn Palomar[19] umzuschreiben, also des Wissenschaftlers, der komplexe Phänomene gemäß einer einzigen und grundlegenden Wahrheit definieren wollte. Entsprechend scheiterte Palomar ständig, da seine Neigung zur Präzision wahrlich nicht von dieser Welt war. Dennoch sollten wir versuchen, diese Tragödie zu transformieren und hinter dem unerträglichen Lärm, der unsere menschliche Existenz wie ein Basso continuo begleitet, das dunkle Fundament dieser Welt erkennen; oder anders gesagt, den schattigen Grund, der von der griechischen Sophistik

---

[19] Vgl. Italo Calvino, *Herr Palomar*, Hanser, München/Wien, 1985.

Massimo Donà

bis hin zu Leopardis Pseudoatomismus stets als ein äußerst einfaches, aber nicht weniger beunruhigendes Fehlen von Sinn interpretiert worden ist. Es handelt sich um dieselbe Sinnlosigkeit, die, wie Leopardi zeigt, allein in ihrer poetischen Verarbeitung erträglich wird.

Das Kino gestattet, es Homers Odysseus gleich zu tun, d. h. als eine Art zweiköpfiger Janus zu leben, der sich der Tatsache bewusst ist, dass die Vollkommenheit (also etwas, das jenseits unserer möglichen Erfahrung liegt) unerreichbar ist. Das Kino stellt eine wunderbare Gelegenheit dar, zu verstehen, dass es keine zukünftige Vollkommenheit oder rettende Ganzheit gibt, die uns am Ende einer schmerzvollen und harten Reise erwartet. „Jene Zukunft" sind wir bereits, weshalb wir sie nicht zu erwarten brauchen. Mittels der Passivität, die nur die Kinoerfahrung uns spüren lässt, können wir uns dessen bewusst werden: Wie Kirke Odysseus lehrt, so lehrt uns das Kino etwas. Dank der befreienden Passivität gelingt es uns, uns von der einseitigen Herrschaft der Totalität zu befreien.

Kommen wir auf das Bild der Tür und der Schwelle zurück. Nicht von ungefähr hat sich auch Jesus mit einer Tür verglichen. „Ich bin die Tür; wenn jemand durch mich eingeht, wird er selig werden", heißt es im Johannes-Evangelium (10, 9). Es ist sicher sinnvoll, allgemein daran zu erinnern, dass die Offenheit einer heiligen Tür in vielen Kulturen den Beginn eines Fests einläutet. Auch Jesus zeigt sich also seinen Anhängern und der ganzen Welt als offene Tür, die jeder unbehindert durchschreiten kann. Was er über seine Herrschaft sagt, lässt sich so zusammenfassen: Obgleich sein Reich von *dieser* Welt ist, so sollten wir zugleich nicht die Glückseligkeit vergessen, die uns Gott verspricht und die schon hier, in dieser Welt verwirklicht wird. Darum sollen wir uns berufen fühlen, unsere Aufgabe bereits in dieser Welt zu erfüllen.

Indem er sich selbst als Tür bezeichnet, lädt uns Jesus nicht zum Glauben ein, dass das in dieser Welt Vollbrachte irrelevant wäre im Hinblick auf das Licht, das uns jenseits im Nachleben erwartet. (Schon der Mythos des doppelköpfigen Janus spielt auf das an, was durch Trennung vereint und durch Vereinigung trennt. Nicht zufällig wachte der lateinische Gott, so als wäre er Hermes, über Durchgänge und Türen.) Es lässt sich nicht leugnen, dass wir allein durch das Bewohnen der Schwelle die Fähigkeit gewinnen, all jene vorgefassten Meinungen und Vorurteile abzulegen, die uns daran hindern, uns mit ebenjenem „Anderen" auseinander zu setzen, das wir im Grunde immer schon sind.

Angesichts der obigen Ausführungen zur Schwelle kann sich die Kinoerfahrung als überaus heilsam erweisen, da sie uns unsere wirkliche Essenz offenbart.

Darum kann es zum Gegenmittel werden für jene Tendenz, die universell in die Logik der Dinge eingeschrieben zu sein scheint. Wenn die Zeit, wie uns Buñuel lehrt, letztlich dazu neigt, die den Raum bestimmenden Grenzen zu radikalisieren und auszuweiten, dann kann das Kino als gelungene Metapher für eine neue räumliche Ordnung gelten, handelt es sich doch um einen Raum, der imstande ist, jeden vorstellbaren Rahmen zu verleugnen. Wäre dies möglich, so würden wir über einen Raum verfügen, der im Vergleich zu den Räumen, die notwendigerweise an die praktische Seite der menschlichen Erfahrung gebunden sind, eine „andere Möglichkeit" entwirft. Er wäre imstande, das unlösbare Paradox eines Raums deutlich zu machen, der allein während der Projektion transformiert werden kann. So könnte mithilfe des Kinos endlich ebenjene Aporie offengelegt werden, gemäß der alles ursprünglicher Ausdruck ist.

Aus dem Italienischen und Englischen von Wiebke Langer und Sieglinde Borvitz

Alexis Nuselovici (Nouss)

Europa, von Schwelle zu Schwelle

Europa, von Schwelle zu Schwelle. Europe, de seuil en seuil. L'Europa, di so-glia in soglia. Europe, from threshold to threshold. Besser noch: *Europa, from Schwelle in soglia*. Oder: *Europa, von seuil zu threshold*.

Um sich der Frage der europäischen Identität und seiner kulturellen Komplexität zu nähern, gibt es nichts Wertvolleres als seine Sprachen. Bislang ist es jedoch noch nötig, sich über das Wesen und die Funktion einer Sprache zu verständigen.

In Paul Celans Sammlung *Von Schwelle zu Schwelle*, dessen Titel Inspiration für die Überschrift des vorliegenden Aufsatzes war, gibt es ein Gedicht mit dem Titel *Schibboleth*, das von der Erfahrung der Schwelle spricht. „Schibboleth" ist ein hebräisches Wort, das sich auf diejenige Bibelstelle bezieht, in der geschildert wird, dass die Männer des Stammes Galaad ihre Feinde des Stammes Ephraim daran erkannten, dass jene den Anfangsbuchstaben des besagten Wortes nicht korrekt aussprechen könnten.[1] Es handelt sich gleichfalls um eine Verletzung des Begriffs selbst, da sowohl die Angehörigen Galaads als auch diejenigen Ephraims demselben Volk angehören und dieselbe Sprache sprechen. Darüber hinaus bringt Celan den Terminus mit einem weiteren Konflikt zwischen Brüdern in Verbindung: dem spanischen Bürgerkrieg, der durch die Erwähnung des Monats Februar, also der republikanischen Machtübernahme, und durch Ausruf ihres Zusammenhalts, „No pasarán", evoziert wird.

Herz:
Gib dich auch hier zu erkennen,
Hier, in der Mitte des Marktes.
Ruf's, das Schibboleth, hinaus
In die Fremde der Heimat:
Februar. No pasarán.

---

[1] Vgl. Richter, XII, 6. Zitiert nach *Die Bibel, Einheitsübersetzung*, Herder, Freiburg, 1996, S. 253.

Der letzte Vers des Gedichtes[2] erinnert an noch weitere historische Ereignisse des Widerstandes und Aufstandes gegen die Unterdrückung in Spanien, Frankreich und Österreich, als die Geschichte die Ablehnung des Übertretens, der Schwelle, markiert.[3] Wie in anderen Gedichten Celans bleiben auch hier die Worte in der Fremdsprache, sie werden nicht übersetzt. Nicht-Übersetzung. Oder bezeichnen sie gar die Übersetzungserfahrung selbst? Wohl viel eher, als wenn die Begriffe übersetzt worden wären. In der Tat halten diese nicht übersetzten Worte den Leser auf der Schwelle der Fremdsprache.

Das Denken der Schwelle ist jedoch zentral, um die Übersetzungsproblematik verstehen zu können, und umgeket. Denn im Gegensatz zur herrschenden Ideologie ist die Übersetzung eine Erfahrung der Schwelle und nicht des Übergangs. Anstatt eines beruhigenden Übergangs spiegelt sie nämlich das wider, was der Erfahrung der Schwelle Angst und Schrecken verleiht: den von Walter Benjamin im *Passagen-Werk* beschriebenen „Schwellenzauber"[4]. In diesem Abschnitt des ersten Konvoluts mit dem Titel *Das Interieur, die Spur*[5] beschreibt er bekanntlich die Schwellen, welche die außerhalb der Stadt gelegenen Vergnügungsorte der modernen Gesellschaft flankieren, ebenso wie jene Schwelle im Innern der Stadt, die den Eingang zur bürgerlichen Wohnung markiert. An anderer Stelle, im Konvolut C, *Antikisches Paris, Katakomben, Demolitions, Untergang von Paris*[6] beschwört er eine „Wissenschaft der Schwellen" herauf, um ein Zitat Théophile Gauthiers über den Bürgersteig der Autos einzuleiten. Dort kehrt er zum „despotische[n] Schrecken der Klingel"[7] und den Vergnügungs-

---

[2] Paul Celan, „Schibboleth", in: ders., *Die Gedichte*, herausgegeben und kommentiert von Barbara Wiedemann, Suhrkamp, Frankfurt a. M., 2003, S. 83, Verse 18–23. Näher analysiert habe ich das Gedicht in meinem Buch *Paul Celan. Les lieux d'un déplacement*, Éditions Le Bord de l'Eau, Lormont, 2010, S. 152–153, S. 187.

[3] Noch viel augenscheinlicher wird dies in einem Gedicht aus *Die Niemandsrose*, „In eins", das die selben Elemente wieder aufnimmt: „Dreizehnter Feber. Im Herzmund/erwachtes Schibboleth. Mit dir,/Peuple/de Paris. *No pasarán.*" Paul Celan, *Die Gedichte*, a. a. O., S. 153, Verse 1–4.

[4] Walter Benjamin, „Das Passagen-Werk", in: ders., *Gesammelte Schriften*, hrsg. von Rolf Tiedemann und Hermann Schweppenhäuser, Suhrkamp, Frankfurt a. M., 1974–1991, Bd. V.1, S. 283.

[5] Ebd., S. 281.

[6] Ebd., S. 133.

[7] Ebd., S. 141.

orten zurück[8], so dass er die Triumphbögen[9], die Eingänge der Passagen[10], die Metrostationen in die Typologien der Schwelle aufnimmt.[11]

Benjamins Analyse ist erstaunlich, da sie die Gefahr, die der Schwelle potentiell innewohnt, und die von ihr transportierte fatale Botschaft hervorhebt – weit entfernt von dem gemeinhin als großzügig wahrgenommenen Empfang und Gastfreundschaft. Zu Recht, denn der Empfang spiegelt proportional das Ausmaß der Angst wider, das der Ankommende hervorruft.[12] Wenn dem nicht so wäre, dann handelte es sich ja nur um einen einfachen Übergang, ein einfaches Eintreten und um die Empirizität eines Körpers, der von einem Raum in einen anderen wechselt.

Die Frage nach dem Übergang ist nicht einfach und es ist wichtig, dieses Konzept nicht ohne eine vorherige kritische Untersuchung zu bewerten. Ich weiß nicht, ob die Brüsseler Beamten, als sie sich für die Abbildung von Brücken und Toren auf den sieben Eurobanknoten entschieden und in ihnen wahrscheinlich Symbole des Übergangs und der Verständigung sahen, von der Existenz des Aufsatzes *Brücke und Tür*[13] aus dem Jahr 1909 wussten, in dem sich Georg Simmel diesem Thema widmet. Die untersuchte Thematik ist jedoch entscheidend für die europäische Identität, da sie von der dialektischen und untrennbaren Beziehung zwischen Bindung und Trennung, „Trennung und Vereinigung", „Spaltung und Vereinigung" handelt und das angestrebte Ziel der europäischen Konstruktion luzide auf den Punkt bringt. Die Divergenz zwischen den beiden Begriffen, wie auch zwischen den beiden Bedingungen, erweist sich als künstlich. So verbindet die Aussage, dass zwei Elemente getrennt seien, diese miteinander, während die Aussage, dass sie verbunden seien, wiederum impliziert, dass die beiden Elemente vorher als getrennt angesehen werden müssen. Sowohl auf materieller als auch auf geistiger Ebene „sind wir in jedem Augenblicke solche, die Verbundenes trennen oder die Getrenntes verbinden".[14] Für den

---

[8] Vgl. ebd.

[9] Vgl. ebd., S. 139.

[10] Vgl. ebd., S. 141.

[11] Vgl. ebd., S. 135 f.

[12] Vgl. hierzu Jacques Derrida, *Von der Gastfreundschaft*, Passagen, Wien, 2001. Man beachte, wie die Frage der Sprache, des Fremden und der eigenen Sprache sich mit der Problematik des Gastes verbinden.

[13] Georg Simmel, *Brücke und Tür. Essays des Philosophen zur Geschichte, Religion, Kunst und Gesellschaft*, hrsg. von Michael Landmann, Koehler, Stuttgart, 1957.

[14] Ebd., S. 1–2.

ersten Aspekt ist die Brücke das deutlichste Beispiel und es ist nicht falsch, aus ihr ein Symbol zu machen. Dennoch stellt ihr Simmel die Tür gegenüber, indem er dieser einen höheren heuristischen Wert zuspricht. Wo die Brücke eine Kontinuität zwischen zwei getrennten Räumen herstellt, da erschafft und zerstört die Tür auf räumlicher Ebene zugleich das Gefühl einer Trennung zwischen Innen und Außen. „Die Tür spricht"[15], indem sie die Verbindung zwischen dem Endlichen, dem Inneren, und dem Unendlichen, dem Außen, hervorhebt. „[M]it ihr grenzen das Unbegrenzte und das Grenzenlose aneinander [...] als die Möglichkeit dauernden Wechseltausches – im Unterschiede gegen die Brücke, die Endliches mit Endlichem verbindet".[16]

Indem Simmel Brücke und Tür miteinander vergleicht, führt er mit Letzterer die Bedeutung und Funktion der Schwelle ein. Die von ihr markierte Stelle des Innehaltens fordert auf, das abzumessen, was das Endliche vom Unendlichen trennt. Eine solch metaphysische Dimension eignet sich dazu, den Zauber heraufzubeschwören, den Benjamin mit der Schwelle verbindet. „Damit wird die Tür", so suggeriert Simmel, „zum Bilde des Grenzpunktes, an dem der Mensch eigentlich dauernd steht oder stehen kann".[17] Diese Möglichkeit offenbart die Fähigkeit des Menschen, sich Grenzen zu setzen – gerade weil er frei ist und dies ihm erlaubt, diese Grenzen zu überqueren, wann er will. Er kann nicht nur an der Grenze bleiben, sondern er ist ontologisch dazu verdammt: „Und ebenso ist der Mensch das Grenzwesen, das keine Grenze hat."[18] So wie eine Tür sich öffnet und schließt, so übt der Mensch seine Freiheit aus: Er kann sie freiwillig suspendieren und ebenso freiwillig wiedereinsetzen. Das europäische Subjekt wäre somit ein Grenzwesen, wenn es sich der Grenzen und der spezifischen kulturellen Wurzeln bewusst ist; es steht stets auf der Schwelle zwischen den Kulturen und es steht ihm frei, die jeweilige Grenze zu überwinden, um die Erfahrungen der anderen zu teilen. Grenzen als „die Verbindung zwischen dem Inneren und dem Äußeren"[19] zu erkennen und zuzulassen, damit sie überwunden werden können, bedeutet, sie in Schwellen umzuwandeln. Benjamin theoretisiert dies schon im *Passagen-Werk*: „Die Schwelle ist ganz scharf von der Grenze zu scheiden. Schwelle ist eine Zone. Wandel, Übergang, Fluten liegen im Worte ‚schwellen'

---

[15] Ebd., S. 4.
[16] Ebd.
[17] Ebd.
[18] Ebd., S. 6.
[19] Ebd., S. 5.

und diese Bedeutungen hat die Etymologie nicht zu übersehen."[20] Das europäische Subjekt verweilt auf der Schwelle zwischen verschiedenen Welten und verschiedenen Kulturen und dies erlaubt ihm gleichzeitig auch, die Zugehörigkeit zu diesen einzufordern.

In seinem Aufsatz zur Aufgabe des Übersetzers aus dem Jahre 1921 verwendet Benjamin zwei Bilder, die sich auf die Raumsemantik der Schwelle beziehen:

> Die Übersetzung aber sieht sich nicht wie die Dichtung gleichsam im inneren Bergwald der Sprache selbst, sondern *außerhalb desselben, ihm gegenüber und ohne ihn zu betreten* ruft sie das Original hinein, an demjenigen einzigen Orte hinein, wo jeweils das Echo in der eigenen den Widerhall eines Werkes der fremden Sprache zu geben vermag.[21]

Sie befindet sich am Rande, ihr gegenüber gestellt, ohne in sie einzudringen, sodass die Übersetzung stets auf der Schwelle zum Original bleibt. Anhand seiner so oft un- oder falsch verstandenen These, der zufolge die essenzielle Funktion einer Übersetzung nicht die Kommunikation von Sinn sei, führt Benjamin diesen Gedanken weiter und schließt seine Ausführungen, indem er zur Veranschaulichung der Schwelle auf eine räumliche Metapher zurückgreift: „Denn der Satz ist die Mauer vor der Sprache des Originals, Wörtlichkeit die Arkade."[22]

Die beiden Metaphern stützen die Postulate von Benjamins Übersetzungsphilosophie. Im Folgenden werde ich zwei davon herausgreifen.

Das erste Postulat stammt aus seinem Aufsatz zur Sprache aus dem Jahr 1916: „Die Übersetzung ist die Überführung der einen Sprache in die andere durch ein Kontinuum von Verwandlungen. Kontinua der Verwandlung, nicht abstrakte Gleichheits- und Ähnlichkeitsbezirke durchmißt die Übersetzung."[23] Dieses Kontinuum hat zur Folge, dass in der zuvor von Benjamin zitierten Konzeption eine Zone, ein nicht begrenzter Raum, eine Serie von Schwellen geschaffen wird. Immer auf der Schwelle bleiben, *von Schwelle zu Schwelle*. Und das auf bilaterale Weise. Sodass eine Sprache *auf der* und zugleich *die* Schwelle einer anderen ist.[24] Das Ideal der Übersetzung: Zwei Schwellen bilden eine einzige, wie in den Werken Eschers.

---

[20] Walter Benjamin, „Das Passagen-Werk", a. a. O., S. 618.

[21] Walter Benjamin, „Die Aufgabe des Übersetzers", in: ders., *Gesammelte Schriften*, a. a. O., Bd. IV.1, S. 16. Hervorhebung durch d. Vf.

[22] Walter Benjamin, „Die Aufgabe des Übersetzers", a. a. O., S. 18.

[23] Walter Benjamin, „Über Sprache überhaupt und über die Sprache des Menschen", in: ders., *Gesammelte Schriften*, a. a. O., Bd. II.1, S. 151.

[24] Hervorhebung d. Ü.

Alexis Nuselovici (Nouss)

Das zweite Postulat schließt den Aufsatz über die Übersetzung ab, was von dessen Wichtigkeit zeugt: „Die Interlinearversion des heiligen Textes ist das Ur-bild oder Ideal aller Übersetzung."[25] Was ist das Wesen dieser linearen Nähe, die sichtbar werden lässt, dass zwei sprachlichen Aussagen – die Linie des bi-blischen Originals und die seiner Übersetzung – nebeneinander stehen? Auch wenn die Empirie uns glauben machen möchte, dass die Kontiguität einen ver-schmelzenden Effekt erzeugt und die Distanzen auflöst, so darf das Denken dennoch nicht an diesem Punkt stehen bleiben. Sprechen ist zunächst einmal eine ethische Handlung. Ich spreche immer mit jemandem – oder besser: Weil es überhaupt jemanden gibt, mit dem man sprechen kann, spreche ich. Man wird hier die Ausführungen von Emmanuel Lévinas wiedererkannt haben, die für das Denken einer Identität nützlich sind, die sich wie die europäische nur im Verhältnis zum Anderen konzipieren kann. Lévinas hat gezeigt, wie auf Grund-lage der intersubjektiven Beziehung das (An-)Erkennen des Anderen zugleich dessen Exteriorität vorraussetzt, ohne welche die Versuchung, sich etwas anzu-eignen oder zu dominieren, schnell die Beziehung pervertiert hätte. Das Spre-chen behält die Distanz aufrecht, perpetuiert die Schwelle und macht deutlich, dass eine Beziehung nicht auf den Übergang – z. B. Kommunikation – abzielt, sondern auf sich selbst.

Entsprechend ist das Ziel der Übersetzung für Benjamin nicht die Überfüh-rung einer Bedeutung, sondern die Kenntlichmachung der Sprache vonseiten des menschlichen Subjekts, das seine Subjektivität erst im Aufeinandertref-fen mit dem Anderen affirmieren kann. Dies ist übertragbar auf das Aufeinan-dertreffen zweier aktiver Sprachen im Übersetzungsprozess und darüber hinaus aller Sprachen der Welt, da der Übersetzungsakt zweier Sprachen die potentielle Einbeziehung aller anderen Sprachen impliziert.

Als zwei ganz ähnliche Konzepte untergraben sowohl die Schwelle als auch die Übersetzung letztendlich die oppositive Logik von Innen/Außen. Ebenso wie die Pariser Passagen – als paradigmatische Konstruktion ein Thema im *Pas-sagen-Werk* –, die von einem Außen über ein (falsches) Innen zu einem ande-ren Außen führen. Es ist notwendig, die Logik von Außen/Innen auszuheben, denn nur dies trägt zur Beantwortung der Frage bei: Wie ist es möglich, dass ein Franzose einen Italiener nicht als Fremden ansieht, obwohl er seine Alterität anerkennt, akzeptiert und respektiert? Diese dialektische Spannung zwischen Nähe und Ferne definiert die europäische Identität und die Art von Zugehö-

---

[25] Walter Benjamin, „Die Aufgabe des Übersetzers", a. a. O., S. 21.

rigkeit, die diese vorausgesetzt hat. Von dem Augenblick an, da beide Europäer sind, können sowohl Franzose als auch Italiener in ihrem jeweiligen Gegenüber jemanden erkennen, der dieser nicht ist, sondern sein könnte, und ein potentielles Innen im identitären Außen des anderen sehen.

Die historischen Veränderungen der politischen Karten Europas ausgehend vom römischen Reich zu beobachten, ist schwindelerregend.[26] Von Jahrhundert zu Jahrhundert, ja sogar von einem Jahrzehnt zum anderen, verlaufen die beweglichen Grenzlinien anders. Das Europa Karls des Großen, Karls V., Napoleons, der Habsburger oder das Territorium der in Erweiterung befindlichen Europäischen Union – all diese Karten von Europa vermitteln den Eindruck eines plastischen Körpers von bewundernswerter und faszinierender Biegsamkeit. Die Frage der europäischen Grenzen ist so heftig diskutiert worden, dass jeder Versuch, sie wiederaufzunehmen, entmutigend wirkt. Die „Eurolimologie" – von lateinisch *limis* – ist so zerredet, dass sie dazu verleitet, ein ganz ähnliches Verbot auszusprechen, wie es 1866 die Société linguistique de Paris im Hinblick auf die Diskussionen zum Ursprung der Sprachen tat.

Die 27 Mitgliedsstaaten der Europäischen Union mit den 47 Mitgliedern des Europarats, den 51 Teilnehmerländern des Eurovision Song Contests oder den 53 Nationalmannschaften der Fußball-Europameisterschaft zu vergleichen, ist eine Aufgabe, die, wenn nicht Ratlosigkeit, so doch ein Lächeln hervorruft. Europa als ein Europa mit veränderlicher Geometrie zu bezeichnen, reicht nicht aus. Besser wäre es, ein elastisches Europa anzunehmen, oder besser noch ein flüssiges Europa, um den Begriff von Zygmunt Baumann aufzugreifen. Eine andere Räumlichkeit, die sich nicht auf Topographie und Materialität reduzieren lässt.

Wie kann eine geeignete Räumlichkeit für dieses flüssige Europa bezeichnet werden? Für diese kulturelle Identität Europas, die sich nicht in Grenzen einschließen lässt? „Territorum" setzt Grenzen voraus, „Raum" ist zu neutral. Um diesen Raum zu benennen, muss also ein Begriff gefunden werden, der keine Verschiebungen zulässt, sondern aus ihnen zusammengesetzt ist: einen Raum für einen Geist, der nicht auf exakt abgegrenzten Territorien und entlang gezeichneter Bahnen weht.

Noch vor Benajmin hat Appolinaire den Begriff „Zone" vorgeschlagen. Im Jahre 1913 veröffentlichen in Frankreich und Deutschland – ein für unsere Analyse bezeichnender Parallelismus – die Zeitschriften *Les soirées de Paris* und *Der Sturm* das Gedicht *Zone*, welches Appolinaires *Alcools* einleiten sollte. Als Titel

---

[26] Ein Berliner Museum hat daraus eine Installation gemacht.

war zunächst „Cri" angedacht, womit die Angst zum Ausdruck gebracht wird, da in ihm sowohl die verzweifelte Liebe als auch die Müdigkeit „dieser alten Welt", also der westlichen, aus jedem Vers spricht. Aber die Idee einer Zone erlaubt eine andere Lesart. In einem Paris, dessen Zauber zunehmend verlischt, richtet der Dichter seinen Ruf an ein Anderswo: die Leidenschaft des christlichen Glaubens, der von den ersten Flugzeugen erschlossene Himmel, die Bilder aus Afrika, Amerika und China, das Elend der Ausgewanderten. „Adieu Adieu", die Grenzen verschwimmen, territoriale Beschränkungen schwanken, der Raum franst aus, „Soleil cou coupé"[27] – in der Zone werden neue Möglichkeiten erschaffen, ein unbekanntes Blut.

Die Verwendung des Begriffs „Zone" bringt eine Komplexität mit sich, die einer Semantisierung voller Ambivalenzen geschuldet ist. Denn das Wort neigt von einem Bedeutungspol bis hin zu dessen Gegenteil. Auf Grundlage ihrer natürlichen Beschaffenheit schneidet es Teile der Welt, des Bodens oder Himmels aus, um abgegrenzte, einer Reglementierung oder spezifischen Tätigkeit unterworfene Territorien zu bestimmen. Angewendet wird dies auch auf urbane Umgebungen oder nicht genau bestimmbare Regionen, die sich einer entsprechenden Entwicklung entziehen. Letzteres zieht die Auffassung unbestimmter Grenzen und damit schnell auch eine Konnotation von Ausgrenzung und sogar Bedrohung nach sich. Geographen, Militärs oder Ökonomen gehen mit dem Begriff technisch um, während ihm das Imaginäre ausgehend von einer sozialen Wirklichkeit eine giftige Faszination verleiht, die an Gefahr oder Übertretung gebunden ist. Zudem herrscht, was den europäischen Kontext betrifft, die erstere Bedeutung vor: Begriffe wie „Eurozone" oder „Schengenraum" bezeichnen sehr klar abgegrenzte und reglementierte Räume.

Wie aber können beide Bedeutungen, Strenge und Ungewissheit, Regel und Nicht-Gesetz zusammengedacht werden? Hinsichtlich dieser Herausforderung müsste das europäische Denken die für es so charakteristische Fähigkeit zur Flexibilität an den Tag legen. Andrej Tarkovskij behandelt dieses Thema unmittelbar in seinem 1979 erschienen Film *Stalker*. Drei Männer – ein Schriftsteller, ein Professor und der *Stalker*, ihr Führer und Fährtenleser – durchqueren „die Zone", ein abgesperrtes und militärisch bewachtes Gebiet, um in das Zimmer zu gelangen, in dem ihre innigsten Wünsche Wirklichkeit werden können. Dass die Suche der drei Männer jene Suche der Gemeinschaft widerspiegelt und diese mit

---

[27] Guillaume Apollinaire, „Zone", in: ders., *Œuvres complètes*, hrsg. von Michel Décaudin, Gallimard, Paris, Bd. III, 1920, S. 60.

Europa identifiziert werden kann, suggerieren die Takte von Beethovens *Ode an die Freude*, der Europahymne, die gut eine halbe Minute lang zu den letzten Bildern des Films ertönen, einer Plansequenz, welche die noch sehr junge Tochter des *Stalker* fokussiert. Sie ist schwach und dennoch wohnen ihr verborgene Kräfte inne.

Im Übrigen zeigt das Syntagma „Zone-Grenze" im Französischen, dass die Ambivalenz hinsichtlich des Sinns produktiv werden kann. In der Tat eignet sich der Begriff gut dazu, die Opposition von Innen/Außen wiederzugeben und zugleich deren Antagonismus abzuschwächen. Auch „Orient" und „Okzident" stellen weiterhin ihre wirksame Rhetorik unter Beweis. Obwohl ihre ideologische Konstruiertheit lang und breit herausgestellt worden ist, werden „Ost" und „West" wie auch das „Zentrum" allein dazu verwendet, geopolitisch-kulturelle Gebiete zu bezeichnen, die eine Wirklichkeit darstellen, die man dadurch zu neutralisieren versucht, so dass ihnen der Status einer Zone zugesprochen wird. Es ist jedoch nicht das Verdienst dieser diplomatischen Vorsicht – oder Heuchelei –, dass dieser Begriff neuerdings in den angelsächsischen Geisteswissenschaften beliebt und positiv belegt ist, seitdem er vor allem von Mary Louise Pratt und Emily Apter verwendet wird.

Arts of the Contact Zone ist der Titel eines recht einflussreichen Artikels von Pratt aus dem Jahr 1991. Unter Bezug auf Dominanzerfahrungen wie den Kolonialismus, Sklaverei und ihre Erben, definiert sie die *contact zones* als „social spaces where cultures meet, clash, and grapple with each other"[28]. Pratt begründet die Verwendung des Terminus inbesondere durch die in dem Raum anzutreffende Bevölkerung/Besiedlung: Die Zone ist kein verwaister, verlassener oder spärlich bewohnter Ort, sondern ein Raum, der durch menschliche Kontakte erschaffen wird und der diese wiederum gleichzeitig hervorbringt. Keine räumliche Vorbestimmung: Sie existiert auf Grund der Kontakte, die in ihr stattfinden. Ausgehend von der Kolonialisierung Perus durch die Spanier, beschwört Pratt sodann einen universitären Studiengang herauf, der sich der Erfahrung

---

[28] Mary Louise Pratt, „Arts of the Contact Zone", in: *Profession*, 91, MLA, New York, 1991, S. 33–40, hier S. 34: „Social spaces where cultures meet, clash, and grapple with each other". Das Verb *grapple* ist interessant, weil es eine doppelte Bedeutung hat, ähnlich dem französischen *s'accrocher* (*s'accrocher à* im Sinne von „sich an etw. festklammern" oder *s'accrocher avec* im Sinne von „mit jdm. zusammenstoßen"), das deshalb die Bedeutung der *contact zones* gut zusammenfasst: ein Zusammentreffen, das negativ sein kann, so wie es historisch gewesen ist, oder positiv, so wie es heute ist, wenn es multikulturelle Situationen und Erfahrungen widerspiegelt.

des Multikulturalismus widmet. Dabei bezeichnet sie beide Phänomene als *contact zones*. Die Verwendung des geographischen Terminus „Siedlungsgebiet" nähert sich dieser Idee an, da er den Stellenwert betont, den die Besiedlung bei der Definition des Raumes einnimmt.

Beispiele für Völker ohne territoriale Grenzen finden sich zu Hauf: die Kurden im Nahen Osten, die Okzitanen oder die Schwaben in Europa oder das Volk der Roma, das wohl als Symbol schlechthin für diese aterritorialisierte Identität stehen dürfte – die Erwähnung der Roma ist zudem den jüngst traurigen Nachrichten geschuldet.

Die für die Europäische Union verwendete Flagge stellt diese Idee angemessen dar. Der streng symbolische Charakter einer Darstellung, die sich der Zuweisung der einzelnen Sterne zu den Namen der Mitgliedsstaaten verweigert, ist im Sinne eines Verständnisses von Europa als einer Zone, die sich keinem wie auch immer gearteten strukturellen Realismus beugen darf. Dies wird noch deutlicher im Vergleich zu der von Rem Kolhaas vorgeschlagenen Flagge: Über ihre diskussionswürdige Ähnlichkeit zu dem aus der Handelstechnologie entlehnten Bild des Barcodes hinaus, gibt sie die Objektivierung eines vermeintlich messbaren Raumes vor. Bedenkt man die Schwierigkeiten Österreichs mit der eigenen nationalen Identität, so ist es vielleicht kein Zufall, dass diese vom holländischen Architekten entworfene Flagge einzig unter der österreichischen Ratspräsidentschaft befördert wurde.

Im *Passagen-Werk* verwendet Benjamin eine Methodologie, die er im Konvolut N, *Erkenntnistheoretisches, Theorie des Fortschritts* erläutert und als Montagekunst vorstellt.[29] Der Raum, den die Montage (in Malerei, Literatur, Musik, Film) erschafft, entzieht sich der Geometrisierung, da er aus aneinander angenäherten und nebeneinander gesetzten Elementen entsteht und somit der Zone ähnelt. Benjamin präzisiert ferner, dass sie sich der Lumpen und des Abfalls der Geschichte und der Kultur bemächtige.[30] Das Bild spricht für sich: Der Lumpensammler führt sein Geschäft nicht nach der Ordnung eines geregelten Tausches aus, sondern er bemächtigt sich der Stadt als einem unbestimmten Territorium, einer Zone, die durch sein Aufsammeln und Zurücklassen einer parallelen und rebellischen Wirtschaft untersteht. Die Zone bietet so ein sowohl epistemologisches als auch identitäres Modell.

---

[29] Vgl. Walter Benjamin, „Das Passagen-Werk", a. a. O., Bd. V.1, S. 570.
[30] Vgl. ebd., S. 574.

Gerade die von Emily Apter in ihrem *The Translation Zone*[31] verwendete Perspektive begnügt sich nicht wie Mary Louise Pratt mit der Lobrede der
Diversität, sondern denkt über die Versöhnung des Unversöhnlichen nach. Sie
geht von zwei gedanklichen Polen aus: Alles ist übersetzbar, nichts ist übersetzbar. Das Paradigma der Zone erlaubt es ihr, Analysen sehr verschiedener Objekte miteinander zu verbinden, von Literatur über Krieg bis hin zur Technologie,
und zu zeigen, wie die weltweite Nutzung von Übersetzungsvorgängen die Welt
heute verändert und sie in gewisser Weise definiert.

Ausgehend von Pratt und Apter kann so schließlich ein Konzept der Zone
als einem in Bewegung begriffenen oder beweglichen Territorium entworfen
werden. Es ist ein in Verschiebung begriffenes Territorium, das seine Grenzen
verlegt. Ein Raum, der von den Bewegungen erschaffen wird, die er aufnimmt,
und ein Raum, der nicht von seinen Grenzen, sondern von seiner Funktion,
seinen Kapazitäten oder Zuschreibungen bestimmt wird. Folgt man der Methode Benjamins, so käme in der Zone gerade nicht ebenjenes Kontinuitätsprinzip
zum Tragen, das die Elemente auf Grundlage eines Prinzips von Transzendenz
oder Projektion miteinander verbindet. Vielmehr ist sie ein Raum, der nur
durch die Gleichzeitigkeit dieser Elemente zusammen gehalten wird. Hieraus
kann schließlich auch seine politische Dimension abgeleitet werden: In einem
als Zone konzipierten Europa befindet sich das europäische Subjekt stets auf einer Schwelle, auf der Schwelle des anderen, auf der es nicht weniger europäisch
ist, sondern sogar noch mehr – intensiver, realer –, in dem Maße, wie es selbt,
bar jedweder narzistischen Phantasien, in Beziehung mit dem Anderen steht.
Und auch mit den anderen: mit Europäern und Nichteuropäern.

Schlussfolgerung

Benjamin gibt seinem Aufsatz zum Surrealismus aus dem Jahr 1929 den Unter-
titel *Die letzte Momentaufnahme der europäischen Intelligenz*.

Die „Momentaufnahme" zeigt den Moment, in dem der Moment aufgenommen wird. Eine Unterbrechung, „Atemwende", würde Paul Celan sagen,
der Moment, in dem sich der Atem umkehrt. Die Essenz oder das Sein des Mo-
ments, der „Schibboleth" (im biblischen Buch *Richter* steht er zwischen Leben
und Tod). Der Moment, in dem die Übersetzung den Übergang von einer Spra-

---

[31] Emily Apter, *The Translation Zone*, Princeton University Press, Princeton, Oxford,
2006.

che in die andere zulässt, in dem beide Sprachen im Bewusstsein der jeweils anderen sind, wie im eingangs zitierten Gedicht von Celan, *Schibboleth*. Eine Schwelle, die, um es auf den Punkt zu bringen, das Innehalten markiert, es erzwingt. Es handelt sich um eine Dialektik im Stillstand, die das *Passagen-Werk* heraufbeschwört, wo sich Vergangenheit und Gegenwart durchdringen, um den Sinn der Geschichte und gleichzeitig die Jetztzeit aus *Über den Begriff der Geschichte* zu fixieren. Oder auch den Ort, an dem der Flaneur verweilt und verzaubert die Großstadt beobachtet: „Der Flaneur steht noch auf der Schwelle, der Großstadt sowohl wie der Bürgerklasse. Keine von beiden hat ihn noch überwältigt. [...] Er sucht sich sein Asyl in der Menge."[32] Das Habitat des Flaneurs, die Menge in ihrer Ununterscheidbarkeit[33], ist der menschlichen Zone ähnlich. Indem sie eine Stadt bewohnt, transformiert die Menge diese in eine Zone und genau dadurch wird sie für den Flaneur bewohnbar. „Das ‚Kolportagephänomen des Raumes' ist die grundlegende Erfahrung des Flaneurs"[34], sein Bewusstsein überwindet die zeitlichen Grenzen und ebenso viele Schwellen.

Zu demjenigen, dessen Blick fremd ist, sagt Benjamin: „Diese Dichtung ist keine Heimatkunst, vielmehr ist der Blick des Allegorikers, der die Stadt trifft, der Blick des Entfremdeten."[35] Der Fremde oder, genauer gesagt, derjenige, der zu einem Fremden gemacht wurde, zu einem Entfremdeten. Auf der Schwelle zu sein, sich in der Zone zu befinden – dies erlaubt, vom Blickwinkel eines Fremden auf die eigene Heimat zu blicken. Hölderin hat diese Erfahrung übersetzt, jedoch konnte sein Europa noch nicht die Süße und den Charme des bürgerlichen Kosmopolitismus darstellen. Wir sind Erben eines anderen Europas, desjenigen von Paul Celan. Wir stehen auf einer anderen Schwelle, die er uns zu erobern lehrt, um unsere Gegenwart zu bewohnen.

Der zuvor zitierten Definition der Schwelle als Zone fügt Benjamin hinzu: „Andererseits ist notwendig, den unmittelbaren tektonischen und zeremonialen Zusammenhang festzustellen, der das Wort zu seiner Bedeutung gebracht. [...] Wir sind sehr arm an Schwellenerfahrungen geworden. Das Einschlafen ist vielleicht die einzige, die uns geblieben ist."[36] Jedem Leser Benjamins wird sofort der Ausdruck „arm an Schwellenerfahrungen" aufgefallen sein, weil er sowohl

---

[32] Walter Benjamin, „Das Passagen-Werk", a. a. O., Bd. V.1, S. 54.
[33] Vgl. die Analysen des Phänomens bei Freud und Canetti.
[34] Walter Benjamin, „Das Passagen-Werk", a. a. O., Bd. V.1, S. 527.
[35] Ebd. S. 54.
[36] Ebd., S. 617 f.

in *Erfahrung und Armut* (1933) als auch in *Der Erzähler* (1936) widerhallt. Beide Texte theoretisieren die Abwertung der Erfahrung. Die Verarmung unserer Schwellenerfahrung: Benjamin lässt uns darin einen Reichtum wiederentdecken, weil es sich auch um die Verarmung unserer europäschen Erfahrung als europäische Subjekte handelt. Wer, wenn nicht Benjamin, könnte uns je an die Verkörperung des europäischen Intellektuellen erinnern?

Das Erbe also eines anderen Europas, dem Europa Celans. Benjamins Blick des Entfremdeten wirft ein Licht auf Celans Gedicht:

Herz:
Gib dich auch hier zu erkennen,
Hier, in der Mitte des Marktes.
Ruf's, das Schibboleth, hinaus
In die Fremde der Heimat:
Februar. No pasarán.

Aus dem Französischen und Italienischen von Daniel Fliege

Zwischenräume

Mauro Ponzi

Neapel als Topographie der Zwischenräume. Die Schwelle zwischen Altem und Neuem bei Walter Benjamin

Zwischenräume

Die Großstadt ist der privilegierte „Raum", um die Moderne mit ihrer kon-struktivistischen Raserei, aber auch mit ihrem destruktiven Charakter erfahren zu können. Wie Walter Benjamin im *Passagen-Werk* schreibt, handelt es sich um die Erfahrung des Neuen bzw. dessen, was an der Stelle des bereits Zerstör-ten aufgebaut wurde, um dem „Neuesten" Raum zu schaffen. Es ist bekannt, dass das von Benjamin als Vorbild verwendete Stadtmodell Paris ist, das er als „Hauptstadt des 19. Jahrhunderts" bezeichnet. Weniger bekannt ist hingegen die Tatsache, dass die Grundrisse seiner Reflexionen über die Großstadt als „Raum" der Moderne auf einem anderen Modell der Metropole basieren, in dem die Schwelle zwischen Altem und Neuen komplexere Implikationen übernimmt. Die von Benjamin während seines Aufenthalts in Neapel und Umgebung for-mulierten Gedanken wirken als Schlüssel für die Interpretation städtischer, ge-sellschaftlicher und kultureller Phänomene, die sogar die Postmoderne und die aktuelle Epoche charakterisieren. Auch die „Hauptstadt des 19. Jahrhunderts" gründet auf den Trümmern, auf den Ruinen des von Baudelaire so geliebten „alten Paris": Sämtliche Viertel wurden abgerissen, um den Boulevards Raum zu schaffen. In der neuen Großstadt weisen aber die unterirdischen Räume, die Keller und die Metro auf die Ruinen der alten Stadt topographisch hin: Sie be-schwören jedoch auch die Rückkehr des Verdrängten in Form der *mémoire*.

Benjamin ist der topographischen Ordnung der Räume der Moderne recht-zeitig gewahr geworden: Großstädte wie Paris und Berlin zeigen ganz andere Merkmale im Vergleich zu ebenso großen Städten wie Neapel, Marseille oder Moskau. Trotz seiner Geographie hat dieses „zweite" Modell der Großstadt bei Benjamin etwas „Archaisches", „Mediterranes", „Südliches", und zwar eine un-terschwellige und rätselhafte Verbindung zum Mythos. In diesen nicht weniger modernen Großstädten ist die Schwelle zwischen Altem und Neuem nicht so deutlich, sie bringt vor allem unerwartete, einzigartige Ergebnisse zum Vor-

101

schein, die in gewisser Hinsicht schwer zu entziffern sind. Benjamin schreibt nämlich im *Passagen-Werk*: „Die Schwelle ist ganz scharf von der Grenze zu unterscheiden. Schwelle ist eine Zone, Wandel, Übergang, Fluten liegen im Worte ‚schwellen' und diese Bedeutung hat die Etymologie nicht zu übersehen".[1] Das „schwellen", das Hinüberfließen der Vergangenheit in die Gegenwart, bringt Zwischenräume hervor – und zwar jene „Zonen" unmittelbar jenseits und diesseits der Schwelle, in denen der Unterschied nicht mehr so deutlich ist, in denen Vergangenheit und Gegenwart zu etwas Hybridem verschmelzen und sich vermischen. Es sind Zonen, die durch einen Bruch und die Umkehr der herkömmlichen Denkkategorien gekennzeichnet sind und in denen sich *vollkommen* „alte" und *vollkommen* „neue" Figuren bewegen. Es handelt sich um jene von unheimlichen Heterotopien bevölkerten „Zwischenzonen", welche die glänzende Zukunft der auf Wissenschaft, Technik und Fortschrittsglauben gründenden modernen Gesellschaft in Frage stellen.[2] Dieses „mediterrane" Modell der Großstadt ist unterschwellig auch in der „Hauptstadt des 19. Jahrhunderts" zu spüren, konkreter in ihren dunklen Seiten, in den „Ruinen von Paris", in den Überresten der Topographie des antiken Rom, die noch heutzutage als Überbleibsel in den modernen Metropolen auffindbar sind. Neapel ist im Grunde das, was *vor* Paris als Prototyp der Großstadt existierte, aber auch und vor allem was *nach* Paris kommen wird. Neapel ist eine Schwelle, ein Zwischenraum, sie ist archaisch und zugleich postmodern.

Benjamin selbst weist mehrmals im *Passagen-Werk* auf eine innere unterschwellige Verbindung zwischen Neapel und Paris hin, auch wenn sie sich stets in einem Gegenbild konkretisiert:

> Paris ist der sozialen Ordnung ein Gegenbild von dem, was in der geographischen der Vesuv ist. Ein drohendes, gefährliches Massiv, ein immer tätiger Herd der Revolution. Wie aber die Abhänge des Vesuv dank der sie deckenden Lavaschichten zu paradiesischen Fruchtgärten wurden, so blühen auf der Lava der Revolutionen die Kunst, das festliche Leben, die Motive wie nirgend sonst. [C1, 6][3]

In diesem Zusammenhang ist es weniger interessant, die Tatsache zu unterstreichen, dass die Idee des Stadtbildes als Erfahrung der Moderne – d. h. die

---

[1] Walter Benjamin, *Gesammelte Schriften*, hrsg. von Rolf Tiedemann und Hermann Schweppenhäuser, Suhrkamp, Frankfurt a. M., 1982, Bd. V.1, S. 618.
[2] Vgl. Michel Foucault, *Die Ordnung der Dinge. Eine Archäologie der Humanwissenschaften*, Suhrkamp, Frankfurt a. M., 1971, S. 22 f.
[3] Walter Benjamin, *Gesammelte Schriften*, a. a. O., Bd. V.1, S. 134.

Großstadt als Allegorie der Formen der Modernität – 1924 mit Benjamins Aufenthalt in Neapel entstand, als vielmehr die Parallele zwischen Paris und Neapel zu betonen, die er durch die Allegorie des Vulkans herstellt: ein in Neapel konkret existierender Vulkan, eine Metapher der ständigen Revolution in Paris. An beiden Orten aber ist die Quelle der Lava unsichtbar, sie ist unterschwellig, von Gärten, Palästen, bestehenden gesellschaftlichen Ordnungen verborgen. Die Verwandtschaft der beiden Großstädte liegt in ihrer Stratifikation.

Neapel stellt ein Stadtmodell dar, das in der postkolonialen Zeit wieder an Konjunktur gewonnen hat. Willi Bolle behauptet, dass Benjamins Studien zu den europäischen Großstädten den Weg zu einer Verständigung der „Metropolen der Weltperipherie" – wie Rio de Janeiro, Buenos Aires, Mexico City und Sao Paulo – öffnen.[4] Das von Benjamin am Beispiel Neapels geschilderte Modell kann man ohne weiteres auf die Großstädte Südamerikas anwenden, sowohl was die „unterschwelligen" und „mythologischen" Aspekte anbelangt, die in der Analyse von Neapel und Marseille beschworen werden, als auch was jenen Hybridisierungsprozess zwischen Kolonisatoren und Kolonisierten betrifft, von dem Bolle am Anfang seines Aufsatzes spricht.[5] Der Versuch, die europäischen Stadtmodelle zu exportieren, verknüpft sich mit dem Bestreben, diese Stadtmodelle nachzuahmen und sie an der Wirklichkeit der Kolonie und den konkreten Bedürfnissen der Kolonisierten anzupassen. Dieser „andere" Raum, der ursprünglich mit der Stadt Neapel oder Marseille identifiziert wird und der heute in den „peripheren" Großstädten Südamerikas (wie sie Bolle nennt) wiederauftaucht, ist im Grunde eine Schwelle, ein Zwischenraum, in dem sich Altes und Neues, europäische und koloniale Kultur in einer hybriden Verschmelzung mischen, in welcher Machtverhältnisse ständig in Frage gestellt werden.

Die Städte Südamerikas, aber auch die chaotischen und modernen Großstädte Fernasiens können heute auf Grund der von Benjamin in seinem neapo-

---

[4] Vgl. Willi Bolle, „Paris on the Amazon? Postcolonial Interrogations of Benjamin's European Modernism", in: Rolf J. Goebel (Hrsg.), *A Companion to the Works of Walter Benjamin*, Cadmen House, Rochester/New York, 2009, S. 216–245. Vgl. auch Ralph Buchenhorst/Miguel Vedda (Hrsg.), *Urbane Beobachtungen. Walter Benjamin und die neuen Städte*, Transcript, Bielefeld, 2010; Rolf J. Goebel, *Benjamin heute: Großstadtdiskurs, Postkolonialität und Flanerie zwischen den Kulturen*, Iudicium, München, 2001.

[5] Willi Bolle, *Paris on the Amazon?*, a. a. O., S. 218: „Benjamin's choice of fragments about the relations between the European metropolis and its periphery is a kind of last instantaneous snapshot of colonialism at the threshold of post-colonial time. [...] The ambiguity of this threshold position make Benjamin's work particularly interesting for post-colonial writers and scholars".

litanischen Aufenthalt dargelegten Begriffsbestimmungen analysiert werden. In Neapel nämlich ist es offensichtlicher als anderswo, dass die Schwelle zwischen Altem und Neuen nicht so deutlich und streng ist und dass das Neue eine Reihe von Widersprüchen des Alten in sich trägt. Ebendiese scheinbare Rückständigkeit, dieses Sich-inmitten-eines-Übergangs-Befinden, dieses Dazwischen-Sein hat dazu geführt, dass das Stadtmodell Neapel sich im Laufe der Zeit als Prototyp der Großstadt in der postkolonialen Zeit – sogar über die Postmoderne hinaus – erwiesen hat. Es ist dabei hilfreich, Phänomene wie Hybride und Heterotopie, die heute sowohl in Europa als auch in Amerika auftauchen, zu analysieren. Dieses „mediterrane" oder „südliche" Modell, wie auch immer man es nennen will, trifft auf brasilianische oder argentinische Großstädte vollkommen zu und es gilt heute mehr denn je, wenn nicht vor allem für jene Städte, die Benjamin damals als Inbegriff der Moderne in Betracht gezogen hat: nämlich Paris und Berlin. Wenn man an die Pariser Vororte und an die türkischen Viertel von Berlin denkt, kann man ohne weiteres feststellen, dass sich die Zwischenräume auch im Herzen des „alten Europas" vermehrt haben.

Am Beispiel des Stadtbilds von Neapel taucht aber auch ein methodologisches Element vehement auf und bleibt als solches in der ganzen benjaminschen Analyse der Moderne bestehen: Seine „Dialektik" hat keineswegs hegelianische Züge, sie zielt keineswegs auf die „Lösung" der Widersprüche, auf ihre Versöhnung und nicht einmal auf jene „Aufhebung" ab, die einen unendlichen materiellen und geistigen Fortschritt impliziert. Benjamins Methode zeigt ihre nietzscheanische Komponente, nicht nur in dem „destruktiven Charakter der Moderne", nicht nur in der „negativen Dialektik" und in der „Kehrseite des Nichts der Offenbarung" der negativen Theologie[6], als vielmehr in der unerlösten Kopräsenz der Widersprüche als Kennzeichen der Epoche „vor unseren Augen". Auch wenn er sich als ein „dialektischer Materialist" bezeichnet, schließt Benjamin in seiner Analyse nie die „Idee des Fortschritts" ein und er zielt auch keineswegs darauf ab, Widersprüche aufzuheben, sondern wenn überhaupt im Sinne Nietzsches „hinüberzugehen". Ebendiese doppelte Komponente – die Abwesenheit des Fortschritts und die spannende und unlösbare Präsenz der Widersprüche – macht sein Denken im Vergleich zum Marxismus seiner Zeitge-

---

[6] Benjamin schreibt in einem Brief an Scholem: „Ich habe versucht zu zeigen, wie Kafka auf der Kehrseite dieses ‚Nichts', in seinem Futter, wenn ich so sagen darf, die Erlösung zu ertasten gesucht hat". Walter Benjamin/Gershom Scholem: *Briefwechsel 1933–1940*, hrsg. von Gershom Scholem, Suhrkamp, Frankfurt a. M., 1980, S. 160.

nossen „exzentrisch". Um Benjamins Begriffe in der heutigen Zeit anwendbar zu machen, ist eher die Philosophie Foucaults hilfreich als die von Marx oder Hegel.

Die „Hafenstadt von Neapel", wie sie Benjamin nennt, ist von einer Reihe von Schwellen zwischen Altem und Neuem, zwischen Privatem und Öffentlichem, zwischen Innerem und Äußeren („intérieur" und „extérieur" – wie er im *Passagen-Werk* schreibt), zwischen Produktivität und süßem Nichtstun, zwischen Rationalität und Kreativität gekennzeichnet, die sich als „Räume", und zwar als Zwischenräume, konfigurieren. Diese Schwellen trennen keineswegs ein „Innen" von einem „Außen" ab, sondern erweitern den städtischen Raum so wie den der Lebenserfahrung, weil sie sich als „Randgebiete" konstituieren, in denen die Pole nicht in einer Synthese, sondern in einem spannungsvollen Gegensatz koexistieren. Das „Überfließen" der Schwelle gestaltet sich in Neapel als eine Stratifikation von Ebenen, die in dem Stadt-Raum, in der horizontalen und vertikalen Topographie der Stadt nebeneinander existieren. Der Zugang zu tieferen Erdschichten, zum Magma des Archaischen und Primitiven, wird nicht nur durch den Vulkan dargestellt. Die Schwelle zwischen Altem und Neuem nimmt auch die Form eines Zugangsraum zur Hölle (Pozzuoli) und zur mythischen und magischen Welt der Rhythmen und Feste an, eines Zwischenraums, in welchem Modernität, Technologie, Aberglaube und Archetypen verschmelzen.

Neapel öffnet letztendlich den Weg zu einer Mythologie der Moderne. Wir wissen ganz genau, dass Benjamin eine mythische Interpretation der Moderne immer verneint hat, weil die akritische Verherrlichung der Wissenschaft und Technik über die ekstatische Kontemplation von Marinetti oder über die „Materialienschlacht" von Jünger nicht hinausgeht.[7] Wir wissen aber ebenso, dass Benjamin immer wieder versucht hat, dem „Feind" begriffliche Gebiete zu „entreißen": Er bevorzugte offensichtlich, in *partibus infidelium* zu spielen. Heute können seine „Streifzüge" in den Bereich des Mythos und des „Heiligen" als Basis dienen, um die Zwischenräume der modernen Städte konkret zu analysieren. Die Modernität der Epoche „vor unseren Augen" ist anders als jene der 1920er oder 1930er Jahre. Die aus dem Fall der Berliner Mauer entstandene Übergangszeit und der Prozess, in dem sich weltweit neue wirtschaftliche Kräfte

---

[7] Vgl. Mauro Ponzi, „Die ‚marginale' Avantgarde. Die Dispositio der Revolution der Formen", in: ders. (Hrsg.), *Klassische Moderne. Ein Paradigma des 20. Jahrhunderts*, Königshausen & Neumann, Würzburg, 2010, S. 57–76.

entwickeln, sind noch nicht abgeschlossen. Die topographischen und kulturellen „Zwischenzonen" haben sich vermehrt.

Neapel als Stadterfahrung

Walter Benjamin kam im Mai 1924 nach Neapel, um an einem Kongress für Philosophie teilzunehmen. Er war von der Stadt so fasziniert, dass er entschied, seinen Aufenthalt zu verlängern und dort sein Buch über das deutsche Trauerspiel niederzuschreiben.[8] Capri und der Golf von Salerno waren in dieser Zeit Zielort mehrerer deutscher, russischer, englischer, und anderer Künstler, die ausgerechnet diesen Ort nicht nur wegen seiner Schönheit auswählten, sondern auch weil er tatsächlich billig war. Dort führten sie ein „freies" und „schöpferisches" Leben.[9]

Die literarische Form der „Stadtbilder", die Benjamin in den 1920er Jahren so oft verwendet hat, stellt den Prototyp seines literarischen Wirkens im *Passagen-Werk* dar. Man denke nur daran, dass Benjamin zum Zeitpunkt seiner ersten Skizzen für dieses Buch – d.h. in den Jahren 1927/28, als das Buch erst noch eine bloße Intuition war – soeben von seiner Reise in die Sowjetunion zurückgekehrt war. Er war sowohl von dem, was er selbst als „Stadterfahrungen" bezeichnet, als auch von einer Art Abrechnung mit dem dialektischen Materialismus – wenn auch durch dem Trotzkismus nahestehender Künstler – stark beeindruckt. Seine Auseinandersetzung mit dem „Bolschewismus" fand demzufolge im Rahmen einer Gruppierung von Kunst- und Literaturtheoretikern statt und hatte vorwiegend kulturpolitische Implikationen, die mit der politischen

---

[8] In seinem Brief aus Capri vom 10. Mai 1924 schreibt er an Gershom Scholem: „Aller Wahrscheinlichkeit nach werde ich versuchen, meinen hiesigen Aufenthalt länger auszudehnen als ich ursprünglich zu tun gedacht hatte. Ich richtete mich darauf ein, die Niederschrift meiner Arbeit hier zu beginnen. […] Auch für mich stellt der fernere Aufenthalt ein ökonomisches Problem, da dies aber mit einem zu Hause gleichermaßen der Fall wäre und ich zum wenigsten hier billiger lebe, so will ich es lieber hier mit dergleichen Schwierigkeiten aufnehmen." Walter Benjamin, *Briefe*, hrsg. von Gershom Scholem und Theodor W. Adorno, Suhrkamp, Frankfurt a. M., 1978, Bd. I, S. 345.
[9] Am 13. Juni berichtet Benjamin Scholem in einem Brief über die Schönheit des Ortes: „Ich habe mit der Bolschewistin bis halb ein Uhr gesprochen und dann gearbeitet. Jetzt sitze ich vormittags unter bedecktem Himmel bei Seewind auf meinem Balkon, einem der höchsten von ganz Capri, von dem man weit über den Ort und auf das Meer hinaussieht. Es ist übrigens ein auffallend sich Wiederholendes, daß Menschen, die für ganz kurze Zeit herkommen, nicht zum Entschluß der Abreise kommen." Ebd., S. 348.

und organisatorischen Praxis fast nichts zu tun hatten. Seine Begegnung mit dem Kommunismus wurde von Asja Lacis und deren Freundeskreis vermittelt und betraf vor allem das „revolutionäre" Theater.

Abgesehen von der sentimentalen Bedeutung war die Begegnung mit Asja Lacis für Benjamin die Begegnung mit einer Kunsttheorie, die einerseits stark in einer pädagogischen Theaterpraxis – im Sinne der „Lehrstücke" Brechts – verankert war und andererseits an einer materialistischen, marxistischen Lehre orientiert war. Asja Lacis erzählt, dass bei Benjamins erstem Besuch in ihrem kleinen Haus die Rede von proletarischem Kindertheater war und dass er dafür „entflammt" war. Wenn man daran denkt, dass diese Begegnung im Kontext zweier an sich sehr unterschiedlicher, aber in gewisser Hinsicht doch nicht unähnlicher „Stadterfahrungen" stattfand, nämlich von Neapel (1924) und von Moskau (1926/27), dann erscheint Benjamins „Lebenswerk" als ein Versuch, seine materialistische Kunst- und Literaturtheorie auf einen ihm kongenialen Gegenstand anzuwenden – oder besser noch als ein Versuch, die ganze Epoche zu interpretieren, indem er seine Gegenstandserfahrung in den Kontext der Erfahrung der Großstadt einbettet. In Benjamins Briefen sind die Schönheit des Ortes, die Verschiebung der Abreise und die Gespräche mit der „Bolschewistin" ein und dasselbe.

Sein Aufenthalt in Neapel erlaubte Benjamin, eine Reihe von Elementen zu „entdecken", die für eine Großstadt charakteristisch sind. Diese Elemente hat er dann – wenn auch in einem anderen gesellschaftlichen und wirtschaftlichen Kontext – in Paris wiedergefunden. Die Straßen als Wohnung des Kollektivs sind eine Erfahrung, die ihren Ursprung in Neapel hat: Die Ausstellung von Waren als Allegorie der Verdinglichung der menschlichen Beziehungen ist in Neapel gewiss offensichtlicher als anderswo. Hier bringt Benjamin Neapel mit Moskau in Verbindung. Nicht nur aufgrund der Tatsache, dass in den Erfahrungen, die er in diesen beiden Großstädten gemacht hat, jeweils Asja Lacis präsent war, sondern aufgrund des Stimmengewirrs und der Präsentation von Waren auf den Märkten und Straßen dieser beiden Städte.[10] Diese Valenz Neapels als Prototyp der Stadterfahrung geht über die persönliche Erfahrung Benjamins hinaus und

---

[10] Auch in den *Pariser Passagen I* wird Riga, die Geburtsstadt von Asja Lacis, als Stadt voller Märkte beschrieben und dadurch mit den Stadtbildern in Verbindung gebracht, deren Vorbild Neapel und Moskau sind: „Die Stadt aus Märkten. So erscheint Riga als Magazin im Abendlicht von der anderen Seite des Flusses." Walter Benjamin, *Gesammelte Schriften*, a. a. O., Bd. V.2, S. 1005.

wird von ihm, als er den Ursprung der Passagen analysiert, durch historische Beobachtungen gestützt.[11] Diese unterschwellige Beziehung zwischen Neapel und Paris taucht in der Sektion *Die Langweile, ewige Wiederkehr* wieder auf: „Die Pariser Atmosphäre erinnert Carus an das Aussehen der neapolitanischen Küste wenn der Schirokko weht".[12]

In dem Artikel über Neapel, den Benjamin gemeinsam mit Asja Lacis am 19. August 1925 in der *Frankfurter Zeitung* veröffentlicht, wird die Funktion der Straßen hervorgehoben, die in Neapel aufgrund der Armut und der Struktur der Häuser als Kommunikationsstätte dienen. Man arbeitet auf der Straße, man handelt auf der Straße, man lebt auf der Straße. Die Straßen werden zu einer Art „Gemeinplatz", wo man Stadt, Leute, Kultur, Tradition, Handel, Handwerk, Feste, Spiele, Theater, Feuerwerk und vieles mehr erleben kann. Noch vor der Pariser Erfahrung hat Benjamin in Neapel die Passagen erlebt. Die Phantasmagorie des Warenangebots in Übergangsräumen hat ihn beeindruckt. So finden sich in dem Artikel die folgenden Sätze, bei denen man davon ausgehen kann, dass sie von Benjamin und nicht von der mehr auf die theatralischen Aspekte der Stadt aufmerksamen Asja Lacis geschrieben worden sind:

> Glückselige Zerstreutheit im Warenlager! Denn das ist hier noch eins mit dem Verkaufsstand: es sind Basare. Der lange Gang ist bevorzugt. In einem glasgedeckten gibt es einen Spielzeugladen (in dem man auch Parfüms und Likörgläser kaufen könnte) der neben Märchengalerie bestehen würde. Als Galerie wirkt Neapels Hauptstraße, der Toledo. Sie gehört zu den verkehrsreichsten der Erde. Beiderseits dieses schmalen Ganges liegt, was in der Hafenstadt zusammenkam, frech, roh, verführerisch ausgebreitet.[13]

Es ist nicht schwierig, in den Artikeln und in den Rundfunkreden, in denen Benjamin Neapel und Capri schildert, einen Subtext zu lesen, in dessen Mittelpunkt seine „Leidenschaft" für Asja Lacis steht. Seine neapolitanische Stadterfahrung

---

[11] In seinen Aufzeichnungen in Vorbereitung auf das *Passagen-Werk* zitiert er nämlich aus Balzac: „Quand les Français allèrent en Italie soutenir les droits de la couronne de France sur le duché de Milan et sur le royaume de Naples, ils revinrent émerveillés des précautions que le génie italien avait trouvées contre l'excessive chaleur; et, de l'admiration pour les galeries, ils passèrent à l'imitation. Le climat pluvieux de ce Paris, si célèbre par ses boues, suggéra les piliers, qui furent une merveille du vieux temps [...]". Balzac, „Ce qui disparaît de Paris" zitiert nach Walter Benjamin, *Gesammelte Schriften*, a. a. O., Bd. V.1, S. 157.

[12] Ebd., Bd. V.1, S. 159.

[13] Ebd., Bd. IV.1, S. 313 f.

ist eine leibliche Erfahrung, die semantisch auf das Begehren hinweist – auf die Schaulust, aber auch auf den Genuss der Speisen und Düfte als Sublimierung der erotischen Lust. Diese sinnliche, erotische Komponente ist einzig in der Schilderung von Neapel und von der Amalfiküste zu finden. Sein „Anpassen [an die] Gewohnheiten des Landes in Wohnen, Schlafen, Essen",[14] von dem er in seiner Rundfunkrede spricht, ist die Voraussetzung, um die sinnliche Komponente der Stadt und ihrer Kultur zu entdecken und zu lieben.

Man darf nicht davon ausgehen, dass Benjamin eine idyllische Vorstellung von Neapel habe, ganz im Gegenteil: Sein Blick ist auf die anthropologischen Phänomene und auf die gesellschaftliche Schichtung gerichtet und es gelingt ihm, die Modernität der neapolitanischen Großstadt im gleichzeitigen Vorhandensein verschiedener Kulturen festzustellen. Neapel stellt sich als ein Übergangsort dar. Benjamin vernimmt ganz genau dessen negative Seiten: Ein „solches Menschengewühl" besteht „nicht nur aus Engeln".[15] Er schildert die Rolle der Camorra, die Armut in den kleinen Behausungen, die ständige Emigration, die Schmuggelei am Hafen. Er betrachtet jedoch all diese Aspekte als Bestandteile einer allumfassenden Phantasmagorie.[16]

Neapel war damals die meist bevölkerte Stadt Italiens, sie war aber auch in vielerlei Hinsicht die modernste. Benjamin erfasst nämlich ganz genau, dass diese Stadt ein Schmelztiegel verschiedener Kulturen ist, in dem das Alte und das Neue sich miteinander auseinandersetzen und verflechten und wo es demzufolge leichter ist, die Übergangsformen zu sehen, weil die – wenn auch fragwürdige und kämpferische – Koexistenz von Altem und Neuem diese Formen in ihrem äußerstem Grad erscheinen lässt. Heute können wir – paradoxerweise – behaupten, dass Benjamin nicht nur der „philosophischen Anthropologie", sondern auch den „postkolonialen" Studien den Weg eröffnet hat, weil er gerade in Neapel jene hybride Formen – jene Heterotopien, von denen Foucault spricht – erkannt hat.

---

[14] Ebd., S. 317.

[15] Ebd., Bd. VII, S. 208.

[16] Ebd.: „Nein, die schlimmsten neapolitanischen Bösewichte machen den Eindruck von ehrlichen Spießern, [...]. Sie sind nicht Verbrecher auf eigene Faust, sondern Mitglieder einer geheimen Gesellschaft, die nur eine gewisse Anzahl von richtigen Dieben und Mördern ihr eigen nennt und deren übrige Mitglieder nichts zu tun haben, als diese wirklichen Verbrecher vor der Polizei zu schützen, sie bei sich zu beherbergen, sie zu verständigen, wenn ihnen Gefahr droht, Gelegenheit zu neuen Schandtaten ihnen zu melden."

Die „Magie der Speise" und die „wilde, barbarische Schönheit" der Stadt kennzeichnen seine ganze Schilderung. Um Neapel zu erfahren, benutzt Benjamin alle fünf Sinne, seine Annährung zur Golfstadt ist eine leibliche: Er will die Stadt „kosten". Die Porosität[17], die Benjamin in dem gemeinsam mit Asja Lacis in der *Frankfurter Zeitung* 1924 veröffentlichten Artikel betont, zeigt die Fähigkeit dieser Stadt, die Reisenden zu „absorbieren" und die verschiedensten Kulturen miteinander zu verschmelzen. Benjamin erkennt intuitiv, dass Neapel der Prototyp jenes „Zwischenraums"[18] ist, der fähig ist, verschiedene Kulturen und Lebensweisen in Verbindung zu bringen und sie in einer neuen und neuartigen Form miteinander zu verflechten. Das Manuskript vom 9. Mai 1931 sollte als Einleitung seiner Frankfurter Rundfunkrede über Neapel dienen. Die Stadt wird nicht durch jene üblichen klischeeartigen und halbexotischen Züge beschrieben, welche die deutschen Reisenden so sehr liebten, sondern als Großstadt geschildert, die jene Charakteristik der Moderne besitzt, die in der Lage ist, das „schon Gewesene" anzunehmen und zu verarbeiten:

> Der Generation unserer Eltern war Neapel vor allem ein romantischer Schauplatz, ein Gegenstand für die Maler, die dort den seltsamen Perspektiven langgezogener und steiler Treppenstraßen, kostbaren Lichteffekten, halb zerfallenen Bauten und so weiter nachspürten und zerlumpte Bettlergestalten, Fischerknaben, Mandolinenspielerinnen als Staffage in ihre Bildchen hineinsetzten. Das ist das Neapel des *dolce far niente*, eine Erfindung der Fremdenindustrie, so wahr und zugleich so unwahr, wie es dergleichen Klischees immer sind. Demgegenüber wollen wir versuchen, das lebendige Kräftespiel der Geschichte und zumal des Volkslebens aufzusuchen, das in der wilden und barbarischen Schönheit der Stadt sich mehr unabsichtlich als bewußt und mit künstlerischer Planmäßigkeit ausgedrückt hat. Wir wollen Neapel in die Reihe der großen Hafenstädte hineinstellen, zeigen, was sie alle ihren Bewohnern Typisches mitgeben, wir wollen Neapel – die volksreichste Stadt Italiens – als Industrie- und Handelsstadt zeigen. Daneben soll das unterirdische Leben der Stadt zu Wort kommen: die Camorra, die nach jahrhundertlangem Kampfe noch heute nicht von der Polizei überwunden ist; dann das Lottospiel, die Leidenschaft der Armen in allen großen Städten

---

[17] Vgl. Christina Ujma, „Zweierlei Porosität. Walter Benjamin und Ernst Bloch beschreiben italienische Städte", in: *links. Zeitschrift für deutsche Literatur- und Kulturgeschichte*, VII, 2007, S. 57–64.

[18] Vgl. Mauro Ponzi, „Übergang, Übergangszeit, Übertragung. Eine Hommage an Bernhard Waldenfels", in: *ETICA & POLITICA – ETHICS & POLITICS, Rivista di filosofia – A Review of Philosophy*, XIII, 1, 2011, S. 217–229 sowie unter http://www2.units.it/etica.

des Südens; wir werden die Schlagfertigkeit, den Erfindungsreichtum des kleinen Neapolitaner Geschäftsmannes zeigen, der auf offener Straße seine Auktionen abhält; es soll ein Wort vom Aberglauben, dem Malocchio – dem bösen Blick – gesagt werden; endlich wollen wir das Volk bei den großen Festen aufsuchen, am Tage des Heiligen Januarius, der der Schutzheilige von Neapel ist, im September zu Piedigrotta, am Dreikönigstage, wo die Neapolitaner ihr berühmtes Krippen-theater aufbauen. So werden wir jenes andere Neapel kennen lernen, auf das zu-erst Goethe in der italienischen Reise aufmerksam gemacht hat: die Stadt, die alle Widrigkeiten und Unbilden, die sie auch heute noch dem Vergnügungsreisenden in Bereitschaft hält, durch das großartige Volksleben aufwiegt, um dessentwillen der Kenner sie liebt.[19]

Mythos

Die Sektion C aus den *Aufzeichnungen und Materialien* des *Passagen-Werks* trägt den Titel *Antikisches Paris, Katakomben, Demolitions, Untergang von Paris.* Man muss das ganze semantische Spektrum dieser Bezeichnung wahrnehmen. Mit „Untergang" meint Benjamin „Niedergang" und „Zerstörung", aber auch topographisch die Schwelle zur Hölle, die „Untergänge", die übrigens in der französischen Literatur oft auftauchen. In diesem Abschnitt schreibt Benjamin: „Pausanias schrieb eine Topographie von Griechenland 200 n. Chr. als die Kult-stätten und viele der anderen Monumente zu verfallen begannen".[20] Das heißt, dass die Notwendigkeit, eine Topographie der Hauptstadt des 19. Jahrhunderts zu zeichnen, ihre Wurzel in der Antike findet. Es ist nämlich notwendig, die „Räume" der Moderne zu „zeichnen", weil sie einer Erosion, einem Untergang, einem Abbau (wie der Titel der Sektion sagt) unterworfen werden, die den „Ver-fall" von Paris bedeutend machen.

Die Amalfiküste – und besonders Capri und Positano – gestalten sich als ein von einem „magischen Kreis" gekennzeichneter „Bereich"[21], in dem jene chthonischen Kräfte auftauchen, die den Weg zu einer anthropologischen Be-handlung des Problems des „Heiligen" (*sacré*) eröffnen und eine archäologische Ausgrabung in den Untergängen der abendländischen Psyche, aber auch in den Mythen und Riten der europäischen Kultur ermöglichen. Dieser Bereich ist – so-

---

[19] Walter Benjamin, *Gesammelte Schriften*, a. a. O., Bd. VII.2, S. 602 f.

[20] Ebd., Bd. V.1, S. 133.

[21] Vgl. ebd., Bd. III, S. 134.

wohl in einem topographischen als auch in einem kulturellen Sinn – tatsächlich eine „Zwischenzone", aber eine Zone voller Fallen, da in diesem Zwischenraum wissenschaftlich-rationelle und mythische Erkenntnissysteme und Sprachen in einem spannungsgeladenen Streit zusammenleben. Diese „mediterrane", archaische, primitive Schwelle führt zum Ursprung der abendländischen Kultur, nach Kreta und zum Mythos des Labyrinths, zu den Ur-Riten, zu jener mythischen Welt, die der religiösen Sprache und dem religiösen Wissen diametral gegenüberstand, von denen Scholem spricht[22] und die im Kanon des philosophischen Diskurses von Benjamin enthalten sind.

Walter Benjamin erwähnt in einer Rezension des Buches von Jakob Job über Neapel und die Amalfiküste (1928)[23] einen nächtlichen Spaziergang in Positano zusammen mit Ernst Bloch, mit dem „trinkfesten" Italo Tavolato und Alfred Sohn-Rethel. Benjamin spricht von „penetranten Gespenstergeschichten"[24], weist auf eine „magische", „dämonische" Atmosphäre und sogar auf einen „Bannkreis" hin. Er deutet ein „intellektuelles Wanderproletariat" an, das „mit einer eingesessenen primitiven Bevölkerung, sei es hier, in Ascona, oder in Dachau zusammentrifft".[25] Die Allegorie dieser „magischen" Atmosphäre wird von ihm im Turm von Gilbert Clavel festgestellt:

> Das papierne Dörfchen, das der Verfasser uns aufbaut, weiß natürlich auch nichts von den Kräften, die an Clavels berühmten Turm gebaut haben. Es wird im Herbst ein Jahr, daß dieser unvergessene Basler Sonderling gestorben ist: ein Mann, der sich ein Leben in die Erde hineinbebaut, der in den Fundamenten seines Traumes schöpferisch gehaust hat und an dem großen carrefour der Zeiten, Völker und Klassen, das der Golf von Sorrent ist, Auskunft erteilen konnte wie wenige und in einem kleinen Briefe mehr von seiner Landschaft zu sagen hat als dies ganze Buch.[26]

Benjamin nimmt das Stadtbild von Jakob Job zum Anlass, um die in seiner Stadtschilderung von Neapel schon geäußerte Überzeugung zu bestätigen, dass man eine kulturanthropologische Einstellung zu Neapel und zum Golf von Sorrent braucht, um Menschen und Orte zu verstehen. Und der Annäherungsschlüssel für Positano besteht in jenem „Bannkreis", in dessen Mittelpunkt er Gilbert

[22] Vgl. Gershom Scholem, *Zur Kabbala und ihrer Symbolik*, Rhein, Zürich, 1960.
[23] Jakob Job, *Neapel. Reisebilder und Skizzen*, Rascher und Cie, Zürich, 1928.
[24] Walter Benjamin, *Gesammelte Schriften*, a. a. O., Bd. III, S. 133.
[25] Ebd.
[26] Ebd., S. 134.

Clavel stellt.[27] Es ist außerdem wichtig zu unterstreichen, dass Benjamin, indem er das „intellektuelle Wanderproletariat" erwähnt, eine Parallele zwischen Ascona und Positano herstellt, um auf eine starke Analogie der „Verortung" dieser Künstler hinzuweisen, die eine tiefe und „exzentrische" Beziehung zur Natur und zu den „fremden" Orten hatten.

Die Topographie der Stadt Neapel nimmt einen paradigmatischen Wert an, um diesen Zugang zu dem physischen und psychologischen Substrat der europäischen Kultur festzustellen. Mit ihren Riten, Festen und Prozessionen, mit ihrem Aberglauben und ihren unzähligen Überlebenstricks wird die Stadt fast zu einem Archiv der mythischen Erfahrung. Benjamin schreibt nämlich in seiner Rezension zum Buch von Jakob Job:

> Wenn ein Fundus von Erlebtem und Wissen die Bedingung aller Reisebeschreibungen ist, wo fände sich in Europa einen Gegenstand wie Neapel, das allstündlich den Reisenden so gut wie den Einheimischen zu Zeugen macht, wie uralter Aberglaube und allerneuester Schwindel sich zu zweckmäßigen Prozeduren vereinen, deren Nutznießer oder Opfer er ist. Wie unvergleichlich durchdringen, sie sich in den Festen, die diese Stadt verzehnfach besitzt, weil jedes Quartier seinen eigenen Heiligen feiert, an dessen Namenstage er die andern Quartiere zu Gast lädt. Wie leicht ließe in der Darstellung dieser Feste eine sichthaltige, bereichernde Kenntnis von den Lokalitäten und den Sitten der Stadt sich einbringen.[28]

Benjamin wirft also Jobs Reisebericht vor, diesen zentralen Aspekt der Stadt Neapel vernachlässigt zu haben, der übrigens in fast allen Beschreibungen der Stadt keine Erwähnung fand.[29] Benjamins Rezension ist im Grunde eine Liste der in Jobs Buch fehlenden kulturanthropologischen Aspekte der Stadt: Das Blutwunder des Heiligen Gennaro, das für die Neapolitaner eine entscheidende Rolle spielt, das Fest von Piedrigotta, das er „den orgiastischen Lärmkult der Nacht vom achten September" nennt.[30]

Der „uralte Aberglaube" und der „allerneueste Schwindel", die „sich zu zweckmäßigen Prozeduren vereinen", sind der in Neapel konfigurierte Zwischenraum, den Benjamin auch in der modernen Großstadt *par excellence* fest-

---

[27] Vgl. Mauro Ponzi, „Übergangsräume. Gilbert Clavel und die Verortung der Visualität", in: *links. Zeitschrift für deutsche Literatur- und Kulturgeschichte*, XI, 2009, S. 15–32.

[28] Walter Benjamin, *Gesammelte Schriften*, a. a. O., Bd. III, S. 133.

[29] Benjamin behauptet, dass niemand nach Gregorovius diesen Aspekt der Stadt behandelt hat.

[30] Walter Benjamin, *Gesammelte Schriften*, a. a. O., Bd. III, S. 135.

stellt: „Man zeigte im alten Griechenland Stellen, an denen es in die Unterwelt hinabging. Auch unser waches Dasein ist ein Land, in dem es an verborgenen Stellen in die Unterwelt hinabgeht, voll unscheinbarer Örter, wo die Träume münden".[31] Der Topos des Eingangs zur Hölle, zur Unterwelt der Großstadt stammt aus der griechischen Mythologie. Nicht nur metaphorisch befinden sich unter der modernen Metropole die Reste, die Ruinen der antiken Stadt, nicht nur in der Psyche des modernen Menschen kann man die stratifizierten Spuren, die Archetypen, die Träume und die Traumata des antiken Menschen und vielleicht auch des Urmenschen finden, sondern Benjamin weist auf die Untergründe, auf die Katakomben, Unterführungen, Kloaken, U-Bahnschächte in der unterirdischen Topographie der Großstadt hin. Aus dieser Ikonographie taucht das Bild des Labyrinths auf, das in seiner Passagen-Arbeit eine entscheidende Rolle spielt.[32]

Die Pariser Galerien und Unterführungen, in denen das vergangene Dasein enthalten ist, das sich dann in die Straßen ergießt, sind die Schwellen des Mythischen. Dabei ist Neapel der Prototyp dieses Phänomens. Die Antike kehrt wieder und „mündet" in die Moderne nicht nur in der Nachahmung der *urbs*, der antiken Stadt Rom, mit ihren Triumphbogen, mit ihren Tempeln und mit ihren Denkmälern, sondern vor allem mit diesem mythisch-rituellen Aspekt, dem wir täglich „unbemerkt" begegnen. Noch bedeutender ist aber die Tatsache, dass diese mythische Welt diejenige ist, in die die Träume münden, weil sowohl die Kunst als auch die Werbung (d. h. die neue Kommunikationsform der Massenmedien) für ihre Produktion gerade aus diesem „Traumraum" schöpfen. Gerade diese Welt von Bildern ist der kommunikative Raum der Moderne, den man betreten muss, in dem man aber nicht gefangen bleiben muss.

Benjamin setzt sich mit der „Mythologie der Moderne" auseinander, und zwar mit einer zu Beginn des 20. Jahrhunderts sehr verbreiteten vor allem von „exzentrischen" Intellektuellen vertretenen Auffassung, die auf dem psychoanthropologischen Denken basierte und manchmal sehr konservativ war. Die mehrmals erwähnte Ambiguität der Position von Walter Benjamin liegt ganz und gar an seinem Interesse für diese Methodologie, die er teilweise zu verwenden versucht und zugleich bekämpfen will. Er führt nämlich eine gedankliche

[31] Ebd., Bd. V, S. 135.
[32] Ebd.: „Das Häuserlabyrinth der Städte gleicht am hellen Tage dem Bewusstsein; die Passagen (das sind die Galerien, die in ihr vergangenes Dasein führen) münden tagsüber unbemerkt in die Straßen".

114

und methodologische Kampagne gegen eine „mythologische" Interpretation der Moderne. Paradoxerweise, gerade wenn er in die Unterwelt, in die Räume des Mythischen, des „Heiligen", des Magischen „hinuntergeht", vollzieht er eine „politische" Handlung: Seine Streifzüge in diese Bereiche gelten für ihn als ein kulturpolitischer Kampf gegen diejenigen, die die Phänomene der Moderne als „unabwendbar" und „unerklärbar" interpretieren wollten. Diese Tendenz hat heute wieder Konjunktur: Die Entwicklung der Technik und des Kapitalismus werden immer wieder als „unersetzbar" und „unabwendbar" dargestellt, so wie sie mit mythisch-magischen Begriffsbestimmungen fern eines jeglichen rationellen und politischen Diskurses dargelegt werden. Sogar die Weltwirtschaftskrise von 2008 wird durch die „Unwägbarkeit" und „Unvorhersehbarkeit" des „Zufalls", durch die Metapher des „schwarzen Schwans" erklärt.[33]

Walter Benjamin – besonders in seinem Aufsatz über Aragon und die Surrealisten, aber auch in seinem *Passagen-Werk* überhaupt – verneint vehement die Möglichkeit, das Moderne durch den Mythos zu interpretieren. Er „erbt" damit auf gewisse Weise die jüdische Tradition, die sich als ein religiöses System im Gegensatz zur mythischen Weltanschauung versteht. Er benutzt aber die Grundprinzipien der Kabbala, d.h. der jüdischen Mystik, die eine mythische „bildhaft-symbolische" Sprache zurückgewinnt, wie Gershom Scholem betont.[34] Die mythische Vision der Moderne führt jedoch in eine Sackgasse oder zu einer falschen Interpretation (wie bei Ernst Jünger). Der anthropologische Ansatz wird aber auch von einer wissenschaftlich weitaus angeseheneren Denkströmung vertreten, mit der Benjamin sich eng auseinandersetzt: dem Collège de France, Bachofen, Kerényi und – auf seine eigene Art und Weise –

---

[33] Vgl. Nassim Nicholas Taleb, *The Black Swan: The Impact of the Highly Improbable*, Random House/Penguin, New York, 2010. Vgl. auch die entgegengesetzte Interpretation: Slavoj Žižek, *Living in the End Times*, Verso, New York/London, 2011.

[34] Gershom Scholem, *Zur Kabbala und ihrer Symbolik*, a.a.O., S. 128–132: „In erster Linie ist in diesem Zusammenhang auf den Kampf zwischen dem begrifflich-diskursiven und dem bildhaft-symbolischen Denken innerhalb der Kabbala hinzuweisen, der ihrer Literatur und Geschichte einen eigenartigen Charakter verleiht. Ist es doch so, daß die entscheidenden Schöpfungen der Kabbala von ihrem ersten literarischen Niederschlag an Bilder sind, Bilder von oft eindrucksvollem mythischem Gehalt. [...] Wenn die Kabbala in ihrem ersten und treibenden Impuls eine mythische Reaktion innerhalb der dem Mythos von monotheistischen Denken unter unendlicher Mühsal abgerungenen Provinzen war, so besagt das in anderen Worten: die Kabbalisten handelten und lebten im Aufstand gegen eine Welt, die sie im Bewußtsein doch zu bejahen nicht müde werden. Und das freilich führt zu tiefen Zweideutigkeiten".

Aby Warburg. Von der direkten und indirekten Auseinandersetzung mit dieser Konstellation entsteht die analytische Skizze einer Stadttypologie, die von einer besonderen Schwelle zwischen Altem und Neuem gekennzeichnet ist und die auf eine methodologische Frage hinweist. Sie stellt die Schwelle zwischen „kritischem" Diskurs und Mythos (gerade im Sinne ihrer „Inszenierung") dar. Sie ist aber zugleich auch eine „Zwischenzone", in welcher der „dialektische" Diskurs mit der Sprache des Mythos (und zwar mit jener bildhaft-symbolischen Sprache der Kabbala, die „mythische" Metaphern benutzt) geführt werden kann. So wird die Schwelle zum Ort, an dem die Sprache gewissermaßen in ihr Gegenteil „umkippt": Neapel wird mit einer „mythischen" Sprache beschrieben, die hier angewandte Methode schließt jedoch jegliche „Mythologie der Moderne" aus.

Es gibt auch andere „mythische" Annäherungen an die Moderne, die zu ganz unterschiedlichen Ergebnissen führen: Thomas Mann, Hermann Hesse, Cesare Pavese, Pier Paolo Pasolini, Heiner Müller – nur um einige wenige zu nennen. Die Psychoanalyse selbst und die schon erwähnte Anthropologie verwenden ebenfalls eine mythische Ikonographie. Das kommunikative System der Moderne braucht Ikonen, Bilder – Benjamin selbst spricht von „Bildern", „Denkbildern" und „Bildraum". Pasolini verwendet eine katholische Ikonographie, Heiner Müller schöpft oft aus dem altgriechischen Mythos. Die Verwendung dieser Bilder allein genügt aber nicht, um das Niveau eines Kunstwerks zu bestimmen, weil, wie bereits gesagt, die mythische Annäherung der verschiedenen Autoren sehr unterschiedlich sein kann. Sprache und Bilder des Mythos zu benutzen, ist etwas ganz anderes als der Glaube an die reale Konsistenz des Mythologischen als Beschwörungskraft einer überirdischen oder unterirdischen Wirklichkeit, welche die Ereignisse (von oben oder von unten) determiniert. Es handelt sich in diesem Fall um eine Wiederverwendung von romantischen und neuplatonischen Überzeugungen und epistemologischen Strukturen.

Indem Aby Warburg das Wiederauftauchen antiker Bilder und Sprachen betont, die im Mittelpunkt seiner Theorie der „Sinnumkehrung" stehen, überschreitet er die methodologische Schwelle einer Mythologie der Moderne.[35] Mit dem Mnemosyne-Atlas scheint er den alten Traum von Winckelmann realisieren zu wollen, einen Katalog der Allegorien und ihrer Valenzen aufzustellen. Aby Warburg selbst behauptet aber, dass die Pathosformel, in denen die Leidenschaften als Ikonen ausgedrückt werden, mit der Zeit einer Sinnumkehrung

---

[35] Vgl. Aby Warburg, *Die Erneuerung der heidnischen Antike. Kulturwissenschaftliche Beiträge zur Geschichte der europäischen Renaissance*, Akademie, Leipzig/Berlin, 1932.

unterworfen werden, wenn sie in einem anderen Kontext und in einer anderen Epoche wieder verwendet werden. Es genügt also nicht, die Quelle dieser Ikonen oder dieser „Formeln" festzustellen. Man muss sich eher die Frage stellen, wie sie in einem neuen Kontext umfunktioniert werden. Wir können in einem Kunstwerk demzufolge mythische Sprache und Bilder finden, ohne die Absicht zu verspüren, eine mythische Interpretation der Moderne liefern zu wollen.

Die mythischen Elemente dienen dazu, anthropologische Archetypen zu gründen (Bachofen): Sie sind allegorische Ausdrücke und nicht vor- oder prähistorische Wirklichkeiten. Die „mythischen" Figuren bei Benjamin gehören zu jenem „bildhaft-symbolischen" Apparat der Kabbalisten, der aber dazu benutzt wird, um dem Mythischen entgegengesetzte Werte zu bejahen. Benjamins Hauptziel in seiner Pariser Arbeit ist Gebiete des Mythos urbar zu machen:

> Gebiete urbar zu machen, auf denen bisher nur der Wahnsinn wuchert. Vordringen mit der geschliffenen Axt der Vernunft und ohne rechts und links zu sehen, um nicht dem Grauen anheimzufallen, das aus der Tiefe des Urwalds lockt. Aller Boden mußte einmal von der Vernunft urbar gemacht, vom Gestrüpp des Wahns und des Mythos gereinigt werden. Dies soll für den des 19. Jahrhunderts hier geleistet werden.[36]

„Daß zwischen der Welt der modernen Technik und der archaischen Symbolwelt der Mythologie Korrespondenzen spielen, kann nur der gedankenlose Betrachter leugnen", schreibt Benjamin an anderer Stelle.[37] Die Mythisierung der Technik wurde in den 1920er und 1930er Jahren von konservativen Denkern vertreten (Jünger, Benn, Heidegger, Schmitt), die auch ihre „Neutralität" theoretisiert haben. Benjamin hat demgegenüber vor, den wesentlichen Unterschied zwischen einer „mythischen" und einer „kritischen" Annäherung zur Moderne theoretisch und methodologisch zu bestimmen. Wenn es stimmt, dass er sich mit der „Mythologie der Moderne", mit den Riten und Volksfesten intensiv beschäftigt, so ist auch wahr, dass sein Interesse die Dekonstruktion dieser Begriffe und ihrer Terminologie hervorbringt. Benjamin steht auf der Schwelle des Mythischen, d.h. dort, wo es möglich ist, den Ursprung der Begriffe der modernen Philosophie zu spüren, um ihre verborgene Wertigkeit, ihre „Kehrseite" – ein Denkbild, das oft in seinen Schriften auftaucht – ans Licht zu bringen. Die Schwelle aber fließt, wie wir bereits wissen, in den Zwischenraum über, in dem entgegengesetzte Begriffe und Denkordnungen (um Foucault zu zitieren) zu-

---

[36] Walter Benjamin, *Gesammelte Schriften*, a.a.O., Bd. V, S. 570f.
[37] Ebd., S. 576.

Mauro Ponzi

sammenkommen und oft miteinander verschmelzen (im Sinne von „hybridisieren"). Es handelt sich keineswegs um eine „Synthesis" (im Sinne der klassischen bürgerlichen Philosophie), sondern um eine *contaminatio*, in der die Begriffe ihre eigenen Charakteristika ohne jegliche Versöhnung beibehalten, nebeneinander stehen und zusammen mit ihrem Gegenteil existieren. Benjamin hat rechtzeitig verstanden, dass das Moderne von dieser Spannung gekennzeichnet ist, und er hat versucht, eine Topographie der Stadt Neapel als eine Topographie der Zwischenräume zu entwerfen.

Diese Topographie taucht auch in der Analyse von Paris auf, wo sich der Kampf zwischen „mythischem" und „kritischem" Denken in der Feststellung der Schwelle zwischen Traum und Erwachen konkretisiert, die Benjamins methodologische und „politische" Auseinandersetzung mit Aragon und den Surrealisten kennzeichnet.

Das Theorem der „Auflösung der Mythologie in den Geschichtsraum"[38] zielt polemisch nicht nur auf Carl Gustav Jung, sondern auch auf die Surrealisten ab. Benjamin schreibt in seinem *Passagen-Werk*: „Erwachen ist nämlich die dialektische, kopernikanische Wendung des Eingedenkens."[39] Die Träume nur innerhalb eines onirischen Kontextes interpretieren zu wollen, genügt nicht, um den Sinn einer geschichtlichen Epoche zu fassen. Man muss den Ursprung des „Gewesenen" und die geschichtlichen Implikationen des Traums ans Licht bringen. Nur in dem Moment, in dem der „Traumdeuter" sich die Frage stellt, wie diese Traumbilder entstanden, wird er zum Historiker.

In seiner 1927 in der *Neuen Rundschau* veröffentlichen *Glosse zum Surrealismus*, die in dem Manuskript den Titel *Traumkitsch* trug, behauptet Benjamin, dass „[d]ie Geschichte des Traumes noch zu schreiben" bleibt.[40] Das *Passagen-Werk* hebt also den Anspruch auf, eine archäologische Rekonstruktion des Ursprungs der Formen der Moderne zu sein – und nicht nur der materiellen,

---

[38] Ebd., S. 571.
[39] Ebd., Bd. V, S. 491. An anderer Stelle bestätigt er diesen Begriff: „Die kopernikanische Wendung in der geschichtlichen Anschauung ist dies: man hielt den fixen Punkt das ‚Gewesene' und sah die Gegenwart bemüht, an dieses Feste die Erkenntnis tastend heranzuführen. Nun soll sich dieses Verhältnis umkehren und das Gewesene seine dialektische Fixierung von der Synthesis erhalten, die das Erwachen mit den gegensätzlichen Traumbildern vollzieht. Politik erhält den Primat über die Geschichte. Und zwar werden die historischen ‚Fakten' zu einem uns soeben Zugestoßenen: sie festzustellen ist die Sache der Erinnerung." Ebd., Bd. V.2, S. 1057.
[40] Ebd., Bd. II.2, S. 620.

118

sondern auch einer Rekonstruktion der Traumbilder. In den *Pariser Passagen I*
schreibt Benjamin, dass „das Kollektiv" die „ökonomischen Lebensbedingungen" deutet und dass sie „im Traum ihren *Ausdruck* und im Erwachen ihre *Deutung*" finden.[41] Während Carl Gustav Jung in den Traumbildern metahistorische
Archetypen sieht, betont Benjamin hingegen die geschichtliche Bedeutung des
mythischen Traumkollektivs und der von dem Traumbild geprägten Dingwelt.[42]
    Der Kapitalismus hat die Züge einer Religion angenommen. Der Kapitalis-
mus ist „eine reine Kultreligion, vielleicht die extremste, die es je gegeben hat",
schreibt Benjamin.[43] Der Glaubenscharakter des Neoliberalismus nimmt in dem
Moment radikale Züge an, in dem er im nicht regulierten Markt die Lösung aller
wirtschaftlichen Probleme zu sehen glaubt. Der Neoliberalismus ist intolerant:
Keine andere Theorie wird als „modern" betrachtet, keine theoretische Dissi-
denz wird wahrgenommen. Die vermeintliche Selbstregulierung des Marktes ist
ein Glaubensakt religiöser Art.[44]
    Benjamin hat versucht, die Schwelle zwischen einem „kritischen" und ei-
nem „mythischen" Denken genau festzusetzen. Wenn er in der literarischen
Analyse diese Begriffsbestimmung am Beispiel Aragons verwendet, um die
Schwelle zwischen Traum und Erwachen festzustellen, ist seine unterschwellige
und theoretische Auseinandersetzung besonders gegen die deutsche Romantik
gerichtet.[45] Benjamin betont die „falsche Verbindlichkeit" als negativen Aspekt

---

[41] Ebd., Bd. V.2, S. 1023: „Die ökomischen Bedingungen, unter denen die Gesellschaft
existiert, bestimmen sie nicht nur im materiellen Dasein und im ideologischen Überbau:
sie kommen auch im Ausdruck. Genau so, wie beim Schläfer ein übervoller Magen im
Trauminhalt nicht seinen ideologischen Überbau findet, genau so mit den ökomischen
Lebensbedingungen das Kollektiv. Es deutet sie, es legt sie aus, sie finden im Traum ihren
Ausdruck und im Erwachen ihre *Deutung*."
[42] Vgl. Winfried Menninghaus, *Schwellenkunde. Walter Benjamins Passage des Mythos*,
Suhrkamp, Frankfurt a. M., 1986, S. 24.
[43] Walter Benjamin, *Gesammelte Schriften*, a. a. O., Bd. VI, S. 100.
[44] Zur Kritik des Neoliberalismus vgl. Edelbert Richter, *Aus ostdeutscher Sicht. Wider den
neoliberalen Zeitgeist*, Böhlau, Köln/Weimar/Wien, 1998; vgl. auch: Detlev Schöttker,
„Kapitalismus als Religion und seine Folgen. Benjamins Deutung der kapitalistischen
Moderne zwischen Weber, Nietzsche und Blanqui", in: Bernd Witte/Mauro Ponzi (Hrsg.),
Theologie und Politik. Walter Benjamin und ein Paradigma der Moderne, Schmidt, Berlin,
1999, S. 70–81; Karl Solibakke, „„Die Achse des Bösen' – Politik und Religion in den
USA", in: ebd., S. 181–194.
[45] Vgl. Winfried Menninghaus, *Schwellenkunde. Walter Benjamins Passage des Mythos*,
a. a. O., S. 22 f.

Mauro Ponzi

des Mythos: „Er fand vielmehr in Politik und Theorie depravierte Formen des romantischen Mythos-Begriffs vor", da sie die ursprünglich „progressiven" Intentionen der Romantiker „ins Gegenteil" verkehren.[46] Benjamins Einstellung zur deutschen Romantik ist ambivalent: Die Tatsache aber, dass er einige gedankliche „Perlen" des romantischen Denkens weiter verwendet, heißt keineswegs, dass er mit der gesamten Bewegung und ihrer Philosophie übereinstimmt. Besonders hinsichtlich der Auffassung von Geschichte und der „Mythologie der Moderne" setzt er eine sehr scharfe Demarkation zwischen sich selbst und der deutschen Romantik. Benjamin, der sonst so flexibel und ambivalent in seinem philosophischen Diskurs ist, widerspricht der universalistischen Interpretation des Mythos sehr vehement. Die romantische Auffassung des Mythos als „Form" übernimmt die Bedeutung einer Sinngebung, einer Legitimation der Formen des Kapitalismus, die als Resultat eine „Potenz der Synthesis" hat.[47] Hier liegt der philosophische Schlüssel zu Benjamins Gedanken: Sein nietzscheanisches Element besteht nicht nur in dem „destruktiven Charakter", sondern vielmehr in einem auf dem „Analogon" gründenden Denksystem, das keine „Synthesis" vorsieht. Benjamins Denken – so wie Nietzsches Philosophie – ist *strictu sensu* „a-dialektisch". Unter Benjamins Kritik der romantischen Auffassung der Geschichte liegt die Begriffsbestimmung der „Synthesis" als „mythisches Denken". Das „Politische" dieser Begriffsbestimmung liegt ganz und gar in dem Umstand, dass er die „Potenz der Synthesis" als eine Sinngebung der Formen des Kapitalismus begreift.

---

[46] Ebd., S. 15.
[47] Ebd., S. 14.

Pietro Montani

Sich schuldig fühlen.
Ethik und Ästhetik der Zwischenräume

Zunächst möchte ich darauf aufmerksam machen, dass die alltägliche Sprache
im Ausdruck „sich schuldig fühlen" eine Schnittstelle zwischen Ethik und Ästhetik aufzeigt. Es handelt sich um eine Redewendung, die wir verwenden, ohne
über ihre philosophischen Verwicklungen nachzudenken, die bedeutend sind
und eine Vertiefung verlangen. Im ersten Teil dieses Artikels möchte ich ganz
allgemein die Natur des symbolischen Raums klären, in dem sich Ethik und Ästhetik überschneiden. Im zweiten Teil werde ich diesen mit einem spezifischen
und aktuellen Problem in Beziehung setzen, das ich für sehr wichtig erachte.
Es ist ein Problem, welches das Statut der medialen Bilder betrifft (Fernsehen
und Internet) und für welches es mir angemessen erscheint, von einer „Schuld
an Bezeugung" zu sprechen. Diesbezüglich könnte es interessant sein, sich mit
der ästhetischen Kehrseite in einer nicht allgemeinen oder impressionistischen
Art auseinanderzusetzen: Es geht dabei um die Tatsache, dass diese Schuld auf
unsere Sinnlichkeit (auf unsere *aisthesis*) einwirken oder sie durch Verdrängung anästhetisieren kann. Zu diesem Zweck sollen einige Begriffe eingeführt
und kurz erörtert werden, auf die ich bereits an dieser Stelle eingehen möchte:
Bezüglich der neuen elektronischen und digitalen Technologien soll von einer
„referenziellen Gleichgültigkeit" gesprochen werden, der ich eine „Ethik der
Form" entgegensetzen möchte, welche mit einer spezifischen „Schuldkreativität" verbunden werden kann. Gemeint ist hiermit ebenjene Kreativität, die sich
auf die freie Erfindung von Formen richtet, die sich jeweils als Bilder der Bezeu-
gungsschuld konstituieren können. Das Organ dieser „Schuldkreativität" ist die
„intermediale Einbildungskraft".[1]

   Der Ausdruck „sich fühlen" bezieht sich auf eine erweiterte und gründende Deutung des „Fühlens" (der *aisthesis*) als Gegenstand einer Ästhetik. Mit
„erweitert" meine ich, dass die Ästhetik vor allem als ein Nachdenken über
die Eigenschaften des Fühlens verstanden werden muss, dessen Bezugspunkt
nicht nur das Erleben des Schönen und der Kunst bildet, sondern vor allem die
menschliche Erfahrung im Allgemeinen, als ein Erleben, das strukturell nicht

---

[1] Vgl. Pietro Montani, *L'immaginazione intermediale*, Laterza, Rom/Bari, 2010.

Pietro Montani

von einer eigenen Eröffnung zum Sinn trennbar ist (in der zweifachen Bedeutung des Wortes, worauf ich bald zurückkommen werde). Diese These über die Ästhetik wurde u. a. von John Dewey entwickelt, jedoch wurde sie vor ihm bereits von Kant in der *Kritik der Urteilskraft* dargelegt, deren erster Teil, wie allgemein bekannt, ganz dem ästhetischen Urteil gewidmet ist. Warum verlangt das ästhetische Urteil eine „Kritik"? Weil es sozusagen den Prototyp der reflektierenden Urteilsfähigkeit darstellt: die Anfangsform der Fähigkeit, das Besondere der Natur auf eine allgemeine Regel zurückführen zu können, die *nicht gegeben ist* (z. B. ein empirisches Gesetz, ein Gesetz, das noch erfunden werden muss).

Es handelt sich also um eine hypothetische und kreative Fähigkeit (ein Prinzip erschließen, eine Regel erfinden) und nicht bloß um eine subsumierende (d. h. das Besondere auf eine vorgezeichnete Regel zurückzuführen). Kant zufolge zeigt sie das ästhetische Urteil auf exemplarische Art und Weise. Zu sagen, dass diese Fähigkeit die spezifische Natur der menschlichen Erfahrung auf vortreffliche Weise beschreibt, entspricht der Aussage, dass die menschliche Wahrnehmung sich durch ihre Begabung auszeichnet, das, was sie durch die Sinne aufnimmt, in die ideelle Ordnung der Bedeutungen zurückführen zu können (daher die Ambiguität des Wortes „Sinn", wie oben bereits erwähnt). Das menschliche Fühlen ist also ein tief von Idealität durchdrungenes Fühlen.

Dies erklärt offensichtlich auch die zweite Voraussetzung der erweiterten Interpretation des Ästhetischen, nämlich, dass es sich um ein „gründendes" Element handelt. Um es genauer zu sagen: *Wenn* das ästhetische Urteil unsere Fähigkeit bestimmt, das Vielfache der empirischen Erfahrung zu finden, indem es in dem unbestimmten Gefühl einer möglichen ideellen Ordnung vorerlebt wird – ein Gefühl, das Kant „Lust der Reflexion" nennt –, *dann* ist dieses Gefühl des Vergnügens ein spezifisches Kennzeichen des menschlichen Erlebens. Dieser Punkt, den ich hier nicht ausführlicher behandeln kann, beweist die epistemologische Komplexität der kantschen Ästhetik, zu der, um im italienischen Kontext zu bleiben, Luigi Scaravelli und Emilio Garroni entscheidende Beiträge geleistet haben.[2] Es ist hinzuzufügen, dass die erweiterte und gründende Dimension des Ästhetischen Heidegger nicht entgangen ist, von welchem ich zwei Stellen aus dem umfangreichen Buch über Nietzsche zitieren möchte:

[2] Vgl. Luigi Scaravelli, „Osservazioni sulla Critica del Giudizio", in: *Scritti kantiani*, La Nuova Italia, Florenz, 1968, S. 341–528; Emilio Garroni, *Estetica ed epistemologia*, Unicopli, Mailand, 1998; ders., *Estetica. Uno sguardo-attraverso*, Garzanti, Mailand, 1992.

Im Gefühl eröffnet sich und hält sich der Zustand offen, in dem wir jeweils zugleich zu den Dingen, zu uns selbst und zu den Menschen mit uns stehen. Das
Gefühl ist selbst dieser ihm selbst offene Zustand, in dem unser Dasein schwingt.
Der Mensch ist nicht ein denkendes Wesen, das auch noch will, wobei dann außerdem zu Denken und Wollen Gefühle hinzukommen, sei es zur Verschöne-
rung oder Verhäßlichung, sondern die Zuständlichkeit des Gefühls ist das Ursprüngliche, aber so, daß zu ihm Denken und Wollen mitgehören.

Kants Auslegung des ästhetischen Verhaltens als „Lust der Reflexion" dringt in
einen Grundzustand des Menschseins vor, in dem der Mensch erst zur gegrün-
deten Fülle seines Wesens kommt.[3]

Ich habe diese zwei Stellen zitiert, weil die erweiterte und gründende Deutung
des Ästhetischen hier auch von einem Philosophen bestätigt wird, der radikal
von der Ästhetik Abstand genommen hat, indem er sie als eine der wichtigsten Erscheinungen einer Metaphysik des Subjekts betrachtet hat. Die Position
Heideggers wird allerdings im Folgenden aus einer etwas anderen Perspektive
nützlich sein.

An dieser Stelle ist es notwendig, danach zu fragen, in welcher Beziehung
dieses erweiterte und konstitutive Gefühl mit der Schuldfrage steht. Eine erste
Erläuterung, die mir einleuchtend, aber zugleich auch unzureichend erscheint,
ist in der bereits angeführten Interpretation Garronis vorhanden. Ich werde sie
hier nur verkürzt darstellen und daher leider ihre Reichhaltigkeit und Tiefe op-
fern müssen, um mich allein auf den Punkt zu konzentrieren, der hier von Interesse ist.

Wenn das menschliche Gefühl durch ein dauerhaftes und freies Schwanken
zwischen Empfindung und Bedeutung gekennzeichnet ist (durch ihre konstitutive Öffnung zum Sinn bewiesen), dann müsste Garroni zufolge die philosophische Betrachtung, die sich damit befasst, d.h. mit der Ästhetik, als eine
nicht-spezielle Philosophie verstanden werden: als ein kritisches Befragen über
den Sinn. Aber gerade dank seines freien und radikal kontingenten Charakters zeigt der Sinn keine Notwendigkeitsgarantie, sondern streift im Gegenteil
grundsätzlich immer die Sinnlosigkeit. So müssen wir z.B. in der authentisch
schöpferischen Erneuerung die Sinnlosigkeit wagen. Es handelt sich um ein
Müssen, nicht um ein Können. Ethik und Ästhetik verknoten sich also in diesem

---

[3] Martin Heidegger, *Gesamtausgabe*, Bd. 6.1: *Nietzsche I (1936–1939)*, hrsg. von B. Schill-
bach, Klostermann, Frankfurt a.M., 1996, S. 48 und S. 113.

„Gewagt-sein-Müssen", in dieser Wette ohne Gewähr. Es handelt sich, genauer gesagt, um die gleiche Art von Wette, die für das Kunstwerk lange Zeit typisch gewesen ist, wenn wir unter Kunstwerk das Geschehnis einer gewagten und kontingenten Erneuerung verstehen, die danach streben *muss*, sich als sinnvoll und notwendig zu beweisen. Sie muss also danach streben, vom „Gemeinsinn" angenommen zu werden, der sich damit als reorganisiert erweist. Nun wird dieses „Sinnvoll-sein-Müssen", welches aber über keine vorherige normative Grundlage verfügen kann (der radikal unabhängige Charakter des Sinnes), von Kant unter dem Begriff der „Beispielhaftigkeit" des genialen Werkes subsumiert. Ein Werk ist wirklich erneuernd, wenn es – und nur wenn – das gemeinsame Gefühl neu gestaltet, wenn – und nur wenn – es von dieser Neugestaltung nicht nur ein rückbezügliches Beispiel, sondern auch ein echtes und richtiges Muster darzustellen wagt. „Der Sinn" – so erläutert Garroni – „ist doch ein Risiko, aber ein Risiko, das wir nicht vermeiden können, das wir im Gegenteil eingehen müssen: Es handelt sich um ein *transzendentales Risiko* [...], das notwendigerweise zur Kontingenz unseres In-der-Erfahrung-Seins gehört".[4]

Die Interpretation Garronis ist einleuchtend, sie ist meiner Ansicht nach allerdings auch ungenügend. Der Grund liegt darin, dass in der Verknüpfung von Ethik und Ästhetik, wie Garroni sie versteht, nicht geklärt wird, ob es vielleicht notwendig wäre, in der ethischen (und gewagten) Pflicht des Sinnes nicht auch die Präsenz eines nicht willkürlichen Motivationshintergrunds zu suchen. Was würde uns schließlich zu der gewagten Erneuerung treiben? Gäbe es, anders ausgedrückt, einen „Gläubiger" dieser paradoxalen Geste, die gleichzeitig frei *und* erforderlich, kontingent *und* notwendig ist?

Garroni geht die Frage nicht an, die bei Heidegger hingegen thematisiert wird. Der freie, aber gleichzeitig auch nicht willkürliche Charakter des Geschehens, das eine Veränderung (einen neuen Beginn) im Rahmen des Gemeinsinnes einführt, wird in der Tat von ihm – zum Beispiel in seinem Essay über den Ursprung des Kunstwerkes – mit dem Begriff der „Stiftung" erläutert, die in der Dichtung, im schaffenden Wort, zu erkennen ist. Dieser Begriff meint, dass „der wahrhaft dichtende Entwurf die Eröffnung von jenem [ist], worein das Dasein als geschichtliches schon geworfen ist".[5] Der „Gläubiger", dem wir (selbst wenn freiwillig) entsprechen *müssen,* ist über „die Kontingenz unseres in der Erfah-

[4] Emilio Garroni, *Estetica. Uno sguardo-attraverso*, a.a.O., S. 225. Dt.d.Ü.
[5] Martin Heidegger, „Der Ursprung des Kunstwerkes", in: ders., *Holzwege*, Klostermann, Frankfurt a.M., 1980, S. 61.

rung [Seins]" die wesentliche Geschichtlichkeit des Daseins – sein „situierter" Charakter: der Ent-wurf, in dem das Dasein (schon) ent-worfen ist. Die enthüllende Kraft oder besser die Erörterungsmacht, die Heidegger dem Kunstwerk beimisst, zeigt sich hier besonders deutlich. Es ist in dem Werk und dank des Werkes, dass unser „In-eine-historische-Welt-geworfen-Sein" zu Tage tritt und, so weit es möglich ist, verstanden wird. Eine kritische Ästhetik, wie die von Kant und Garroni, ist hingegen nicht an einer solchen historischen Perspektive interessiert.

Ich habe eingangs gesagt, dass die Stellung Heideggers auch unter einem anderen Gesichtspunkt nützlich sein wird, wofür im Folgenden der Grund erläutert werden soll. In seinen Überlegungen zur Dichtung erklärt der späte Heidegger auf eine sehr klare Weise (wobei das Thema allerdings schon im Essay über das Kunstwerk vorhanden ist), dass der Gläubiger (dem wir geschichtlich entsprechen müssen) heute eine wesentliche Beziehung zur Frage der Technik hat. Diese Beziehung, hat, wie allgemein bekannt, die Natur der Gefahr, ja der größten Gefahr[6]. Denn das Gestell, das globale technische Dispositiv (der aktuelle Zustand der Technik), könnte den Menschen so sehr in seinem Uniformierungsunterfangen (Transformation des Seienden in *Be-stand*, in Fonds oder Reserven) einnehmen, dass es ihm unmöglich würde, dem Anspruch der Technik zu entsprechen; dass es ihm unmöglich würde, sich überhaupt für irgendetwas schuldig zu fühlen. Hier ergibt sich die Frage, ob das Kunstwerk noch imstande ist, dank einer passenden Erörterung, der dem Gestell inhärenten radikalen Verwirrungen und wesentlichen Anästhetisierung zu entsprechen. Diese Frage bleibt bei Heidegger unbeantwortet. Es ist jedenfalls sicher, dass, wie er in seinem Aufsatz zur Frage der Technik schreibt, je mehr das Wesen der Technik erörtert werde, desto geheimnisvoller werde das Wesen der Kunst.[7]

Ich werde Heidegger nicht in diese Richtung folgen, die ich schon an anderer Stelle kritisiert habe,[8] sondern den Punkt aufnehmen, der die Frage der Geschichtlichkeit des Sinnes mit der der modernen Technik verknüpft, um eine viel eingegrenztere Version der Gefahr darzulegen, von der Heidegger spricht.

---

[6] Vgl. Martin Heidegger, *Bremer und Freiburger Vorträge, 1. Einblick in das was ist*, Klostermann, Frankfurt a. M., 1994.

[7] Vgl. Martin Heidegger, „La questione della tecnica", in: *Saggi e discorsi*, Mursia, Mailand, 1976–80, S. 27.

[8] Vgl. Pietro Montani, *Bioestetica. Senso comune, tecnica e arte nell'età della globalizzazione*, Carocci, Rom, 2007.

Pietro Montani

Zusammenfassend besteht meine Idee im Folgenden: Unter den Bedingungen, die von den neuen Produktions- und Kommunikationstechnologien der Bilder bestimmt werden, besteht die Gefahr, dass das mediale Bild Schritt für Schritt seine Eigenschaften verliert, d.h. seine Fähigkeit, sich auf die Welt, auf das „Andere" zu beziehen. Dieses Thema ist zwar bekannt, jedoch möchte ich es unter einem spezifischen Gesichtspunkt untersuchen.

Es scheint mir, dass ein beunruhigendes Phänomen im Begriff ist, sich zu behaupten, welches ich als „referenzielle Gleichgültigkeit" des medialen Bildes bezeichnen möchte. Ich meine damit, dass das mediale Bild zwar weiterhin eine referenzielle Leistung ausübt und erklärt, aber mit steigendem Desinteresse für seine Fähigkeit, dies auch zu bescheinigen und das Dargestellte zu garantieren.

Anders gesagt, wird die referenzielle Leistung nicht unterbrochen – und hier distanziere ich mich entschieden von der postmodernen Idee einer von ihrem Abbild nicht unterscheidbaren Welt –, sondern vollzieht sich in einem Zustand der Gleichgültigkeit gegenüber dem Widerstand, den die Welt gegenüber den Formen leistet, die sie darstellen und beschreiben. Diese Darstellungen und Beschreibungen sind nur dann möglich, wenn die Welt einen erheblichen Grad der Alterität gegenüber den Formen selbst bewahrt, wenn und nur wenn also die Welt sich als „das Andere" der Formen zu erkennen gibt. Das weit verbreitete Programm *Photoshop* ist ein offensichtliches Beispiel dieser Indifferenz: Jeder von uns ist in der Lage, sich ein künstliches Archiv zu schaffen, in dem sich das (unschuldige?) Spiel mit den digitalisierten Bildern mit ihrem Spurcharakter überschneidet, radikal die Zuständigkeit und das Interesse dieses Aspektes – die Spur – reduziert, so dass diese in einem neuen Bestätigungsentwurf wieder neu begründet werden müssen. Ich glaube also, dass das Schuldgefühl, das ich am Anfang erwähnt habe, heute mit der Übernahme (oder mit der anästhetischen Verdrängung) der Dringlichkeit eines solchen Projektes zu tun hat.

Meine These ist, dass dieses Projekt nicht davon absehen kann, was ich „intermediale Einbildungskraft" nenne. Von der Vorstellung wird heute verlangt sich *zwischen* den Medien zu bewegen und ihre Schwellen zu bemühen. Damit soll die referenzielle Leistung des technisch produzierten Bildes wieder hergestellt werden. Nur in diesem Spiel der Unterschiede ist eine Ethik der Form möglich, deren Charakter nicht (mehr) substantiell sein kann, sondern relational sein muss, nicht (mehr) die Prägnanz des einzelnen Bildes betreffen kann, sondern aus dem Dialog und aus dem kritischen Vergleich *zwischen* den Bildern hervorgehen muss. Der neue Entwurf der Bestätigung der technisch erzeugten

Bilder ist heute also dazu verpflichtet, die Formen einer Ethik der intermedialen Räume hervorzubringen.

Die Tatsache, dass der Bezug in einer Welt entsteht, deren Alterität sich als geschwächt, reduziert oder tendenziell assimiliert erweist, zieht wenigstens zwei Konsequenzen nach sich. Die erste besteht darin, dass das Urteil über das Bild dazu neigt, die Modalität des Wirklichen als Kriterium der Diskriminierung zu deaktivieren zugunsten der performativen Werte des Bildes selbst. Das Bild lässt also die Dinge entstehen. Die zweite ist, dass durch diese performative Wiederherstellung des Bezugs der Welt die Fähigkeit entzogen wird, sich „fühlen" zu lassen, d. h. sich nach den Modalitäten der Begegnung mit dem Anderen, der Erforschung des Anderen, der Provokation des Anderen fühlen zu lassen.

Die gemeinsame Wirkung dieser beiden Elemente bestimmt das substantiell anästhetische Statut des medialen Imaginären.

Dieses Statut muss mit der erweiterten und konstitutiven Dimension des Gefühls in Verbindung gebracht werden. Der wichtigste Punkt dabei ist folgender: Eine technisch prozessierte Sinnlichkeit (*aisthesis*) wird tendenziell ihres Ausarbeitungscharakters und ihrer Öffnung gegenüber dem Gedanken beraubt. Die referenzielle Indifferenz stellt, anders ausgedrückt, eine Welt dar, die sich einer Sinnlichkeit anbietet, die des Gedankens beraubt ist und deshalb dazu neigt, sich in dem begrenzten Bereich der Empfindung einzuschränken, z. B. in dem Bereich des Sensationellen. Dies erklärt die Tatsache, dass die gerade erwähnte Anästhesierung mit deutlichen Hyperästhetisierungsphänomenen Schritt halten kann. Es handelt sich aber auf jeden Fall um eine „Ästhetik der Empfindung", eine Ästhetik, die sich vor der Gefahr, die unvorhersehbaren oder unheimlichen Aspekte der Kontingenz zu treffen, vor der Mühe schützt, sie einer kritischen Ausarbeitung zu unterziehen.

Von diesem Gesichtspunkt aus gesehen bedeutet, „sich schuldig fühlen", sich gegenüber dem irreduziblen Anderssein der wirklichen Welt schuldig zu fühlen, den Verlust der Welt und die Anästhetisierung des medialen Imaginären als eine Gefahr wahrzunehmen, die man eingehen muss.

Wie sollte aber man dieser Schuld entgegentreten? Eine der möglichen Antworten lautet: Indem man sich der anästhetischen Derealisierung des Bildes widersetzt und eine Ethik der Form und das Projekt einer Schuldkreativität geltend macht.

Die Beziehung zwischen Ethik und Ästhetik betrifft so, und nicht willkürlich, auch die Frage der Form, mit offensichtlicher Öffnung zum Beitrag der

Künste. Es ist mir nicht möglich, hier dieses Problem in Tiefe auszuführen, das ohne weiteres durch zahlreiche Beispiele belegt werden müsste.[9] Daher beschränke ich mich darauf, einen einzigen Punkt hervorzuheben: Eine Ethik der Form, verstanden als Kontrasthandlung gegenüber der referenziellen Indifferenz, scheint von der Identifizierung und von der Rehabilitierung eines Verschiedenheitselements ausgehen zu müssen, von einem Zwiespalt zwischen dem Bild und der Welt, der den verwischten und verdrängten Unterschied wiederherstellen kann. Meine These ist also, dass dieser Zwiespalt mit besonderer und spezifischer Wirksamkeit hervortreten kann, wenn man mit dieser interstitiellen Bilddimension arbeitet, die man als „intermedialen Schnitt" (Montage) definieren kann.

Im Widerspruch sowohl zur Behauptung einer unmittelbaren Darstellung der Welt (eine Idee, die schon von der Tatsache entkräftet wird, dass die Welt heute einen hohen Mediatisierungsgrad hat) als auch zur postmodernen These, dass die wirkliche Welt Gefahr laufe, sich völlig von der simulierten ersetzen zu lassen, basiert das von mir gemeinte audiovisuelle Paradigma auf der Voraussetzung, dass man nur durch einen aktiven Vergleich *zwischen* den verschiedenen technischen Bildformaten (optisch oder digital z. B.) und seinen unterschiedlichen diskursiven Formen (fiktiv oder dokumentarisch z. B.) dem Anderssein der wirklichen Welt gerecht werden kann. So muss sich der Ausarbeitungszug des Bildes, nicht auf das Verhältnis Bild-Welt beziehen, sondern auf die Beziehung *zwischen* den verschiedenen Dispositiven des technologischen Imaginären. Dies stellt seine referenzielle Leistung (die Fähigkeit, die Welt aufzufangen, sie zu erforschen, wieder zu beschreiben) und sein Bezeugungsengagement (die Schuld des Bildes gegenüber dem Anderen) wieder her.

Der Einsatz ist also erheblich, da es sich um eine (mögliche) „Rückkehr der Wirklichkeit" in eine von den Medien prozessierte Welt handelt, von Medien, die dazu neigen, sie von ihrer Simulierung nicht zu unterscheiden (im technischen Sinne des Wortes), wie es in der *Reality Show* geschieht (die heutzutage völlig einer Liveübertragung im Fernsehen gleichkommt).

Abschließend möchte ich betonen, dass diese These alles andere als selbstverständlich ist, weil sie voraussetzt, dass die Rückkehr der Wirklichkeit nur dank des Dialoges zwischen den verschiedenen Medien möglich ist, nämlich dank des kritischen Raumes, der aus dem intermedialen Vergleich heraus ent-

---

[9] Vgl. Pietro Montani, *L'immaginazione intermediale*, a. a. O.

steht. Die Rückkehr der Wirklichkeit verlangt also eine Zunahme an Vermittlung und zwischenräumlicher Zonen, die fähig sind, die Wirklichkeit aufzunehmen und nicht die illusorische Wiederherstellung eines unmittelbaren Kontakts mit der Realität.

Ich hoffe, in gewissem Maße erklärt zu haben, was unter „intermedialer Einbildungskraft" zu verstehen ist, und möchte nur hinzufügen, dass jeder von uns fähig ist, sie zu aktivieren, wenn er will (das Internet bietet dazu übrigens viele, auch schöpferische Möglichkeiten). Die Künste – vor allem denke ich hier an das hervorragende Gegenwartskino – sind schon dabei, diesen Raum in bedeutender Weise auszuloten und zu erforschen.

Aus dem Italienischen von Stefania Falone und Daniel Fliege

Irene Kajon

Die biblische Schwellenmetapher bei Rosenzweig und Kafka

Die Schwelle im Alten Testament

In Exodus 3 wird die Geschichte Moses erzählt, der, während er die Herde seines Schwiegervaters Jitro, Priester von Midian, hütet, am Berg Chorev, oder auch Sinai genannt, ankommt, der zum Ort der Offenbarung werden sollte. So heißt es in den Versen 2–6:

> Dort erschien ihm der Engel des Herrn [*malach YHWH*] in einer Flamme, die aus einem Dornbusch emporschlug. Er schaute hin: Da brannte der Dornbusch und verbrannte doch nicht. Mose sagte: Ich will dorthin gehen und mir die außergewöhnliche Erscheinung ansehen [*asura-na ve-ereh ha-mareh ha-gadol ha-ze*; wörtl.: ich werde mich umdrehen und diese große Ansicht sehen]. Warum verbrennt denn der Dornbusch nicht? Als der Herr sah, dass Mose näher kam, um sich das anzusehen, rief Gott ihm aus dem Dornbusch zu: Mose, Mose! Er antwortete: Hier bin ich [*hinneni*]. Der Herr sagte: Komm nicht näher heran! [*al tikrav*] Leg deine Schuhe ab; denn der Ort, wo du stehst, ist heiliger Boden [*chi ha-makom ascer ata omed 'alav admat-chodesh hu*; wörtl.: weil der Boden, auf dem du stehst, Erde der Heiligkeit ist]. Dann fuhr er fort: Ich bin der Gott deines Vaters [*elohe' aviha*], der Gott Abrahams, der Gott Isaaks und der Gott Jakobs. Da verhüllte Mose sein Gesicht [*va-iaster Moshe panav*]; denn er fürchtete sich, Gott anzuschauen [*ha-elohim*].[1]

Als Moses den brennenden Dornbusch sieht, geht er auf diesen zu und überwindet die Schwelle, die den nicht heiligen vom heiligen Boden trennt. Doch nachdem er diese Schwelle einmal überschritten hat, kann er nicht mehr weiter gehen; er bleibt also stehen, bevor er das eigenartige, von ihm beobachtete Phänomen erreicht. Die zweite Schwelle, die sich zwischen der Stelle, an der Moses mit nackten Füßen stehen bleibt, und derjenigen, auf der der Dornbusch wächst, auftut, wird jedoch nicht überschritten. So findet sich Moses zwischen zwei Schwellen in einem von zwei Linien begrenzten Raum wieder: Die eine Linie trennt die normalen Phänomene der Natur von denjenigen, die den Zyklus

---

[1] *Die Heilige Schrift, Einheitsübersetzung*, Katholisches Bibelwerk, Stuttgart, 1980, S. 63, Buch Exodus 3, 2–6.

der Natur durchbrechen. Die andere Linie verläuft zwischen der Stelle, auf der Moses stehen bleibt, und derjenigen, die die rätselhafte Erscheinung umgibt. Moses bleibt in einem Zwischenraum, der sich zwischen dem von ihm verlassenen normalen Lauf der Dinge und dem Ort der göttlichen Präsenz befindet. Dabei handelt es sich um einen Ort, an der Angst, Orientierungslosigkeit und Unruhe empfunden werden, gleichzeitig aber auch ein Gefühl von Freiheit, des Losgelöstseins des eigenen „Ichs" von natürlichen und sozialen Bindungen, die das Ich an die Unerbitterlichkeit der Zeit ketten und in das Sein der Dinge einschließen, seien dies natürliche Ereignisse oder seien es gewohnte Lebensweisen. Dieser Raum impliziert sowohl ein jenseitiges als aber auch ein diesseitiges Sein – ein Verlassen der wohl bekannten Erde, auf der der Mensch sicheren Fußes steht, ohne aber in eine andere Welt vordringen zu können, da sich diese der Aneignung und Eroberung entzieht. Dies wird in Exodus 3 als ein Raum der Ethik oder auch des auf Erbarmen und Gerechtigkeit hin ausgerichteten menschlichen Handelns gestaltet. Solche ethischen Maße führen den Menschen über die Natur hinaus, jedoch gründen sie sich nicht auf irgendeiner Erkenntnis der göttlichen Essenz, die unergründlich bleibt, sondern nur auf dem Erkennen der göttlichen Handlungen, die vom göttlichen „Ich" ausgehen.

Nachdem Gott Mose mitgeteilt hat, ihn als Gesandten beim Pharao auserwählt zu haben, damit er diesen auffordere, die Juden freizulassen, und nachdem er ihm die neue Situation umrissen hat, in der sich Mose, der den göttlichen Worten zuhört, befindet und in der sich die Nachkommen Jakobs unter seiner Führung befinden werden, heißt es im gleichen Kapitel in den Versen 11–14:

> Mose antwortete Gott: Wer bin ich, dass ich zum Pharao gehen und die Israeliten aus Ägypten herausführen könnte? Gott aber sagte: Ich bin mit dir [*chi ehie himach*]; ich habe dich gesandt [*scelachticha*], und als Zeichen [*ot*] dafür soll dir dienen: Wenn du das Volk aus Ägypten herausgeführt hast, werdet ihr Gott an diesem Berg verehren [*ta'avdun*]. Da sagte Mose zu Gott: Gut, ich werde also zu den Israeliten kommen und ihnen sagen: Der Gott eurer Väter hat mich zu euch gesandt. Da werden sie mich fragen: Wie heißt er? [*ma scemo*; wörtl.: wie ist Sein Name?] Was soll ich ihnen darauf sagen? Da antwortete Gott dem Mose: Ich bin der „Ich-bin-da" [*ehie ascer ehie*]. Und er fuhr fort: So sollst du zu den Israeliten sagen: Der „Ich-bin-da" [*ehie*] hat mich zu euch gesandt.[2]

---

[2] Ebd., S. 63, Buch Exodus 3, 11–14.

Gott offenbart sich Moses als ein Gott, der dem Menschen zur Seite steht, der die irdischen Mächte im Namen der Freiheit herausfordert und diese Freiheit als Fähigkeit zur Beachtung ethischer Gebote versteht. Der Name Gottes in diesen Versen, *ehie ascer ehie*, zeigt nicht so sehr die Ewigkeit Gottes an, während dieser – wie in einigen Exegesen bemerkt wird (z. B. von Moses Mendelssohn[3]) – auf das Tetragramm anspielt, dessen Buchstaben die Wurzel des Verbs „sein" enthalten. Ebenso wenig bezeichnet er die Tatsache, dass Gott *causa sui* ist, d. h. dass seine Existenz von keiner anderen Existenz abhängig ist (wie Maimonides bemerkt[4]), sondern vielmehr (wie Rosenzweig beobachtet[5]) die Wirklichkeit Gottes als eine heilsame und beistehende Kraft für diejenigen, die ihn anrufen, wenn sie gerecht handeln. So müsste dieser Name Gottes mit „Ich werde da sein" übersetzt werden, d. h. „Ich werde an eurer Seite sein" – man muss sich dabei, wie Rosenzweig[6], vergegenwärtigen, dass das Verb „sein" im Hebräischen nicht als Kopula benutzt wird, die ein Subjekt mit einem Prädikat verbindet, das dessen grundlegende oder kontingente Eigenschaft ausdrückt, sondern eine Präsenz ausdrückt, nicht eine statische, sondern eine aktive, ein gegenwärtiges Handeln. Das Zeichen dafür, dass ein solcher Gott die Juden aus Ägypten führt, wird die Tatsache sein, dass diese ihm am Sinai dienen werden: Das Ereignis der Offenbarung, in dem das Volk mit aller Deutlichkeit und nicht bloß als Vorahnung die Wirklichkeit eines Gottes begreifen wird, der sich als Vorbild für das Verhalten der Menschen anbietet, wird die Wahrheit dessen zeigen, worauf der Name bereits selbst hindeutet. Nachdem Moses den besonderen Ort betreten hat, jedoch in einer gewissen Entfernung vom brennenden Dornbusch stehen

---

[3] Vgl. Moses Mendelssohn, „Kommentar über Ex. 3,14", in: ders., *Gesammelte Schriften*, Jubiläumsausgabe, Frommann, Stuttgart, 1971, Bd. 15, S. 42–45.

[4] Vgl. Mose Ben Maimon (Moses Maimonides), *Führer der Unschlüssigen*, Meiner, Hamburg, 1972, Bd. 1, Kap. 57 und 63, S. 1991 ff. und S. 233 ff.

[5] Vgl. Franz Rosenzweig, „Brief an Martin Goldner vom 23. Juni 1927", in: ders., *Der Mensch und sein Werk. Gesammelte Schriften*, Nijhoff/Kluver, den Haag/Dordrecht, 1976–1984, Bd. I.2. Rosenzweig kritisiert die von Mendelsohn in seiner deutschen Version des Pentateuchs vorgeschlagene Übersetzung des Tetragramms als *Der Ewige* und der Worte *eher ascer eher* als *Ich bin das Wesen, welches ewig ist* in seinem Aufsatz „Der Ewige", in: *Gesammelte Schriften*, Bd. 3, S. 817 f. In der deutschen Version der hebräischen Bibel, die Rosenzweig und Buber erstellt haben, wird das Tetragramm als *ER* wiedergegeben und der Ausdruck *ehie ascer ehie* als *Ich werde dasein, als der ich dasein werde* (vgl. Franz Rosenzweig/Martin Buber, *Die Schrift*, Deutsche Bibelgesellschaft, Stuttgart, 1992, 4 Bd.).

[6] Vgl. Franz Rosenzweig, „Brief an Martin Goldner vom 23. Juni 1927", a. a. O.

bleibt – und sich in einem von zwei Schwellen eingefassten „Dazwischen" befindet –, erfährt er so also eine göttliche Präsenz, deren Macht in der unbegrenzten Kraft des ethischen Ideals besteht, über welches hinaus kein weiteres Vordringen in das Bewusstsein des Bedinungslosen („incondizionato", Anm. d. Ü.) gegeben ist.

Nach seinem Aufstieg auf den Sinai erhält Moses in Exodus 25–26 die Anweisung für die Errichtung der Bundeslade und des Tabernakels. Die Lade solle auf Stangen getragen werden, die niemals abgenommen werden, und die Tafeln mit den zehn Geboten aufbewahren. Der Mischkan wiederum solle in seinem Innern die Lade behüten. In diesem Passus wird die Idee aus Exodus 3, der wir uns hier bereits gewidmet haben, wieder aufgegriffen: Ab einem gewissen Punkt bringt die Annäherung durch das Gehen und das allmähliche Überwinden von Grenzen selbst eine unüberwindbare Grenze hervor, sodass man sich, will man sie überqueren, zwischen zwei Spuren oder Grenzen befindet. Betritt man den durch die Lade dargestellten *Kodesh ha-Kedashim* bzw. die *Sancta Sanctorum*, so dringt man tatsächlich in einen Raum vor, der durch einen Vorhang von einem anderen Raum getrennt wird. Allerdings bleibt das Tabernakel oder Heiligtum, das diese beiden Räume umschließt, auf diese Weise vom allerheiligsten Ort innerhalb dieser Umzäunung getrennt, jenseits derer sich ein weiterer Raum öffnet. Dieser Raum jenseits der Umzäunung bildet einen Puffer zwischen dem Allerheiligsten und dem Profanen. Das Tabernakel wird nach ganz genauen Vorgaben errichtet: Da die tragenden Holzstangen auf Sockeln aus wertvollem Metall befestigt sind und die Wände aus edlen Stoffen oder Leder bestehen, ist auch das Heiligtum bzw. die Lade nicht fest im Boden verankert, sondern kann beliebig transportiert werden. Ebenso beweglich ist auch die Vorrichtung, die den Raum, der das Heiligtum umgibt, nach außen hin abtrennt: Wie die nacheinander folgenden Türen besteht auch die Tür zum Betreten dieses Raumes aus einem Vorhang, der an Säulen befestigt ist und auf mobilen Bronzesockeln steht. Nachdem man Schritt für Schritt die verschiedenen Durchgänge passiert und den abtrennenden Vorhang zur Seite geschoben hat, befindet man sich im heiligsten Teil des Tabernakels. Jedoch verhindert ein weiteres Element den Zugang zum Inneren der Lade, wo sich die Gesetzestafeln befinden. Es handelt sich um die Deckplatte der Lade, auf der sich, nach den Anweisungen Gottes, zwei goldene Cherubim mit nach oben gerichteten Flügeln und nach unten gerichtetem Blick einander gegenüberstehen. Moses wird vor dieser Deckplatte die Stimme Gottes hören, wie es in Exodus 25, 22 heißt:

Dort werde ich mich dir zu erkennen geben und dir über der Deckplatte zwischen den beiden Kerubim, die auf der Lade der Bundesurkunde sind, alles sagen, was ich dir für die Israeliten auftragen werde.[7]

Nachdem man beim Eintreten in das Heiligtum die Schwelle überschritten hat, die dieses von den zuvor durchquerten Räumen trennt, ist der am schwierigsten zugängliche Bereich also der, in dem Gott sich als eine unsichtbare Gegenwart manifestiert. Er befindet sich zwischen zwei Figuren, deren gegenseitiges Anblicken die reine Beziehung zwischen den Menschen symbolisiert, d. h. eine Beziehung, die auf der Ebene von Gerechtigkeit und Solidarität anzusiedeln ist. Das Wort Gottes ist an sich nicht sinnlich wahrnehmbar. Es rührt aus dem Innersten, aus dem Geist und Verstand, des Menschen und wird nur von ihm ausgesprochen.

Auch im Psalm 73 kommt das Allerheiligste vor und wird durch *Mikdeshe' El* (wörtlich: die Heiligtümer des Herrn) ausgedrückt. Dorthin gelangt der Mensch erst, wenn er verstanden hat, dass der Verdienst und Lohn, Schuld und Strafe nicht einander entsprechen – der Umstand, dass die Gerechten leiden und die Bösen Erfolg haben – und dennoch nicht die Verneinung jenes Gottes bedeutet, der sich denjenigen als guter Gott zu erkennen gibt, die reinen Herzens sind. Nachdem die Dunkelheit, die die Gerechtigkeit Gottes umgibt, überwunden ist, erfasst der rechte Blick, wie das Gute durch die Nähe zur Wirklichkeit Gottes hervorgebracht wird. Allerdings ist es keinem Menschen erlaubt die Wirklichkeit Gottes zu betreten. Der Gerechte befindet sich jenseits der Schwelle zur Welt, in der Unordnung und Dunkelheit herrschen, und zugleich aber auch vor der Schwelle, die dem Menschen verbietet in die Geheimnisse Gottes vorzudringen. Dies ist der Raum der Gnade gegenüber dem Menschen und seines beständigen Vertrauens darauf, dass das Böse, obwohl dieses weiterhin in der Welt mit all seinem Leid und Schmerz besteht, nichts ist im Vergleich zu einem Gott, der in der Welt Gleichheit walten lässt, selbst wenn dies dem Menschen verborgen bleibt.

Die oben angeführten Bibelstellen sind nur einige Beispiele dafür, wie sich der Begriff der Schwelle in der Heiligen Schrift gleichzeitig als das darstellt, was überschritten wird, und als das, was das Überschreiten verhindert. Zwischen diesen beiden Momenten liegt, was der menschlichen Existenz Sinn verleiht und den Menschen dazu bringt, aus der Zeit herauszutreten, ohne zu verneinen, dass

---

[7] *Die Heilige Schrift, Einheitsübersetzung*, a. a. O., S. 88, Buch Exodus 25, 22.

die Zeit – in der nur Beziehungen *zwischen* beiden Seinszuständen unterhalten werden können – eine eigene, nie ganz zu überwindende Dimension darstellt.

Die Schwelle in Rosenzweigs *Der Stern der Erlösung*

Seit seiner Kindheit schon las Rosenzweig die Bibel, fasziniert von ihren Erzählungen, ihren Charakteren, ihren kühnen Gedanken, die so weit gehen, das Nichts der Welt und den unendlichen Schöpfergott anzunehmen – wie sich aus seinen Tagebüchern und Briefen schließen lässt, die er als Student seinen Eltern und Freunden zu Beginn des 20. Jahrhunderts geschrieben hat. Als reifer Mann wird er ab 1925 gemeinsam mit Buber die hebräische Bibel übersetzen und kommentieren.[8]

Rosenzweig könnte direkt aus der hebräischen Bibel das Bild der Schwelle übernommen haben. In seinem *opus magnum, Der Stern der Erlösung*, bezeichnet sie den Übergang von der „Welt", d. h. von der Sphäre des alltäglichen Lebens, der Existenz in der Zeit, in der jedoch schon das „Wunder" der Zuwendung der Seele zu Gott innerhalb menschlicher Beziehungen offenbar wird – da es die Nächstenliebe nur geben kann, wenn die Seele zunächst Gott liebt, der in seiner Liebe zur Seele dieser das Gute zeigt – hin zur „Überwelt", d. h. zur Sphäre der Kontemplation Gottes.[9] Diese Kontemplation kann mit dem Gebet gleichgesetzt werden, wobei zwei Arten des Gebets unterschieden werden können: zum einen die direkte Betrachtung Gottes wie in der jüdischen Tradition, die ihren Mittelpunkt in der Synagoge hat, von der Zeit getrennt, in sich geschlossen und eine von Generation zu Generation vererbte Lebens- und Geistesgemeinschaft ist. Zum anderen kann Gott durch seinen Sohn betrachtet werden, der Verbindungselement zwischen Gott und den Menschen darstellt, so wie in der christlichen Tradition, welche die Zeit zwischen dem Ewigen und der menschlichen Existenz relativiert und daher auf die Welt hin ausrichtet. Sei das Gebet in Erwartung und Hoffung an einen Erlösergott oder an einen fleischgewordenen Gott gerichtet, in dessen Namen man in der Welt handelt, so erlaubt es dem Menschen dennoch nicht, sich der Existenz Gottes zu bemächtigen und jenes Wissen zu erlangen, das ihm erlauben würde, die Wege der Vorhersehung zu

---

[8] Zu Rosenzweig als Bibelleser vgl. Irene Kajon, *Il pensiero ebraico del Novecento. Una introduzione*, Donzelli, Rom, 2002, Kap. III, v. a. S. 51–59, 85–89.
[9] Vgl. Franz Rosenzweig, „Der Stern der Erlösung", in: ders., *Gesammelte Schriften*, a. a. O., Bd. 2, S. 283–291.

erkennen. Im Gegenteil: Gerade die unergründlichen und zur Erlösung führenden Wege Gottes sind erst die Vorraussetzung für das Gebet, das vor allem
Gottes Reich erfleht. Nur die Geduldigen und Mutigen, also diejenigen, die
mit der Kraft ihrer Seele und mit auf die Zukunft gerichtetem Blick zu warten
vermögen, und diejenigen, die Tag für Tag für das Reich Gottes arbeiten, ohne
sich von den Enttäuschungen entmutigen zu lassen, können Gott bzw. seine
ethischen Eigenschaften wirklich erkennen – angesichts einer oft ungerechten
und grausamen historischen Realität. Diese Erkenntnis Gottes ereignet sich in
der Anrufung: Entweder feiert sie trotz allem die Anwesenheit Gottes in der
menschlichen Wirklichkeit oder ist eine Aufforderung in seinem Geiste zu handeln, ohne jedoch die Grenze zum göttlichen Geheimnis zu überschreiten. Das
Reich Gottes wird sich erst dann verwirklichen, wenn der Mensch die beiden
Arten des Gottesgebets vereint haben wird.[10]

Rosenzweig könnte das in seinem Buch benutzte Bild der Schwelle jedoch
auch von Maimonides übernommen haben, dessen Anhänger er war und dessen rationalistische Einstellung er teilte.[11] In der Tat findet sich in seinem *Führer der Unschlüssigen* das Bild der Schwelle. Sie muss überschritten werden, um
sich, je nach dem entsprechenden Grad der Prophetie, mehr oder weniger Gott
zu nähern – bis man ihm von Angesicht zu Angesicht gegenübersteht, was aber
nur Moses gestattet wurde, ohne dass dieser Menschlichkeit verlieren würde,
obwohl er so weit vorgedrungen ist. Moses steht der göttlichen Wirklichkeit gegenüber und bleibt ihr doch fern, da er von einer unüberwindbaren Grenze von

---

[10] Vgl. ebd., S. 295 f.

[11] Vgl. ebd., S. 113–114. Mit Bezug auf seinen Lehrer Hermann Cohen und die Ausrichtung, die er selbst verfolgt, schreibt Rosenzweig: „Der Schrei nach der Philosophie wird
in der Theologie auf der ganze Linie vernehmbar. Ein neuer theologischer Rationalismus ist im Anmarsch" (S. 113). Der Rationalismus, nach dem hier gerufen wird, ist das
Ergebnis des Aufeinandertreffens einer Philosophie, die jene dogmatische Metaphysik
ablehnt, die das Sein auf das Denken reduziert, und einer Theologie, die jede Mystik des
Gefühls oder des Glaubes ablehnt: ein Rationalismus, der auf einer praktischen Vernunft
basiert, die fähig ist, die ethischen Gebote zu verstehen, aber nicht das Ganze oder das
Absolute zu erkennen. Ein solcher Rationalismus wird auch von Maimonides bekräftigt:
Glauben wird mit dem Nähren einer Überzeugung gleichgesetzt, die aus der Evidenz
hervorgeht, und diese bezieht sich nicht auf metaphysische Wahrheiten, oder auch die
ersten und letzten Dinge, sondern auf die Wahrheiten im Verhätlnis zu den Prinzipien,
die das menschliche Leben bestimmen. Vgl. Mose Ben Maimon (Moses Maimodenes),
Führer der Unschlüssigen, a. a. O., insbesondere die Einleitung zum Ersten Buch und die
Theorie der Prophetie, die in Bd. 2, 2. Buch, Kapitel 32–48, S. 220–313 ausgelegt wird.

ihr getrennt wird. So beschreibt Maimonides im 51. Kapitel des dritten Teils seines *Führer der Unschlüssigen*, das er als eine Art Schlussfolgerung betrachtet, den Kerngedanken seines Werkes mit Hilfe einer komplexen Metapher:

> Der König befindet sich in seinem Palast. Seine Untertanen aber sind teils Stadt-, teils Landleute. Von den Stadtleuten haben manche dem Hause des Königs den Rücken gekehrt und wollen wo anders hingehen, manche aber wollen zum Hause des Königs. Sie schlagen auch den Weg dahin ein und trachten auch, den Palast zu erfragen und vor den König hinzutreten, sind aber bis jetzt noch nicht dahin gelangt, die äußere Mauer des Hauses zu erblicken. Von denen aber, die schon im Begriffe stehen, in das Haus einzutreten, sind einige, die, vor demselben angelangt, ringsherum gehen, um das Eingangstor zu finden. Andere sind schon durch das Tor geschritten und stehen im Vorhof, und wieder andere sind schon dahin gelangt, daß sie in das Innere des Hauses eintreten durften und sich also an demselben Orte mit dem König befinden, nämlich im Hause des Königs. Aber auch wenn man schon das Innere des Hauses erreicht hat, kann man den König nur dann sehen oder mit ihm reden, wenn man sich zuvor verschiedenen Mühen unterzogen hat. Dann erst darf man vor dem König hintreten und darf ihn aus der Nähe oder von weitem sehen oder darf den König sprechen hören oder selbst mit ihm reden.[12]

In diesem Bild von Maimonides gibt es ein ganzes System von Türen, Schwellen, Übergangsorten, Zimmern, die in andere Zimmer führen, bis ins innerste Zimmer hinein, in dem man schließlich den Bewohner des Schlosses erblickt. Jeder einzelnen Position auf dieser imaginären Karte entspricht – so erklärt Maimonides[13] – eine bestimmte menschliche Situation: Diejenigen, die sich außerhalb der Stadt befinden, in der sich das Haus des Königs befindet, sind irrationale Menschen, welche dem Reich der Tiere angehörten, wenn sie nicht über das Urteilsvermögen verfügten, das sie den Affen überlegen macht. Diejeninigen, die dem Königspalast den Rücken zuwenden, denken zwar rational, haben Traditionen und Theorien, jedoch sind diese falsch, weswegen sie sich selbst und anderen schaden, wie die Götzenanbeter und Heiden. Diejenigen, die sich dem Palast zuwenden, aber nicht einmal dessen Mauern sehen, beachten zwar das Mose von Gott gegebene Gesetz, hinterfragen es aber nicht und denken nicht darüber nach. Diejenigen, die nur viel darüber reden, sind jene Juristen, die sich darauf beschränken, das Gesetz zu verordnen und anzuwenden, ohne aber über

---

[12] Mose Ben Maimon, *Führer der Unschlüssigen*, a. a. O., Bd. 2, 3. Buch, Kapitel 51, S. 341.
[13] Vgl. ebd., S. 341–344.

dessen Prinzipien und dessen Sinn nachzudenken. Diejenigen, die das Tor zum Eintreten suchen, beherrschen zwar Logik und Mathematik und strengen sich an, diese Instrumente zu benutzen, um die Bedeutung des Gesetzes und seinen wesentlichen Inhalt zu verstehen, jedoch ohne diese zu erkennen. Dann gibt es noch diejenigen – Physiker, Weise, Philosophen, Propheten –, die je nach ihrem Grad der Gotteserkenntnis in das Schloss eingetreten sind und nach und nach die Türen und Schwellen überwinden, die von einem Raum in einen anderen führen, bis sie den König bzw. den Herrscher über die Stadt treffen. Doch auch wer den letzten Grad der Prophetie erreicht hat – wie Moses, Aaron und Miriam, die Gott mit so unendlicher Leidenschaft liebten, dass es sie alles Irdische vergessen ließ, so Maimonides[14] –, befindet sich schließlich vor einem Vorhang, den er nicht lüften kann und der das Wesen Gottes bedeckt. Was Mose, Aaron und Miriam von Gott erkannt hatten, war sein liebender Geist, der sich in Akten der Gerechtigkeit (*mishpat*), Gleichheit (*zedakah*) und Nächstenliebe (*chesed*) manifestiert, nicht aber seine verborgene Substanz. Sogar ihnen, die doch „mit einem Kuss des Herrn" (auf diese Weise interpretiert der Talmud den biblischen Ausdruck „auf den Mund (*al pi*) des Herrn" – oder auch „auf seinen Befehl hin") starben, wurde es nicht gestattet, jene Schwelle zu überwinden, die sie hätte mit Gott verschmelzen lassen. Nachdem sie Gott einzig nach diesen Eigenschaften erkannt haben, gehen sie wieder nach draußen, dringen vom letzten Zimmer, in das sie gelangt waren, zu dessen Schwelle und danach zum Tor des Palastes vor, um sich schließlich inmitten des Volkes wiederzufinden.

Wie Maimonides so beschreibt auch Rosenzweig in *Der Stern der Erlösung* den Prozess, der vom alltäglichen Leben zur Hinwendung zu Gott in Liebe oder auch in der Erkenntnis führt (im Bibelhebräischen drückt dasselbe Verb „lieben" und „erkennen" aus), wenn man im Gebet für das Kommen von Gottes Reich aufgeht. Auf diese Weise gelangt man vom „Wunder", das durch die Offenbarung dargestellt wird und dessen Erfahrung den Kontakt zwischen Mensch und Gott möglich macht, hin zur Kontemplation oder „Erleuchtung", die darin besteht, die Wirklichkeit Gottes in ihrem Glanz zu betrachten, indem man sie entweder direkt, obgleich unsichtbar, oder indirekt, da fleischgeworden, erblickt. Jedoch handelt es sich um einen Glanz, der den Menschen nicht blendet, sondern es ihm erlaubt, die Dinge klar und deutlich zu sehen, wenn er erst einmal an den Ort der Abreise bzw. in die Welt zurückgekehrt ist: Der durch die Erhöhung geschärfte Blick entdeckt die Gegenwart Gottes in der Welt.

[14] Vgl. ebd., S. 354f.

Irene Kajon

Das Symbol für das Wesen Gottes ist ein sechszackiger Stern, der zunächst von jemandem am Himmel beobachtet wurde, der den Blick nach oben gerichtet und dabei die irdischen Phänomene verlassen hat. Rosenzweig[15] behauptet, er lasse sich als Spur oder Zeichen im menschlichen Gesicht wiederfinden, auf welchem die Linien, die auf der einen Seite Stirn und Wangen und auf der anderen Augen und Mund miteinander verbinden, zwei sich überkreuzende Dreiecke bilden. Indem man umkehrt und in das Leben jedes Einzelnen und zugleich aller eintritt, wird erneut die Schwelle überwunden, die über den Weg der „Erleuchtung" überschritten wird und dank der man bis zum Raum der Erkenntnis Gottes gelangt ist, dessen letzte Schwelle jedoch unüberwindbar ist – denn ihre Überwindung würde zu jener „tyrannischen" Einstellung führen, die sich entweder in der Theologie über die Mystik oder in der Philosophie über die spekulative Metaphysik einbildet, das Göttliche zu besitzen. Dank der „Erleuchtung", die selbst im „Wunder" der Offenbarung wurzelt, erhält das Leben einen Sinn, weil es im Reich Gottes sein letztes Ziel hat: „Ins Leben" öffnen sich die Flügel der Tür, die sich von der Kontemplation Gottes wieder in die Welt hinein auftut.

Mit dem Bild der Schwelle endet *Der Stern der Erlösung*: Es zeigt gleichzeitig den Punkt an, von dem aus das Antlitz Gottes in seiner eigenen Helligkeit leuchtet, und den Punkt, an dem sich als kaum wahrnehmbares Zeichen das Antlitz Gottes im menschlichen Antlitz abzeichnet, nicht nur im Antlitz derer, die von Intelligenz und Gefühl erfüllt sind, sondern auch oder vielleicht vor allem im entstellten und verzogenen Ausdruck der Leidenden. Auf diese Weise stellen sich die „Welt" und die „Überwelt" für Rosenzweig gleichzeitig als geeint und als von der Schwelle getrennt heraus.

Die Schwelle in einigen Schriften Kafkas

Wie Rosenzweig so ist auch Kafka ein profunder Kenner der Bibel, die er für den erhabensten und tiefsinnigsten Text in der gesamten Geschichte der Weltliteratur hielt.

„Nur das Alte Testament sieht", so behauptet er in einer Tagebuchnotiz vom 6. Juli 1916.[16] Seine Erzählungen sind voll von Situationen und Anklängen der Bibel, wie Rosenzweig in seinem Brief vom 25. Mai 1927 an Gertrud Oppenheim bemerkt.[17] Rosenzweig bezieht sich insbesondere auf *Das Schloss*. Dort ge-

---

[15] Vgl. Franz Rosenzweig, *Der Stern der Erlösung*, a. a. O., S. 470–471.
[16] Franz Kafka, *Tagebücher 1910–1923*, Fischer, Frankfurt a. M., 1967, S. 360.
[17] Vgl. Franz Rosenzweig, *Briefe und Tagebücher*, Bd. 1.2, a. a. O., S. 1151 f.

langt der Protagonist, ein Landvermesser, in eine Gegend mit einem solch beunruhigenden Gebäude und versucht verzweifelt, Kontakt zu dem geheimnisvollen Schlossherrn herzustellen. Jedoch erhält er von dessen Gesandten nur kryptische Botschaften, deren Sinn er nicht entschlüsseln kann, weshalb er stets in verschiedenen mehrdeutigen und bedrückenden Beziehungen gefangen bleibt. Dennoch gibt der Protagonist seinen Wunsch nicht auf, die geheimen Zimmer betreten zu können, deren Bewohner die Regeln und Sitten bestimmt, die das Leben der ihm merkwürdig und rätselhaft erscheinenden Einheimischen beherrschen. Wie der Psalmist, König David, seine Augen zusammenkneift, um jenen Raum des Sinns zu betreten, der ihn in die Lage versetzen würde, vertrauensvoll die Absurditäten der Welt zu bekämpfen, so versucht der Landvermesser, den Anlass für die Ereignisse zu ergründen und nach Erfahrungen und Begegnungen zu suchen, die ihm helfen könnten, dieses Ziel zu erreichen, dem er sein Leben vollkommen verschreibt. Der Psalmist wird schließlich Gott loben, nachdem er den Hauptweg, der zu Gott führt, wiedergefunden hat – nämlich Gott darin nachzueifern, Gutes zu tun –, während wir das Schicksal des Landvermessers nicht kennen. *Das Schloss* ist ein unvollendeter Roman und daher offen für sehr unterschiedliche Interpretationen.[18] Ebenso mehrdeutig wie in den hebräischen Quellen ist die Schwelle in Kafkas Roman. Sie stellt sich als Zugang zu einem Ort dar, dessen Umrisse sich erahnen lassen, der aber dennoch geheimnisvoll und von dichten dunklen Wolken bedeckt bleibt – wie der Gipfel des Sinai nach Exodus 19 und 24. Dieser Ort wäre zwar vielleicht zu erreichen, wenn man wirklich den Weg auf sich nehmen und die Tür öffnen wollte, er bleibt aber auch unerreichbar, da er über einen undurchdringbaren Kern verfügt.

Das Bild der Schwelle bildet den Kern von Kafkas Erzählung *Vor dem Gesetz*, die 1915 in der jüdischen Zeitschrift *Selbstwehr* in Prag erschien, und ist auch im Kapitel *Im Dom* aus *Der Process* enthalten, das er in den Jahren 1914–15 verfasste, aber erst posthum 1925 von Max Brod veröffentlicht wurde.[19] In der Erzählung geht es um einen Mann, der jahrelang diesseits einer zwar immer

---

[18] *Das Schloss* wurde 1926 posthum von Max Brod in München beim Kurt Wolff Verlag veröffentlicht.

[19] Vgl. Franz Kafka, „Vor dem Gesetz", in: ders., *Sämtliche Erzählungen*, hrsg. von Paul Raabe, Fischer, Frankfurt a. M., 1970. Vgl. hierzu auch Franz Kafka, *„Vor dem Gesetz". Aufsätze und Materialien*, hrsg. von Manfred Voigts, Königshausen & Neumann, Würzburg, 1994; ders., *„Im Dom". Kapitel aus dem „Prozess". Entwurf, Faksimile und Umschrift*, in: ders., *Historisch-kritische Ausgabe sämtlicher Handschriften, Drucke und Typoskripte*, hrsg. von Roland Reuss und Peter Staengle, Stroemfeld/Roter Stern, Basel/Frankfurt a. M., 1995, S. 25–92.

geöffneten, aber von einem Aufseher bewachten Tür steht. Erst später – nach einer langen Zeit des Wartens – sieht er ein Licht, das von einem ewigen Feuer genährt wird. Der Aufseher erlaubt dem ihm unentwegt Fragen stellenden Mann nicht, einzutreten, ohne irgendein Hindernis überwunden zu haben, und lässt ihn warten, bis der Augenblick des Todes erreicht ist. Jene Tür des Gesetzes war nur für diesen Mann geöffnet geblieben. Nachdem der Aufseher ihm diese grausame Wahrheit mitgeteilt hat, kündigt er dem Sterbenden an, dass die Tür geschlossen wird. Nun bleibt keine Zeit mehr – ein Leben endet und kein Akt der Reue *in extremis* oder Einschreiten der Gnade Gottes erlöst es. Das Schicksal und das Ergebnis der menschlichen Entscheidung werden nicht rückgängig gemacht.

In dieser Erzählung Kafkas kehrt die biblische Idee der Schwelle als eine Möglichkeit und gleichzeitig als Unmöglichkeit des Übergangs von einem Ort an einen anderen wieder. Die Schwelle ist ein Zeichen für den Zugang und zugleich für die unüberwindbare Grenze. Die Schwelle der Tür des Gesetzes hätte überschritten werden können, nicht aber jene, die erlaubt, alle Zimmer und den vor ihren Türen postierten Aufseher zu kennen. Der Mann aus *Vor dem Gesetz* ist ein „Mann vom Lande" oder auch ein *hish-ha-aretz*. In der Sprache des Talmud ist er ein Unwissender über die Torah, er weiß nichts über die Torah, über die Gebote und Vorschriften, die vom unsichtbaren und vom Menschen in seinem Wesen nicht fassbaren Gott stammen und das Leben des Menschen lenken.[20] Der „Mann vom Lande" steht im Widerspruch zu demjenigen, der den Raum des Gesetzes in einem schwierigen Akt der Freiheit betreten hat – schwierig, weil weder das Gesetz auf einem sicheren Fundament steht, noch einen Zustand absoluter Sicherheit garantiert – und dort verbleibt, ohne diesen verlassen zu wollen. In Bezug auf die Bibel und auf Rosenzweig, der Letzterer folgt, verleiht Kafka jener Schwierigkeit größeres Gewicht, mit der man sich konfrontiert sieht, wenn man in die Sphäre der Gottesgebote vordringen will anstatt in die der Erlösung, sei es auch im Drama und in der Unruhe, die man erlebt, wenn man sich in dieser Sphäre befindet. Wie in der Bibel so besteht auch für Kafka die Errettung des Menschen darin, entweder jenen Schritt zu gehen, der ihn ins Allerheiligste bringt oder dort verweilen lässt, um das zu betrachten, von dem

---

[20] Bezüglich der Verbindungen zwischen Kafkas Erzählungen und jüdischen Quellen sei verwiesen auf die gesammelten Aufsätze in *Franz Kafka und das Judentum*, hrsg. von Karl-Erich Grözinger, Stéphane Mosès, Hans Dieter Zimmermann, Jüdischer Verlag bei Athenäum, Frankfurt a. M., 1987.

er zwar weiß, dass es noch *das Andere* gibt, welches seinen Sinnen und seinem Intellekt jedoch für immer verborgen bleiben wird.

So klingen einige Aphorismen Kafkas im dritten der acht Oktavhefte, in denen er zwischen 1916–18 kurze Erzählungen und Reflexionen sammelte und in denen der Gedanke an die Schwelle auftaucht, die mit schmerzvoller Mühe überwunden werden muss, damit ein nicht ganz sinnloses Leben gelebt werden kann:

> Du beklagst dich über die Stille, über die Aussichtslosigkeit der Stille, die Mauer des Guten.[21]

> Der Dornbusch ist der alte Weg-Versperrer. Er muß Feuer fangen, wenn du weiter willst.[22]

Den Mut zu haben, jene Geste auszuführen, die das Leid des Menschen vermindert, dessen Weg von der Wahrnehmung des Nichts, der Sinnlosigkeit, eines drohenden Schreckens versperrt ist, setzt für Kafka die Gewissheit – sei sie auch zerbrechlich und prekär – voraus, dass es etwas gibt, das nicht dem Verfall unterworfen, sondern ewig ist. So heißt es in anderen Aphorismen:

> Wenn das, was im Paradies zerstört worden sein soll, zerstörbar war, dann war es nicht entscheidend; war es aber unzerstörbar, dann leben wir in einem falschen Glauben.[23]

> Der Lehrer hat die wahre, der Schüler die fortwährende Zweifellosigkeit.[24]

> Erkenntnis haben wir. Wer sich besonders um sie bemüht, ist verdächtig, sich gegen sie zu bemühn.[25]

Kafka nimmt die biblische Bedeutung des *Kodesh ha-Kedashim* auf, um schließlich den Raum aufzuzeigen, der sich dem Menschen im Kontakt mit einem als heilig bezeichneten Gott öffnet. Dieser Gott gewährt den Geist der Heiligkeit. In seiner Flamme reinigt ebenjener Geist den Menschen von dessen Egoismus und damit von seiner Unvollkommenheit, damit er einzig in der Herrlichkeit des Geistes aufgehen kann. Ebendieser Geist der Heiligkeit überträgt nämlich auch

---

[21] Franz Kafka, *Nachgelassene Schriften und Fragmente II*, Fischer, Frankfurt a. M., 2002, S. 47.
[22] Ebd., S. 48.
[23] Ebd., S. 67.
[24] Ebd.
[25] Ebd., S. 76.

jenen göttlichen Funken auf die Menschen, der es ihnen erlaubt, in der Welt zu leben, ohne ihren Absurditäten und ihrem Schweigen zu erliegen. So lautet eine Überlegung Kafkas, die ebenfalls im dritten Heft enthalten ist:

> Vor dem Betreten des Allerheiligsten mußt du die Schuhe ausziehen, aber nicht nur die Schuhe, sondern alles, Reisekleid und Gepäck, und darunter die Nacktheit und alles, was unter der Nacktheit ist, und alles, was sich unter dieser verbirgt, und dann den Kern und den Kern des Kerns, dann das übrige und dann den Rest und dann noch den Schein des unvergänglichen Feuers. Erst das Feuer selbst wird vom Allerheiligsten aufgesogen und läßt sich von ihm aufsaugen, keines von beiden kann dem widerstehen.[26]

Nur wenn der Mensch diese höchste Dimension erreicht, in der er das Übersinnliche einzig ethisch versteht – weiter kann er nämlich nicht vordringen –, wird er die Welt betrachten können, ohne vom Gewicht ihrer nicht zu rechtfertigenden Gewaltsamkeit erdrückt zu werden.

Wie Rosenzweig so weiß auch Kafka, dass der Weg des Menschen, der entscheidet, das eigene Leben in Freiheit zu leben, von zwei Schwellen unterbrochen wird: von der Schwelle, die er überqueren müsste, und von der, die seine Erkenntnis auf einen heiligen Gott begrenzt. Er verlagert die Krise des Menschlichen in die Unfähigkeit, in einem solchen Zwischenraum zu leben.

*

Typisch für jüdische Autoren – von der Bibel über den Talmud und Maimonides bis hin zu Rosenzweig und Kafka – ist also das Bewusstsein über das endlich-unendliche Wesen des Menschen. Einerseits kann er im irdischen Paradies weilen, da er die Worte Gottes hört, die er in seinem Inneren findet. Zugleich aber bleibt er auch im Ungewissen sowohl über den Ursprung als auch über das letzte Ende aller Dinge. Mit besonderem Stil und Akzent bringen sie Vorstellungen zum Ausdruck, die sowohl den Menschen in seiner Gesamtheit als auch jedes einzelne Individuum betreffen. Dieses Bewusstsein ist aber auch von anderen Erzählern und anderen Philosophen in früheren Epochen der Menscheitsgeschichte zum Ausdruck gebracht worden. Man denke an das Epos um Gilgamesch, den Helden der babylonischen Sage, in der die Freundschaft gefeiert wird, angesichts der – bis heute bestehenden – Unmöglichkeit, dass der Mensch auf Erden Unsterblichkeit erlangen kann. Man denke an Autoren wie Rousseau, Kant, Jaspers,

---

[26] Ebd., S. 77.

die ihre Auffassung des Glaubens an einen gesetzgebenden Gott eint. Dieser entspricht einer Erkenntnis, der von der Praktischen Vernunft hervorgebracht wird und unabhängig ist von Sinnlichkeit und Zeit.

Aus dem Italienischen von Daniel Fliege

Bernd Witte

Schwellenzeit –
Moses und Homer als Leitfiguren des kulturellen
Umbruchs zwischen 1770 und 1800

Räume des Übergangs

Das Wort „Schwelle" bezeichnet nicht eine Grenze, sondern eine Zone des
Übergangs. Das *Deutsche Wörterbuch* der Brüder Grimm weist darauf hin,
dass „Schwelle" „meistens im sinne von thürschwelle" gebraucht werde, und
das „vielfach in formelhafter und freier anwendung, so besonders in einer reihe
festgeprägter, meist präpositioneller verbindungen". Dies gilt insbesondere in
dem Ausdruck „über die schwelle schreiten", worin der Übergangscharakter der
Schwelle durch das Verb explizit zum Ausdruck gebracht wird.[1] Daraus ist zu
entnehmen, dass das Transitorische zum ursprünglichen Bedeutungskern des
Wortes „Schwelle" gehört. Walter Benjamin hat in seiner „mythologischen Topographie von Paris" den Begriff metaphorisch aufgeladen und ausgeleuchtet.
Für ihn ist die exemplarische Erfahrung der Schwelle am Eingang der Pariser
Passagen zu machen. „Diese Tore – die Eingänge der Passagen – sind Schwellen.
Keine steinerne Stufe markiert sie."[2] Vom öffentlichen Raum der Straße tritt der
Flaneur über eine imaginäre Schwelle in das gedeckte Innere der Passage, die
sich in ihrer historisch überholten Form als Erinnerungsort früherer Produk-
tions- und Lebensweisen manifestiert. An dieser Konstellation lässt sich ablesen,
dass der Begriff der Schwelle immer schon eine zeitliche Dimension impliziert,
worauf auch schon der allgemeine Gebrauch des Wortes hinweist, wie ihn das
Deutsche Wörterbuch konstatiert, das unter anderem die Wendung von der
„schwelle des neuen jahrhunderts" anführt.

Mit seiner mikrologischen Beobachtungsgabe ergänzt Benjamin den tran-
sitorischen Charakter der Schwelle durch zwei weitere grundsätzliche Charakteristika. Nach ihm verwandelt die Schwelle den, der sie überschreitet. Konkret
gesprochen: Aus dem hastigen, den Stößen der Passanten ausgesetzten Groß-
stadtbewohner wird durch das Überschreiten der Schwelle ein Müßiggänger, ein

---

[1] Jacob Grimm/Wilhelm Grimm, *Deutsches Wörterbuch*, Hirzel, Leipzig, 1899, Bd. 9, s. v.
Schwelle.

[2] Walter Benjamin, *Gesammelte Schriften*, Suhrkamp, Frankfurt a. M., 1972, Bd. V.1, S. 142.

Flaneur, der sich den Verlockungen, die ihm die Passage bietet, ungestört hingeben kann. Doch dieser Übergang wird unbewusst vollzogen und ist nur aus der Distanz des genauen Beobachters sichtbar. Nach Benjamin wird die Schwelle durch „die wartende Haltung der wenigen Personen" markiert, die sich anschicken einzutreten: „Sparsam abgemessene Schritte spiegeln, ohne dass sie selbst davon wissen, es ab, daß man vor einem Entschluß steht."[3] Dieses Paradox eines „unbewussten Entschlusses", den jemand fasst, der die Schwelle überschreitet, wird sich bei der Übertragung des Begriffs auf die historische Epochenschwelle als äußerst fruchtbar erweisen.

Schließlich nimmt Benjamin am Eingang der Passagen, aber auch anderer öffentlicher Lokale wahr, dass sie von „Penaten", also Hausgöttern, bewacht werden, die er auch als „Hüterinnen der Schwelle" bezeichnet.[4] Für ihn sind das die Automaten, die dem Eintretenden mechanisch ihre Dienste anbieten: eine „Henne, die goldene Pralinéeier legt, der Automat, der unsern Namen stanzt und jener andere, der uns wiegt, [...] Glücksspielapparate, die mechanische Wahrsagerin".[5] Wie diese primitiven Automaten auf das vorverweisen, was den Flaneur im Inneren der Passage erwartet, nämlich eine veraltete, aus dem ökonomischen Verwertungszusammenhang weitgehend herausgefallene Warenwelt, so wird man annehmen dürfen, dass auch an den Epochenschwellen sich solche symbolischen Figuren zeigen werden, an denen sich das Kommende ablesen lässt.

Epochenschwellen

In den siebziger Jahren des vorigen Jahrhunderts ist der Begriff der Schwelle auf die Geschichtsschreibung und ihre Periodisierung übertragen worden. So weit ich sehe, war es zuerst und vor allem Hans Blumenberg, der im letzten Kapitel seines weithin rezipierten Buchs *Die Legitimität der Neuzeit* von 1966 „Aspekte der Epochenschwelle" untersucht hat. Ihm folgte 1983 das XII. Kolloquium der Gruppe „Poetik und Hermeneutik" unter dem Titel *Epochenschwelle und Epochenbewusstsein*.[6] Ausgehend von Goethes berühmtem Diktum nach der Kano-

---

[3] Ebd.
[4] Ebd., S. 138; S. 141.
[5] Ebd., S. 141.
[6] Reinhart Herzog/Reinhart Koselleck, *Epochenschwelle und Epochenbewusstsein,* Fink, München, 1987. Darin für unseren Zusammenhang von Bedeutung: Reinhart Koselleck, „Das achtzehnte Jahrhundert als Beginn der Neuzeit", a. a. O., S. 269–282.

nade von Valmy: „Von hier und heute geht eine neue Epoche der Weltgeschichte aus, und ihr könnt sagen, ihr seid dabei gewesen",[7] diskutiert Blumenberg die Aporien des neuzeitlichen Epochenbegriffs. Er verweist darauf, dass Goethe seinen Ausspruch erst dreißig Jahre nach dem Ereignis in der *Campagne in Frankreich* aufgezeichnet habe. Deshalb sei davon auszugehen, dass es sich um eine fiktionale Episode handelt, die Goethe aus der Rückschau erfunden hat. Diese historische Feststellung lässt es plausibel erscheinen, dass von Epoche immer erst im Nachhinein gesprochen werden kann. Der Zeitgenosse ist als im Ereignis selbst Befangener niemals in der Lage, sich über seine Epochenzugehörigkeit Rechenschaft abzulegen, so dass Nachträglichkeit grundsätzlich als für alle Epochenbildungen charakteristisch anzusehen ist.

Blumenberg versucht mit Hilfe seiner Analyse die Neuzeit von der vorhergehenden Epoche des Mittelalters zu unterscheiden. Dabei erweist es sich als schwierig, diese beiden Großepochen trennscharf durch ein einzelnes historisches Ereignis voneinander abzugrenzen. Sie sind vielmehr durch eine Übergangszone miteinander verbunden, die durch eine „Wechselwirkung des Gleichzeitigen und Ungleichzeitigen" gekennzeichnet ist.[8] Damit scheint zwar die grundsätzliche Schwierigkeit der neuzeitlichen Geschichtsschreibung gelöst, die sich nicht mehr als teleologische versteht, sondern die gegenwärtigen Ereignisse aus dem erklären muss, was in der Vergangenheit geschehen ist. Durch die Etablierung von Indifferenzzonen, die sowohl nach vorwärts wie nach rückwärts verweisen, versetzt Blumenberg den Historiker in die Lage, den Ablauf des Geschehens als eine Folge von Übergangszonen zu begreifen, die er „Epochenschwellen" nennt. „Die Epochenwende ist ein unmerklicher Limes, an kein Datum oder Ereignis evident gebunden. Aber in einer differentiellen Betrachtung markiert sich eine Schwelle, die als entweder noch nicht erreichte oder schon überschrittene ermittelt werden kann. Deshalb bedarf es, wie es hier für die Epochenschwelle der Neuzeit geschehen soll, der Vernehmung wenigstens zweier Zeugen."[9]

Dieses selbst entworfene methodische Programm versucht Blumenberg dadurch umzusetzen, dass er zwei historische Figuren vorführt, die „auf beiden Seiten der Schwelle" zu stehen scheinen, diesseits, also noch dem Mittelalter

---

[7] Johann Wolfgang von Goethe, *Werke*, Hamburger Ausgabe, C. H. Beck, München, 1998, Bd. X, S. 235.

[8] Hans Blumenberg, *Die Legitimität der Neuzeit*, Suhrkamp, Frankfurt a. M., 1966, S. 555.

[9] Ebd., S. 545.

angehörig: Nikolaus Cusanus und jenseits und damit ein Vertreter der Neuzeit: Giordano Bruno. Mit dieser scheinbar objektiven Berufung auf den Blick zurück und den Blick nach vorn scheint die Aporie der modernen Geschichtsschreibung überwunden. In Wirklichkeit stellt der Begriff der „Epochenschwelle" jedoch lediglich eine Verlegenheitslösung dar, welche die Probleme eher verwischt als klärt. Gilt es doch in jedem geschichtlichen Moment, „den Augenblick der originären Anfänglichkeit" zu lokalisieren, wie Blumenberg richtig betont.[10] Das aber könnte nur von einem in seiner unwiederbringlichen Eigenart erkannten Standpunkt in der Gegenwart her geschehen. Dabei erweist sich das innere Verhältnis von Altem und Neuem als verschachtelter und komplizierter, als es der Begriff der Epochenschwelle suggeriert. Deshalb muss es dem Historiker vor allem darum gehen, den kritischen Augenblick der Gegenwart in einer Weise zu identifizieren, dass von ihm aus betrachtet sich Vergangenes als Neues ausweist. Statt von Epochenschwellen zu sprechen, wäre es in diesem Zusammenhang sinnvoller, die historischen Zeiten, in denen Probleme sich ankündigen, die in den heutigen Krisen akut werden, auf ihre Elemente von Gleichzeitigkeit und Ungleichzeitigkeit hin zu analysieren und sie damit als „Schwellenzeiten" auszuzeichnen, das heißt, als Zeiten, in denen die Schwelle zu unserer Gegenwart hin überschritten wird.

Die Schönheit der Statuen

Um 1770 hatte sich in Europa in den sozialen, politischen und weltanschaulichen Ordnungen ein Bruch vollzogen, durch den die gesellschaftliche Moderne heraufgeführt wurde. Die aus der Antike überlieferte Einbettung des Menschen und der Gesellschaft in ein letztlich theologisch begründetes Wertesystem hatte sich aufgelöst, je mehr der Mensch sich – wie Kant formuliert hatte – als „Selbstdenker" begriff. Die neuen gesellschaftlichen Leitdiskurse, die in der europäischen Schwellenzeit zwischen 1770 und 1800 als Antwort auf diese Krisensituation gefunden wurden, gehen alle von der absoluten Souveränität des von seinen metaphysischen Fesseln befreiten Individuums aus. Allerdings setzen sich in den westeuropäischen Ländern charakteristischerweise je unterschiedliche kulturelle Paradigmen durch. Während in England das wirtschaftlich handelnde und die Gesetze des Marktes beachtende Subjekt und in Frankreich der politisch wirkende und als solcher sich selbst bestimmende Citoyen zum gesell-

[10] Ebd., S. 547.

Schwellenzeit

schaftlichen Leitbild erhoben werden, definieren in Deutschland Goethe und
Herder das neuzeitliche Individuum nach Maßgabe der absoluten Produktivität
des künstlerischen Genies und etablieren damit zugleich die schöne Literatur
als das Medium, in dem über die wesentlichen Fragen der menschlichen Existenz entschieden wird. Goethes Roman *Die Leiden des jungen Werthers* verdankt
seine durchschlagende europäische Wirkung der Gestaltung dieses neuen Men-
schenbildes und dessen Fundierung im literarischen Diskurs.

Den drei neuen Legitimationsdiskursen der Moderne ist gemeinsam, dass
sie die Geltung eines übergeordneten metaphysischen Prinzips, vulgo Gottes,
grundsätzlich abweisen und stattdessen das produktive Subjekt absolut setzen,
in das die Schöpfereigenschaften Gottes gleichsam eingewandert sind. Im deutschen Kontext, in dem diese Neuorientierung auf dem Feld der Literatur gesucht
wird, stehen an der Schwelle zur neuen Zeit, in der sich die Wende zur eigentlichen Moderne vollzieht, als deren Hüter – um Walter Benjamins Metapho-
rik aufzunehmen – die Gestalten von Moses und Homer. An ihnen entscheidet
sich in den Schriften Goethes, Schillers, Herders und anderer, was unter einem
schöpferischen Subjekt und damit unter dem Individuum der Moderne in Zukunft und bis heute hin zu verstehen ist.

Ihren wirkmächtigsten und selber wieder klassisch gewordenen Ausdruck
hat das neue Paradigma in den *Briefen über die ästhetische Erziehung* gefunden, die Friedrich Schiller im Jahre 1795 im ersten Jahrgang seiner Zeitschrift
Die Horen veröffentlicht hat. Genau in der Mitte dieses Manifests, mit dem sein
Autor die Ziele der Französischen Revolution in Deutschland durch eine ästhetische Revolution verwirklichen zu können hoffte, fasst er seine Anschauungen
wie in einem Brennpunkt in der Beschreibung einer antiken Statue zusammen.
Der in dreifacher Lebensgröße ausgeführte Marmorkopf der sogenannten „Juno
Ludovisi" wird ihm zum anschaulichen Symbol der übernatürlichen, gleichsam
religiösen Wirkung klassischer Kunst.

> Es ist weder Anmuth noch ist es Würde, was aus dem herrlichen Antlitz einer
> Juno Ludovisi zu uns spricht; es ist keines von beyden, weil es beydes zugleich
> ist. Indem der weibliche Gott unsre Anbetung heischt, entzündet das gottgleiche
> Weib unsre Liebe; aber indem wir uns der himmlischen Holdseligkeit aufgelöst
> hingeben, schreckt die himmlische Selbstgenügsamkeit uns zurück. In sich selbst
> ruht und wohnt die ganze Gestalt, eine völlig geschlossene Schöpfung, und als
> wenn sie jenseits des Raumes wäre, ohne Nachgeben, ohne Widerstand; da ist
> keine Kraft, die mit Kräften kämpfte, keine Blöße, wo die Zeitlichkeit einbrechen

könnte. Durch jenes unwiderstehlich ergriffen und angezogen, durch dieses in der Ferne gehalten, befinden wir uns zugleich in dem Zustand der höchsten Ruhe und der höchsten Bewegung, und es entsteht jene wunderbare Rührung, für welche der Verstand keinen Begriff und die Sprache keinen Nahmen hat.[11]

Wie ihre religiöse Terminologie verrät, definieren diese Sätze die ästhetische Erfahrung als neues Medium der menschlichen Selbsterfahrung. Die Inszenierung einer von Gefühlen beseelten Individualität, die in vorklassischer Zeit das Gebet bewirken sollte, wird nun von der Anschauung des autonomen Kunstwerks erwartet. Mit Hilfe der für seine Argumentationsform charakteristischen antithetischen Rhetorik setzt Schiller die antike Statue an Stelle des christlichen Gottes- oder Heiligenbildes ein. Wie dieses ist sie Raum und Zeit enthoben, wie dieses ist sie von einer Aura umgeben, die sie dem Betrachter in seinem Innersten nahe bringt und sie zugleich in die fernste Ferne entrückt. Damit hat Schiller den symbolischen Platzhalter göttlicher Unendlichkeit durch das von Menschenhand geschaffene Bild vollendeter Menschlichkeit ersetzt, in dem der Betrachter sich selbst als zur Schönheit erzogener Mensch wiedererkennen soll.

Hier stellt sich zunächst die Frage: Woher kommt diese Vorherrschaft der griechischen Plastik im ästhetischen Diskurs der Goethezeit? 1764 hatte Johann Joachim Winckelmann in seiner Geschichte der Kunst des Altertums zum ersten Mal auf die Bedeutung der Büste hingewiesen: „Juno zeiget sich als Frau und Göttinn über andere erhaben, im Gewächse sowohl, als königlichem Stolze. Die Schönheit in dem Blicke der großen rundgewölbten Augen der Juno ist gebieterisch wie in einer Königinn, die herrschen will, verehrt seyen, und Liebe erwecken muß: der schönste Kopf derselben ist Collossalisch, in der Villa Ludovisi."[12] Zwanzig Jahre später hatte Goethe, der bei seinem ersten römischen Aufenthalt mit Winckelmanns Schrift in der Hand sich der antiken Kunst zu nähern suchte, die Juno Ludovisi zu seinem Lieblingsobjekt erkoren. Am 6. Januar 1787 schreibt er an Charlotte von Stein: „Seit gestern habe ich einen kolossalen Junokopf in dem Zimmer oder vielmehr nur den Vorderteil, die Maske davon. Es war dieser meine erste Liebschaft in Rom und nun besitz ich diesen Wunsch."[13] Ein Jahr später hat Goethe diesen Riesenkopf bei seiner Abreise aus Rom doch

---

[11] Friedrich Schiller, *Die Horen*, Cotta, Tübingen, 1795, Jg. 1, St. 2, S. 89.

[12] Johann Joachim Winckelmann, *Geschichte der Kunst des Altertums*, Dresden, 1764, Bd. 1, S. 165.

[13] Johann Wolfgang von Goethe, *Briefe*, hrsg. von Karl Robert Mandelkow, Deutscher Taschenbuch-Verlag, München, 1988, Bd. 2, S. 40.

nicht nach Weimar mitgenommen, wie er zuvor brieflich angekündigt hatte,[14] sondern durch seinen Adlatus in Kunstdingen, den Schweizer Johann Heinrich Meyer, an seine Freundin, die Malerin Angelika Kaufmann, weitergegeben.

Zuvor hatte Meyer, wie er im Juli 1788 an Goethe schreibt, eine „getuschte Zeichnung nach dieser Maske" angefertigt, die für die Herzogin Anna Amalia bestimmt war.[15] Im Januar 1795 zur Zeit, als Schiller mit der Abfassung des 15. Briefs beschäftigt war, hielt sich Meyer mit Goethe in Jena auf und diskutierte mit Schiller über antike Kunst. Nach seiner Rückkehr nach Weimar am 23. Januar 1795 teilte er ihm mit: „Nach Abrede sende ich Ihnen hiermit das Haupt der Juno und bin im voraus versichert dass es Ihnen Vergnügen machen wird so wie auch der beygelegte Abdruck der Minerva."[16] Es darf vermutet werden, dass es sich dabei um die 1788 nach der Gipskopie angefertigte Zeichnung gehandelt hat, die im Weimarer Großherzoglichen Nachlass vorhanden ist.[17] Nach Erhalt der Zeichnung bedankt sich Schiller bei Meyer und verspricht: „Die beyden Köpfe ziehen mich äuserst an; und in die Juno besonders will ich suchen mich hinein zu studieren. Wenn Sie dann einmal wieder hier sind, so helfen Sie mir das Verständniß darüber öfnen."[18]

Schillers berühmte Beschreibung des Junokopfs, in dem – wie Meyer sich ausdrückt – „der ganze summarische Begriff des speculativsten Theils der Kunst [...] enthalten ist",[19] beruht also, wie der zeitgenössische Kontext erkennen lässt, auf Informationen aus zweiter Hand. Mehr noch: Auch diese Informationen sind, historisch gesehen, unzutreffend. Wie die archäologische Forschung seitdem nachgewiesen hat, handelt es sich bei dem kolossalen Kopf gar nicht um eine griechische Büste der Göttin Juno aus klassischer Zeit, sondern um das römische Idealporträt der Mutter des Kaisers Claudius, Antonia der Jüngeren,

---

[14] An Charlotte von Stein, 25. 1. 1787, a. a. O., S. 47: „Du hast nur Eine Nebenbuhlerin bisher und die bringe ich dir mit das ist ein kolossal Kopf der Juno."

[15] *Briefe an Goethe*, Hamburger Ausgabe, 3. Aufl., München, 1988, Bd. 1, S. 102.

[16] Friedrich Schiller, *Nationalausgabe*, Böhlau, Weimar, 1964, Bd. 35, S. 135.

[17] Inventar-Nr.: Gr-2005/997, Künstler: Johann Heinrich Meyer (Zürich 1760–1832 Jena), Gegenstand: Juno Ludovisi, Datierung: 1788/1789, Technik: Graphit, Feder in Braun, Material: Bütten, Maße: Blatt: 660x658 mm.

[18] Friedrich Schiller, *Nationalausgabe*, Böhlau, Weimar, 1958, Bd. 27, S. 131.

[19] In seinem Aufsatz „Ideen zu einer künftigen Geschichte der Kunst", in den er eine umfangreiche Beschreibung der Juno Ludovisi einfügt. Wie um seine Priorität gegenüber Schiller zu betonen, publiziert er seinen Text unmittelbar vor Schillers 15. Brief in *Die Horen*, a. a. O., S. 29 ff., S. 46 f.

Bernd Witte

aus der gens Julia, die nach ihrem Tod im Jahre 37 n. Chr. zu göttlichen Ehren erhoben wurde.[20] Was die Klassiker, ohne dass es ihnen voll bewusst war, in der antiken Kunst verehren, ist also das idealisierte Bild eines vergöttlichten Menschen. Goethe scheint davon wenigstens eine Ahnung gehabt zu haben, wenn er Charlotte von Stein gegenüber die Juno Ludovisi ironisch als seine Geliebte bezeichnet.

Goethe ist es auch, der in dem schon zitierten Brief an Charlotte von Stein ausdrücklich die Parallele zwischen der Statue und Homer herstellt, wenn er deren Wert dadurch betont, dass er den Kopf der Juno mit der epischen Dichtung auf eine Stufe stellt: „Ich werde ihn gewiß nach Deutschland schaffen und wie wollen wir uns einer solchen Gegenwart erfreuen. Keine Worte geben eine Ahndung davon, er ist wie ein Gesang Homers.“[21] Goethes Vergleich, der das homerische Epos als das kanonische Maß aller Dinge erscheinen lässt, ist nur deshalb möglich, weil die epische Dichtung wie die Plastik die anschauliche, räumlich beschriebene und wahrnehmbare Gestalt idealisierter Menschen dem Leser nahe zu bringen scheint. Die bildliche Präsenz des schönen menschlichen Körpers erweist sich in Goethes enthusiastischen Worten als der Urgrund der neuen, Homer zu ihrem Vorbild stilisierenden und sich selbst als klassisch begreifenden Kunstanschauung.

Die von der antiken Kunst und Literatur beschworene leibliche Gegenwart, die sich in den Statuen in idealisierter Schönheit darbietet, das sichtbare, berührbare und in Homers Epen erfahrbare plastische Bild des menschlichen Leibs ist von unmittelbarer Evidenz. Es überzeugt mehr als das reine Wort. Deshalb spielen der Apollo von Belvedere bei Winckelmann und die Juno Ludovisi bei Schiller als Anschauungs- und Meditationsobjekte der ästhetischen Theorie eine zentrale Rolle. Obwohl doch gerade die schöne Literatur als neuer Leitdiskurs das autonome Menschenbild begründen sollte, kann auch Schiller in der Nachfolge Goethes ein plastisches Kunstwerk, das er für ein originales griechisches Götterbild hält, das er aber weder im Original, noch als Gipsabguss je gesehen hat, zur zentralen Metapher der klassischen Ästhetik erheben. Ein Bild aber ist immer auch ein Phantom. Die Einsicht in den zweifach abgeleiteten Charakter der Rede von der Juno Ludovisi in Schillers Briefen lässt den phantasmatischen

---

[20] Soprintendenza Archeologica di Roma, *Museo Nazionale Romano, English Edition*, Electa, Milano, 2005, S. 140. Von anderen als Livia, Frau des Kaisers Augustus, identifiziert.
[21] An Charlotte von Stein, 6. 1. 1787, in: Goethe, *Briefe*, a. a. O., Bd. 2, S. 40. Im selben Brief heißt es: „Meine Iphigenie ist fertig und ich kann mich noch von ihr nicht scheiden.“

Charakter der bildbasierten Kultur der Moderne schon an ihrem Ursprung hervortreten.

Schriftkultur des Judentums

Die Schwellenzeit zwischen 1770 und 1800 bringt in Deutschland jedoch nicht nur eine neue Ästhetik als Abwehr und Ersatz der politischen Errungenschaften der Französischen Revolution hervor. In ihr wird gleichzeitig ein ganz anderes, mit der klassischen Antike unvereinbares Paradigma in den öffentlichen Diskurs eingeführt. Zum ersten Mal in der Geschichte der Neuzeit tritt die Tradition des Judentums als kultureller Dialogpartner in der philosophischen Diskussion Europas auf. Es ist der in einer traditionellen Yeshiva erzogene und dem Ritualgesetz seiner Väter treu gebliebene Berliner Schutzjude Moses Mendelssohn, der in seiner 1782 erschienenen Schrift *Jerusalem oder über religiöse Macht und Judentum* an die andere Wurzel der westlichen Kultur erinnert, die im öffentlichen Bewusstsein durch die Vorherrschaft des Christentums lange Zeit verdrängt war.

Mendelssohn wendet sich mit dieser Schrift in erster Linie an christliche Leser. Um sie von der Würde seiner Religion zu überzeugen, zitiert er das Liebesgebot, das gemeinhin als das auszeichnende Merkmal der Religion des Neuen Testaments angesehen wird, in der Form, in der es Eingang in den *Talmud* gefunden hat:

> Ein Heide sprach: Rabbi, lehrt mich das ganze Gesetz, indem ich auf einem Fuße stehe! Samai, an den er diese Zumutung vorher ergehen ließ, hatte ihn mit Verachtung abgewiesen; allein der durch seine unüberwindliche Gelassenheit und Sanftmuth berühmte Hillel sprach: Sohn! Liebe deinen Nächsten wie dich selbst. Dieses ist der Text des Gesetzes; alles übrige ist Kommentar. Nun gehe hin und lerne![22]

Mendelssohn gibt diese haggadische Erzählung, die im Traktat Schabbath 31a des Babylonischen Talmud überliefert ist, mit seinen eigenen Worten wieder. In seinen Augen stellt sie die gemeinsame Grundlage dar, auf der die Mehrheitskultur sich mit der Minderheit des Judentums verständigen könnte.

Allerdings ist in diesen Worten auch schon das Spezifische der jüdischen Tradition angedeutet. Die Aufforderung an den Heiden: „Nun gehe hin und

---

[22] Moses Mendelssohn, *Jerusalem oder über religiöse Macht und Judentum*, nach den Erstausgaben neu editiert von David Martyn, Aisthesis, Bielefeld, 2001, S. 98.

lerne!" richtet sich im Kontext von Mendelssohns Traktat an den christlichen
Leser. Er soll sich der jüdischen Form der Frömmigkeit, des Studiums der Heiligen Schrift, befleißigen, die Mendelssohn so insgeheim als zweites Gebot neben
das beiden Religionen gemeinsame Liebesgebot stellt. Denn der „Text des Gesetzes", die kanonische Schrift, und deren Kommentierung sind die Medien, die
im Judentum die Kontinuität der Überlieferung garantieren.

Mendelssohn formuliert diesen Zusammenhang nicht nur theoretisch, sondern führt ihn in seiner eigenen Schrift auch in der Praxis vor, indem er auf deren Höhepunkt den Dialog wiedergibt, den „der Gesandte Gottes, Moses selbst",
mit Gott führt. In Mendelssohns eigener Übersetzung von Exodus 34,7 wird der
Wortlaut der Heiligen Schrift wie folgt wiedergegeben:

> Darauf zog die Erscheinung vor Mose vorüber, und ließ eine Stimme hören: ,Der
> Herr (ist, war und wird seyn), ewiges Wesen, allmächtig, allbarmherzig, und all-
> gnädig; langmüthig, von großer Huld und Treue; der seine Huld dem tausendsten
> Geschlecht noch aufbehält; der Missethat, Sünde und Abfall verzeiht; aber nichts
> ohne Ahndung hingehen lässt!'[23]

Man vergleiche diese Sätze mit der Lutherschen Übersetzung des gleichen Ab-
schnitts, in der sie in der Drohung gipfeln: Gott „sucht die Missetat der Väter
heim an Kindern und Kindeskindern bis ins dritte und vierte Glied".[24] Während
die christliche Überlieferung aus dem Gott des Alten Testaments den zürnen-
den Rächer macht, geht das Liebesgebot in der jüdischen Tradition von Gottes
Stimme aus, wird von Moses als dem „Gesandten Gottes" an die „Lehrer der
Nation" überliefert, deren Weisheit im *Talmud* aufbewahrt ist, und gelangt so in
der Gegenwart an Moses Mendelssohn.

Diese auf die jüdische Kommentartradition sich stützende Übersetzung des
entscheidenden Ereignisses, in dem Gott sich den Israeliten als seinem auser-
wählten Volk nach dessen Sündenfall wieder zuwendet und dabei Moses zum
Mittler seiner Barmherzigkeit und Liebe macht, widerlegt nicht nur das einseitige Bild, das sich die christliche Welt vom Judentum macht. Sie denunziert
zugleich den Verrat, den das westliche Europa durch seine Hinwendung zur
Antike als kulturell maßgeblichem Paradigma an der Vorstellung eines liebenden Vatergottes begeht. Der jüdische Philosoph stellt seine Kenntnis der damals

---

[23] Ebd., S. 117 f.
[24] *Die Bibel oder die ganze Heilige Schrift [...] nach der Übersetzung Martin Luthers*,
Württembergische Bibelanstalt, Stuttgart, 1970, S. 100.

aktuellen kulturellen Diskussion dadurch unter Beweis, dass er sich in dem zitierten Kontext ausdrücklich von dem Idol der neuen Ästhetik distanziert und die Tora dem griechischen Epos überordnet: „Im Homer selbst," schreibt er, „in dieser sanften liebevollen Seele, war der Gedanke noch nicht aufgeglühet, dass die Götter aus Liebe verzeihen".[25]

Wichtiger noch als diese inhaltliche Opposition ist die Schlussfolgerung, die Mendelssohn aus der Reflexion über die Medien zieht, wie sie der von ihm zitierten jüdischen Tradition zugrunde liegen. Aus der Gegenüberstellung von Schrift und mündlicher Rede, die als Gegensatz von *Tora* und *Talmud*, von heiliger Schrift und mündlichem Kommentar, der jüdischen Tradition zugrunde liegt, entwickelt Mendelssohn eine höchst aktuelle Medientheorie. Zum ersten Mal in der abendländischen Geistesgeschichte formuliert er die fundamentale, aus den Quellen des Judentums hervorgegangene Einsicht, dass der Gehalt des kulturellen Gedächtnisses wesentlich von dem Medium abhängig ist, in dem er sich manifestiert: „Mich dünkt, die Veränderung, die in den verschiedenen Zeiten der Cultur mit den Schriftzeichen vorgegangen, habe von jeher an den Revolutionen der menschlichen Erkenntnisse überhaupt, und insbesondere an den mannigfaltigen Abänderungen ihrer Meinungen und Begriffe in Religionssachen sehr wichtigen Antheil", lautet der Befund mit dem er alle Religion radikal historisiert.[26]

Das Zeichensystem der Schrift, dessen Entwicklung Mendelssohn von den Zeichendingen über die Hieroglyphen und die Alphabetschrift bis hin zum Buchdruck verfolgt, wird von ihm in Relation gesetzt zu der jeweils herrschenden Anschauung der Welt. Nach seiner Auffassung führen „Bilder und Bilderschrift [...] zu Aberglauben und Götzendienst, und unsere alphabetische Schreiberey macht den Menschen zu spekulativ".[27] Für ihn als gesetzestreuen Juden überwindet allein die Beobachtung des „Zeremonialgesetzes", also der rituellen Vorschriften, an deren Einhaltung jeder Jude gebunden ist, den traditionellen Antagonismus von oraler und literaler Tradition. Denn das „Zeremonialgesetz" ist „eine lebendige, Geist und Herz erweckende Art von Schrift, die bedeutungsvoll ist, und ohne Unterlaß zu Betrachtungen erweckt, und zum mündlichen Unterrichte Anlaß und Gelegenheit giebt".[28]

---

[25] Moses Mendelssohn, *Jerusalem oder über religiöse Macht und Judentum*, a. a. O., S. 117 f.
[26] Ebd., S. 100.
[27] Ebd., S. 113.
[28] Ebd., S. 98.

Bernd Witte

Es ist nicht zu übersehen, dass Mendelssohns Polemik gegen „Bilder und Bilderschrift" sich nicht allein gegen die antike Vielgötterei wendet, die Athener und Homer werden in diesem Zusammenhang eigens erwähnt,[29] sondern dass sie vor allem auch die zeitgenössische Wiederbelebung des antiken Bilderdienstes meint. Er beklagt, dass in der Vergangenheit „ein wirklicher Götzendienst fast auf dem ganzen Erdboden zur herrschenden Religion geworden ist. Die Bilder hatten ihren Werth als Zeichen verloren. Der Geist der Wahrheit, der in ihnen aufbewahrt werden sollte, war verduftet, und das schale Vehikulum, das zurückblieb in verderbliches Gift verwandelt."[30] Ein strengeres Urteil über die klassische Wiederbelebung der antiken Bilderverehrung lässt sich kaum denken. Es ist im Geiste des zweiten Gebotes gesprochen: Du sollst Dir kein Bild machen, und es trifft die Bemühungen Herders, Goethes und Schillers um eine Neuschöpfung des homerischen Olymps ins Herz. Zugleich lässt es Moses, der den Menschen dieses Gebot gebracht hat, als den überlegenen Gesetzgeber erscheinen, der als Mittler der göttlichen Wahrheit alle anderen Menschen überragt.

Allerdings wird diese Sicht der Dinge von den Wortführern der deutschen Klassik nicht anerkannt. Sie propagieren den absoluten Vorrang Homers und werten die Figur des Moses ab. Schon Herder in seiner Schrift *Vom Geist der Ebräischen Poesie* aus dem Jahr 1782 glaubt, Moses nur noch dadurch retten zu können, dass er ihn zu einem epischen Dichter umdeutet, zu einem ersten, besseren Homer.[31] In Schillers Vorlesung *Die Sendung Moses* von 1789 erreicht die Delegitimierung der Mosesgestalt einen ersten Höhepunkt, um in Goethes 1797 entstandenem Essay *Israel in der Wüste* ihren Abschluss zu finden.[32] In ihm wird

---

[29] Ebd., S. 116 zitiert zunächst den Althistoriker Meiners, um dann sein eigenes Urteil über Homer hinzuzufügen: „Alle Götter schienen den Atheniensiern, so wie den übrigen Griechen, so bösartig, daß sie sich einbildeten: ein ausserordentliches oder langdauerndes Glück ziehe den Zorn und die Missgunst der Götter auf sich, [...] im Homer selbst, in dieser sanften, liebevollen Seele, war der Gedanke noch nicht aufgeglüht, daß die Götter aus Liebe verzeihen, daß sie ohne Wohlwollen in ihrem himmlischen Wohnsitze nicht seelig seyn würden."
[30] Ebd., S. 111.
[31] Vgl. Johann Gottfried Herder, *Schriften zum Alten Testament*, hrsg. von Rudolf Smend, Deutscher Klassikerverlag, Frankfurt a. M., 1993, S. 932 ff.
[32] Vgl. Friedrich Schiller, „Die Sendung Moses", in: Friedrich Schiller, *Sämtliche Werke*, hrsg. von Gerhard Fricke u. a., Bd. 4: *Historische Schriften*, Hanser, München, 1958, S. 783–804; Johann Wolfgang von Goethe: *West-Östlicher Divan*, Teil 1, hg. von Hendrik Birus, Deutscher Klassikerverlag, Frankfurt a. M., 1994, S. 232 ff.

158

der Gesetzgeber der Menschheit als Meuchelmörder und unfähiger Feldherr dargestellt, der am Ende selber ermordet wird und damit ganz aus dem historischen Blickfeld verschwindet. Diese durchgehende Abwertung der Mosesgestalt durch die Weimarer Klassik ist kein kontingentes Ereignis, sie ist das Ergebnis einer historischen Entscheidung der Protagonisten, deren kulturelle und soziale Tragweite ihnen jedoch kaum bewusst gewesen sein dürfte. Mit Fug und Recht kann man sie in Benjamins Terminologie als „unbewussten Entschluss" klassifizieren, durch den die Schwelle auf unsere Gegenwart hin überschritten wird. Die Destruktion der prophetischen Führerfigur des Moses und die gleichzeitige Kanonisierung Homers verweisen schon am Beginn der Moderne auf die Abwertung der Schrift und die Bevorzugung des Bildes als Medium, das unsere gegenwärtige Kultur kennzeichnet.

Bildkultur der Moderne

Die Epochenschwelle, die mit der Gegenüberstellung von Moses und Homer als deren „Hüter" und „Penaten" markiert ist, stellt eine einschneidende Zäsur in der kulturellen Entwicklung der Neuzeit dar. Mit ihr wird die endgültige Ablehnung einer göttlichen Offenbarung und damit eines personalen Gottes formuliert. Der bisherige metaphysische Gottesglaube, der noch im Deismus englischer Prägung weiterlebte, wie er von der mittleren Aufklärung adaptiert wurde, hat zu Beginn der Goethezeit seine öffentliche Wirkmächtigkeit verloren. Goethe hat ihn durch die neue Religion des produktiven Menschen, durch den Glauben an die schöpferische Allmacht des Genies ersetzt, für das ihm Homer als zeichenhafte Gestalt dient. Mendelssohn ersetzt ihn durch eine Geschichte der Medien, die er aus dem im *Talmud* auftretenden Gegensatz zwischen Mündlichkeit und Schriftlichkeit ableitet und als dessen Urheber ihm Moses gilt. Von beiden wird das originär Neue, in die künftige Epoche der Moderne Weisende aus dem Uralten abgeleitet.

In der analysierten historischen Konstellation äußern sich die Tiefenstrukturen der modernen westlichen Kultur schon in ihrem Ursprung. In dem, was sie mit der jüdischen Tradition ausschließt, ist zu erahnen, was unserer Kultur durch diesen Ausschluss von Anfang an entgangen ist. Die Ästhetik der deutschen Klassik, die ja mehr ist als nur eine Ästhetik, nämlich ein neuer sozialer und politischer Leitdiskurs, ist auf eine Abwehr der jüdischen Tradition gegründet. Man kann das nicht Antisemitismus nennen, eher schon Antijudaismus. Es

Bernd Witte

ist der kalte Ausschluss des Fremden, der mit der Leitfigur des Dichters Homer ins Werk gesetzt wird. Es ist die geradezu panische Abwehr des Anderen in der Gestalt des Moses, dessen Zugehörigkeit zum Allereigensten man nicht wahr haben will und zulassen kann.

Der neue ästhetische Leitdiskurs, der zwischen 1770 und 1800 etabliert wird, ist raumorientiert und steht damit im Gegensatz zum jüdischen kulturellen Gedächtnis, das auf die Geschichte, ja genauer noch, auf die Geschichte der Schrift bezogen ist. Das zeigt sich auch daran, dass er, obwohl er sich als eine Theorie der Literatur gibt, das Bild als exemplarisches Medium verherrlicht. Er widerspricht damit dem Bilderverbot, wie es im zweiten der Zehn Gebote Gottes formuliert ist. Allerdings ist es erst die heutige Krise der Schriftkultur, die uns die Anfänge der Geschichte der Moderne schon in der Schwellenzeit am Ende des 18. Jahrhunderts erkennen lässt. Aus dieser Perspektive verweist die Ästhetik der Goethezeit schon auf die prädominante Rolle, die heute dem Bild in den neuen Medien zukommt. Weil wir sie von einer gegenwärtigen Problematik her in den Blick nehmen, können wir die Zeit zwischen 1770 und 1800 als Schwellenzeit auszeichnen.

Fabio Vighi

„Zwischen zwei Toden": Die Schwelle als Ort des Realen

Ausgehend von Jaques Lacan und seinem berühmten Konzept des als „untot"
bezeichneten Zwischenraums, das er vor allem auf die tragische Figur Antigone anwendet,[1] stellt dieser Artikel Überlegungen zur dialektischen Relevanz der
Schwelle als Ort des Realen an. Die lacansche Schwelle ist, wie wir sehen werden, eine Zone zwischen Leben und Tod, gleichzeitig ist sie aber auch Grenze
und grundlegende *conditio*, auf der jedwede Erfahrung des Lebens, oder besser
gesagt, jede „Wandlung des Lebens" gründet. In Bezug auf Antigones Lage, die
vom König Kreon lebendig eingemauert wurde, da sie gegen dessen Verbot ver-
stoßen hatte, ihren Bruder Polyneikes, der als Verräter Thebens galt, zu bestat-
ten, sagt Lacan:

> Auch wenn sie noch nicht tot ist, so ist sie doch von der Welt der Lebenden aus-
> geschlossen. […] Tatsächlich kann das Leben für Antigone von dieser Grenze aus
> nur in Angriff genommen werden, kann nur gelebt oder erdacht werden, da es
> schon verloren ist, da sie sich jenseits des Lebens befindet, auch wenn sie es von
> diesem Jenseits aus noch wahrnehmen kann. In gewisser Weise kann sie es von
> dort unten aus nur noch als etwas bereits Verlorenes erleben.[2]

Lacan zufolge birgt gerade das Bild der abgründigen Schwelle, die fast mit der
Leere in Berührung kommt, sowohl die Möglichkeit, die entscheidende und
endgültige Wahrheit über das herauszufinden, was wir sind (eine „genießende
Substanz", die offenbar unbewusst ist), als auch die Öffnung auf ein Ereignis
hin, das imstande ist, das Subjekt der symbolischen Ordnung zu entziehen (d. h.
der linguistisch-ideologischen Dimension, in der sich all das manifestiert, was
als „sozial" bezeichnet werden kann). Sie ermöglicht dem Subjekt, sich einem
neuen Sinnhorizont zuzuwenden. Genauer gesagt fällt die so von Lacan interpretierte Schwelle mit der libidinösen und zugleich materiellen Dimension (die
jouissance) zusammen, die vom Signifikant selbst insgeheim hervorgebracht

---

[1] Diesbezüglich verweise ich auf die *Seminare VII* (1959–60) und *VIII* (1960–61), die
betitelt sind mit *Die Ethik der Psychoanalyse* bzw. *Die Übertragung*.
[2] Jacques Lacan, *The Seminar, Book VII. The Ethics of Psychoanalysis (1959–60)*, Routledge, London, 1999, S. 280. Dt. d. Ü.

Fabio Vighi

wird, wenn er die Wirklichkeit mitteilt. So sehr diese Dimension, die eng mit dem freudianischen Todestrieb verwandt ist, auf den ersten Blick antidialektisch erscheinen mag – hebt sie doch sowohl die subjektive Identität als auch den Anderen auf –, so macht sie sich doch eigentlich zum Sprachrohr der dialektischen Notwendigkeit, gerade weil sie eine widersprüchliche und ablehnende Beziehung zur Subjektivität und zur symbolischen Ordnung des Sinns unterhält.[3]

Diesbezüglich soll betont werden, dass Lacan gegen Ende der sechziger Jahre eine Kritik der marxschen Auffassung des Mehrwerts formuliert, die auf dem Begriff der *jouissance* gründet. Marx' *Mehrwert*, so heißt es im *Seminar XVII*, ist ursprünglich eine *Mehrlust*, also ein Überschuss unbewussten Genusses (*plus-de-jouir*), der sowohl als Schwelle fungiert als auch als äußerste Grenze des Seins und zugleich der hegemonialen Ordnung. Diese Bedeutung der Schwelle, die der marxschen Dialektik entlehnt ist und die sich in verschiedenen Auslegungen unter anderem im Denken Adornos, Benjamins und Blochs findet, kann nur in strenger Kontinuität mit jener Instanz der Negativität erfasst werden, die das gesamte hegelsche Denken durchzieht. Man muss also bei Hegel beginnen, um die subversive Funktion der Schwelle als Ort „zwischen zwei Toden" zu klären.

An dieser Stelle liegt es nahe, Hegels kritische Auslegung hinzuzuziehen, die Kafkas Parabel des Manns vom Land vor dem Gesetz gilt. Offenbar handelt es sich hier um ein Paradoxon. Doch Slavoj Žižek erkennt in Hegels *Phänomenologie des Geistes* einen Abschnitt, der sich *ante litteram* als wegweisender Kommentar zu Kafkas Parabel ausnimmt.[4] In diesem bekannten Abschnitt aus der Einleitung der *Phänomenologie des Geistes* geht Hegel von einer spekulativen beziehungsweise dialektischen Identität zwischen Subjekt und Substanz aus. Er unterstreicht, dass innerhalb des Bewusstseins zwischen Subjekt und Substanz unterschieden werden müsse, da beide *unvollkommen*, also ungleich mit sich selbst seien: „Wenn nun dies Negative zunächst als Ungleichheit des Ichs zum Gegenstande erscheint, so ist es ebensosehr die Ungleichheit der Substanz zu sich selbst."[5] Žižek, der eine nicht-metaphysische und nicht-teleologische Lesart

---

[3] Zu dieser Auffassung der Dialektik vgl. Fabio Vighi, *On Žižeks Dialectics: Surplus, Substraction, Sublimation*, Continuum, London/New York, 2010.

[4] Vgl. Slavoj Žižek, *For They Know Not What They Do: Enjoyment as a Political Factor*, Verso, London/New York, 2008, S. 105 f.

[5] Georg Wilhelm Friedrich Hegel, *Phänomenologie des Geistes*, Suhrkamp, Frankfurt a. M., 1973, S. 39.

Hegels vorschlägt, erinnert oft an dessen Ausspruch über die alten Ägypter:[6] Ihre obskuren Enigmen und Geheimnisse (d. h. die Ambiguität einiger ihrer künstlerischen und symbolischen Darstellungen, allen voran die der Sphinx) waren in Wirklichkeit selbst für die Ägypter ein Rätsel. Sie waren also „objektiv enigmatisch"[7]. Hier zeichnet sich folglich Hegels Kritik an Kafkas Mann vor dem Gesetz oder besser, auf der Schwelle des Gesetzes ab. Warum tritt dieser nicht ein? Weil er offenbar (führt man das Paradoxon fort) Kant, nicht aber Hegel gelesen hatte. Die unüberwindbare Distanz, die der Mann vom Lande zwischen sich und dem Gesetzes-Objekt wahrnimmt, lässt ihn erstarren. Aufgrund der mysteriösen Präsenz des Gesetzes, die er als solche von außen voraussetzt, ohne sie zu überprüfen, ist er fasziniert und zugleich versteinert. Was diesen Aspekt angeht, so gleicht Kafkas Mann vom Lande dem kantischen Ich, das von der Unmöglichkeit ausgeht, direkt zu dem Anderen zu gelangen, welches als allgemein, als Noumenon ausgelegt wird. Das hegelianische Subjekt geht hingegen einen Schritt weiter: Die Distanz, die es von der Substanz der Dinge trennt und so das Subjekt zutiefst spaltet, ist genau genommen bereits in diese Substanz eingeschrieben – und zwar als ontologische Fraktur der Substanz selbst, als „Distanz der Substanz von sich selbst". Deswegen kann die Substanz als „spekulativ identisch" mit dem Subjekt bezeichnet werden.

Was hätte also der Mann vor dem Gesetz getan, wenn er Hegel gelesen und die Bedeutung des Konzepts der spekulativen Identität verstanden hätte? Sicherlich hätte er dort nicht bis zu seinem Tode ausgeharrt. Vielleicht hätte er begriffen, dass sein verzauberter Blick eines sich außerhalb der Gesetzes-Substanz befindenden Subjekts im Grunde schon immer in dieser Substanz eingeschrieben war, und zwar als Index der Ungleichheit der Substanz mit sich selbst. Es ist wichtig, die Subtilität zu erfassen, mit der Hegel den Begriff der spekulativen Identität formuliert, da dies den Weg für eine Interpretation der Dialektik als absolut immanenten Prozess ebnet, in dem das Subjekt und der Andere, das Konzept und die Substanz, letztlich in der ontologischen Dimensi-

[6] Vgl. Slavoj Žižek, *The Sublime Object of Ideology*, Verso, London/New York, 1989, S. 78; ders., *The Parallax View*, MIT Press, Cambridge, 2006, S. 356.
[7] In einem Unterkapitel der *Ästhetik*, das zu recht den Titel „Die unbewußte Symbolik" trägt, erkennt Hegel beispielsweise in den von der ägyptischen Kunst dargestellten Enigmen nichts Geringeres als das Enigma als solches, das heißt das „Symbol des Symbolischen selbst". Vgl. Georg Wilhelm Friedrich Hegel, *Vorlesungen über die Ästhetik. Erster und zweiter Teil*, Reclam, Stuttgart, 1971, S. 443–445.

Fabio Vighi

on der Selbstfremdheit bzw. in ihrer radikalen Selbstentfremdung zusammenfallen. Zusammenfassend kann also gesagt werden, dass die Unvollständigkeit
des Subjekts gegenüber der Substanz der Dinge seit jeher in der Substanz selbst
als Totalität enthalten ist. Auf diese Weise koinzidiert das Besondere mit dem
Allgemeinen (das kantische Phänomen mit dem Noumenon) in dem Sinne, als
dass sich beide in der sie begründenden Negativität entsprechen. Hegel distanziert sich folglich nicht von Kant, sondern radikalisiert ihn. So beharrt Kant zu
Recht auf der unüberwindbaren Distanz zwischen dem Ich und dem Subjekt
beziehungsweise zwischen dem Phänomen und dem Noumenon. Das, was er
laut Hegel allerdings nicht in Erwägung gezogen hat, ist die Tatsache, dass diese Distanz nicht nur die *Unvollkommenheit* des Einen (des empirischen Ichs),
sondern auch die des Anderen (des Allgemeinen) darstellt. Wenn Hegel in der
Einleitung seiner *Phänomenologie* schreibt, alles hänge davon ab, das Wahre
nicht nur als Substanz, sondern auch als Subjekt zu begreifen, dann bezieht er
sich gerade auf die zwischen beiden bestehende spekulative Identität: Das Subjekt ist insofern das Wahre, als dass sein Sich-selbst-Fehlen, seine wesentliche
Negativität und Inkonsistenz, ganz und gar mit dem Bruch korreliert, welcher
die Substanz durchzieht. Es sei angemerkt, dass ich an dieser Stelle nicht auf
den Hegel verweise, der allgemein als Philosoph des absoluten Wissens und des
Logozentrismus ausgelegt und mit dem das dialektisch alle Unterschiede zerstö-
rende Subjekt in Verbindung gebracht wird. Vielmehr beziehe ich mich auf den
Hegel, der, obwohl er sehr an der Idee der Systematik des Wissens beziehungsweise der Totalität festhält, diese Totalität paradoxerweise in ihrem impliziten
und radikal immanenten Widerspruch beschreibt. Besonders soll demnach der
wesentliche Übergang in der Dialektik Hegels betont werden: vom In-Sich zum
Für-Sich beziehungsweise zur Geste, die das epistemologische Hindernis in eine
ontologische Sackgasse verwandelt.[8]

Aber zurück zur Faszination des Gesetzes bei Kafka. Der Schlüsselbegriff
der hegelianischen Dialektik, die „Negation der Negation" (die bekannte *Aufhebung*), kann gerade in Anbetracht des spiegelhaften Zusammenfallens von
Gesetz und Verbrechen verstanden werden. Auch wenn das Verbrechen die
Negation oder „das Andere" des Gesetzes ist, so verbleibt es dennoch im symbolischen Raum des Gesetzes selbst, das es nämlich als Zuwiderhandlung be-
urteilt und ahndet. Im abschließenden Kapitel des letzten Buchs der *Logik*, das

[8] Vgl. Slavoj Žižek, *The Ticklish Subject: The Absent Centre of Political Ontology*, Verso,
London/New York, 2000, S. 55.

164

den Titel *Die absolute Idee* trägt, schreibt Hegel, die erste Negation dessen, was uns als unmittelbar anders erscheint, sei nichts weiter als eine *Vermittlung*. Das heißt, dass jene in sich die Determination (das Positive) dessen enthält, das sie zu verneinen beabsichtigt.[9] Um dieses Verhältnis zu überwinden, bedarf es einer zweiten Negation, deren Ziel es sein muss, die Ordnung radikal umzuwandeln – ebenjene Ordnung, die sowohl das definiert, was Negation ist (Verbrechen, Zuwiderhandlung usw.), als auch das, was sie nicht ist. Anders ausgedrückt muss jede symbolische Ordnung, um revolutioniert und neu konstituiert zu werden, „untergehen", und zwar zweimal: Während die erste Negation notwendigerweise vermittelt ist, das heißt als Bewegung innerhalb des Systems selbst perzipiert wird und von dessen Positivität durchzogen ist, kann die zweite (die Negation der Negation) darauf abzielen, die Ordnung selbst radikal aufzuheben und somit zu dem gelangen, was Hegel „das Wahre" nennt. In diesem Sinne sind wir weit entfernt von den Begriffen *Widerspruch* (Negation) und *Synthese* (Negation der Negation), die Hegel gemeinhin irrtümlicherweise zugeschrieben werden. Wenn uns die Negation der Negation tatsächlich dialektisch zur Positivität der ersten Unmittelbarkeit zu führen scheint, so unterscheidet sie sich dennoch insofern radikal von ebendieser, als dass sie das Resultat der Aufhebung der Vermittlung ist und sich in einem Begriff fassen lässt, der durch seine Alterität selbst hervorgebracht wurde. Hegel definiert diesen dritten, sogenannten „synthetischen" Vorgang sehr präzise. Er begreift ihn aber nicht als einen ruhenden, statischen Vorgang. Vielmehr konkretisiert er ihn als Bewegung und Tätigkeit der Selbstvermittlung, welche nicht mehr vom abstrakten Allgemeinen dargestellt wird, sondern vom *Einzelnen*, vom *Konkreten* und vom *Subjekt*. Anders gesagt handelt es sich also darum, die spekulative Identität zwischen dem Allgemeinen und dem Besonderen anzuerkennen: Im Übergang vom In-Sich zum Für-Sich, der von der Negation der Negation ermöglicht wird, erweist sich das Allgemeine als Subjekt.[10]

Kehrt man nun zum Beispiel des Gesetzes zurück, so ist es in der Aufhebung das Verbrechen selbst (das Besondere), das als konstitutives Element des Gesetzes (des Allgemeinen) offenbar wird, sodass das Gesetz als eine Unterart des Verbrechens erscheint. Hegel behauptet, dass das Gesetz spekulativ identisch mit dem ist, was als sein Gegenteil erscheinen mag. Indem das Gesetz sich in

[9] Vgl. Georg Wilhelm Friedrich Hegel, *Wissenschaft der Logik. Zweiter Teil*, Meiner, Hamburg, 1963, S. 495.
[10] Vgl. ebd., S. 499.

der Strafe äußert, entspricht es der Negation der Negation (der Negation des Verbrechens).[11] Mit anderen Worten, der Unterschied zwischen Verbrechen und Gesetz kennzeichnet das Gesetz selbst. Er ist insofern Index der Gewalt und folglich Illegalität des Gesetzes, als dass die Autorität des Gesetzes auf einem ursprünglichen, es begründenden Verbrechen basiert. Es ist zunächst ein Akt tief sitzender Prävarikation, der sich letztlich durch die Übernahme einer Reihe „narrativer Tarnungen" rückwirkend selbst auslöschen muss.[12]

Gleiches kann für das Subjekt gelten. Bei Lacan fällt die Herausbildung der subjektiven Identität, also der Subjektivierungsprozess, mit dem symbolischen Verbrechen des Vatermords sowie mit dem Ersatz des Vaters durch das, was Lacan den Namen-des-Vaters nennt, zusammen. Dabei handelt es sich um den Signifikanten, der es dem Subjekt erlaubt, seinen eigenen Platz zu finden, auch wenn dieser im Symbolischen, in der Wirklichkeit, immer unsicher und prekär ist. Lacan spielt mit der Homophonie der Ausdrücke *le nom du père* (der Name des Vaters) und *le non du père* (das Nein! des Vaters, also das Verbot, durch welches das Subjekt in das Gesetz eingeführt wird). Vor allem aber irren sich *les non-dupes errants*, also jene, die glauben, sich nicht vom Symbolischen (von der Fiktion, die jeglicher sozialer Austausch impliziert) täuschen zu lassen. In der Psychoanalyse verfügt die Wirklichkeit in der Tat über die Struktur und den Rahmen der Fiktion beziehungsweise des symbolischen Tauschs.

Bezüglich der Situation, in welcher der Wächter dem Mann vom Lande lautstark mitteilt, dass jene Tür nur für ihn selbst bestimmt gewesen sei, lohnt es sich erneut, Hegel zurate zu ziehen. Hegel zufolge ist das Subjekt nicht ganz ein Opfer der Wirklichkeit, die es determiniert; vielmehr entscheidet das Subjekt rückwirkend selbst, von jener Realität determiniert zu werden. Dies bedeutet jedoch nicht, der Existenz einer allgemein angenommenen Willensfreiheit bei-

---

[11] Vgl. Georg Friedrich Wilhelm Hegel, *Philosophie des Rechts*, Suhrkamp, Frankfurt a.M., 1983, S. 85f.

[12] „Am Anfang des Gesetzes gibt es ein gewisses ‚Ungesetzliches', ein gewisses Reales der Gewalt, das mit dem Akt selbst der Errichtung der Rechtsstaatlichkeit zusammenfällt. Die letzte Wahrheit über die Rechtsstaatlichkeit ist die einer Usurpation, und alles politisch-philosophische Denken beruht auf der Verleugnung dieses gewaltsamen Gründungsaktes. Die illegitime Gewalt, durch die das Gesetz sich aufrechterhält, muß um jeden Preis verschleiert werden, da diese Verschleierung die positive Bedingung für das Funktionieren des Gesetzes ist: Es funktioniert, insofern seine Subjekte getäuscht werden, insofern sie die Autorität des Gesetzes als ‚authentisch und ewig' erfahren [...]." Slavoj Žižek, *Denn sie wissen nicht, was sie tun. Genießen als ein politischer Faktor*, Passagen Verlag, Wien, 1994, S. 217.

zupflichten. Vielmehr kann die Entscheidung, um die es hier geht, unter dem hegelianischen Begriff des „Schaffens von Voraussetzungen" zusammengefasst werden, den Hegel zu Beginn des zweiten Teils seiner *Wissenschaft der Logik* (der „Doktrin der Essenz") ausführt. Es handelt sich um eine Entscheidung, eine „Reflexion" über die Unmittelbarkeit des Seins, die sich sicher nicht auf utilitaristische Begriffe einer überlegten Entscheidung zurückführen lässt. Das hegelianische Paradoxon, das dem lacanschen Begriff der symbolischen Kastration entspricht, besteht darin, dass wir der Wirklichkeit, in die wir hineingeboren werden, zwar nicht entfliehen können, aber dennoch verstehen können, dass diese Realität uns nur determiniert, indem sie durch uns hindurch verläuft und uns sozusagen um Erlaubnis fragt – eine Erlaubnis, die wir rückwirkend immer schon gewährt haben, ohne uns je darüber bewusst gewesen zu sein. Nach Hegel ist unser Handeln niemals spontan, sondern wird stets von einer, von uns bereits getroffenen Entscheidung symbolischer Konversion relativiert, die uns unseren Handlungsspielraum aufzeigt. Diese Entscheidung verleiht in erster Linie dem Kontext einen Sinn, auf den sich unsere Tätigkeit stützt. Das Gesetz als Ordnung der Dinge existiert für uns also nur infolge unserer „unbewussten" Zustimmung, die ihre Vollendung in einem formellen, unsere Subjektivität begründenden Akt findet; ihre Tragweite entgeht uns allerdings. Wenn wir uns beispielsweise – wie in Hegels klassischen Beispiel der schönen Seele – für unschuldige Opfer „der Dinge der Welt" halten und so eine deutliche und unvereinbare Diskrepanz zwischen uns und der Realität, mit der wir uns nicht identifizieren können, annehmen,[13] dann vergessen wir, dass wir der Existenz dieser Realität bereits formell zugestimmt haben, sodass wir nun ihr gegenüber die Position eines schuldlosen Opfers einnehmen können. Dieses Schaffen von Voraussetzungen (von Kontext, von äußeren Bedingungen) unseres Handelns (oder Nicht-Handelns) ist demnach eine Handlung, die zugleich Subjekt und Substanz begründet. Dieser Akt ist, dies muss betont werden, rein kontingent und unabhängig von jeglicher Kausalität. Anders gesagt ist er Zeichen unserer Freiheit. Im Gegensatz zu Kafkas Mann vom Lande scheint der Türhüter des Gesetzes Hegel sehr aufmerksam gelesen zu haben – oder zumindest einige Passagen der *Phänomenologie* und der *Logik*. Er weiß nämlich nur zu gut, dass das Gesetz den verzauberten Blick des Mannes vom Lande seit jeher berücksichtigt hatte, oder genauer gesagt die Externalität jenes Blickes, der durch die halboffene Tür hereinlugt. Es handelt

---

[13] Vgl. Georg Wilhelm Friedrich Hegel, *Phänomenologie des Geistes*, Suhrkamp, Frankfurt a. M., 1973, S. 491 f.

sich in der Tat um einen Fall spekulativer Identität: Da der Mann vom Lande vom Geheimnis des Gesetzes fasziniert ist, welches er nicht imstande ist zu erfassen, wird er (mit Althusser gesprochen) erfolgreich vom Gesetz angerufen. Der nach außen hin gerichtete Appell des Gesetzes ist bereits in das Gesetz eingeschrieben, ebenso wie das Gefühl des Mannes, vom Gesetz außen vor gelassen zu werden.

Darf man also sagen, Kafkas Figur befinde sich auf der Schwelle des Gesetzes? Es hängt davon ab, was wir unter dem Begriff der Schwelle verstehen. Wenn sie einen Grenzbereich bezeichnet, also einen Ort, der zugleich auch ein „Nicht-Ort" ist und dessen Zugehörigkeit nicht bestimmt werden kann (dieser Ort fällt mit dem Akt eines radikalen Entzugs aus der symbolischen Ordnung zusammen), so bleibt der Mann vom Lande klar diesseits der Schwelle. Sein Verharren und seine Unfähigkeit, das Gesetz zu betreten, ließen sich mit Hegel als Unvermögen begreifen, die Negation zu negieren. In dem Sinne ist der Mann also unfähig, seine Handlung zuzuspitzen, das Gesetz herauszufordern und dem Türhüter Auge in Auge gegenüberzustehen. In „hegelscher Sprache" könnte man sagen, dass es Kafkas Protagonisten nicht gelingt, zum Subjekt zu werden, da er die Aufhebung des Gesetzes und dessen grundlegende Inkonsistenz nur hätte erreichen können, wenn er die Vermittlung des Wächters verneint hätte, die sein Anliegen harmlos erscheinen ließ. Das Gesetz als Allgemeines (als Substanz) fiele also mit dem Subjekt zusammen, wenn Letzteres imstande wäre, das Gesetz zu negieren und es gleichzeitig radikal neu zu bestimmen (und so die hegelsche Aufhebung zu verwirklichen). Wie bereits dargelegt wurde, betritt der Mann die Schwelle des Gesetzes aber nicht, d. h. er wird nicht zur Schwelle.

Angebrachter erscheint es daher, eine Figuration der Schwelle in Lacans einzigartigem Begriff des *espace de l'entre-deux-morts* zu suchen. Dabei sei vorweggenommen, dass dies der Ort, oder besser gesagt, die tragische Lage ist, in der sich Antigone (buchstäblich, „die, die sich nicht beugt") befindet, als sie versucht, ihrem Bruder eine angemessene Bestattung zu gewährleisten, da Kreon Polyneikes diese als Verräter Thebens verwehrt. Zugleich entspricht er aber auch der hoffnungslosen Situation des Ödipus auf Kolonos, jenes blinden und recht reizbaren Bettlers. Der von Lacan ausgemachte Raum ist der Ort des „Untoten" oder verständlicher ausgedrückt, „der Ort des Zombies" (wie in George Romeros bekanntem Film *Die Nacht der lebenden Toten*). Es handelt sich hierbei um einen realen Raum zwischen zwei Toden. Auf der einen Seite befindet sich die symbolische Mortifikation, die sich dann ereignet, wenn die

symbolische Ordnung (der Signifikant) zum geschichtlichen Horizont unseres
Lebens wird – das heißt im Moment der „symbolischen Kastration". Dies ist
allerdings unser einziges Mittel, um Bewusstsein über uns selbst und über die
uns umgebende Realität zu erlangen. Auf der anderen Seite befindet sich der
schlichtere biologische Tod. Sich zwischen zwei Toden zu befinden, bedeutet,
nicht mehr zur symbolischen Ordnung (zur Ideologie, zur sozialen Ordnung)
zu gehören, also ein Ausgestoßener, ein „menschliches Exkrement" zu sein. An
dieser Stelle kommt die bekannte, von Giorgio Agamben wieder aufgenomme-
ne Figur des *Homo sacer*[14] ins Spiel oder, auf einer anderen Ebene, Pasolinis
Subproletariat.[15] Im aktuellen Kontext ließe sich auf die unheimliche Figur des
illegalen Einwanderers verweisen oder auf die Millionen von Ausgeschlossenen,
die in Favelas, in Slums usw. hausen. Über all diese Subjekte kann gesagt werden,
dass sie sich „zwischen zwei Toden" beziehungsweise auf der Schwelle befinden.
Aus biologischer Sicht leben sie noch, aber für die symbolische Ordnung sind
sie tot, inexistent und für die Anderen unsichtbar. In dieser Hinsicht sind sie
menschliche Exkremente und zwar genau mit der entscheidenden Bedeutung,
die das Wort *Exkrement* bei der Herausbildung unseres Bewusstseins in Bezug
auf unser Selbst annimmt: Die eines Überschusses, der nicht nur physisch eli-
miniert, sondern vor allem unsichtbar gemacht werden und im Nichts, in der
Leere verschwinden muss. Diesbezüglich erinnert uns Slavoj Žižek mit seinem
sprichwörtlichen „guten Geschmack" häufig genau daran, dass der psychologischen Verdrängung der Existenz von Exkrementen eine der allgemeinen Be-
stimmungen der menschlichen Wesen entspricht. Demnach wäre das Tätigen
der Toilettenspülung insofern ein ontologisch ausschlaggebender Akt, als dass
dadurch das von uns produzierte Exkrement scheinbar *endgültig* verdrängt würde und in einer Art absoluter Leere endete. Es ist, als ob wir mit dieser Handlung
jedes Mal das Bewusstsein unseres Selbst untermauerten, da wir so einen Teil
von uns aus diesem ausschließen, ganz so, als ob sich dieser Teil „vom Universum loslöste". Im Gegensatz zum Tier ist der Mensch *per definitionem* derjenige,
der seine eigenen Überschüsse beseitigt. Bekanntlich hat Luther eine ähnliche
Definition vorgelegt, als er sagte, dass der Mensch das Exkrement sei, das sich
vom Anus Gottes löse.

[14] Vgl. Giorgio Agamben, *Homo sacer. Die souveräne Macht und das nackte Leben*, Suhrkamp, Frankfurt a. M., 2002.
[15] Hierzu vergleiche man meinen Artikel „Pasolini and Exclusion: Žižek, Agamben and
the Modern Sub-Proletariat", in: *Theory, Culture and Society*, 2003, 20, 5, S. 99–121.

Fabio Vighi

Abgesehen von diesen Exkursen, ist Lacans Vision auch politisch sehr interessant. Warum? Aus einem recht offensichtlichen Grunde: Diejenigen, die diese Schwelle des Exkrements zwischen den zwei Toden bewohnen, sind nicht einfach Menschen, die kein Glück gehabt haben, Opfer eines widrigen Schicksals, denen unser aller menschliche Solidarität gilt (wie die heutige Ideologie uns glauben machen will).[16] Vielmehr werden sie von der symbolischen Ordnung, d. h. von der Ideologie des Kapitals, selbst hervorgebracht. Abgesehen von Pasolinis frühem Kino, das uns von *Accattone – Wer nie sein Brot mit Tränen aß* bis hin zu *La Ricotta* unmittelbar die dialektische Verbindung zwischen der Ideologie und ihrem Überschuss im Italien zur Zeit des Wirtschaftswunders vor Augen führt, können wir auch Francis Ford Coppolas Film *Apocalypse Now* als wahrlich offensichtliches Beispiel heranziehen. Dort ist der Überschuss, den der amerikanische Militärapparat in einer Geheimmission eliminieren soll, nichts anderes als eine radikale, überschüssige Splittergruppe dieses Apparats selbst. Anders ausgedrückt steht diese Gruppe für denjenigen, der die amerikanische Militärideologie in Vietnam am besten vertritt (den von Marlon Brando gespielten Kurtz). Dies unterstreicht die Tatsache, dass der obszöne Überschuss integraler Bestandteil der ideologischen Ordnung ist, die ihn hervorgebracht hat. *Apocalypse Now* ist ein weiteres Beispiel für spekulative Identität: Die Distanz, die uns von Kurtz trennt (der Abgrund zwischen der amerikanischen/westlichen Ideologie und dem von Kurtz verkörperten absoluten und nicht nachvollziehbaren Bösen), ist der Abgrund, der sich innerhalb der Ideologie selbst auftut. Sie zeigt, dass dieser Ideologie ontologisch ein festes logisch-rationales Fundament fehlt.

In Lacans Konzept des „zwischen zwei Toden" schwingt implizit die Vorstellung mit, dass man nicht nur einmal, sondern zweimal sterben kann. Neben dem biologischen Tod existiert auch der symbolische Tod, welcher im Unterschied zum Ersten nicht zwangsläufig von allen durchlebt werden muss, da er über eine außergewöhnlich subjektive und soziale Valenz verfügt. Das symbolische Universum des Sinns zu verlassen, bedeutet, die Schwelle zu bewohnen – einen schrecklichen und *per definitionem* psychotischen Ort. Dort werden wir nicht

---

[16] Es ist interessant zu beobachten, wie sich in der zeitgenössischen „postideologischen" Ideologie die Gleichung „Armut = Unglück/Schicksal" zunehmend zu „Armut = Illegalität/Kriminalität" verschiebt. Entsprechend bedarf es Hegels Konzept der dialektischen Identität: Das Verbrechen hat seinen Platz in der symbolischen Ordnung, die das Verbrechen in all dem sieht, was sich von ihr unterscheidet.

mehr vom lacanschen großen Anderen („A", Anm. d. Ü.) anerkannt, dort gibt
es keinen Blick, der uns betrachtet, (an-)erkennt oder Neurosen hervorzuru-
fen vermag und der später mit dem „normalen" Aufgehen in der symbolischen
Wirklichkeit zusammenfällt. In diesem Sinne ähnelt die Schwelle dem Raum,
den die lacansche Lamelle besetzt, das monströse und unsterbliche Objekt der
Libido (die *jouissance*). So ist zum Beispiel Ödipus auf Kolonos ein alter Blinder,
der stets flucht und dem man es nie recht machen kann. In seinem Seminar *Das
Ich in der Theorie Freuds* aus den Jahren 1954–55 vergleicht Lacan ebenjenen
Ödipus mit einer anderen literarischen Figur, mit Ernst Waldemar von Edgar
Allan Poe,[17] der mittels Hypnose eine Todeserfahrung durchlebt. Als er nach
dem Experiment wieder geweckt wird, bittet er inständig und recht konfus darum, ihn gleichzeitig in Schlaf zu versetzen und aufzuwecken. Lacan spricht von
ihm wie von einer Leiche, die ab und zu redet. Ein Wesen, das abscheulich ist,
weil es keine eindeutige Form hat. Eine Erscheinung, der man nicht ins Gesicht
schauen kann, verkörpert sie doch den Zusammenbruch der dem Leben zu-
geschriebenen Kategorien. Das Gleiche, so Lacan, lasse sich auch über Ödipus
auf Kolonos sagen, der nichts anderes ist als der Auswurf der Erde, Abschaum,
Überrest, ein Ding bar jedweder Plausibilität. Lacan zufolge lebt Ödipus ein Leben, das tot ist, das mit ebenjenem Tod zusammenfällt, der schon immer dem
Leben Schatten gespendet hat.[18] Die schreckliche Lage desjenigen, der die Existenz eines anderen und die eines ihn (an-)erkennenden Blicks nicht voraussetzen kann (vom Blick der Eltern bis hin zum Blick des großen Anderen und dem
Blick Gottes) und daher den Nicht-Ort des Realen bewohnen muss, wo jegliche
symbolische Distanz verpufft, ist das symmetrische Gegenteil der Situation desjenigen, der biologisch tot ist, an den sich die Lebenden erinnern und der somit
symbolisch seinen biologischen Tod überlebt.

Daher ist Walter Benjamin der wahrscheinlich Einzige, der in der gesamten
Geschichte des Marxismus die symbolische Bedeutung dieses paradoxalen Ortes erkannt hat. Benjamin legt ein zeiträumliches Konzept zu Grunde – nicht
nur in *Über den Begriff der Geschichte*, seinem letzten bedeutenden Text. Dort
versteht er die Geschichte als ein beständiges Sich-Öffnen hin zur virtuellen und
ungeheuren Zeitlichkeit einer Schwelle, die im chronologischen Kontinuum

---

[17] Der Originaltitel von Poes 1845 veröffentlichter Erzählung lautet *The Facts in the Case
of M. Valdemar*.
[18] Vgl. Jacques Lacan, *The Seminar, Book II: The Ego in Freud's Theory and in the Technique
of Psychoanalysis*, Norton, New York, 1991, S. 231 f.

der Ereignisse versteckt ist. Voll physischer, realer, aber auch voller imaginärer Schwellen sind Benjamins *Einbahnstraße* und sein *Passagen-Werk*. Hier finden wir unzählige Beschreibungen und apodiktische Zitate zur modernen Großstadt (Paris oder Berlin), die als Raster von Begrenzungen und Grenzen, also Schwellen, auf die man stößt, dargestellt wird, ganz so, als machte man „ein[en] Schritt ins Leere"[19]. Die von Benjamin beschriebenen *Passagen* tragen die sakrale und mysteriöse Duplizität der Grenzzone in sich, eines zugleich offenen und geschlossenen Raums, in dem sich die klare Trennung zwischen öffentlich und privat, auf der die bürgerliche Ideologie gründet, auflöst. Es handelt sich um Grenzzonen, in denen Objekte ebenjenes paradoxale Merkmal einer gleichzeitigen Präsenz-Absenz annehmen, das bei Lacan für das libidinös besetzte Objekt (das „Objekt klein a") typisch ist. Benjamin zufolge schweben die Passagen zwischen ihrer Präsenz und ihrem zunehmenden Verschwinden „und nichts von ihnen dauert als der Name: Passagen".[20] Benjamins Blick richtet sich bekanntlich vor allem auf Gegenstände und Darstellungen, die von der offiziellen Kultur an den Rand gedrängt, unterdrückt oder einfach nur ignoriert werden, also so unbedeutend sind, dass sie sich auf der Grenze zur Unsichtbarkeit bewegen. Anhand einer poetischen Montage, die neue Konstellationen hervorbringt, setzt Benjamin diese Überreste der Moderne zueinander in Bezug. Dabei geht er zunächst von dialektischen Bildern aus, welche das Verhältnis von Gewesenem und Gegenwart anhand von beeindruckenden Darstellungen zeigen, die das Kontinuum von Raum und Zeit fragmentieren und so dessen wesentliche Inkonsistenz offenlegen.[21] Es handelt sich also um einen Blick, der die Schwelle bewohnt. Der Flaneur selbst (sowie auch der Sammler und der Glücksspieler) „steht noch auf der Schwelle, der Großstadt sowohl wie der Bürgerklasse"[22], in dem Sinne, dass er gesellschaftlich weder vollkommen der einen noch der anderen Kategorie angehört, sondern vielmehr deren inneren Widerspruch darstellt.[23]

In diesem Zusammenhang muss das politische Gewicht der Schwelle als Raum zwischen zwei Toden besonders betont werden: Lacan zufolge ist das,

---

[19] Walter Benjamin, *Gesammelte Schriften*, hrsg. von Rolf Tiedemann und Hermann Schweppenhäuser, Suhrkamp, Frankfurt a. M., 1982, Bd. V.1, S. 141.

[20] Ebd., Bd. V.2, S. 1001.

[21] Vgl. ebd., Bd. V.1, S. 577 f.

[22] Ebd., S. 54.

[23] Vgl. ebd.

was er oft als „subjektive Absetzung" oder „Entlassung" (*destitution subjective*, Anm. d. Ü.) definiert, die einzig wahre, von uns erlebbare Freiheit. Die Destitution impliziert, dass wir uns der symbolischen Ordnung, der wir angehören, entziehen. Sie verhindert eine sublimierende Geste, d. h., dass das Symbolische selbst rekonfiguriert wird. Die Aufhebung bzw. Suspendierung der Wirksamkeit des Symbolischen auf das Subjekt ist entscheidend für eine politische Lektüre von Lacan (und Freud). Es handelt sich um eine negative Geste, um eine Kontraktion; sie bestimmt unsere Freiheit, indem sie sich gegen uns selbst richtet. Für Lacan ist jede wahre Befreiung durch ein Minimum von Selbstschädigung legitimiert, in dem Sinne, dass es in erster Linie darum geht, dass wir uns von etwas befreien, das uns an eine Ordnung bindet, gegen die wir uns auflehnen. Dies geschieht auch und vor allem unbewusst, d. h. indem es ein unbewusstes Genießen (*jouissance inconsciente*) in Gang setzt. Die Affinität zu Hegels oft zitiertem Konzept der „Negation der Negation" sticht hier geradezu ins Auge: In beiden Fällen konfiguriert sich die Entscheidungshandlung des Subjekts, die es auf die Schwelle führt, als eine Negation, die ein anfängliches Widersetzen überwindet, das unweigerlich vom Anderen, vom „symbolischen System", dem sich das Subjekt entgegensetzt, hervorgerufen wird. Der Antikapitalismus ist hierfür das eingängigste Beispiel: Eine Sache ist es, sich gegen den Kapitalismus aufzulehnen, indem man eine Reihe logischer Gründe heranzieht (die Ausbeutung des Menschen und der Umwelt, die unausweichliche Umweltkatastrophe, Kriege usw.). Es ist aber etwas ganz anderes, zu begreifen, dass wir uns von dem befreien müssen, „was über unser Selbst hinaus in uns wohnt" (unsere unbewusste Bindung an die heimtückische ideologische Matrix des Kapitalismus, die bei Marx mit dem Fetischismus der Ware zusammenfällt), um uns vom Kapitalismus zu befreien. Genau das ist die unbewusste *jouissance*, die Lacan zufolge das Subjekt *per definitionem* spaltet und in ihm Widersprüche schafft; das Ich der Aussage (*sujet de l'énoncé*, Anm. d. Ü.) und die *jouissance* selbst sind vollkommen voneinander getrennt.

In diesem Kontext darf nicht unerwähnt bleiben, dass der späte Lacan stark zu Hegel tendiert: Von der Zerrissenheit des Subjekts zu sprechen, reicht nicht. Vielmehr muss mit Hegel hinzugefügt werden, dass genau jene Zerrissenheit dem Subjekt erlaubt, in Kontakt mit der äußeren Wirklichkeit zu treten, da die Wirklichkeit selbst, in ihrer symbolischen Dimension, die Antwort des Subjekts auf seine eigene Spaltung darstellt. Lacan und Hegel kommen also beide zu dem Schluss, dass wir immer mit der äußeren Wirklichkeit verbunden sind, gerade weil wir zerrissen bzw. innerlich gespalten sind und uns dies dazu drängt, notwendigerweise einen symbolischen Rahmen zu errichten, in dem wir uns bewegen. Hegel lehrt uns, dass die Analyse des Subjekts nicht von der Analyse der Substanz getrennt werden kann, da beide Begriffe untrennbar sind. Die Alterität des Sozialen in ihrem antagonistischen Wesen wahrzunehmen, bedeutet, sich der eigenen Alterität gewahr zu werden, die unserem eigenen Selbst gegenüber besteht. Umgekehrt fällt unsere Selbstentfremdung, d. h. die Unmöglichkeit, uns selbst – durch den Genuss – als gespalten zu begreifen, mit der Entfremdung vom Sozialen zusammen; also mit dem Umstand, dass die Substanz von einem tiefen Bruch oder einer Inkongruenz gezeichnet ist (die in marxschen Begriffen als Klassenkampf bezeichnet wird). Es muss unterstrichen werden, dass wir unsere Kommunikation letzten Endes gerade dieser grundlegenden Entfremdung verdanken, welche sowohl das Subjekt als auch die Substanz umfasst und gegen die es weder Heilung noch Mittel gibt. Dabei ist jede Kommunikation unendlich prekär. Auf der anderen Seite entspricht jeder soziale oder kulturelle Austausch letztlich der Unmöglichkeit einer echten Kommunikation. Deshalb ist die aus der Spaltung des Subjekts resultierende Grenze der *conditio humana* zugleich ihre Möglichkeitsbedingung. Kafkas Mann vom Lande versteht nicht, dass seine Grenze angesichts des Gesetzes zugleich etwas ist, dass ihn untrennbar an das Gesetz bindet, da das Gesetz vollkommen selbstentfremdet ist und von einem abgrundtiefen Bruch durchzogen wird.

Kehren wir nun abschließend zur Zone des Untoten zurück, die ja letzten Endes der Bereich der *jouissance* oder des freudschen Todestriebs ist, der hier jedoch entgegen dem pathologischen Suizidbestreben verstanden werden soll. Der Todestrieb ist nichts anderes als Überschuss des Lebens, der Überschuss eines Genusses, der nie stirbt und den es über den biologischen Tod hinaus gibt. Als Ort zwischen zwei Toden stellt die Schwelle genau diesen unsterblichen Überschuss dar, der die menschliche Existenz über den biologischen Tod hinaus definiert. Sie ist Antigones Beharren und die Wut des Ödipus auf Kolonos – ebenso wie der anthropologisch fassbare Überschuss (das Exkrement nämlich), der vom Kapital in seiner schwindelerregenden Profitgier hervorgebracht wird. Lacans Kritik an Marx, die er Ende der 1960er Jahre in den *Seminaren XVI* und *XVII* entwickelt, lässt sich im Wesentlichen auf einen konkreten Punkt zurückführen: auf das Bewusstsein, dass die Kraft des Kapitalismus, d. h. seine unendliche Biegsamkeit und somit sein Widerstand gegen epochale Veränderungen, in seiner Fähigkeit liegt, die die *jouissance* kennzeichnende Entropie in Wert zu verwandeln; also in etwas, das, wie Marx bezeichnend beschrieb, mit Wert aufgeladen und als Ware getauscht werden kann, wobei einzig das Ziel verfolgt wird, noch mehr Wert zu produzieren. In der Welt des Kapitals stellt jedwede Erfahrung und Kategorie (angefangen beim Wissen) bekanntlich einen gewissen Tauschwert dar. Aber Lacan erinnert uns daran, dass das Wissen selbst, wenn man es als *savoir faire* und damit als „arbeitendes Wissen" versteht, untrennbar mit dem Unbewussten verbunden ist und daher mit der *jouissance* als einem libidinösen Überschuss, der von jedem beliebigen Versuch der Bedeutungszuschreibung hervorgerufen wird. Im *XVII. Seminar* führt Lacan die berühmte Übereinstimmung des marxschen Mehrwerts mit dem *plus-de-jouir* an, den er als Mehr-Genuss (aber auch Ende oder Unmöglichkeit des Genießens) und als sinnlosen, störenden Libido-Überschuss begreift. Hiermit sagt er uns, dass das Wissen nicht auf einen Wert reduziert werden kann, da es *per definitionem* als ein widerspenstiger und entropischer Überschuss gilt, der sich nicht quantifizieren lässt. Der Arbeit wohnt demzufolge eine gewisse Opazität inne, welche die unbewussten Wurzeln jedes beliebigen Wissens darstellt. Marx erkennt (beispielsweise an einigen Stellen der *Grundrisse*, aber auch im ersten Band des *Kapitals*), dass der Mehrwert, der Motor des Kapitalismus, einem anderen *Mehr* entspringt; auch wenn er dies dann „vergisst", um seine Werttheorie zu entwickeln. Dieses *Mehr* ist jedoch kein Wert, sondern vielmehr ein Überschuss, der der menschlichen Aktivität als solcher entspricht – in den Begriffen Lacans also einem Genuss, der als Entropie verstanden wird und somit nicht fähig ist, überhaupt irgendetwas zu produzieren. Lacan verlagert den Fokus vom Problem des Mehrwerts auf jenes des *plus-de-jouir*, der *jouissance*. Er sagt uns, dass wir eine Lösung und Alternative zum Kapitalismus nicht in der Beseitigung des Mehrwerts suchen sollen. Vielmehr sollen wir das Verhältnis verstehen, das zwischen dem Mehrwert, der den Kapitalismus belebt, und der Produktion ebenjenes ursprünglichen Überschusses besteht. Dieser Überschuss kann nicht ausgelöscht werden, sondern lebt im trägen menschlichen Überschuss der kapitalistischen Dynamiken fort – oder anders gesagt, im Universum der Ausgeschlossenen und Abgespaltenen.

Aus dem Italienischen von Mara Nogai und Sieglinde Borvitz

Dario Gentili

Topographien des Kapitalismus in Paris.
Die Metropole des 19. Jahrhunderts

Metropole

In Walter Benjamin decken und verwischen sich die Topographien des Kapitalismus im Paris des 19. Jahrhunderts mit ihrer großstädtischen Topographie und letztendlich mit dem Mythos der modernen Metropole selbst.

„Metropole" hat eine griechische Etymologie: „metro-polis", „Mutter-Stadt". Dieser Name benennt offensichtlich seit der Antike die Hauptstadt einer Provinz oder eines Staats, die urbane Mitte einer Region, in der alle Straßen zusammenlaufen. Trotzdem reicht diese Erklärung nicht aus, um die neue „Natur" der modernen Metropole zu definieren. Sie definiert sich weder durch den Raum der *polis* noch den der *urbs*, der antiken und mittelalterlichen Form der Stadt, deren künstlicher Raum von der grenzenlosen Natur subtrahiert wird und die selbst außerhalb der Stadtmauern bleibt.

Die boomende Metropole gründet sich nicht mehr auf der „Autonomie" des urbanen Raums in Bezug auf die Natur: Sie ist eins mit ihr. Ihr Raum entspricht nicht mehr dem *topos*, der den Ort durch den Umfang der Körper und der Dinge besetzt und genau definiert, sondern der Raum der Metropole selbst ist Natur. Er ist nicht mehr dadurch definierbar, wer oder was einen Ort in ihr hat – er ist *zweite Natur*. Die Metropole ist eine grenzenlose Landschaft, nicht mehr regierbar durch das humanistische Prinzip, das die vorherige urbane Konformation definierte. Diese Landschaft nimmt Mensch, Gott und Tier in sich auf und umfasst sie ohne Hierarchie. Die Mutter-Polis vertritt vielmehr die Mutter-Erde – die Metropole wird Territorium. Wenige waren sich so wie Benjamin darüber bewusst, dass die moderne Metropole genau ab der Metamorphose ihrer Topographie in Natur zu begreifen ist.

Der Verfall der Stadtform setzt die Rückkehr zu einem der Stadt vorgängigem Urzustand voraus; der privilegierte Zugang, der Schlüssel, zu der „Mutter-Stadt" erfordert die Erholung im Gedächtnis der Kindlichkeit: Nur das Kind ist tatsächlich in der Lage den mütterlichen Raum der Metropole als natürlich

Dario Gentili

spontan wahrzunehmen.[1] Der folgende, bekannte Auszug *Tiergarten* aus *Berliner Kindheit* trägt den Namen des großen Parks mitten in Berlin. Dies ist bedeutungsvoll, da von der zentralen Perspektive des Tiergartens aus die Metropole zu einem Wald wird:

> Sich in einer Stadt nicht zurechtfinden heißt nicht viel. In einer Stadt sich aber zu verirren, wie man in einem Walde sich verirrt, braucht Schulung. Da müssen Straßennamen zu dem Irrenden so sprechen wie das Knacken trockner Reiser und kleine Straßen im Stadtinnern ihm die Tageszeiten so deutlich wie eine Bergmulde wiederspiegeln. Diese Kunst habe ich spät erlernt; sie hat den Traum erfüllt, von dem die ersten Spuren Labyrinthe auf den Löschblättern meiner Hefte waren.[2]

Die Natürlichkeit der Kindheit ist für Erwachsene schon verloren, es bleibt allerdings die Möglichkeit, die „Kunst" zu erlernen, sich im metropolitanen Wald, wie in einem Labyrinth, zu verirren. Ein solches Labyrinth scheint formlos, wenn man sich als Kind darin verliert, aber es nimmt mit einiger Schulung und Kniff eine sehr präzise Form mit Zentrum und Ausgang an.

Labyrinth

Metropole als zweite Natur, als urbane Landschaft, als Territorium, die Menschen, Götter, Tiere, ohne sie auseinanderzuhalten, mütterlich nährt und die ihre Metamorphosen, ohne zu urteilen, annimmt. Dies sind die Bedingungen, unter denen der moderne Mythos der Metropole entstanden ist. Der Mythos dringt in die Topographie der Metropole selbst ein und identifiziert sich mit ihr. Das Paris des 19. Jahrhunderts stellt, wie bekannt, für Benjamin das Paradigma schlechthin dar: „Was heißt das anderes als daß die Topographie der Aufriß dieses, wie jedes, mythischen Traditionsraum ist, ja der Schlüssel derselben werden kann, wie sie es dem Pausanias für Griechenland wurde, wie die Geschichte und

---

[1] Walter Benjamin, „Passagen-Werk", in: ders., *Gesammelte Schriften*, hrsg. von R. Tiedemann und H. Schweppenhäuser, Suhrkamp, Frankfurt a. M., 1991, Bd. V.1, S. 493: „Ausgabe der Kindheit: die neue Welt in den Symbolraum einzubringen. Das Kind kann ja, was der Erwachsene durchaus nicht vermag, das Neue wiederkennen. [...] Jeder wahrhaft neuen Naturgestalt – und im Grunde ist auch die Technik eine solche, entsprechen neue „Bilder". Jede Kindheit entdeckt diese neuen Bilder, um sie dem Bilderschatz der Menschheit einzuverleiben."

[2] Walter Benjamin, „Berliner Kindheit um Neunzehnhundert", in: ders., *Gesammelte Schriften*, a. a. O., Bd. IV.1, S. 237.

Lage der pariser Passagen für dies Jahrhundert Unterwelt, in das Paris versank, es werden soll."[3] Das Paris des 19. Jahrhunderts ist im Mythos verwandelt, der seine Topographie in einem Wald von unentzifferbaren Hieroglyphen versenkt, der dem Traum und der Kindheit entspricht. Die gestaltlose Unterwelt der Metropole wird jedoch für das Wachbewusstsein ein Labyrinth aus Passagen, das man durchlaufen muss, um den Ausgang aus dem Mythos, der ihn umgibt, zu finden:

> Man zeigte im alten Griechenland Stellen, an denen es in die Unterwelt hinabging. Auch unser waches Dasein ist ein Land, in dem es an verborgenen Stellen in die Unterwelt hinabgeht, voll unscheinbarer Örter, wo die Träume münden. Alle Tage gehen wir nichtsahnend an ihnen vorüber, kaum aber kommt der Schlaf, so tasten wir mit geschwinden Griffen zu ihnen zurück und verlieren uns in den dunklen Gängen. Das Häuserlabyrinth der Städte gleicht am hellen Tage dem Bewußtsein; die Passagen (das sind die Galerien, die in ihr vergangenes Dasein führen) münden tagsüber unbemerkt in die Straßen. Nachts unter den dunklen Häusermassen aber tritt ihr kompakteres Dunkel erschreckend heraus und der späte Passant hastet an ihnen vorüber, es sei denn, daß wir ihn zur Reise durch die schmale Gasse ermuntert haben.[4]

Es wird jetzt deutlich, dass sich Benjamin des Labyrinths als mythischer Form angenommen hat, um das großstädtische Territorium lesbar zu machen und um damit den Schreck der chthonischen Mächte, die ihn bewohnen, zu lindern. Der Mythos des Labyrinths erfüllt deswegen die Funktion, die nach Autoren wie Hans Blumenberg[5] seit dem Ursprung des griechischen Zeitalters die mythische Erzählung im Allgemeinen charakterisiert. Sie steht nicht im Gegensatz zum Logos, sondern stellt die spezifische Rationalisierungsform dar, wenn die Mächte der äußeren Welt im Vergleich zum Regierungsvermögen des individuellen und kollektiven Bewusstseins übermächtig sind.

Wie Benjamin zu wissen meint, gehört der Mythos des Labyrinthes traditionell zu den Erzählungen über die Unterwelt. Um allerdings seine Verwendung des Begriffs besser zu verstehen, ist es nötig, das Thema zu vertiefen. Die Untersuchung des Labyrinthmythologems von Károly Kerényi hebt für Benjamin die entscheidenden Eigentümlichkeiten hervor:

---

[3] Walter Benjamin, „Passagen-Werk," a. a. O., S. 134.

[4] Ebd., S. 135.

[5] Vgl. Hans Blumenberg, *Arbeit am Mythos*, Suhrkamp, Frankfurt a. M., 1979.

Dario Gentili

Labyrinthe, ob in Erzählung, bildlicher Darstellung oder Bewegung ausgeführt, sind ideenmäßiger, archetypischer, urgestaltiger als die nicht weniger geheimnisvolle, aber an sich gestaltlose „Unterwelt". Eine Erklärung, die Gestalthaftes für einen Begriff – verläßt, läßt gerade das Wesentliche beiseite. Kristensen gründete seine Deutung darauf, daß das Labyrinth „mit seinen Windungen und Irrwegen, wo niemand den Ausweg findet", nur ein Bild des Totenreichs selbst sein kann. Ist aber an den Labyrinth-Darstellungen wirklich das bezeichnend und nicht, daß es einen Ausweg in den vielen Windungen doch gibt?[6]

Kerényi benennt also klar die zwei Elemente, nämlich die Gestalt und den Ausweg, aufgrund derer sich Labyrinth und Unterwelt nicht ganz entsprechen. Das Labyrinth stellt die Möglichkeit dar, aus der Unterwelt und dem Totenreich hinauszugehen, um in das Leben und an die Oberfläche zurück zu kehren. Auch Benjamin interessiert an der Form des Labyrinthes mehr der Ausweg als die Mitte. Der Mythos des Labyrinthes erzählt von den gewundenen und furchtsamen Wegen der Vernunft, durch die sie vor der gestaltlosen und dunklen Unterwelt, in der sie versenkt und gefangen ist, flüchten könnte. Aber was ist für Benjamin die Unterwelt, die sich in der modernen Metropole offenbart? Was genau ist jene zweite Natur, die dem Menschen durch die Entziehung seiner menschlichen Gestalt selbst, seines *bíos*, den Tod bringt und die in sein biologisches Leben, in seine *zoe*, eingreift? Was stellt der „Zoologische Garten", der Tiergarten, dar? Was gibt es in der Mitte des Labyrinthes, in der Mitte der Metropole? „Das Labyrinth ist der richtige Weg für den, der noch immer früh genug am Ziel ankommt. Dieses Ziel ist für den Flaneur der Markt."[7] Das ist das Arkanum. Es gibt den Markt, das Herz des kapitalistischen Systems, in der Mitte des Labyrinthes der Moderne, in der Mitte der Metropole. Der Flaneur, der die Pariser Passagen durchläuft, wie die Verzweigungen eines Labyrinthes, findet in allen Ecken das Ziel seiner Irrfahrt, die Mitte, die Ware. Alles verwandelt sich in Ware in der Mitte des Labyrinthes und zwar überall in der Metropole. Durch den Preis[8] wird alles mit allem austauschbar, nichts und niemanden ausgenommen, der *bíos* des Flaneurs mit inbegriffen: „Grundsätzlich ist die Einfühlung in die Ware Einfühlung in den Tauschwert selbst. Der Flaneur ist der

---

[6] Karl Kerényi, *Labyrinth-Studien. Labyrinthos als Linienreflex einer mythologischen Idee*, Rhein-Verlag, Zürich, 1950, S. 11–12.

[7] Walter Benjamin, *Passagen-Werk*, a. a. O., S. 427.

[8] Ebd., S. 466: „Eine Hölle tobt in der Warenseele, die doch scheinbar ihren Frieden im Preise hat."

Virtuose dieser Einfühlung. Er führt den Begriff der Käuflichkeit selbst spazieren. Wie das Warenhaus sein letzter Strich ist, so ist seine letzte Inkarnation der Sandwichmann."[9] Der Sandwichmann und die Prostituierte sind für Benjamin die neuen Züge, die der Minotaurus in der Mitte des Metropolenlabyrinthes annimmt. Im Unterschied zum Minotaurus des Labyrinthes von Knossos, bringt die Ware nicht das biologische Leben des Menschen um, sondern eignet sich die menschliche Gestalt durch die klassischsten mythischen Mittel an: durch die Metamorphose – Sandwichmann: halb Mann, halb Ware, Prostituierte: halb Frau, halb Ware. „Das erste Arkanum, über das [die Prostitution] verfügt ist also der mythische Aspekt der Großstadt als Labyrinth. Zu ihm gehört, wie es sich von selbst versteht, ein Bild von dem Minotaurus [in] ihrer Mitte. Daß er dem Einzelnen den Tod bringt, ist nicht entscheidend. Entscheidend ist das Bild der todbringenden Kräfte, die er verkörpert."[10]

Minotaurus

Das Labyrinth stellt paradigmatisch die Zweideutigkeit und die Ambivalenz dar, die für Benjamin den antiken, ebenso wie den modernen Mythos, im Allgemeinen charakterisieren. Einerseits erlaubt er der gestaltlosen und formlosen Natur eine Form zu geben, andererseits präsentiert er am Ende seine eigene Narration, die Unterwelt, als natürliche, als zweite Natur. Es sind tatsächlich zwei topographische Elemente, die die Form des Labyrinthes bestimmen: die Mitte und der Ausweg. Die Mitte ist der Schlüssel um das Geheimnis, das sich im Mythos verbirgt, zu enthüllen, der Ausweg hingegen ist die Möglichkeit den Mythos zu verlassen. Der Hauptunterschied zwischen Benjamin und den anderen, die den modernen Pariser Mythos zur selben Zeit untersucht haben, besteht darin, dass Benjamin auf der Ambivalenz des Mythos, sowie auf der Möglichkeit des Fluchtweges besteht. Gemeint sind die Mitglieder des *Collège de sociologie*, wie Caillois,[11] im Besonderen aber Aragon, aus dessen Arbeit Benjamin verschiedene Motive seiner mythologischen Interpretation von Paris übernommen hat. Benjamin sieht die Gefahr dieser Positionen darin, dass das Mythologisieren als ein Ziel an sich nicht wie der Mythos die Tatsache in Betracht zieht, dass sich

---

[9] Ebd., S. 562.
[10] Walter Benjamin, „Zentralpark", in: ders., *Gesammelte Schriften*, a.a.O., Bd. I.2, S. 688.
[11] Vgl. Roger Caillois, „Paris, mythe moderne (1937)", in: ders., *Le Mythe et l'homme*, Gallimard, Paris, 1938.

hinter dem Halten des Menschen in Unmündigkeit im Verhältnis zur äußeren Welt eine Macht- und Herrschaftsdynamik verbergen kann. Um die im Grunde „aufklärerische" Haltung Benjamins herauszustellen, reicht es zu lesen, was Aragon im Gegensatz hierzu in *Le paysan de Paris* über dasselbe Thema des Labyrinths erörtert:[12]

> Der Geist verfängt sich in diesen Netzen, die ihn unwiderruflich mit sich reißen, dorthin, wo sein Schicksal sich erfüllt, ins Labyrinth ohne Minotaurus, wo, verklärt wie die heilige Jungfrau, der Irrtum mit seinen Röntgenfingern wieder auftaucht, meine singende Mätresse, mein pathetischer Schatten. [...] Meine arme Gewißheit, an der mir so viel lag, was ist aus ihr geworden in diesem großen Taumel, da das Bewußtsein sich vorkommt wie ein einfacher Vorplatz der Abgründe, was ist aus ihr geworden? Ich bin nichts als ein Augenblick eines ewigen Falls. Den verlorenen Halt findet man nie wieder. Es ist die heutige Welt, die sich meine Wesensart zu eigen macht.[13]

Das Labyrinth von Aragon ist ohne Mitte, ohne Minotaurus und deswegen „ohne Rückkehr": ohne Ausweg. Den leeren Platz, den das Monster ohne menschlichen Kopf hinterlassen hat, muss nach Bataille, einem anderem Mitglied des *Collège*, mit dem neuen Menschen der Metropole, mit Nietzsches Übermenschen, der sich im Gottestod verkündigt, besetzt werden. In einem Absatz des *L'obélisque*, der mit ebendiesem *Nietzsche-Thésée* betitelt ist, schreibt Bataille:

> La tête épurée dont le commandement irrécusable conduit les hommes prend, dans ces conditions, la valeur d'une figure dérisoire et énigmatique placée à l'entrée du labyrinthe où ceux qui *regardent* naïvement sont égarés et non plus conduits, comblés de tourments et de gloire et non tranquilles. C'est le „souffle de l'espace vide" qui sera respiré LÀ : – là où les interprétations faites dans le sens de la politique immédiate n'ont plus de sens – où l'événement isolé n'est plus que le symbole d'un événement plus grand. Car ce qui est tombé dans un vide sans fond est l'*assise* des choses. Et ce qui est proposé à une conquête impavide – non plus à un duel où se joue la mort du héros contre celle du monstre, en échange d'une durée indifférente – ce n'est pas une créature isolée, c'est le vide même et la chute vertigineuse, c'est le TEMPS. Car le mouvement de toute la vie place maintenant

---

[12] Über das Labyrinth als „Erfahrung der Metropole" vgl. die Kap. „Esperienza del moderno" und „Lo spazio onirico", in: Mauro Ponzi, *Organizzare il pessimismo. Benjamin e Nietzsche*, Lithos, Rom, 2007, S. 91–151.
[13] Louis Aragon, *Le paysan de Paris*, Gallimard, Paris, 1926, S. 135 f.; deutsche Ausgabe: Louis Aragon, *Pariser Landleben*, Volk und Welt, Berlin, 1985, S. 123.

l'être humain dans l'alternative de cette conquête ou d'un désastreux recul. L'être humain arrive au seuil : là il est nécessaire de se précipiter vivant dans ce qui n'a plus d'assise ni de tête.[14]

Für Bataille dürfte man auf der Schwelle des Labyrinths nicht zögern, sondern müsste mit Entschlossenheit hineingehen. Man dürfte nicht vor dem verlassenen Platz des Heiligen schwanken, sondern den durch Gottes Tod verlassenen, leeren Platz in Besitz nehmen. In das Labyrinth hineinzugehen bedeutet, die menschliche Natur zu verlassen, nicht um Gott zu werden, sondern um zum Monster zu werden, um den Platz des Minotaurus einzunehmen. In *La Conjuration sacrée*, dem Eröffnungstext der Zeitschrift *Acéphale*, schreibt Bataille: „Es ist kein Mensch, es ist aber auch kein Gott. Es ist nicht Ich, aber es ist mehr Ich als ich: sein Bauch ist ein Labyrinth, in dem es sich selbst verirrt, in dem ich mich mit ihm verirre und in dem ich mich als es, das heißt: als Monstrum, wiederfinde."[15] Das Labyrinth erweist sich aber für den Menschen ohne Minotaurus, der seine Mitte aufbewahrt, als tödlicher. Ohne Minotaurus ist der Topos der Zentralität verloren. Wenn das Monster nicht mehr das Außerordentliche verkörpert, sondern sich als heimatlich und „gemein" und als Ausdruck des Gemeinverlustes der menschlichen Natur erweist,[16] wird es zu einem einfachen Fang des Marktes, weil seine Ambivalenz schließlich dem Prinzip der Ware selbst entspricht. Die Mitte des Labyrinthes kann somit überall und deswegen nirgendwo sein: Wenn der in ein Monster verwandelte Mensch zur Ware wird, verwandelt sich das Labyrinth in den Markt. Ohne Mitte noch Ausweg, ohne Form sind die modernen Labyrinthe, wie die *Carceri* von Piranesi[17] oder wie die Wüste einer Erzählung von Borges.[18] In beiden Fällen, die nur scheinbar

[14] Georges Bataille, „L'obélisque", in: ders., *Œuvres complètes*, Bd. 1, Gallimard, Paris, 1970, S. 512–513.
[15] Zitiert und übersetzt in: Rita Bischof, *Tragisches Lachen. Die Geschichte von Acéphale*, Matthes & Seitz, Berlin, 2010, S. 46. Vgl. Bischofs *Tragisches Lachen* über die intellektuelle, politische und philosophische Erfahrung von *Acéphale*.
[16] Zu Batailles Begriff des „Gemeinen" als „Gemeinschaft des Verlusts" vgl. zumindest die Einleitung von Roberto Esposito zu der Anthologie von *Acéphale*: Roberto Esposito, „La comunità della perdita: l'impolitico di Georges Bataille", in: Georges Bataille, *La congiura sacra*, Bollati Boringhieri, Turin, 1997, S. XI–XXXVI.
[17] Vgl. Manfredo Tafuri, *La sfera e il labirinto. Avanguardie e architettura da Piranesi agli anni '70*, Einaudi, Turin, 1980, insb. S. 33–109.
[18] Vgl. Jorge Luís Borges, „Die zwei Könige und die zwei Labyrinthe", in: ders., *Das Aleph*, Fischer, Frankfurt a. M., 1992.

Dario Gentili

diametral entgegengesetzt sind, nimmt der Zwang den natürlichen Charakter der Grenzlosigkeit an. Ohne den Minotaurus in der Mitte umzubringen, ohne eine Mitte der Macht, zwingen die von Ware übersäten urbanen Labyrinthe zu einem „monotonen Irrgang", Synthese des antiken und modernen Zwangs für Benjamin:

> „Straße" um verstanden zu werden, muß gegen den älteren „Weg" profiliert werden. Beide sind ihrer mythologischen Natur nach durchaus verschieden. Der Weg führt die Schrecken des Irrgangs mit sich. Auf die Führer wandernder Volksstämme muß von ihnen ein Abglanz gefallen sein. In den unberechenbaren Wendungen und Entscheidungen der Wege ist noch heute jedem einsamen Wanderer die Macht alter Weisungen über wandernde Horden spürbar. Wer aber eine Straße geht, braucht scheinbar keine weisende, keine leitende Hand. Nicht in Irrgang verfällt ihr der Mensch sondern er unterliegt dem monotonen, faszinierend sich abrollenden Asphaltband. Die Synthese dieser beiden Schrecken aber, den monotonen Irrgang, stellt das Labyrinth dar.[19]

Die kapitalistische Religion

Obwohl Benjamin mit dem *Collège de sociologie* verkehrte, von ihm beeinflusst wurde und verschiedene seiner Thematiken teilte, sagte er einmal über es: „Ihr arbeitet für den Faschismus."[20] Dabei spielte er besonders auf das Gewicht an, dass sie auf die Moderne als neue Mythisierung legten. In unserem Kontext, müsste diese Behauptung jedoch umformuliert werden: „Ihr arbeitet für den Kapitalismus." Ist es nicht in der Tat die Ware, das Mythologem in der Mitte des Labyrinths der Metropole, das wahre Geheimnis des kapitalistischen Systems? „Geheimniß", „mystischer Charakter", „räthselhafter Charakter", „Hieroglyphe" sind übrigens die Bezeichnungen, die Marx der Ware zuschreibt, um ihren Fe-

---

[19] Walter Benjamin, *Passagen-Werk*, a.a.O., S. 647.
[20] Ein wichtiges Zeugnis zu Benjamins Urteil über die Mitglieder des *Collège* und insbesondere über Caillois ist in der Kritik von 1938 von Caillois' Essay *L'aridité* zu finden: „[Die pathologische Grausamkeit] gibt nun einmal die unabdingbare Grundlage für die Erschließung des ‚höheren Sinnes' ab, der der Praxis des Monopolkapitals innewohnt, welches seine Mittel ‚lieber der Zerstörung verschreibt als sie dem Nutzen oder dem Glück zuzuwenden'. Wenn C[aillois] sagt, ‚on travaille à la libération des êtres qu'on désire asservir et qu'on souhaite ne voir obéissants qu'envers soi', so hat er ganz einfach die faschistische Praxis gekennzeichnet". Walter Benjamin, „R. Caillois, J. Benda, G. Bernanos u.a.", in: ders., *Gesammelte Schriften*, a.a.O., Bd. III, S. 550.

184

tischcharakter zu beschreiben. Die häufigen Zitate im *Passagen-Werk* beweisen, dass Benjamin die Kapitel des *Kapital*, die Marx der Untersuchung der Warenform widmet, gut kannte: *Der Fetischcharakter der Waare und sein Geheimniß*. Es mag interessant sein, die folgenden, bekannten Seiten von Marx aus Benjamins Perspektive zu lesen:

Eine Waare scheint auf den ersten Blick ein selbstverständlich, triviales Ding. Ihre Analyse ergiebt, daß sie ein sehr vertracktes Ding ist, voll metaphysischer Spitzfindigkeit und theologischer Mucken. Soweit sie Gebrauchswerth, ist nichts Mysteriöses an ihr [...]. Der mystische Charakter der Waare entspringt also nicht aus ihrem Gebrauchswerth. Er entspringt ebensowenig aus dem Inhalt der Werthbestimmungen. [...] Das Geheimnißvolle der Waarenform besteht also einfach darin, daß sie den Menschen die gesellschaftlichen Charaktere ihrer eignen Arbeit als gegenständliche Charaktere der Arbeitsprodukte selbst, als gesellschaftliche Natureigenschaften dieser Dinge zurückspiegelt [...]. Es ist nur das bestimmte gesellschaftliche Verhältniß der Menschen selbst, welches hier für sie die phantasmagorische Form eines Verhältnisses von Dingen annimmt. Um daher eine Analogie zu finden, müssen wir in die Nebelregion der religiösen Welt flüchten.[21]

Für Marx also strahlt nicht der materielle und sachliche Inhalt, der Gebrauchswert, das Geheimnis der Ware aus oder, um es mit den Worten Benjamins zu sagen, den „Sexappeal des Anorganischen", wie die für die Moderne typische Modeware/Ware und Mode charakterisiert wird. Die Kommodifizierung besteht eher in der Trennung des Menschen vom eigentlich Menschlichen und in ihrer Hypostasierung in die *zweite Natur*. Die Ware ist ein Spiegel, der das Bild des Menschen, der sich in der Ware spiegelt, deformiert zurückwirft. Die Fülle von Spiegeln in den Passagen, die Benjamin betont, verwandelt denjenigen, der durch die Waren läuft, in einen Sandwichmann: die Minotauren des Zeitalters der kapitalistischen Religion. Diese Religion hat für Marx einen viel präziseren Namen:

Für eine Gesellschaft von Waarenproducenten, deren allgemein gesellschaftliches Produktionsverhältniß darin besteht, sich zu ihren Produkten als Waaren, also als Werthen zu verhalten, und in dieser sachlichen Form ihre Privatarbeiten auf einander zu beziehen als gleiche menschliche Arbeit, ist das Christenthum,

[21] Karl Marx, „Das Kapital, Erster Band", in: Karl Marx/Friedrich Engels, *Gesamtausgabe (MEGA)*, Bd. 10, Dietz, Berlin, 1991, S. 70 f., S. 72.

Dario Gentili

mit seinem Kultus des abstrakten Menschen, namentlich in seiner bürgerlichen Entwicklung, dem Protestantismus, Deismus u. s. w., die entsprechendste Religionsform.[22]

Übersetzt man Marx' Untersuchungen in Benjamins Kontext, wird das Christentum die entsprechendste Religion der kapitalistischen Gesellschaft und Wirtschaft, weil sie auf dem Kultus des abstrakten Menschen, der Trennung der menschlichen Form – des *bíos* – des konkreten Menschen beruht. Die menschliche Form wird deswegen aneigenbar und verfügbar, um in Ware hypostasiert zu werden. In einem Fragment von 1921, *Kapitalismus als Religion*, das die wesentliche Prämisse der Untersuchung der Warenform im *Passagen-Werk* darstellt, geht Benjamin aber weiter als Marx und weiter als Weber, in der Interpretation des Kapitalismus als Religion. In der Tat entspricht der Kapitalismus nicht einfach dem Christentum oder – in Webers Fall – seiner Reformationsversion, sondern er selbst ist eine Religion, und insbesondere „eine reine Kultreligion":

> Im Kapitalismus ist eine Religion zu erblicken, d. h. der Kapitalismus dient essentiell der Befriedigung derselben Sorgen, Qualen, Unruhen, auf die ehemals die so genannten Religionen Antwort gaben. Der Nachweis dieser religiösen Struktur des Kapitalismus, nicht nur, wie Weber meint, als eines religiös bedingten Gebildes, sondern als einer essentiell religiösen Erscheinung, würde heute noch auf den Abweg einer maßlosen Universalpolemik führen. [...] Erstens ist der Kapitalismus eine reine Kultreligion, vielleicht die extremste, die es je gegeben hat. Es hat in ihm alles nur unmittelbar mit Beziehung auf den Kultus Bedeutung, er kennt keine spezielle Dogmatik, keine Theologie.[23]

Als reine Kultreligion trennt der Kapitalismus nicht nur die Form vom theologischen oder dogmatischen Inhalt, sondern er verabsolutiert sie und lässt sie so ohne jeglichen Inhalt zurück.[24] Als Ware wird die menschliche Gestalt nicht nur gefangen, sondern hat keinen besonderen menschlichen Inhalt mehr und wird so exklusiv mit jeder anderen Ware nach Preis austauschbar. Der Minotaurus des kapitalistischen Labyrinthes, der Sandwichmann, spielt nicht mehr auf einem besonderen, ebenso menschlichen, wie tierhaften oder göttlichen Inhalt an, sondern entspricht genau der Gestalt, in der er jedes Mal neu auf dem Markt

---

[22] Ebd., S. 78.

[23] Walter Benjamin, „Kapitalismus als Religion", in: ders., *Gesammelte Schriften*, a. a. O., Bd. VI, S. 100.

[24] Dazu vgl. Giorgio Agamben, „Lob der Profanierung", in: ders., *Profanierungen*, Suhrkamp, Frankfurt a. M., 2005, S. 70–91.

erscheint. Wie für Bataille ist auch für Benjamin das kopflose Monster, Nietzsches Übermensch, nicht mehr menschlich, weil sein Kopf – sein *Wert* – nun mit jeder auf dem Markt verfügbaren Form austauschbar ist. Aber da solche Metamorphosen innerhalb der kapitalistischen Religion und nicht einfach in einer mythischen Religion inbegriffen sind, sind die Konsequenzen, die Benjamin daraus zieht, ganz andere als die von Bataille:

> Es liegt im Wesen dieser religiösen Bewegung, welche der Kapitalismus ist [,] das Aushalten bis ans Ende [,] bis an die endliche völlige Verschuldung Gottes, den erreichten Weltzustand der Verzweiflung auf die gerade noch *gehofft* wird. Darin liegt das historisch Unerhörte des Kapitalismus, daß Religion nicht mehr Reform des Seins sondern dessen Zertrümmerung ist. Die Ausweitung der Verzweiflung zum religiösen Weltzustand aus dem die Heilung zu erwarten sei. Gottes Transzendenz ist gefallen. Aber er ist nicht tot, er ist ins Menschenschicksal einbezogen. Dieser Durchgang des Planeten Mensch durch das Haus der Verzweiflung in der absoluten Einsamkeit seiner Bahn ist das Ethos das Nietzsche bestimmt. Dieser Mensch ist der Übermensch, der erste der die kapitalistische Religion erkennend zu erfüllen beginnt.[25]

Die Lehre von Nietzsches Übermenschen, wie für Benjamin auch jene von Freud und Marx selbst, bietet keinen Ausweg aus dem kapitalistischen System. Da sie sich in die Mitte seines Labyrinthes stellen, erfüllen sie das kapitalistische System, und diese Erfüllung – das Erreichen der Mitte – ist eine Art „Zertrümmerung", weil die kapitalistische Religion in sich selbst nicht reformierbar ist.[26] Reformation entspricht in der Tat der mythischen Praxis, aus der sich das System selbst bedient, um seine Macht zu schützen: die Metamorphose. Schon in *Kapitalismus als Religion* muss ein Blick, der auf Rettung und Erlösung abzielt, nicht auf die Mitte des Labyrinthes, sondern auf seinen Ausweg geworfen werden:

> Die Sorgen: eine Geisteskrankheit, die der kapitalistischen Epoche eignet. Geistige (nicht materielle) Ausweglosigkeit in Armut, Vaganten-Bettel-Mönchtum. Ein Zustand der so ausweglos ist, ist verschuldend. Die „Sorgen" sind der Index dieses Schuldbewusstseins von Ausweglosigkeit. „Sorgen" entstehen in der Angst gemeinschaftsmäßiger, nicht individuell-materieller Ausweglosigkeit.[27]

---

[25] Walter Benjamin, „Kapitalismus als Religion", a. a. O., S. 101.
[26] Ebd., S. 102: „Das Christentum zur Reformationszeit hat nicht das Aufkommen des Kapitalismus begünstigt, sondern es hat sich in den Kapitalismus umgewandelt."
[27] Ebd., S. 102.

Innerhalb des Labyrinthes bedeutet innerhalb des Mythos und der kapitalistischen Religion zu bleiben. Der Bettler stellt beispielhaft die Ausweglosigkeit aus diesem Zustand dar; zwischen den unendlichen Metamorphosen, die im kapitalistischen Markt Platz haben, ist die Figur des Bettlers die einzige, die Verwandlungen nicht mitmacht. Sie ist da, um an den unsühnbaren Schuldsinn, auf den sich die kapitalistische Religion stützt, zu erinnern. Alles, sogar der Mensch, verwandelt sich, damit das System selbst sich nicht verwandelt. Akzeptiert man die ständige Metamorphose nicht als biopolitisches Regelungsprinzip,[28] zeigt der Bettler demjenigen das Schicksal, der einen Ausweg sucht; das Schicksal, das denjenigen plagt, der sich der auf Tausch basierenden Ökonomie entzieht. In diesem Sinn ist es möglich, das rätselhafteste Fragment des *Passagen-Werkes* zu erklären: „Solange es noch einen Bettler gibt, solange gibt es noch Mythos."[29]

Benjamin zeigt den Ausweg, um den Mythos des Labyrinthes zu entmystifizieren: „Das Labyrinth ist die Heimat des Zögernden. Der Weg dessen, der sich scheut ans Ziel zu gelangen, wird leicht ein Labyrinth zeichnen. So tut es der Trieb in den Episoden, die seiner Befriedigung vorangehen. So tut es aber auch die Menschheit (die Klasse), die nicht wissen will, wohin es mit ihr hinausgeht".[30] Die Lösung des Labyrinthrätsels hat stark kafkaeske Akzente. Ich schließe nicht aus, dass hinter Benjamins Betrachtung der folgende, ihm sehr bekannte Aphorismus von Kafka steht: „Es gibt ein Ziel, aber keinen Weg; was wir Weg nennen, ist Zögern".[31] Es gibt kein Labyrinth: Der Ausweg besteht im Enthüllen seines trügerischen Charakters, im Erwachen vom kollektiven Traum, den die Marktlogik aufzwingt. Um der *Natürlichkeit* und der hier versprochenen Sicherheit, um der „Sorge", die Bettler und Migrant erregen, zu entsprechen, um eine solche Logik zu erreichen, kommt man nicht umhin, auf die Menschlichkeit des *bíos* zu verzichten. Man müsste den Mythos an sich anerkennen: eine Form von Logos versuchen zu beschwören, die als Erzählung der ewigen Wiederholung des Gleichen, die Unvorhersehbarkeit der äußeren Phänomene und die Maßlosigkeit, mit der die äußere Welt die Grenzen des Heimlichen und des Bekannten übergeht. So muss die Metropole für ihre ersten Einwohner ausgesehen haben.

---

[28] Die Fragen dieses Essays stellen sich in Vergleich zu den unterschiedlichen Gedanken zur Biopolitik von Michel Foucault, Giorgio Agamben und Roberto Esposito.
[29] Walter Benjamin, „Passagen-Werk", a. a. O., S. 505.
[30] Walter Benjamin, „Zentralpark", a. a. O., S. 668 f.
[31] Franz Kafka, *Nachgelassene Schriften und Fragmente – Kritische Ausgabe*, hrsg. von Jost Schillemeit, Fischer, Frankfurt a. M., 1992, Bd. 2, S. 118.

In der Tat entsteht der moderne Mythos der Metropole aus dem Ende der Stadt heraus, aus der Zerstörung ihrer Grenzmauern. Nach der Metropole, nach dem Zeitalter ihres Mythos, muss die Geschichte für Benjamin, wie in der Vergangenheit mit der Gründung von *polis* und *urbs*, mit der Politik anfangen:

> Ihm ist natürlich sehr vieles innerlich, was dem Individuum äußerlich ist, Architekturen, Moden, ja selbst das Wetter sind im Innern des Kollektivums was Organempfindungen, Gefühl der Krankheit oder der Gesundheit im Innern des Individuums sind. Und sie sind, solange sie in der unbewußten, ungeformten Traumgestalt verharren genau so gut Naturvorgänge, wie der Verdauungsprozeß, die Atmung etc. Sie stehen im Kreislauf des ewig Selbigen, bis das Kollektivum sich ihrer in der Politik bemächtigt und Geschichte aus ihnen wird.[32]

Der politische Ausweg, an den Benjamin denkt, ist, wie bekannt, die Revolution, die in jedem Moment möglich ist, weil deren Erwartung nichts anderes als Zögern ist. Kein Rückweg, keine Nostalgie der Vergangenheit, ist doch der politische Ausweg – wie die Kindlichkeit zeigt – im selben Raum gegenwärtig und setzt dieselbe Anthropogenese voraus, die den Erfolg des kapitalistischen Marktes bestimmt hat.

Schwellen

Und heute? Ist Benjamins Diagnose über die großstädtische mythologisierende Form heute noch gültig oder zumindest die politische Perspektive, die sie eröffnet? Entspricht der Raum der Metropole dem poststädtischen Raum, in dem Benjamin mit einer noch eurozentrischen Wahrnehmung auf den Straßen von Paris Erfahrung sammelte? Oder wohnen wir, im Zeitalter der Globalisierung der Urbanisierung, in einem schon postmetropolitischen Raum?[33] In was könnte eine Politik bestehen, die in der Lage ist, der Aufforderung Benjamins nach der Aufgabe der Entmystifizierung und Entmythologisierung nachzugehen? Dies ist eine Frage, die den geschichtlichen Hintergrund, vor dem Benjamins Genealogie die Ursprünge rekonstruiert hat, vielleicht überschreitet.

Wenn es heute immer schwieriger wird, einen einzigen Ausweg zu finden, da der postmetropolitische Raum durch den Topos des Labyrinthes nicht mehr

---

[32] Walter Benjamin, „Passagen-Werk", a. a. O., S. 492.
[33] Diese Fragen sind die Leitmotive, die sich im Besonderen auf die lateinamerikanische urbane Wirklichkeit beziehen, der Essays in: Ralph Buchenhorst/Miguel Vedda (Hrsg.), *Urbane Beobachtungen. Walter Benjamin und die neuen Städte*, transcript, Bielefeld, 2010.

eine einzige Mitte hat, sondern eine Pluralität von immer mehr peripherer verstreuten Mitten – genau wie der globale Markt, die Mitte von Benjamins Metropole längst verlassen hat – also nicht mehr lesbar ist, müsste man vielleicht über andere Topographien nachdenken.[34] Benjamin selbst gibt uns eine – die *Topographie der Schwelle*: „Die Schwelle ist ganz scharf von der Grenze zu scheiden. Schwelle ist eine Zone. Wandel, Übergang, Fluten liegen im Worte „schwellen" und diese Bedeutungen hat die Etymologie nicht zu übersehen."[35] Die Pluralität der Mitte des globalen Marktes nicht wieder auf die Einheit und auf die Zentralität des Ortes zu reduzieren, sondern sie in ebenso viele Schwellen zu verwandeln, könnte eine politische Aufgabe im Sinne unserer Zeit sein. Die Räumlichkeit von Benjamins Schwelle setzt tatsächlich dieselbe Grenzenlosigkeit und Abwesenheit von Topoi voraus, die dem kapitalistischen Markt erlaubt, die Kommodifizierung vorzunehmen. Aber, da die Schwelle das Innere und das Äußere gleichzeitig berücksichtigt, kann die Verwandlung, die die Schwelle einräumt, auch das Äußerste, das die kapitalistische Logik des Tausches und der Metamorphosen ausschließt, auch die letzte, ständige und unmodifizierbare Mitte, um die sich alles herum verwandelt, einschließen: den Bettler. Denn für den Kapitalismus stellt der Bettler die Alternative zu der Behauptung dar, es gäbe keine Alternative.

---

[34] Ich habe versucht Benjamins Methode und Kategorien zu verwenden, um die aktuellen Veränderungen im urbanen Raum zu interpretieren und um eine Politik zu bestimmen, die diesen entsprechen kann, in: Dario Gentili, *Topografie politiche. Spazio urbano, cittadinanza, confini in Walter Benjamin e Jacques Derrida*, Quodlibet, Macerata, 2009.
[35] Walter Benjamin, „Passagen-Werk", a. a. O., S. 618.

Heterotopien

Michael W. Jennings

Rewriting und Selbstzitate
in Benjamins Spätprosa

Die Frage nach den strukturierenden Momenten in den Arbeiten Walter Benjamins bleibt eines der in der Forschung meist vernachlässigten Probleme seines
Werkes.[1] Benjamin selbst hat eine gewisse Anzahl von Figuren bereitgestellt, um
solche Strukturen zu definieren: Konstellationen, dialektische Bilder, Chroni-
ken. Dennoch sind nur wenige Versuche unternommen worden, die konkreten
Konstellationen im Werk Benjamins herauszuarbeiten und voneinander abzugrenzen.[2] Für jeden Leser, der einige von Benjamins Texten kennt, ergibt sich
jedoch ganz von selbst eine Antwort. Der Prozess der Lektüre eines einzelnen
Textes wird fortwährend von einer besonderen Störung unterbrochen – dem
Wiedererkennen, Erinnern, der Intuition oder gar der Vorahnung der Zita-
tionalität einer Passage, ihrem Verweis auf andere verwandte Stellen, ihr rela-
tives oder absolutes Angewiesensein auf eine Reihe von Passagen in anderen
Texten – d. h. zusammengefasst von der Einsicht in seine Bruchstückhaftigkeit
und Instabilität. Dies ist nur allzu oft der Preis für eine Begegnung mit der ben-
jaminischen Praxis des Schreibens: ihr fast absoluter Widerstand gegen Stillstand, Autoidentität und gleichzeitig das Bemühen darum, der Identität und der

---

[1] Benjamin selbst hat sein Werk als „ein bewegliches und widersprüchliches Ganzes"
seines Denkens bezeichnet; vgl. Walter Benjamin, *Gesammelte Briefe*, hrsg. von Christoph Gödde und Henri Lonitz, Suhrkamp, Frankfurt a. M., 1995–2000, S. 412. Lange
hat die Forschung eine strenge Dichotomie zwischen einem ersten zeitlichen Abschnitt
seines Werkes, dem „romantischen", und einem zweiten „marxistischen" angenommen.
Zur ersten systematischen Darlegung der Kontinuität zwischen den frühen und späten
Schriften, was als „These der Einheit" definiert werden könnte, vgl. Michael W. Jennings,
Dialectical Images. Walter Benjamin's Theory of Literary Criticism, Cornell University
Press, Ithaca, 1987. Die Schlüsselmomente für eine solche Kontinuität unter besonderer
Berücksichtigung der zwanziger Jahre – den entscheidenden Jahren des Übergangs – untersucht Uwe Steiner, *Die Geburt der Kritik aus dem Geiste der Kunst. Untersuchungen
zum Begriff der Kritik in den frühen Schriften Walter Benjamins*, Königshausen & Neumann, Würzburg, 1989.
[2] Vgl. Michel Jennings, „On the Banks of a New Lethe. Commodification and Experience
in Benjamin's Baudelaire Book", in: *boundary*, 2, 30.1, 2003, S. 89–104.

Michael W. Jennings

Bedeutung zu entkommen.[3] An einem interpretatorischen Extrempunkt steht als Resultat dann der Reiz des freien Spiels. Das enthistorisierte Zitieren des Trauerspielbuchs bewirkt, dass „jede Person, jedwedes Ding, jedes Verhältnis ein beliebiges anderes bedeuten [kann]".[4] Bei Benjamin jedoch ist eine Anzahl konstruktiver Faktoren am Werk, die einem endlosen Abgleiten, einer radikalen Polysemie Grenzen setzt. Bedeutung *entsteht* nur, wenn der Leser der Spur des Zitats auf denjenigen Wegen folgt, die Breton „von Sehnsucht bewachsene Pfade" genannt hat. Doch während der Leser Schritt für Schritt diesen Netzen aus Zitaten nachgeht, konstituiert sich die Konstellation gerade als das Resultat, eine mentale Konstruktion, die eine Überprüfung möglich macht.

Im Folgenden soll daher eine spezifisch benjaminische Strukturierungspraxis behandelt werden, die mit dem Zitieren zwar in Beziehung steht, aber letztlich fundamental davon abweicht: die Praxis des Rewritings im Sinne der *réécriture*, des Neu- oder Wieder-Schreibens. Dabei soll auf eine Praxis Bezug genommen werden, in deren Ausführung Benjamin mehr als eine Reihe von Bezügen zu einem älteren Text herstellt, sondern vielmehr ein systematisches und architektonisches Umschreiben der Strukturen, Formen und Fragestellungen des Originaltextes vollzieht. Die letzten Seiten des Essays *Erfahrung und Armut* bieten ein vorläufiges, begrenztes Beispiel. Hier macht eine in einer technologisierten Gesellschaft lebende Generation die Erfahrung „[eines Kraftfeldes] zerstörender Ströme und Explosionen, der winzige[n] gebrechliche[n] Menschenkörper".[5] *Erfahrung und Armut*, zweifellos eine zentrale Reflexion über die Erfahrungen derjenigen Generation, die den Ersten Weltkrieg überlebte, schreibt verdichtend die Schlüsselpassagen von *Zum Planetarium* um, Benjamins abschließendem Text der *Einbahnstraße*. Hier beschreibt er im Detail die technologische Physis, welche vom „Schauer echter kosmischer Erfahrung"[6] erschüttert wird: „Menschenmassen, Gase, elektrische Kräfte wurden ins freie Feld geworfen, Hochfrequenzströme durchführen die Landschaft, neue Gestirne gingen am Himmel

---

[3] Davon besonders beeinflusst wurde das Werk Paul De Mans, vgl. insb. Paul De Man: „Conclusions. Walter Benjamin's The Task of the Translator", in: ders., *The Resistance to Theory*, University of Minnesota Press, Minnesota, 1986, S. 73–105.

[4] Walter Benjamin, „Ursprung des deutschen Trauerspiels", in: ders.: *Gesammelte Schriften. Werkausgabe*, hrsg. von Rolf Tiedeman und Hermann Schweppenhäuser, Suhrkamp, Frankfurt am Main, 1980, S. 350.

[5] Walter Benjamin, *Gesammelte Schriften*, a. a. O., Bd. II, S. 214.

[6] Ebd., Bd. IV, S. 147.

auf, Luftraum und Meerestiefen brausten von Propellern, und allenthalben grub man Opferschächte in die Muttererde."[7] Der Ausgang von *Erfahrung und Armut* stellt daher die Produktion eines neuen Textes dar, der in entscheidender Weise von der Präsenz seines Vorgängers gestaltet – heimgesucht – wird.

Benjamin selbst gab regelmäßige, wenn auch versteckte Hinweise auf diese Praxis des Rewritings. Im Essay über Goethes *Wahlverwandtschaften* betont Benjamin die Praxis des Lesens: Bekanntlich wird der Kritiker mit einem Paläographen verglichen, der „vor einem Pergamente steht, dessen verblichener Text überdeckt wird von den Zügen einer kräftigeren Schrift, die auf ihn sich bezieht".[8] Dagegen wird im Abschnitt *Chinawaren* der *Einbahnstraße* das Abschreiben als eine besondere Produktionspraxis betont:

> Die Kraft der Landstraße ist eine andere, ob einer sie geht oder im Aeroplan drüber hinfliegt. So ist auch die Kraft eines Textes eine andere, ob einer ihn liest oder abschreibt. [...] So kommandiert allein der abgeschrieben Text die Seele dessen, der mit ihm beschäftigt ist, während der bloße Leser die neuen Ansichten seines Inneren nie kennen lernt [...]. Das chinesische Bücherkopieren war daher eine unvergleichliche Bürgschaft literarischer Kultur und die Abschrift ein Schlüssel zu Chinas Rätseln.[9]

Dies ist natürlich eine ziemlich präzise Beschreibung der Beziehungen zwischen *Erfahrung und Armut* und *Im Planetarium*. Die schlichte und denkwürdige Beschreibung der neuen Form von Erfahrung in seinem letzten Aufsatz über die „stärkere Schrift" bezieht sich auf jenen verblassten Text, der dessen Grundlage bildet. Diese und andere ähnliche Zitate werden gewöhnlich als Grundbausteine von Benjamins kritischer Praxis interpretiert, als wichtigste Elemente seiner Herangehensweise an Texte. Diese können jedoch besser als Beschreibung der eigenen *Schreib*praxis Benjamins verstanden werden. Was ich als „Umschreiben" – *Rewriting* – bezeichnet habe, ist letzten Endes, wie dieses Zitat zeigt, eine Form der „Palimpsestschrift". In den Schlüsselmomenten seiner Produktion tauchen die wichtigsten Texte Benjamins – jene Texte, die eine breite Palette von anderen Texten organisieren und durchdringen – neu geschrieben, *rewritten*, in einer neuen Sprache wieder auf. Ein zentrales Strukturelement in Benjamins Werk ist also das *Rewriting* im Sinne eines „Überschreibens": die Produktion

---

[7] Ebd.
[8] Ebd., Bd. I, S. 125.
[9] Ebd., Bd. IV, S. 90.

Michael W. Jennings

eines „neuen" Texts auf den Fundamenten eines vorhergegangenen. Diese be-
deutende strukturelle Situation hilft dabei zu erklären, weshalb in den Texten
Benjamins Figuren und Bilder der Rückkehr zu einer ursprünglichen Schreib-
szene vorherrschen: Solche Figuren und Bilder nämlich deuten „nach unten"
zum Vorgängertext, auf dem der dann aktuelle Text basiert.

Nicht zufällig stellt die Figuration des *Rewritings*, als Abschreiben, ein Bild
aus der *Einbahnstraße* dar. Es kann ein überzeugendes Argument dafür vorge-
bracht werden, diese scheinbar beiläufige Versammlung von Denkfiguren als
Schlüssel zu Benjamins gesamter Produktion anzusehen. Als sich Benjamin
1938 an das *Rewriting* der *Berliner Kindheit um 1900* machte, die 1932 ausgehend von der *Berliner Chronik* Form angenommen hatte, unternahm er einige
Dinge, die bis heute seinen Herausgebern und Lesern Kopfzerbrechen bereiten.
Er unterzog eine Anzahl der Texte einer eingehenden Überarbeitung; er fügte
zwei neue Stücke hinzu; und er strich neun andere – darunter einige, die heute zu den bekanntesten Denkbildern zählen. Und obwohl die Texte, welche die
Kindheit bilden, noch 1934 in eine endgültige Reihenfolge gebracht worden sein
könnten, gibt es keinen Beleg für diese Abfolge; die einzige Reihenfolge, die uns
zugänglich ist, ist diejenige im so genannten *Handexemplar Komplett*[10] von 1938.

Zusammenfassend kann man zwei Ziele für diese Überarbeitung herausstel-
len. Erstens wollte Benjamin die endgültige Version der *Kindheit* als *Rewriting*
der *Einbahnstraße* gestalten: Schlüsselpassagen aus der *Kindheit* nehmen nicht
nur Themen und Formen wieder auf, sondern sie erscheinen tatsächlich ungefähr an der gleichen Stelle im Text wie die ihnen entsprechenden Bilder in
der *Einbahnstraße*. Zweitens war er bestrebt, jeden einzelnen der Texte, welche
die *Kindheit* ausmachen, um eine besondere Auffassung von Fotografie herum
anzuordnen. Der Bildcharakter der Denkbilder in der endgültigen Version der
Kindheit ist wesentlich fotografisch.

Loggien, das erste Denkbild der Sammlung, wird häufig als bewegende und
besonders stimmungsvolle Beschwörung des Verlusts eines bestimmten Ortes
gelesen: die Hinterhöfe und Loggien großbürgerlicher Wohnungen in Berlins

---

[10] Dies ist die Inschrift auf der ersten Seite der Handschrift von 1938 aus Paris. Die Geschichte des Abfassens von *Berliner Kindheit* ist überaus komplex; für eine ausgiebige
Untersuchung, die den *Work in progress*-Charakter des Textes hervorhebt, vgl. Davide
Giurato, *Mikrographien. Zu einer Poetologie des Schreibens in Walter Benjamins Kind-
heitserinnerungen (1932–1939)*, Fink, München, 2006, S. 7–84.

altem Westen.[11] Wie Winfried Menninghaus gezeigt hat, haust in diesen Hinterhöfen ein mythisches Wissen, dem die Erzählerstimme noch nicht gewachsen ist.[12] In der *Berliner Kindheit* stellt sich Wissen jedoch als radikal abhängig von einer sehr besonderen Situation des Sehens dar: dem fotografischen Sehen. Denn in Benjamins erster und feinsinnigster Evokation präcinematischer fotografischer Technologien im Text ist die Loggia selbst, mit ihrer Kastenform und ihren Läden, nicht lediglich eine Figur für eine Theater-Loge, sondern vielmehr für eine Balgenkamera.[13] Tatsächlich sind die Denkbilder der *Berliner Kindheit*, wie Benjamin in der titellosen Einleitung zum Text behauptet, der Niederschlag der Stadterfahrung „in einem Kinde der Bürgerklasse"[14]; trotzdem ist genau dieser „Niederschlag" weder ein verallgemeinerter noch ein historisch unspezifischer Vorgang: Diese Bilder haben sich als Bilder durch die Mittel des fotografischen Apparates niedergeschlagen. Photographische Metaphern finden sich in der Tat überall in der *Kindheit*. Das trübe Licht, das Bild für Bild kennzeichnet, ist das Licht der frühen Fotografie. Die Flüssigkeit, die unter die Erdoberfläche sickert und unter dem Fischotter zirkuliert, ist eine Anspielung auf die fotografische Entwicklerlösung, etwas, was das Potential birgt, die latenten Bilder, die sich im Text niedergeschlagen haben, zum Vorschein zu bringen. Und der fotografische Blitz kehrt verschiedentlich als Figur des „Jetzt der Erkennbarkeit" wieder, wie Eduardo Cadava gezeigt hat.[15]

Loggien dient als programmatische Einführung in das Problem der Fotografie, als Aufnahme der Technologie in der *Berliner Kindheit*, und bildet das exakte Pendant zu *Tankstelle*, dem ersten Stück der *Einbahnstraße*. Wenn *Tankstelle* auf selbstreflexive Weise ankündigt, dass der Text aus scheinbar inkon-

[11] Der erste Versuch diese Stimmung zu beschreiben, stammt von Marleen Stoessel, *Aura, Das vergessene Menschliche. Zu Sprache und Erfahrung bei Walter Benjamin*, Hanser, München, 1983.
[12] Vgl. Winfried Menninghaus, *Schwellenkunde. Walter Benjamins Passage des Mythos*, Suhrkamp, Frankfurt a.M., 1986, S. 26–58.
[13] Für eine vollständige Lektüre der medienwissenschaftlichen Bezüge der fotografischen Darstellung in *Berliner Kindheit*, vgl. Michael Jennings, „The Mausoleum of Youth. Between Experience and Nihilism in Benjamin's *Berlin Childhood around 1900*", in: *Paragraph*, 3, 32, 2009, S. 313–330.
[14] Walter Benjamin, *Gesammelte Schriften*, a.a.O., Bd. VII, S. 385.
[15] Die bedeutenden Überlegungen Cadavas zur „Fotografizität" der Epistemologie des späten Benjamins befinden sich in Eduardo Cadava, *Words of Light. Theses on the Photography of History*, Princeton University Press, Princeton, 1997.

Michael W. Jennings

sequenten nicht zusammenhängenden Stücken mit einer unvermittelten Sprache zusammengesetzt sein wird, und dies tut, indem die Funktionsweise dieser Sprache mit derjenigen einer Baumaschine verglichen wird, kündigt *Loggien* dem Leser gleichzeitig an, dass ein Offenbarungswissen etwas sein kann, das wir zwar nicht verstehen können, aber im Rückgriff auf moderne Medien sichtbar gemacht werden kann.[16] Zusammen genommen umschließen die beiden Montage-Essays somit eine sehr besondere, palimpsestische Architektur. Die *Berliner Kindheit*, „diese kräftigere Schrift", erweist sich als lichtdurchlässig, leuchtend und porös – nur um einige der noch kraftvolleren Bilder zu evozieren, die mit Benjamins architektonischer Sprache assoziiert werden. Die beiden Texte stehen somit in der gleichen Art der Beziehung zueinander wie derjenigen, die in *Die Aufgabe des Übersetzers* beschworen wird: „Die wahre Übersetzung ist durchscheinend […]. Wörtlichkeit [ist] die Arkade [vor der Sprache des Originals]."[17] Rückblickend stellt Übersetzung daher eine weitere Beschreibung der Praxis des *Rewritings* dar, welche eine volle, wechselseitige Erhellung zwischen ihren Elementen erlaubt.

Es sollte daher nicht überraschen, dass sowohl die *Kindheit* als auch die *Einbahnstraße* sich unmittelbar dem Problem der architektonischen Form widmen. In *Kaiserpanorama*, dem zweiten Stück der *Kindheit*, wird der eingefriedete Raum des Panoramas evoziert, ein Raum, in dem eine paradoxe Form fotografischen Sehens vonstatten geht. Obwohl er vor einem horizontalen Bildschirm sitzt, schaut der Betrachter tatsächlich nach unten: „Denn weil die Schauwand mit Sitzgelegenheiten davor im Kreis verlief, passierte jedes sämtliche Situationen, von denen man durch je ein Fensterpaar in seine schwachgetönte Ferne sah."[18] Es ist, als hätte der Spiegel der Kamera die Sicht nach unten und durch einen durchsichtigen Boden umgeleitet, um sehen zu lassen, was sich darunter befindet. Eine solche Vorstellung davon, was „darunter" liegt, ist natürlich auch im Gedanken des Palimpsests wirksam. Was unterhalb des Bodens der *Berliner Kindheit* liegt, ist jener tiefere, unterirdische Boden der *Einbahnstraße*. In der Tat trägt der erste Unterabschnitt des Denkbilds *Nummer 113* in der *Einbahn-*

---

[16] Vgl. Walter Benjamin, *Gesammelte Schriften*, a. a. O., Bd. IV, S. 409.
[17] Ebd., S. 18, ausführlich: „Die wahre Übersetzung ist durchscheinend, sie verdeckt nicht das Original, steht ihm nicht im Licht, sondern läßt die reine Sprache, wie verstärkt durch ihr eigenes Medium, nur um so voller aufs Original fallen. […] Denn der Satz ist die Mauer vor der Sprache des Originals, Wörtlichkeit die Arkade."
[18] Ebd., S. 239.

straße den Titel *Souterrain*. „Was ward nicht alles unter Zauberformeln einge-
senkt und aufgeopfert", fragt die Erzählerstimme, „wo dem Alltäglichsten die
tiefsten Schächte vorbehalten sind". In diesen tiefsten Schächten entdeckt die
Stimme den Leichnam des „ersten Kameraden meiner Schulzeit."[19] Es ist der
Leichnam Fritz Heinles, Benjamins Freund, der sich bei Ausbruch des Ersten
Weltkriegs im „Heim" der Freideutschen Jugend das Leben genommen hatte,
ein Anblick, der Benjamin beim Schreiben nie losgelassen hat. Genauso wie die
Erzählerstimme hier diesen tief begrabenen, aber dennoch wieder erkennbaren
Leichnam zu Beginn des Textes entdeckt, findet die Erzählerstimme der *Berliner
Kindheit* diesen Leichnam gewissermaßen wieder und dies mehrere Male: Am
Ende des ersten Denkbilds, *Loggien*, wo „[sich] das Kind jedoch, das einmal mit
im Bunde gewesen war, [...] auf seiner Loggia wie in einem längst ihm zuge-
dachten Mausoleum [aufhält]".[20] Und erneut am programmatischen Schluss der
Kindheit, in *Der Mond*, wo das Kind einen intensiv identifikatorischen Moment
erfährt, als es von seinem nächtlichen Schlummer erwacht und heimgesucht
von „der Angst, [sich] selbst schon darin ausgestreckt zu finden"[21], aus dem Bett
auffährt. Die fotografische Szene zieht den Leser der *Berliner Kindheit* nach unten in eine ganz eigentümliche Krypta.[22]

Heinle ist jedoch nicht der einzige Leichnam, der unter der Oberfläche der
Berliner Kindheit begraben liegt. Indem jener durchsichtige Boden der *Kindheit*
die *Einbahnstraße* als ihren Keller offenbart, legt er ein Fundament frei, das mit
Leichen übersät ist. Tatsächlich sind es Goethes Körper und seine entkörper-
lichte Stimme, die diese Bilder am häufigsten heimsuchen.[23] In *Nummer 113*
tritt er auf und wird namentlich genannt: Sichtbar sitzt er im Traumkeller in seinem Arbeitszimmer an einem Pult, überreicht dem Erzähler eine Urne und begleitet ihn zusammen mit seiner Familie und seinen Vorfahren zu einem Mahl.
Der große Vorfahre vermacht ihm somit nicht etwa Inspiration, sondern die
Erinnerung an die Sterblichkeit — eine Andeutung des Mausoleums des Kin-

---

[19] Ebd., S. 86.
[20] Ebd., S. 296.
[21] Ebd., S. 301.
[22] Eine einflussreiche Interpretation der Beziehung zwischen „begrabenen" Texten und
Texten „an der Oberfläche" – eine „Kryptonomie" – stammt von Nicolas Abraham/Maria
Torok, *The Wolf Man's Magic Word. A Cryptonomy*, University of Minnesota Press, Minnesota, 2005.
[23] Zum Begriff der Obsession des Texts, vgl. insb. Avital Ronell, *Dictations. On Haunted
Writing*, University of Illinois Press, Urbana-Champaign, 2006.

des in der *Kindheit*. Aber Goethe ist auch im *Kaiserpanorama* präsent: Seine Stimme scheint direkt unter der Textoberfläche vernehmbar zu sein. Während das Panorama sich langsam weiterbewegt, indem der Blick des Betrachters sich von Bild zu Bild bewegt, erklingt eine kleine Glocke und der Apparat dreht sich, klingelnd, nicht um ein neues Bild, sondern um einen leeren Ort, eine Leere sichtbar werden zu lassen.[24] In diesem Nicht-Raum, dieser Nicht-Zeit, wird ein immerwährendes unspezifisches Präsens figuriert. Nicht nur das ewige Präsens von Kafkas Landarzt, der dazu verdammt ist, von zwei weißen Pferden auf ewig ins Jetzt gezogen zu werden, während sein Pelzmantel im Wind flattert, sondern auch das ewige Präsens von Goethes *Willkommen und Abschied*. Das Präsens als Leere, das im Panorama existiert, „mit dem Weh des Abschieds" durchtränkt, demjenigen Moment in Goethes Gedicht, in dem das Präteritum fliehend einem Präsens weicht, in dem buchstäblich nichts geschieht, dem aber eine Vorahnung der Sehnsucht innewohnt: „Doch ach, schon mit der Morgensonne / Verengt der Abschied mir das Herz: / In deinen Küssen welche Wonne! / In deinem Auge welcher Schmerz!"[25]

Dieses ewige Präsens – das architektonisch als Einmauerung oder Internierung auftritt – kehrt im dritten Abschnitt der *Berliner Kindheit*, *Siegessäule*, zurück. Die Trommel, die den Sockel der Säule bildet, ist eine andere Form des geschlossenen transparenten architektonischen Raums, nicht mehr das Mausoleum der Kindheit, sondern dasjenige der Weltgeschichte: „Was konnte denn nach Sedan kommen? Mit der Niederlage der Franzosen schien die Weltgeschichte in ihr glorreiches Grab gesunken, über dem diese Säule die Stele war."[26]

Tatsächlich ist es das Sehen des Kindes, das die Siegessäule *konstruiert*. Während es von unten nach oben schaut, bemerkt es: „[V]orm Himmel schienen [die Leute droben] schwarz umrandet wie die Figurinen der Klebebilderbogen. Nahm ich nicht Schere und Leimtopf zur Hand, um, nach getaner Arbeit, solche Püppchen von den Portalen, hintern Büschen, zwischen Pfeilern, und wo es sonst mich lockte, zu verteilen?"[27] Wenn *Loggien* die Produktion individueller

---

[24] Walter Benjamin, *Gesammelte Schriften*, a.a.O., Bd. IV, S. 239: „Das war ein Klingeln, welches wenige Sekunden, eh das Bild rückweise abzog, um erst eine Lücke und dann das nächste freizugeben, abschlug. Und jedesmal, wenn es erklang, durchtränkten die Berge bis auf ihren Fuß, die Städte in allen ihren spiegelblanken Fenster [...]."

[25] Goethe, *Sämtliche Werke*, hrsg. von Karl Richter u.a. (Münchner Ausgabe), Hanser/ Bertelsmann, München, 1990, Bd. III.2, S. 17.

[26] Walter Benjamin, *Gesammelte Schriften*, a.a.O., Bd. IV, S. 241.

[27] Ebd., S. 242.

Bilder theoretisch nachvollzog, d. h. ihren Niederschlag durch die Kamera und ihre Bereitstellung eines Wissen, das wir sehen, aber nicht verstehen können, dann vollzieht *Siegessäule* die Konstruktion der *Berliner Kindheit* selbst aus der Gegenüberstellung dieser Bilder nach. Der Verweis auf Schere und Klebstofftopf ist selbstredend ein direkter Verweis auf die Montagetechniken der Berliner Dadaisten und ihre Konstruktion flacher architektonischer Räume – Klebebilder – aus gewaltsam herausgeschnittenen Fragmenten von Bildern aus illustrierten Magazinen. Die spezifische Analogie zum Konstruktionsprinzip der Fotomontage suggeriert nicht nur, dass die Beziehung zwischen den verschiedenen Texten in *Berliner Kindheit* auf die Konstellation oder auf das dialektische Bild zurückzuführen ist. Vielmehr besteht sie auf dem fotografischen Charakter der Bilder in diesen selbst.

Auch *Siegessäule* schreibt dann seinen verdoppelten Text aus der *Einbahnstraße* neu, in *Baustelle*.[28]

Kinder nämlich sind auf besondere Weise geneigt, jede Arbeitsstätte aufzusuchen, wo sichtbar die Betätigung an Dingen vor sich geht. Sie fühlen sich unwiderstehlich vom Abfall angezogen, der beim Bauen, bei Garten- oder Hausarbeit, beim Schneidern oder Tischlern entsteht. In Abfallprodukten erkennen sie das Gesicht, das die Dingwelt gerade ihnen, ihnen allein zukehrt. In ihnen bilden sie die Werke der Erwachsenen weniger nach, als daß sie Stoffe sehr verschiedener Art durch das, was sie im Spiel daraus verfertigen, in eine neue, sprunghafte Beziehung zueinander setzen. Kinder bilden sich damit ihre Dingwelt, eine kleine in der großen, selbst.[29]

Auch hier verwebt Benjamin eine komplexe politische Allegorie – nicht Sedan, sondern den Aufbau der Weimarer Republik aus den Abfallprodukten des Kaiserreiches, aus Materialien, die den Mächtigen nicht hätten dienen können – mit einer selbstreflexiven Betrachtung der Gebrauchsformen der Montage.

---

[28] Es gibt mehrere Schnittstellen in *Einbahnstraße* zwischen *N. 113* und *Baustelle*. *Normaluhr* weist Parallelen zu *Telephon* auf: Beide handeln vom Einfluss der modernen Technologien auf die Gewohnheiten des traditionellen Lebens. Noch bedeutsamer ist die Parallele zwischen dem genialen *Hochherrschaftlich möblierte Zehnzimmerwohnung* von *Einbahnstraße* und seinem Gegenstück *Tiergarten*. Beide Texte handeln von der Entschlüsselung irrationaler Räume: Für den Erwachsenen ist es die bürgerliche Wohnung, für das Kind das Labyrinth der Wege und Möglichkeiten. Zur Entschlüsselung der irrationalen Räume bei Benjamin vgl. Tom Gunning, „The Exterior as Intérieur: Benjamin's Optical Detective", in: *boundary 2*, 30, 2003, S. 105–130.
[29] Walter Benjamin, *Gesammelte Schriften*, a. a. O., Bd. IV, S. 93.

Michael W. Jennings

Es würde an dieser Stelle zu weit führen, durch die gesamte, ineinander verschlungene Struktur beider Texte zu führen. Bevor ich mich jedoch dem *Rewriting* von *Zum Planetarium* im Abschnitt der *Kindheit* mit dem Titel *Der Mond* widmen kann, ist dies der Ort, um die Frage nach Benjamins Bearbeitung der Version der *Kindheit* von 1934 im Jahr 1938 zu stellen. Auch dies hängt mit dem *Rewriting* der *Einbahnstraße* zusammen. Dieser Text ist aus Beispielen einer frühen Form des Denkbilds zusammengesetzt, welches hier als Form verstanden wird, die Elemente der historischen Avantgarden – Dadaismus, Konstruktivismus und der aufkommende Surrealismus – mit der Tradition des Aphorismus sowie mit dem Spielraum und der Scharfsinnigkeit des Feuilletons verschmilzt.[30]

Der Text kontrastiert diese Figuren mit einer Reihe äußerst präskriptiver Formulierungen zum Verhältnis zwischen Schreiben und modernen Medien. *Einbahnstraße* stellt gewissermaßen ein Handbuch moderner Schreibpraktiken dar. Die *Berliner Kindheit* löscht alle direkten theoretischen Verweise auf ihre eigene Produktion aus; tatsächlich scheut sie jede Ekphrasis, jede direkte Repräsentation von Fotografien selbst.[31] In der Bearbeitung von 1938 hat Benjamin deshalb alle Abschnitte, die einen direkten Verweis zur Fotografie enthielten, entfernt, auch die berühmte Beschreibung seines eigenen Kinderbildes und die Vermengung dieses Bildes mit einem von Kafka. Benjamin baut seinen Text daher eher aus textuellen Bildern auf, die von Metaphern des Fotografischen durchflutet sind, statt ihn auf Ekphrasen zu stützen. In der *Kindheit* streben die Bilder nicht danach, den Status von Bildern zu erlangen, sondern danach, sich den Bedingungen der Lesbarkeit von Fotografien anzunähern. Wenn *Einbahnstraße* ein Übungsbuch für Schriftsteller darstellt, ist die *Kindheit* ein Übungsbuch für das Lesen textueller Bilder oder vielmehr für das Lesen von Bildern, *als ob* sie Fotografien wären.

Was aber ist der fotografische Charakter dieser Bilder, die gelesen werden müssen? Der letzte Abschnitt der *Einbahnstraße*, *Zum Planetarium*, evoziert

---

[30] Zur Beziehung zwischen Denkbild und den ästhetischen Formen der Avantgarden vgl. Michael Jennings, „Walter Benjamin and the European avant-garde", in: David Ferris (Hrsg.), *The Cambridge Companion to Walter Benjamin*, Cambridge University Press, Cambridge, 2004. Zur Denkbild-Form als solcher vgl. Gerhard Richter, *Thought-Images. Frankfurt School Writer's Reflections from Damaged Life*, Stanford University Press, Stanford, 2007.

[31] Zur Frage der fotografischen Lesbarkeit und speziell zu Benjamins Umgang mit Siegfried Kracauers Aufsatz *Die Photographie* für die Konzeption der Texte von *Berliner Kindheit* vgl. Michael Jennings, „The Mausoleum of Youth", a. a. O.

eine den gesamten Körper betreffende Technologie als Medium einer neuen Form des menschlichen Kontakts mit dem Kosmos.[32] Die neue, technologisierte Physis, der politische Körper, überschreitet die Zerstörung der Menschheit nur insofern, als dass die Energie, die in ebendieser Zerstörung freigesetzt worden ist, sie stählt und in Fortpflanzungsvermögen transformiert. Verglichen mit der mitreißenden, leidenschaftlichen Vision von *Zum Planetarium* scheint *Der Mond*, eines der letzten Bilder in der *Berliner Kindheit*, ein nur häusliches Versatzstück zu sein: ein proustscher Moment eines Kindes, das in seinem Zimmer aufwacht und durch das matte Mondlicht, das sich durch die Jalousien ins Zimmer gestohlen hat, von seiner Umgebung entfremdet wird. Dieses Denkbild jedoch ist ein sorgsam konstruiertes fotografisches Pendant zu *Loggien*.

Wie im ersten Text konstituiert sich die häusliche Architektur hier als optischer Apparat. Ein blasser Strahl Mondlicht stiehlt sich durch die blendenähnlichen Jalousien in die Kammer – und auch wenn wir nicht an eine Balgenkamera mit ihrer Ausrichtung auf das Objekt erinnert werden, legt das Schlafzimmer, mit seinem abgedunkelten Inneren, nichtsdestotrotz eindringlich die Form der Camera obscura, mit ihrer sehr direkten Licht-Schrift auf ihrer Rückseite, dem *photo graphein*, nahe. *Der Mond* ist tatsächlich eine gewissermaßen symphonische Reiteration und Umfunktionierung der Hauptmotive der *Berliner Kindheit* als Ganzes: die Vorstellung eines mimetischen Austauschs zwischen Kind und Schmetterling, die in *Schmetterlingsjagd* so hervorsticht und sich anderswo unmittelbar entwickelt, wenn Mond und Erde austauschbar werden: die kreisrunden Formen – des Baumrings und der Röcke der Marktfrauen – kehren in der saumartigen Ornamentierung der Waschschüsseln auf dem Nachttisch wieder; und das Klirren der Glaskrüge ruft das Geräusch moderner Technik hervor – das Knarren des Panoramas, das Schrillen des Telefons –, das so das Individuum zerteilt. Eine mythische Erkenntnis ist hier am Werk, in diesem Raum: Das Kind erwacht in einem Raum, der in ein unheimliches Schimmern getaucht ist, welches es im Wortsinne ent-heimt. Jeglichen Gedankens an eine Zukunft entkleidet, ist das Kind wieder wie in *Loggien* begraben, gefangen im unwiederbringlichen Vergangen-Sein der Fotografie. Trotz seines Charakters als

---

[32] Zur Bedeutung des eschatologischen Denkens in Benjamins „politischer Theologie" zu Beginn und Mitte der zwanziger Jahre vgl. Michael Jennings, „Toward Eschatology. The Development of Benjamin's Theological Politics in the 1920's", in: Carolin Duttinger/Ben Morgan/Anthony Phelan (Hrsg.), *Walter Benjamins anthropologisches Denken*, Rombach, Freiburg, 2012, S. 41–58.

häusliche Miniatur ist *Der Mond* tatsächlich eine großartige apokalyptische Vision. Im mondlichtdurchfluteten Zimmer stellt sich heraus, „daß von der Welt nichts mehr vorhanden war als eine einzige verstockte Frage. [...] Sie lautete: warum denn etwas auf der Welt, warum die Welt sei? Mit Staunen stieß ich darauf, nichts in ihr könne mich nötigen, die Welt zu denken. Ihr Nichtsein wäre mir um keinen Deut fragwürdiger vorgekommen als ihr Sein, welches dem Nichtsein zuzublinzeln schien."[33] Die Kamera in der Loggia erzeugt ein fotografisches Bild des im Innenhof begrabenen Kindes; die Camera obscura im vom Mond erhellten Schlafzimmer erzeugt dagegen ein viel allgemeineres Bild der Bedrohung durch das Nichts. Mit anderen Worten: die Bedrohung einer radikalen Nicht-Lesbarkeit.

Nachdem wir so ein Gespür für seine Praxis bekommen haben, gehen wir zur theoretischen Ergründung des *Rewritings* über. Als Benjamin 1933 begann, an einer Reihe autobiographischer Texte zu arbeiten, die in die Überarbeitung der *Berliner Kindheit* von 1938 münden würden, produzierte er einen kleinen theoretischen Text, den er *Ausgraben und Erinnern* betitelte.

> Wer sich der eigenen verschütteten Vergangenheit zu nähern trachtet, muß sich verhalten, wie ein Mann, der gräbt. Vor allem darf er sich nicht scheuen, immer wieder auf einen und denselben Sachverhalt zurückzukommen [...]. So müssen wahrhafte Erinnerungen viel weniger berichtend verfahren als genau den Ort bezeichnen, an dem der Forscher ihrer habhaft wurde.[34]

Ich hoffe, dass meine Anmerkungen heute das Ausmaß verdeutlicht haben, in dem *Ausgraben und Erinnern* eine proleptische Theoretisierung der Praxis des *Rewritings* darstellt, die Benjamin erst 1938, mit der Überarbeitung der *Berliner Kindheit,* verwirklichen würde. Der Text markiert, ziemlich genau, die Ausgrabungsstätte, auf der Benjamin in den Besitz einer Art antiken Schatzes kam. Die Konstruktion dialektischer Bilder durch die konkrete Praxis des Lesens stellt dann eine komplexere Praxis dar als das bloße Nachverfolgen von Zitaten. Einige dieser Zitate sind, sozusagen, vorstrukturiert, verdoppelt und überschrieben als Bilder. Ein Archiv mit verstörender Ähnlichkeit mit einem Mausoleum.

---

[33] Walter Benjamin, *Gesammelte Schriften*, a. a. O., Bd. IV, S. 301.
[34] Ebd., S. 400.

Gabriele Guerra

„Im Vordergrunde die Dioskuren".
Walter Benjamin an der Schwelle
zum Labyrinth und zum Tempel

Diesseitig bin ich gar nicht fassbar
Denn ich wohne grad so gut bei den Toten
Wie bei den Ungeborenen
Paul Klee

Diese Niederschrift, die von den pariser Passagen handelt, ist unter einem freien
Himmel begonnen worden, wolkenloser Bläue, die über Laube sich wölbte und
doch von den Millionen Blättern bestaubt war, vor denen die frische Brise des
Fleißes, der schwerfällige Atem des Forschens, der Sturm des jungen Eifers und
das träge Lüftchen der Neugier mit vielhundertjährigem Staube bedeckt ward.
Der gemalte Sommerhimmel, der aus Arkaden in den Arbeitssaal der pariser Na-
tionalbibliothek hinuntersieht, hat seine träumerische, lichtlose Decke über die
Erstgeburt ihrer Einsicht geworfen. Und wenn er vor den Augen dieser jungen
Einsicht sich öffnete, standen darinnen nicht die Gottheiten des Olymp, nicht
Zeus, Hephaistos, Hermes oder Hera, Artemis und Athen sondern im Vorder-
grunde die Dioskuren.[1]

So Walter Benjamin 1928 oder 1929 in einer seiner Notizen zum *Passagen-Werk*,
die die Herausgeber seiner *Gesammelten Schriften* in den Anmerkungen dieses
unvollkommenen Werks publiziert haben. Anlässlich dieser Notiz drängt sich
die Frage auf, warum Benjamin die Dioskuren ins Zentrum seiner Allegorie,
oder Denkbilds – um hier zwei wichtige Begriffe seiner Philosophie zu benutzen – stellt. Auch ist zu fragen, inwiefern sich die beiden mythischen Brüder
vom klassischen Pantheon unterscheiden, von dem Benjamin in dieser Notiz
ausgeht. Im Folgenden soll es daher darum gehen, den eigentlich mythologischen Charakter dieser Allegorie deutlich zu machen. Zwei Aspekte von Benjamins Großstadtanalyse in seinem *Paris Hauptstadt des 19. Jahrhunderts* sind
dabei leitend: die Beziehung zwischen Antike und Moderne sowie die Rolle der
Geschlechter. Alexander Honold vertritt in einem ansonsten sehr interessanten

---

[1] Walter Benjamin, *Gesammelte Schriften*, Suhrkamp, Frankfurt a.M., 1982, Bd. V.2,
S. 1058–1059.

Gabriele Guerra

und überzeugenden Aufsatz über die „romantische Astronomie" Walter Benjamins die nicht überzeugende These, dass das Bild der Dioskuren unter der astrologischen Konzeption der Zwillinge zu verstehen ist.[2] Ich glaube eher, dass dieses Denkbild erst im Rekurs auf die klassische Mythologie verständlich wird. Die Zwillingsbrüder Castor und Pollux, auf Griechisch Kastor und Polydeukes, die laut der meisten Überlieferungen Söhne von Zeus und Leda waren (daher die Etymologie von „Dios kouroi", Söhne von Zeus) gelten eben als mythisches Doppelwesen. Nicht zufällig spricht Benjamin in einer unmittelbar vorausgehenden Notiz von Dualität:

> Blicken zwei Spiegel einander an, so spielt der Satan seinen liebsten Trick und öffnet hier auf seine Weise [...] die Perspektive ins Unendliche. Sei es nun göttlich, sei es satanisch: Paris hat die Passion der spiegelgleichen Perspektiven.[3]

Die mythologischen Zwillingsbrüder besitzen diese „spiegelgleiche Perspektive" in exemplarischer Weise. In der Odyssee erscheinen sie nämlich als ein Doppelwesen auf der Reise in die Unterwelt von Odysseus:

> Kastor durch Rosse berühmt, und Polydeukes im Faustkampf.
> Diese leben noch beid' in der allernährenden Erde.
> Denn auch unter der Erde beehrte sie Zeus mit dem Vorrecht,
> Dass sie beid' abwechselnd den einen Tag um den andern
> Leben und wieder sterben, und göttlicher Ehre genießen.[4]

Diese homerische Beschreibung gipfelt in das Adjektiv ἑτερήμεροι („abwechselnd" laut der Übersetzung von Voß), das zu der traditionellen Überlieferung zurückführt, demnach der eine, Kastor, als sterblicher Mensch geboren wurde, während der andere, Polydeukes, von seinem Vater Unsterblichkeit geerbt hatte, auf die er aber verzichtete, als der Bruder bei einer Schlacht starb. Von diesem Zeitpunkt an sollten die beiden Brüder abwechselnd zwischen Sterblichkeit und Unsterblichkeit leben.

Die Zwillingsbrüder entsprechen somit exakt der etymologischen Bedeutung des Wortes ἑτερήμερος – ein Tag ja, ein Tag nein – und auf einer tiefe-

---

[2] Vgl. Alexander Honold, „Saturn, Chiron und die Dioskuren. Walter Benjamins romantische Astronomie", in: Heinz Brüggemann (Hrsg.), *Walter Benjamin und die romantische Moderne*, Königshausen & Neumann, Würzburg, 2009, S. 371–394, insb. S. 373–377.
[3] Walter Benjamin, *Gesammelte Schriften*, a. a. O., Bd. V.2, S. 1049.
[4] Homer, *Odyssee*, übersetzt von Johann Heinrich Voß, Verlag Immanuel Müller, Leipzig, 1843, Erster Gesang V. 300–304, S. 181–182.

ren Bedeutungsebene ist ihnen dabei die Ambivalenz zwischen Tag und Nacht, Licht und Dunkel, ja Leben und Tod eigen. Ebendiesen ambivalenten Charakter betont Johann Jakob Bachofen in seiner imposanten Studie über das Mutterrecht. Im Rekurs auf viele mythologische Beispiele, darunter auch das der Zwillingsbrüder, unterstreicht er die grundlegende Ambivalenz des Rechts:

> Das Recht ist selbst nur Abbild des Naturlebens, das ewig sich zwischen zwei Polen hin und her bewegt; ein doppelter motus, Angriff und Gegenangriff, der nie zum Abschluss gelangt. Das Gesetz des stofflichen Lebens wird zum Rechtsbegriff. Darin hat es seinen Grund, wenn der Tod als ein debitum naturae aufgefasst und dargestellt wird. Diess ist mehr als blosses Bild; es zeigt uns das Naturleben als Recht φυσις und δικαιον als identisch. Die gleiche Verbindung kehrt in den Dioscuren wieder. Ihre ἑτερήμερία ist nicht nur ein Bild des die erscheinende Welt regierenden Wechsels von Tod und Leben, Nacht und Tag, sondern auch des höchsten δικαιον, in dessen Anerkennung der überlebende der Brüder seine Unsterblichkeit freiwillig mit dem Verstorbenen theilt.[5]

Aus dem riesigen und facettenreichen Funktionskatalog der klassischen Mythologie hebt Bachofen bezüglich der Zwillingsbrüder einen einzelnen Aspekt hervor, der ihm als der bedeutungsreichste erscheint: der des sympathetischen Wechselspiels – ἑτερήμερος – von Gegensatzpaaren, vor allem von Leben und Tod. Nach Bachofen ist diese Polarität einer tief verwurzelten primitiven Mentalität geschuldet, die zweierlei mit sich bringt: den Fortbestand im Werden zu verstehen und zu rechtfertigen, und damit Rechenschaft über den geheimen Ursprung alles Lebendigen, also den Tod, zu geben. Zudem – und damit begegnen wir wieder einer Ambivalenz – setzt diese primitive Mentalität ein duales Denken voraus, das die Ursprünge des Rechts begründet:

> Aus Allem diesem ergibt sich, dass die Zurückführung des Rechts auf die Zweizahl die Identificirung desselben mit dem Grundgesetz der stofflichen Welt und den beiden Kräften, die sich in dieser ewig bekämpfen, in sich schliesst. Bewegung ist das Princip der erscheinenden Schöpfung. Bewegung, und zwar die gedoppelte von entgegengesetzten Richtungen her, auch die des Rechts. Es offenbart sich als Dyas und in dem Wechsel zweier Extreme, die ewig in einander umschlagen. Es ist also nichts Ruhendes, ewig sich Gleichbleibendes, sondern, wie das stoffliche Leben selbst, seinem Wesen nach Bewegung, Streit und Kampf.[6]

---

[5] Johann Jakob Bachofen, *Das Mutterrecht. Eine Untersuchung über die Gynaikokratie der alten Welt nach ihrer religiösen und rechtlichen Natur*, Stuttgart, 1861, S. 133.
[6] Ebd., S. 134.

Bachofen beschreibt hier am Beispiel des pythagoreischen Denkens den generellen Gegensatz zwischen dem Recht als einem dualen Prinzip und einer Trias, die sich als Entwicklung daraus versteht. Er schreibt weiter:

> Das Verhältnis der Zwei und der Drei ist nun das der Erscheinung des wechselnden Lebens zu der nicht erscheinenden Kraft, die jenes hervorbringt. In der Zwei liegt die Manifestation des Lebens, wie sie in dem Wechsel von Werden und Vergehen hervortritt, in der Drei die Kraft selbst, deren Aeusserung jene Doppelbewegung ist.[7]

Was Bachofen hier beschreibt, ist eine Art Rechtsgeschichtsphilosophie, in der die Kraft in den unbestimmten, ursprünglichen Strudel materiellen Lebens eingereiht wird, kurz: in die Natur. Indem der Basler Altertumswissenschaftler somit positivistische Begriffserläuterungen mit romantischen Suggestionen anreichert, wird aus dem Gelehrten ein „Mythenbildner", um mit Furio Jesi, dem Übersetzer und Herausgeber der italienischen Ausgabe des *Mutterrechts*[8], zu sprechen. Anders gesagt: Bachofen bezieht sich im *Mutterrecht* auf die Dioskuren als Träger einer zerrissenen, gleichwohl aber einheitlichen Vision des stofflichen Lebens, insofern als das Leben durch den unvermeidbaren Tod geprägt ist. Damit betrachtet er die Zwillingsbrüder als mythosbringende Träger einer tiefgründigen Beziehung zwischen Werden und Vergehen. In dem Zusammenhang ist bemerkenswert, dass der junge Bachofen nach Italien gereist war und durch die dortige Gräbersymbolik – wie er sie selbst nannte – tief beeindruckt war. Seiner Meinung nach prägte sie das Altertum und bildete eine „seiner schönsten Seiten"[9]. Bachofen sieht im Tod also die unübersteigbare und doch erlebbare Grenze, die nicht nur das Leben, sondern auch die antike Kunst, eine für ihn geschichtliche, künstlerische und philosophische Gegebenheit, in ihrem Innersten bestimmt.

Von dieser Basis, sozusagen von einer altphilologischen Thanatologie ausgehend, erarbeitet Bachofen eine eigene Geschichtsphilosophie, der seine Mutter-

---

[7] Ebd.
[8] Der früh verstorbene italienische Germanist Furio Jesi hat sich lebenslang intensiv mit Bachofen beschäftigt. Der Ausdruck stammt aus einem seiner Aufsätze. Vgl. Furio Jesi, „Inattualità di Dioniso", in: ders., *Materiali mitologici. Mito e antropologia nella cultura mitteleuropea*, Einaudi, Turin, 1979.
[9] Johann Jakob Bachofen, *Selbstbiographie*, Niemeyer, Halle an der Saale, 1927, S. 29: „Als ich die Museen Italiens durchwanderte, trat mir aus der ungeheueren Fülle ihrer Reichtümer mehr und mehr Ein [sic] Gegenstand hervor, in welchem sich das Altertum von einer seiner schönsten Seiten darstellt, das Gräberwesen."

recht-Theorie sozusagen vorgelagert ist. In dieser kommt der Gräbersymbolik eine vorrangige Rolle zu: Wie ein tragender Balken erscheint das Todesmotiv der Antike im Denkgebäude Bachofens, wobei diese Antike vor allem eine römische ist. Denn er zielt, neben der Thematik des *Mutterrechts,* darauf ab, eine „Geschichte Italiens bis zum Untergang seiner Stämme", also des vorrömischen Italiens zu schreiben. Manche Bachofen-Forscher[10] haben kürzlich gezeigt, dass Bachofens Überlegungen zur Altertumswissenschaft auf dem Gegensatz – fast einer *coupure épistémologique* – zwischen Griechenland und Rom basieren. Die römischen politisch-religiösen Institutionen spielen dabei die progressive Rolle, die theokratisch orientierten, vom Osten kommenden politischen Institutionen zu überwinden. Rom und die italische Urgeschichte erscheinen somit als Wendepunkt und zugleich aber auch als zyklische Wiederholung, da nun, in der imperialen Zeit, das weibliche, ursprünglich dominante Element wieder auftaucht. Es zeigt sich hier, wie vielfältig Bachofens Denken ist und wie es sich zwischen Polaritäten wie Tod/Leben, Recht/Religion, Männliches/Weibliches oder Orient/Okzident hin und her bewegt.[11]

Nun ist jedoch Bachofen selbstverständlich nicht der einzige Autor, der in Benjamins *Passagen-Werk* mitwirkt. Innerhalb jener facettenreichen deutschen Geistesgeschichte, in der Bachofens Denken gewirkt hat, spielen die Münchner Kosmiker eine entscheidende Rolle, darunter vor allem Alfred Schuler und Ludwig Klages: Benjamin selber berichtet in einem Brief vom August 1930 an den Freund Gershom Scholem, dass er sich mit dem *opus magnum* Ludwig Klages', das heißt dessen monumentaler Studie *Der Geist als Widersacher der Seele* beschäftigt. Den Autor selbst hält Benjamin zwar für „suspekt", sein Buch jedoch „ohne Zweifel [für] ein großes philosophisches Werk" – ja mehr noch: „In keinem Falle hätte ich mir vorstellen können, daß ein so hahnebüchner metaphysischer Dualismus, wie er bei Klages zugrunde liegt, je sich mit wirklich neuen

[10] Vgl. Damian Valdez, „Bachofen's Rome and the Fate of the Feminine Orient", in: *Journal of the History of Ideas*", 70, 2009, 3, S. 421–443.
[11] Georg Dörr, *Muttermythos und Herrschaftsmythos. Zur Dialektik der Aufklärung um die Jahrhundertwende bei den Kosmikern, Stefan George und in der Frankfurter Schule*, Königshausen & Neumann, Würzburg, 2007, S. 56: „Bachofens Verhältnis zu der von ihm imaginierten Urreligion ist offensichtlich ambivalent. Einerseits rühmt er ihre Nähe zum Ursprung, ihre Authentizität. In jener Zeit hätte die Menschheit noch in der Harmonie des Alls gelebt. Andererseits kennzeichnet er sie als bloß materiell, ungeistig, dem Tod verfallen."

Gabriele Guerra

und weittragenden Konzeptionen verbinden könne".[12] Im selben Brief berichtet
Benjamin auch von seinem Interesse für Alfred Schuler. Anlass dafür ist Wol-
ters' Buch *Stefan George und die Blätter für die Kunst. Deutsche Geistesgeschichte seit 1890*, das sein Freund Scholem gelesen hatte. Benjamins Meinung nach
ist das Werk voll von einer „abstoßenden Faselei", aber dennoch wichtig wegen
der Mitteilungen, „die da über Schuler zu finden sind". Benjamin interessierten
besonders „ein Bändchen nachgelassener Bruchstücke", das er sich „zum verborgenen Anstaunen [hatte] kommen lassen"[13]. Gemeint waren Schulers *Dichtungen aus dem Nachlaß*, die von Klages, von dem Arzt Gustav Willibald Freytag
und von Elsa Bruckmann, der bekannten Münchner Salonnière, u. a. Freundin
von Hitler und Rilke – den drei vom Autor ernannten Nachlassverwaltern – herausgegeben wurden.[14] Der schmale Band ist als Urzelle für die spätere Ausgabe
von Alfred Schulers Schriften zu betrachten, die letztlich Ludwig Klages 1940
allein publizierte, nachdem er mit Freytag und Elsa Bruckmann hart über die
Editionskriterien gestritten hatte.[15]

Wer aber ist Alfred Schuler (1825–1923), der im Folgenden auf seine Relevanz für Benjamins mythologische Topographie hin befragt werden soll? (Dabei
hat er offenbar eine wichtigere Rolle gespielt als Ludwig Klages, der seinerseits
bereits Aufmerksamkeit in der Forschung gefunden hat und auch deswegen im
Folgenden nicht weiter verfolgt wird.[16])

Als bizarrer, einsamer Gelehrter und Dichter fand Schuler einen großen
Kreis an Bewunderern in der Münchner Boheme zwischen Rilke und Hitler.[17]

---

[12] Walter Benjamin an G. Scholem am 15. August 1930 in: Walter Benjamin, *Gesammelte
Briefe*, Bd. III: 1925–1930, Suhrkamp, Frankfurt a. M., 1997, S. 537.

[13] Ebd., S. 538.

[14] Zu ihrer faszinierenden Figur zwischen *Fin-de-siécle*-Boheme und Nationalsozialismus
vgl. Wolfgang Martynkewicz, *Salon Deutschland. Geist und Macht 1900-1945*, Aufbau
Verlag, Berlin, 2009.

[15] Vgl. Alfred Schuler, *Fragmente und Vorträge aus dem Nachlass*. Mit einer Einführung
von Ludwig Klages, Leipzig, 1940.

[16] Vgl. dazu: Werner Fuld, „Walter Benjamin Beziehung zu Ludwig Klages", in: *Akzente*,
28, 1981, S. 274–287; Nitzan Lebovic, „The Beauty and Terror of Lebensphilosophie: Ludwig Klages, Walter Benjamin, and Alfred Baeumler", in: *South Central Review*, 23, 2006,
1, S. 23–39; Michael Pauen, „Eros der Ferne: Walter Benjamin und Ludwig Klages", in:
Klaus Garber (Hrsg.), *Global Benjamin*. Bd. 2, Fink, München, 1999, S. 693–716; Georg
Dörr, *Muttermythos und Herrschaftsmythos*, a. a. O.

[17] Vgl. Gerd-Klaus Kaltenbrunner, „Zwischen Rilke und Hitler – Alfred Schuler", in: *Zeitschrift für Religions- und Geistesgeschichte*, 19, 1967, S. 333–347.

Zweifellos handelt es sich um eine exzentrische Figur in der schon an sich exzentrischen Kultur der Jahrhundertwende, die in der sogenannten *Kosmischen Runde* gipfelte.

Alfred Schuler war ein Dichter, Prophet und ein Eingeweihter in Mysterien, die er selbst erfunden hatte – also eine Art mythologischer Psychopomp, der seine Adepten von der bürgerlichen Moderne in das heidnische Ursprungsjenseits überführen wollte. Stefan George, der sich mit Schuler in einer Mischung aus Faszination und Ablehnung verbunden fühlte, hatte schon 1897 ein Gedicht über ihn geschrieben. Es ist in der Sammlung *Das Jahr der Seele* enthalten und trägt den schlichten Titel „A. S.":

> So war sie wirklich diese runde? da die fackeln
> Die bleichen angesichter hellten dämpfe stiegen
> Aus schalen um den götterknaben und mit deinen worten
> In wahneswelten grell-gerötet uns erhoben?
> Dass wir der sinne kaum mehr mächtig wie vergiftet
> Nach schlimmen prunkmahl taglang uns nicht fassten
> Stets um die stirn noch rosen brennen fühlten leidend
> Für neugierblicke in die pracht verhängter himmel.[18]

George hat mit dem Begriff der „wahneswelten" in den Kern von Schulers Welt getroffen, die er in seinen Dichtungen und flammenden, mysteriösen Lesungen heraufbeschworen hat. Denn es sind Welten, die zum Abbruch jeder Rationalität und zum Unbewussten hin führen und dabei in einer spannungsvollen Dialektik zur bürgerlichen Welt stehen, der sie doch angehören (und bei George ihre Entsprechung in den „neugierblicken" finden). Am Ende von Schulers Gedicht taucht ein Himmel auf – wie in Benjamins Text zu den Dioskuren; anders als jener hat dieser aber eine Pracht, die typisch für Schulers *performances* scheint. Mit seinen Lesungen gelang es dem Autor, die spätimperiale römische Dekadenz zu neuem Leben zu erwecken, und ihnen damit eine konkrete und zugleich träumerische Dimension zu verleihen. Tatsächlich lässt sich Alfred Schuler als der „weitaus Wissendste [...] um die Geheimnisse des Altertums" beschreiben, wie Klages ihn geschildert hat[19]. Demgegenüber stehen harte und sarkastische Kritiken an ihm, wie die von Rudolf Borchardt, der in ihm eine „eincarnierte

---

[18] Stefan George, „Das Jahr der Seele", in: ders., *Gesamtausgabe der Werke*, Bd. 7, Bondi, Berlin, 1927, S. 86.
[19] Ludwig Klages, *Vom kosmogonischen Eros*, Georg Müller, München, 1922, S. 159.

Gabriele Guerra

Poppaea" sah[20]. Zwischen solchen Urteilen einer esoterischen Weisheit und lächerlichen Trivialität ist der Dichter schwer zu fassen; seine Ziele sind aber klar: einerseits ein „*épater les bourgeois*", das typisch für die Münchner Boheme war, andererseits die fast medianische Beschwörung eines möglichst authentischen Geistes der römischen Antike, der für ihn in dem Genius Nero gipfelt (darauf zielt der Sarkasmus Borchardts, wenn er ironisch die zweite Frau des römischen Kaisers erwähnt). Nero herrscht auch in Schulers Vorträgen zwischen 1917 und 1918 vor, die er, in verschiedenen Städten gehalten, unter dem Titel *Vom Wesen der ewigen Stadt* veröffentlichte.

Im Dezember 1917 hielt Schuler in München einen Vortrag mit dem Titel *Die Haeuser des Lebens*. Dort erwähnt er in einem Kapitel mit dem Titel „Florenszenz und Totenreich" die Dioskuren und schildert ihre Gegenpole, zwischen denen er das Wesen der Romanität festmacht – auf der einen Seite die Jugend in ihrer „Florenszenz" (also deren Aufblühen; mit diesem Terminus wird in der Pflanzenkunde der kollektive Blütenstand einer Pflanze bezeichnet), auf der anderen Seite die Herrschaft des Todes. In der „Florenszenz" sieht Schuler einen gemeinschaftsstiftenden Lebenssinn, der hier eine eindeutig homoerotische Nuance erfährt:

> Soweit sich das Leben naturwüchsig betaetigt[,] springt der Instinkt der Jugendlichen[,] sich vom andern Geschlecht getrennt zu haben[,] sofort in die Augen: Knabe draengt sich an Knaben[,] Maedchen an Maedchen. Und jedem Kenner der Jugend sind jene erotische Paarungen im Knabenkomplex einerseits[,] im Maedchenkomplex andrerseits sehr wohl vertraut[,] die er für Ahnungen des keimenden Fortpflanzungstriebes halten mag[,] denen aber jenes andre Agens zu Grunde liegt.[21]

Unter den Beispielen dieser „wunderbare[n] Erscheinung" erwähnt Schuler eben die Dioskuren „Kastor und Polydeukes", also „jene gewaltigen Wappenhalter der feurigen Lohe Helle[,] welche uns von nun ab immer wieder auftauchend (durch diese Winterabende) geleitet werden"[22]. Die rätselhafte Bezeichnung Schulers „*Lohe Helle*" wird von Klages in seinen Anmerkungen des Textes durch einen geradezu schwindelerregend komplizierten Rekurs auf die Entstehungsgeschichte

---

[20] Rudolf Borchardt, *Aufzeichnungen Stefan George betreffend*, aus dem Nachlass herausgegeben und erläutert von Ernst Osterkamp, im Auftrag der Rudolf-Borchardt-Gesellschaft München, Rudolf-Borchardt-Ges., München, 1998, S. 26.
[21] Alfred Schuler, *Gesammelte Werke*, Telesma-Verlag, München, 2007, S. 277.
[22] Ebd., S. 278.

des Begriffs rekonstruiert. Schuler, so meint Klages, ziele hier gleichzeitig auf die homerische Helena (die laut einiger mythologischer Überlieferungen tatsächlich Schwester der zwei Zwillinge war) und auf die germanische Unterweltgöttin Hel. Die griechische Helena, Inbegriff klassischer Schönheit, sei auf diese Weise mit der Totengöttin Hel zu verbinden.[23] Man muss den philologischen Herleitungen Klages' nicht bis zuletzt folgen; es reicht hier, auf Schuler selbst zu verweisen, der die mythologischen Zwillinge als eine homoerotische Subsumierung ihres Doppelwesens darstellte, das allerdings über ein bedeutendes weibliches Element, ein schönheits- und todesbringendes zugleich, verfüge. Auf ein solches Zusammenspiel von Leben und Tod kommt Schuler am Ende seines Vortrags zurück: „Die Geburten kommen von dort[,] wohin die Toten gehen und deshalb leuchtet die Jugend gleich ihnen[,] und das jugendliche Leben befreit[,] bringt auch die Toten wieder als Seligkeitsschauer um die Lebendigen".[24]

Um zusammenzufassen: In seinem Schreib- und Denklabor des *Passagen-Werkes* benutzt Benjamin vielfältige und unterschiedliche Quellen – darunter auch Bachofen und Schuler, von denen er die Idee des mythischen Charakters der Moderne übernimmt, sowie die Idee der – ebenso mythischen – Rolle der Geschlechter.

Das Wichtigste aber in den Denkbeziehungen zwischen Benjamin, Bachofen und Schuler ist die Tatsache, dass dem Berliner Philosophen in seinem *Paris Hauptstadt des 19. Jahrhunderts* eine perfekte Überlappung von Antike und Moderne gelingt, bei der die französische Stadt als Wiederholung des antiken Roms erscheint. Nach Benjamin findet in Paris eine grundlegende Dialektik zwischen Tod und Leben statt, von der er in seinen programmatischen „Traumbildern" erzählt: eine Dialektik nämlich, die sich durch die Tür- und Torschwelle zwischen Bewusstsein und Unbewusstsein ausdrückt.

---

[23] Ludwig Klages, Anmerkungen zu „Vom Wesen der Ewigen Stadt", in: Alfred Schuler, *Fragmente und Vorträge aus dem Nachlass*, a. a. O., S. 272: „Die Antwort auf die Frage, warum Schuler konsequent ,Helle' schreibt, ist für den Kenner seiner Denkweise nicht schwer. Helena […] steht zwischen Kastor und Polydeukes als die durch Wechselwirkungen beider Pole heraufbeschworene Leuchtkraft, gleich dem rotierenden, sternsprühenden Swastika zwischen den beiden Hörnern der Mondsichel. Die Leuchte aber ist nach Schuler Totenleuchte. Daran knüpft sich der Gedanke an die germanische Unterweltsgöttin Hel. Nehmen wir hinzu, daß jede Leuchte Helle verbreitet, so haben wir die Gründe beisammen, die Schuler veranlasste, die Helena in Helle umzutaufen und zwar bewusst und geflissentlich."
[24] Alfred Schuler, *Gesammelte Werke*, a. a. O., S. 281–282.

> Zur mythologischen Topographie von Paris: welchen Charakter die Tore ihm ge-
> ben. Wichtig ist ihre Zweiheit: Grenzpforten und Triumphtore. Geheimnis des
> ins Innere der Stadt einbezogenen Grenzsteins, der ehemals den Ort markierte,
> wo sie zu Ende war. – Auf der andern Seite der Triumphbogen, der heute zur Ret-
> tungsinsel geworden ist. Aus dem Erfahrungskreise der Schwelle hat das Tor sich
> entwickelt, das den verwandelt, der unter seiner Wölbung hindurchschreitet.[25]

Benjamin ist hier Zweierlei wichtig: Einerseits zeigt er das Zusammenspiel von
Antike und Moderne in der französischen Hauptstadt auf, exemplarisch am *Arc
de triomphe* (den wiederum Napoleon als typisch römische Architektur in Paris
bauen ließ, im Sog einer „imperialen" Wiederholung der Antike), betont er eine
„symbolische" Nähe zwischen Grenz- und Triumphtor. Beide hatten in der Tat
eine zentrale Rolle im antiken Rom: Man denke zum einen an die bekannte
Legende der Stadtgründung, als Romulus den Bruder Remus tötete, weil Letzterer die von dem Ersteren gezogene Stadtgrenze überschritten und damit deren
sanctitas geschändet hatte („So soll es künftig jedem ergehen, der über meine
Mauern springt [*sic deinde, quicumque alius transiliet moenia mea*]" (*Ab Urbe
cond.* 7,3)[26] soll Livius zufolge Romulus bei dem Brudermord gesagt und damit
dessen juristische Wirkung unterstrichen haben). In diesem bekannten Fall gilt
die Furche als eine echte und unüberschreitbare Schwelle. Zum Anderen denke
man an den Triumphzug des siegreichen römischen Heeresführers, wie er von
Georges Dumézil erzählt wird:

> Le triomphe, quand le Sénat l'accorde au général victorieux, est la plus éclatante
> manifestation de l'entente du dieu et du peuple. [...] Parti du Champ de Mars,
> le cortège gagne le Cirque et, contournant le Palatin, s'engage, par le fond du Fo-
> rum, sur la Sacra Via qui le mène au pied de la colline. Pour quelques heures, le
> triomphateur est le double humaine de Jupiter: [...] il s'avance en char, couronné
> de laurier dans l'appareil du dieu, [...] le visage passé au rouge comme celui de
> la statue qui l'attende dans le sanctuaire ; il tient dans la main droite un rameau
> de laurier et, dans la gauche, un sceptre d'ivoire que surmonte l'image d'un aigle.
> [...] Au bas du Capitole, il met pied à terre, puis monte la pente et, dans le temple,
> remet au dieu le laurier qu'il a apporté.[27]

---

[25] Walter Benjamin, *Gesammelte Schriften*, a. a. O., Bd. V.1, S. 139.
[26] Titus Livius, *Ab urbe condita. Storia di Roma dalla sua fondazione.* BUR, Mailand, 1982,
Bd. I., S. 240. Deutsche Übersetzung aus dem Lateinischen stammt vom Verfasser.
[27] Georges Dumézil, *La religion romaine archaïque*, Payot, Paris, 1966, S. 285–286.

Die Triumphbögen, die viele Kaiser – und auch die *imperatores* der republikanischen Zeit – errichtet haben, erscheinen somit als eine steinerne Wiederholung des heiligen Gangs, den der siegreiche Heeresführer im Herzen der Stadt unternahm und der in der Votivgabe an den Tempel des Iuppiter Optimus Maximus auf dem Kapitol gipfelte. In der römischen Mentalität ist damit eine Schwellenerfahrung tief verwurzelt, juristisch, religiös, politisch und anthropologisch zugleich. Benjamin bestätigt dies in einem anderen Passus, mit dem er den Text eines deutschen Altertumswissenschaftlers von 1925 und eines deutschen Altphilologen zitiert.[28] Benjamin betrachtet den Triumphbogen – und den Gang unter ihm – somit aus anthropologischer Sicht als *rite de passage*, also als symbolische Wiedergeburt.

Benjamins Stadtkonzeption, in der Antike und Moderne (und Tod und Leben) zusammengehören, lädt auch dazu ein, seine Reflexionen über den Labyrinth-Charakter der Großstadt neu zu bewerten: Károly Kerényi hatte hervorgehoben, wie eng die Korrelation zwischen Labyrinth und Unterwelt in der antiken Symbolwelt war, also wiederum eine Beziehung zwischen Leben und Tod (vor allem in der besonders in Nordeuropa aufzufindenden Korrelation zwischen Stadtplan und Labyrinthen[29]). Benjamin war sich der anthropologischen und symbolischen Implikationen solcher Konzeptionen in der Antike und ihrer Renaissancen in der Moderne bewusst:

> Man zeigte im alten Griechenland Stellen, an denen es in die Unterwelt hinabging. Auch unser waches Dasein ist ein Land, an dem es an verborgnen Stellen in die Unterwelt hinabgeht, voll unscheinbarer Örter, wo die Träume münden. […] Das Häuserlabyrinth der Stadt gleicht am hellen Tage dem Bewusstsein; die Passagen (das sind die Galerien, die in ihr vergangnes Dasein führen) münden tagsüber unbemerkt in die Straßen, Nachts unter den dunklen Häusermassen aber springt ihr kompakteres Dunkle erschreckend heraus.[30]

---

[28] Es geht um Karl Meister, *Die Hausschwelle in Sprache und Religion der Römer*, Winter, Heidelberg, 1925 und Ferdinand Noack, „Triumph und Triumphbogen", in: *Vorträge der Bibliothek Warburg*, 5, 1925/1926. Vgl. dazu Walter Benjamin, *Gesammelte Schriften*, a.a.O., Bd. V.1, S. 522.

[29] Vgl. die exemplarische Studie von Károly Kerényi, „Labyrinth-Studien: Labyrinthos als Linienreflex einer mythologischen Idee", in: ders., *Humanistische Seelenforschung*, Langen Müller, München/Wien, 1966, insb. S. 226–273.

[30] Walter Benjamin, *Gesammelte Schriften*, a.a.O., Bd. V.2, S. 1046.

Gabriele Guerra

Die systematische Korrelation von Antike und Moderne in der Phänomenologie
der Großstadt, wie sie im *Passagen-Werk* geschildert wird, ist der Walter-Benja-
min-Forschung seit langem bekannt. Sie zeigt dabei jedoch ebenso banale wie
tiefgreifende, interessante Implikationen: von der mythologischen Umfunktionierung der Großstadtakteure (ähnlich den Analysen Aby Warburgs) über eine
Neudeutung der Geschlechterrollen hin zu neuen Perspektivierungen urbaner
Topographien. Paris, die „Hauptstadt des 19. Jahrhunderts", und Inbegriff der
Moderne erscheint somit *auch* als Reanimierung des antiken Roms. Wie die
neueste Benjamin-Forschung häufig betont hat, zuletzt durch die Studien von
Dario Gentili,[31] wird die Hauptstadt wieder zur *urbs* – mit all ihrer Sakralität
nämlich, wie es etwa Dumézil in seiner Analyse des Triumphzugs zeigt. Laby-
rinthisch-infernalisch wie dieser Zug wirkt, verleiht er der Stadttopographie
Sakralität: Der Triumphzug wird allein eine *via sacra* zum Tempel. Dabei geht
es hier selbstverständlich nicht um den staatspolitischen Tempel des Iuppiter
Optimus Maximus, der den politischen und militärischen Sieg der *romanitas*
besiegelte. Vielmehr handelt es sich um einen Tempel symbolischen Charakters, ähnlich dem, den Henry Corbin, der bekannte Philosoph und Islamwissen-
schaftler 1974 in Ascona wie eine *Imago* beschrieben hat:

> L'*Imago Templi* est la forme que prend précisément pour se réfléchir dans l'âme
> […] une réalité transcendante. […] Cette *Imago* n'est pas là pour nous cacher
> quelque chose, mais pour la manifester. C'est pourquoi je voudrais dire que l'*Ima-
> go Templi* n'est pas *allégorique* mais *tautégorique*, c'est-à-dire qu'elle n'est pas à
> interpréter comme dissimulant l'Autre dont est elle-même la forme; elle est à
> comprendre dans son identité avec ce Autre et comme étant elle-même ce qu'elle
> annonce elle-même.[32]

Zweifellos ist Corbins esoterische Tempelwissenschaft von der Allegorie als
Verheimlichung des Anderen Benjamins Begriffswelt fremd; es bleibt aber eine

---

[31] Vgl. Dario Gentili, *Topografie politiche. Spazio urbano, cittadinanza, confini in Walter Benjamin e Jacques Derrida*, Quodlibet, Macerata, 2009, S. 43: „Sebbene i riferimenti
benjaminiani alla concezione romana della città non siano frequenti, consentono tutta-
via un approccio non consueto alla sua monumentale opera dedicata alla città di Parigi,
in quanto circostanziati proprio a quell'aspetto che già abbiamo indicato come decisivo
della differenza e del rapporto di *urbs* e *civitas*: l'*esperienza della soglia e della porta*." (in
Bezug auf Walter Benjamin, *Gesammelte Schriften*, a. a. O., Bd. V.1, S. 522).

[32] Henry Corbin, „Imago templi face aux normes profanes", in: Adolf Portmann (Hrsg.),
Norms in a changing world/Normen im Wandel der Zeit/Avenir et devenir des normes,
Brill, Leiden, 1977, S. 188.

Nähe beider Denker in der Bezeichnung einer symbolischen Tempeltopographie, wie sich etwa in der kurzen, aber zentralen Notiz aus dem *Passagen-Werk* zeigt: „Das Traumhaus der Passagen findet sich in der Kirche wieder"[33].

Der Tempel soll ein abgegrenzter Raum sein, eine Projektion der von dem Priester ausgeschnittenen Himmelsteile auf die Erde – ein Ort also, der von seiner Umgebung losgelöst und somit anderen Qualitäten und Zielen vorbehalten bleibt. Vielleicht könnte damit jener „freie Himmel" gemeint sein, den Benjamin in dem eingangs zitierten Passus aus dem *Passagen-Werk* ersehnt – ein freier Himmel, der Benjamin aber, wie etwa auch Gisèle Freunds Foto von Benjamin in einem engen Saal der Pariser Bibliothèque Nationale vermutlich aus dem Jahr 1939 assoziieren lässt, offenbar hoffnungslos verschlossen war.

---

[33] Walter Benjamin, *Gesammelte Schriften*, a. a. O., Bd. V.1, S. 515.

Wolfgang Müller-Funk

Die Sphinx als Schwellenwesen
oder Von der Grenze zwischen den Geschlechtern

Räumliche Phänomene im übertragenen wie auch im handfesten Sinn erfreuen sich heute in der kulturwissenschaftlichen Diskussion einer großen Beliebtheit. Damit rücken aber auch Phänomene wie Grenze und Schwelle in den Mittelpunkt. Wie der Philosoph Massimo Cacciari gezeigt hat, sind Grenzen immer zweierlei auf einmal: Absperrungen und Übergänge. Sie strukturieren unsere lebensweltliche Befindlichkeit und deren symbolische Ausgestaltung.[1] Grenzen sind unhintergehbar, sie sind Bernhard Waldenfels zufolge nicht nur Verhinderungen, sondern auch Ermöglichungen. Sie zu überschreiten ist zuweilen gefährlich, aber zugleich stimulierend. Entgegen aller Entgrenzungsphantasien gilt es, das Phänomen Grenze zu rehabilitieren und sich die Frage zu stellen, welche Beschaffenheit Grenzen heute besitzen können.[2] Waldenfels hat zudem auf eine Asymmetrie aufmerksam gemacht: Wir können nämlich niemals zugleich drinnen und draußen sein. Dies ist für die Szene zwischen Ödipus und der Sphinx von entscheidender Bedeutung. Es ist der Mann, der „draußen" steht, und es ist die Frau, die an der Schwelle postiert ist, die Innen und Außen voneinander scheidet. Die Sphinx ist ein Produkt des männlichen Auges. Diese Schwellengeschichte lässt sich schwerlich kippen: Aus der Perspektive der Sphinx verschwände diese wie von selbst. Die Sphinx ist die Schwelle des Mannes, Ödipus. Wie alle Schwellenwächter, männlich wie weiblich, menschlich wie tierisch, ist sie stumm, selbst dann, wenn sie ihre berühmte Frage stellt.

Vor diesem philosophischen Hintergrund möchte ich, unter Einbezug der Psychoanalyse, die Schwellenfigur der Sphinx diskutieren, als ein monströses Wesen in einem Zwischenraum, als eine Wächterin, die über den Zugang zu einem anderen Raum wacht. Dieser andere Raum ist aus männlicher Perspektive doppelt codiert, als der Raum des Weiblichen, des anderen Geschlechts, und als der Raum eines anderen Zustands, des Unbewussten. Die Sphinx befindet sich

---

[1] Vgl. Massimo Cacciari, *Wohnen. Denken. Essays über Baukunst im Zeitalter der völligen Mobilmachung*, Ritter, Klagenfurt, 2002, S. 73–84.
[2] Vgl. Bernhard Waldenfels, *Der Stachel des Fremden*, Suhrkamp, Frankfurt a. M., 1990, S. 28–40.

demzufolge im Zwischenraum zwischen Männlichem und Weiblichem, zwischen Bewusstem und Unbewussten. Es ist die Grenze – Sexus und Tod –, die Metaphern und Symbole hervortreibt.[3]

Grenzen werden gesetzt, von Menschen gemacht und zugleich gibt es anscheinend Phänomene, die unhintergehbar sind. Von ihnen berichtet die an der Leiblichkeit geschulte Phänomenologie eines Merleau-Ponty oder Waldenfels. Zu dieser vorsichtigen Annäherung an das Phänomen von Grenzen steht die Dekonstruktion mit ihrer Sisyphus-Arbeit der Auflösung von Grenzen, jenen binären Phänomenen, die Räume in Innen und Außen, Diesseits und Jenseits teilen, in einem unübersehbaren Kontrast. In diesem Zwiespalt bewegt sich heute die Debatte über Grenzen, als deren Dazwischen die Schwelle theoretisch Karriere gemacht hat.

Anders als die Grenze enthält die Schwelle eine zeitliche Dynamik. Wer vor dem behüteten Eingang steht, der hat die Wahl, die gefährliche Schwelle zu überschreiten oder ängstlich den Rückzug anzutreten. Oder, was vielleicht das Schlimmste ist, weshalb es Kafka auch mit dem Gleichnis des Türhüters vorgeführt hat, der Stillstand. Vielleicht ist auch ein viertes möglich: Herumkreisen.

Imaginärer Innenraum und „realer" Außenraum

> Die griechische Sphinx hat den Kopf und die Brüste einer Frau, die Flügel eines Vogels und Körper und Füße eines Löwen. Manche schreiben ihr den Körper eines Hundes und den Schwanz einer Schlange zu.[4]

Diese Zuschreibung der Sphinx von Jorge Luis Borges und Margarita Guerrero hat etwas durchaus Triftiges. Denn Wesen wie die Sphinx, die Sirenen oder die Einhörner sind Bestandteil einer phantastischen Bibliothek. Sie gehören, wie Dietmar Kamper schreibt, „nur noch in den Raum [...], den die Bilder, die Texte, die Schriften selbst eröffnen."[5] Das „nur noch" enthält eine zeitliche und eine räumliche Markierung, gehören doch diese Wesen ganz exklusiv diesem einen Raum an, den man mit und auch ohne Lacan als „imaginär" bezeich-

---

[3] Vgl. Thomas Macho, *Todesmetaphern. Zur Logik der Grenzerfahrung*, Suhrkamp, Frankfurt a. M., 1987.

[4] Jorge Luis Borges/Margarita Guerrero, „Einhorn, Sphinx und Salamander. Buch der imaginären Wesen", in: dies., *Gesammelte Werke*, Bd. 8, Hanser, München, 1982, S. 123.

[5] Dietmar Kamper, „Nachwort", in: Jorge Luis Borges/Margarita Guerrero, „Einhorn, Sphinx und Salamander", a. a. O., S. 166.

nen kann, was voraussetzt, dass es auch einen unterscheidbaren Raum gibt, der nicht imaginär, sondern symbolisch, sozial oder real ist. Nur aus dieser Perspektive macht die spatiale Verweisung Sinn; und es steht zu vermuten, dass diese Unterscheidung eine genuin moderne und aufgeklärte ist. Davon berichtet das zeitliche Adverb „noch", das dem „nur" der räumlichen eine zeitliche Beschränkung hinzufügt. Was wiederum die Hypothese zulässt, dass Dietmar Kamper davon ausgeht, dass diese Wesen, die heute scheinbar nur mehr auf sich selbst verweisen, zu einem früheren Zeitpunkt einen anderen Raum bewohnt haben, der womöglich weiter als jener Raum bezeichnet, den Kamper, Flaubert folgend, „Bibliotheksphänomen" genannt hat,[6] ein Ausdruck, der auch dem foucaultschen Diskurs entstammen könnte. Wer diese Schwelle überschreitet, der gerät urplötzlich in eine andere Welt. Die Einbildungskraft befindet sich demzufolge unter den Bedingungen der Moderne in der geschützten Nische der Künste oder zeitlich gesprochen in einem fort- oder immerwährenden Exil.[7]

Aber wo haben die Sphinx oder die Kentauren zuvor gelebt, etwa in der Welt des Mythos oder in der Welt der fernen, unerreichbaren Abenteuer? In jedem Fall, davon wird noch zu sprechen sein, handelt es sich um Wesen an der Grenze, um Wesen auch, die Grenzen überschreiten, die klare Grenze zwischen Mensch und Tier. Wichtig an der Zoologie, die das „Buch der imaginären Wesen" entfaltet, ist, dass es sich bei der Sphinx um einen Gattungsbegriff und keinen Namensbegriff handelt. Oder noch präziser gefasst, dass die Differenz zwischen Namen und Gattung hier (noch) nicht zählt. Das Wesen, das Ödipus entgegentritt, besitzt keinen Eigennamen. Sie weiß deshalb auch keine Geschichte von sich zu erzählen, kurzum sie entbehrt jedweder Genealogie und Abkunft, obschon sich Mythenforscher spätestens seit dem Ende des 19. Jahrhunderts redlich um eine solche Herleitungs- und Geburtsgeschichte bemühen und dabei eine phantastische Vielfalt von Familiengeschichten herausgefunden haben.

Eine eifrige, philologisch orientierte und bemühte Mythenforschung hat versucht, diese Herkunftsgeschichte dingfest zu machen. Dabei ist ihr offenkundig nicht aufgefallen, dass diese genealogischen Verweise sich auf Grund ihrer Vielfalt neutralisieren. Als Kind einer Schlangengöttin, Echidna, und eines schrecklichen Giganten, Typhon, wird sie uns vorgestellt (was aber nur einen Parallelismus zur Hydra darstellt), oder als Tochter aus einer inzestuösen Bezie-

---

[6] Ebd.

[7] Vgl. dazu auch Wolfgang Müller-Funk, *Die Farbe Blau. Untersuchungen zur Epistemologie des Romantischen*, Turia & Kant, Wien, 2000, S. 170.

hung der Schlangengöttin Echidna mit dem Höllenhund Orthos, aber auch als uneheliche Tochter des Laios, die ihre Geschwister tötet und sich in Kenntnis des Rätsels setzt. Das andere Mal ist die Sphinx eine Thebanerin, die zusammen mit den Töchtern des Kadmos rasend geworden ist. Die beinahe dionysische Metamorphose hat demzufolge ihre monströse Gestalt bewirkt, schließlich – das ist bereits die fünfte Version – stammt die Sphinx aus dem Kithairongebirge, dem Heiligtum der Hera und dem Ort der Aussetzung des Ödipus.

Als Motive für ihr rasendes Tun finden sich ebenfalls rationalisierende Erklärungen, etwa jene, dass der Auslöser ihrer Tat die homosexuelle Liebe des Laios zu Chrysippos und – damit verbunden – die Vernachlässigung seiner Frau Jokaste gewesen sei oder dass Dionysos die Sphinx aus Rache schickt, weil Semele, die Tochter des Stadtgründers Kadmos, ihm den Kult verweigert hat. Auch Ares und Hades werden zuweilen ins Spiel gebracht. So wird sie in dem Stadtmythos Thebens und in die Genealogie des Laios eingebettet.

Das sind allesamt *logificationes post festum*, raffinierte und auch erschlichene Sinngebungen, narrative Tricks, die sich mit der narrativen Eigenlogik der Rätselgeschichte übel vertragen. Fest steht, dass diese Herkunftsgeschichten ebenso in die Irre führen wie ihre vermeintlichen Motive. Die Geschichte von Ödipus und der Sphinx bedarf keiner solchen familiären Herleitungen und Motive. Ja mehr noch: Sie funktioniert, weil all diese Momente zum Beispiel in der sophokleischen Version, der frühen dramatischen Arbeit am Mythos, erst gar nicht ins Spiel kommen.

Entscheidend bleibt, dass etwa jene Sphinx, die Ödipus entgegentritt, zwar eine menschliche Stimme besitzt, aber diese auf ein einziges Sprachspiel beschränkt ist, auf das monologische Fragespiel, das dem Mann nur zu antworten gestattet. Sie verfügt nicht über eine eigene Stimme in dem Sinn, dass sie über sich zu sprechen vermag. Aus einer imaginierten Vorwelt stammend, besitzt sie keine durch Name und Geschichte verbürgte Identität. Eine solche ist ebenso ausgeschlossen wie eine Schilderung des Geschehenen aus ihrem Blickwinkel. Das sind zwei bindende und bedingende narrative Voraussetzungen für zwei zentrale Eigenschaften: dass sie ein monströses Schaustück und zugleich ein Rätselwesen ist. Als ein solches gehört sie in den Randbereich des Mythischen. Anders als im Falle des Helden hat sie keine rätselhafte Herkunft, die am Ende ans Tageslicht rücken kann (wie etwa bei Ödipus). Irgendwie scheint sie aus früheren Schichten zu kommen, die suggerieren, dass es eine Welt vor der des

Mythos gibt.[8] Denn der Mythos ist, wie wir nicht erst seit der strukturalen Mythenanalyse wissen, nicht selten eine perfekt organisierte Welt,[9] in der die Genealogien ebenso stimmen wie die Gegensätze der sprachlichen Begriffe, Licht und Dunkel, Erde und Wasser, Geist und Materie, Mensch und Tier. Sie ist ein hybrides Geschöpf, halb Tier, halb Mensch, sie hat die Brüste und das Gesicht einer Frau, aber die löwenhafte Stärke eines Mannes. Sie entstammt einer Welt und einem Zustand einer „gewalttätigen Entdifferenzierung", den René Girard als Symptom einer gesellschaftlichen Krise und zugleich als ein Indiz für eine Zeitenschwelle interpretiert hat.[10] Das Imaginäre wird, um noch einmal auf das „Nur" zu sprechen zu kommen, als das Archaische schlechthin verstanden. Wie die meisten anderen phantastischen Lebewesen befindet sie sich an einem Grenzposten und sie überschreitet eine Grenze, etwa jene zwischen Mensch und Tier. Als Monstrum ist sie unter- und übermenschlich zugleich. So konnte sie in der klassischen Moderne seit dem Symbolismus zum Fremdbild eines Weiblichen werden, dessen Unheimlichkeit (und Unheimeligkeit) gerade in der prinzipiellen und unauflösbaren Inkompatibilität von Mann und Frau besteht. Bis dahin ist es ein langer Weg, ehe die Sphinx in einer bestimmten Folie zum symbolischen Dekor und zur Mode geworden ist. Heute erscheint eine Arbeit an der Sphinx überholt, ja epigonenhaft; selbst eine feministische Ehrenrettung etwa im Stil der 1980er Jahre würde eher plakativ und peinlich anmuten. Die Sphinx ist tot, weil das narrative Material, das in der Moderne aufgeboten wurde, aufgezehrt ist, unwiederbringlich dem Bestand eines kulturellen Gedächtnisses angehört, mit dem sich natürlich fast beliebig spielen lässt, aus dem aber jener Ernst entwichen ist, der sich am jähen Auftauchen von Pathosformeln aufweisen lässt, wenn die Zuweisung des Monströsen im Hinblick auf die Frau und das Weibliche programmatisch werden, um Anziehung und Angst des eigenen Begehrens auf fatal verdeckte Weise zu bannen und zu verbannen.

---

[8] Vgl. dazu auch Benjamins Kafka-Interpretation in Walter Benjamin, *Angelus Novus. Ausgewählte Schriften 2*, Frankfurt a. M., 1966, S. 254: „Die Welt des Mythos […], ist unvergleichlich jünger als Kafkas Welt, der schon der Mythos die Erlösung versprochen hat."
[9] Schon vor Levi-Strauss hat Ernst Cassirer den Mythos als eine kausale Form der Erkenntnis bestimmt, vgl. Ernst Cassirer, *Philosophie der symbolischen Formen*, Wissenschaftliche Buchgesellschaft, Darmstadt, 1964, S. 39–77. Auf sehr unterschiedliche Art und Weise haben Max Horkheimer, Theodor W. Adorno, Hans Blumenberg und Kurt Hübner den Binarismus von Mythos und Logos außer Kraft gesetzt.
[10] Vgl. hierzu René Girard, *Das Heilige und die Gewalt*, Fischer, Frankfurt a. M., 1992, S. 103.

Die Lexikoneintragung in Borges' und Guerreros *Buch der imaginären Wesen* enthält noch einen weiteren wesentlichen Fingerzeig. Wenn von der griechischen Sphinx die Rede ist, dann lässt das den Schluss zu, dass es dieses oder ein ähnliches Wesen auch außerhalb der griechischen Mythologie gibt. Was selbstredend, wie wir von Herodots Reiseberichten wissen, der Fall ist. Auf dem Weg von Ägypten in das antike Hellas haben sich Wesen und Funktion des imaginären Tier-Menschen dramatisch verändert. Ein früher, kaum mehr zu rekonstruierender Kulturtransfer. Denn der ägyptische Hybrid – bekannt ist die riesige Statue von Gizeh – ist keine Frau, sondern viel eher ein Mann; und *der* ägyptische Sphinx stellt auch keine schier unlösbaren und Verderben bringenden Fragen wie die schönen Königstöchter im Märchen, sondern ist ein eher stummer Schwellenwächter, ein Raumhüter, der Uneingeweihten und Ungebetenen den Einlass in die Räume der Macht und des Sakralen verwehrt. Die *Androsphingen* sind – wie alle Torwächter – stumme Dienstboten. Das Tierische mag die Kombination von Stärke und Untertänigkeit markieren, die für die kulturelle Symbiose von Mensch und Tier eigentümlich ist: Es ist das physisch schwächere Lebewesen, welches das stärkere unterwirft. Das gilt für den menschlichen Knecht ebenso wie für das dressierte Tier.

Geschlechterräume 1: Friedrich Creutzer[11]

Die Geschichte des Kulturtransfers hat schon Friedrich Creutzer, den exemplarischen Mythenforscher der deutschen Romantik und widerstrebenden Geliebten der Romantikerin Caroline von Günderode, interessiert. Creutzer hat in der dritten Auflage seiner *Symbolik und Mythologie der alten Völker besonders der Griechen* (1837–1843, die erste Ausgabe datiert aus dem Jahr 1819) lange vor Róheim, diese monströsen Tierwesen bereits ethnologisch gedeutet, im Sinne von Fetischismus und Tierdienst, und semiotisch von „combinierten Symbolen und Bildern" gesprochen. Sie wären nichts anderes als die symbolische Verarbeitung der Kohabitation von Mensch und Tier mitsamt des imaginären Überschusses: „Auch ist es gewiß nicht zu leugnen, dass den Ägyptern die Wahrnehmung der Nützlichkeit und Schädlichkeit gewisser Thiere zu deren Verehrung und Würdigung geführt haben."[12] Tiere repräsentieren insofern im Hinblick auf

---

[11] Vgl. hierzu auch Wolfgang Müller-Funk, *Die Enttäuschungen der Vernunft. Von der Romantik zur Postmoderne*, OBV, Wien, 1990, S. 13–29.

[12] Friedrich Creutzer, *Symbolik und Mythologie der alten Völker besonders der Griechen*, 4 Bde., dritte, erweiterte Auflage, Leske, Leipzig, 1837–1843, Bd. 2, S. 205.

die Welt des Menschen das Höhere und Allgemeine. Im Hinblick auf die Hybridität dieser Wesen spricht Creutzer denn auch von einem „Aufpfropfen" des Fremden.

Aber die Sphinx wäre nicht zu dem geworden, wenn sie ein männlicher Wächter der Macht und des Heiligen geblieben wäre. Erst ihre Geschlechtsumwandlung auf dem Weg von Ägypten in das antike Griechenland hat ein imaginäres Wesen geschaffen, das aus männlichem Blickwinkel zum Signifikanten alles Rätselhaften schlechthin avancieren sollte: des Menschen, der Frau, der Sexualität, des Imaginären. Der Raum, auf den die Schwellenhüterin verweist und den sie zugleich versteckt hält, ist der weibliche Hohlraum, die Vagina. Vor diesem Innenraum postiert sich die Sphinx, die den Raum verschlossen und unsichtbar hält.[13]

Creutzer hat diesen Kulturtransfer im Sinne einer Abfolgegeschichte gedeutet. Darin ist ihm Schelling, einer seiner aufmerksamsten Leser gefolgt, wenn er etwa die Epoche der Mythologie in ägyptisch, indisch und griechisch einteilt und dabei, wie es bei Schelling heißt, „das unstabile, unselbständige Prinzip" des Weiblichen zeitweilig ins Zentrum rückt – bis dahin waren die weiblichen Wesen eher schmückendes Beiwerk in der Welt des Mythos gewesen.[14] Bei Creutzer gibt es schon Momente und Motive, die seit Bachofens *Mutterrecht* in der Vordergrund treten werden, die Idee einer vormythischen materialistischen und maternalistischen Welt, die mit Figuren wie Kybele, Urania oder auch Isis signifikant werden; auch der Kult des Dionysos, des phallischen Lieblings der Frauen, gehört in diese Spurensuche, ebenso wie die bei Creutzer auftauchende Hypothese, wonach die weibliche Sphinx eine umgekehrte Isis sei, die ja nicht nur eine die im Gegensatz zu ihrem männlichen Gegenstück, Osiris, Göttin ist, sondern auch ein Mischwesen. Creutzer fügt an dieser Stelle noch ein weiteres Charakteristikum hinzu: das Motiv des Inzests. Das Monströse an der thebanischen Sphinx könnte also ihr indexikalischer Verweis auf den Inzest und auf die wahllose geschlechtliche Vermischung darstellen, die eigene wie die ihres Gegenübers, Ödipus. Borges und Guerrero haben übrigens die interessante These vertreten, dass sich die berühmte Frage nicht nur bzw. nicht ausschließlich auf

---

[13] Vgl. George Devereux, *Baubo. Die mythische Vulva*, Syndikat, Frankfurt a. M., 1981, S. 7–15. Baubo, die ihre Vulva entblößt, die zugleich Schwellen und Innenraum ist, wäre in gewisser Weise eine offensive Gegenfigur zur Sphinx.

[14] Vgl. Friedrich W. J. Schelling, *Philosophie der Offenbarung*, Suhrkamp, Frankfurt a. M., 1977, S. 273.

den Menschen an und für sich richtet, sondern ganz speziell auf das Schicksal des Ödipus selbst, der geblendet und schutzlos von Antigone begleitet am Ende der Geschichte eines Stocks bedürftig ist.[15]

Insofern verweist die scheinbar nebensächliche Episode im Drama des Ödipus auf ein weltgeschichtliches Ereignis, nämlich auf das Ende einer als weiblich begriffenen Welt, die anders als bei Bachofen nicht am Anfang, sondern in der Mitte der menschlichen Kulturgeschichte angesiedelt wird. Creutzer, der die Sphinx sowohl mit dem Isis-Kult als auch mit der Göttin Artemis verbindet, sieht die Dominanz weiblicher Gottheiten im Zusammenhang mit einem Gründungsmythos einer Agrarkultur, wie sie im *hieros gamos* der Geschwister Isis und Osiris und in den sie repräsentierenden Elementen (Getreide versus Pflug) zutage tritt. Es ist für Creutzer kein Zufall, dass die Frau, Isis, anders als der Mann, Osiris, unsterblich ist. Mit der Sphinx geht also eine sehr viel ältere Welt zugrunde, die auf unkontrollierter Mischung und Sexualität beruht und in welcher der Inzest noch kein Tabu darstellt. Insofern agiert Ödipus nicht nur als eine klassische tragische Figur, die von der Nemesis ereilt wird, von der Macht, die, wie Schelling schreibt, „unwillig ist über den unverdient, ohne sein Verdienst Glücklichen"[16], sondern er ist auch ein Kulturheroe, der den Aufbruch in eine andere Zeit markiert. So ist er bei Creutzer schon vorentworfen, so begegnet er uns im klassischen Matriarchatsnarrativ Bachofens. Ein vorerst letztes Mal begegnet er uns bei dem französischen Literatur- und Kulturtheoretiker René Girard als jene Figur, die den Opfer-Mythos transzendiert[17] – vor dem Hintergrund einer Gesellschaft, die von einer Opferkrise heimgesucht wird, die mit Entdifferenzierung und Seuche, mit der Implosion der symbolischen Ordnung einhergeht. Als symptomatische Figur dieser Krise steht auch bei Girard die monströse Figur der thebanischen Sphinx.

Räume und Zeit der Frau: Bachofen und die Gynaikokratie

Er war ein verstohlener und versteckter Autor des Feminismus der 1970er und 1980er Jahre, als noch essentialistische Konzepte von weiblicher Identität im Umlauf waren und parallel zu den Phantasien von Marx, eigentlich Engels, die

[15] Vgl. Anmerkung 1.
[16] Friedrich W. J. Schelling, „Philosophie der Mythologie", in: *Ausgewählte Schriften in sechs Bänden, Bd. 6: 1842–1852*, Suhrkamp, Frankfurt a. M., 1985, S. 155.
[17] Vgl. René Girard, *Das Heilige und die Gewalt*, a. a. O., S. 104–133.

Idee, dass Kultur und Weltgeschichtliche weiblich begonnen hätten. Schon vor dem Basler Gelehrten Johann Jakob Bachofen, der sein opulentes Werk *Das Mutterrecht* respektvoll seiner eigenen Mutter dedizierte, taucht dieses reizvolle Geschlechternarrativ in der deutschen und österreichischen Literatur auf, etwa in Kleists *Penthesilea* oder bei Clemens von Brentano und Franz Grillparzer, die auf je eigene Weise den Prager Stadtmythos rund um die schöne Magierin Libuše (Libussa) und ihre beiden Schwestern dramatisch ausgearbeitet haben.[18]

Bevorzugt Brentano den komisch-romantischen Ausgleich, so enden die Geschichten bei Kleist und Grillparzer einigermaßen tragisch. In jedem Fall aber gehört die Herrschaft der Frauen, die Gynaikokratie, am Ende der großen Erzählung unwiderruflich der Vergangenheit an. Anders als im feministischen Diskurs der 1970er Jahre werden die Nachfahrinnen von Penthesilea und Libuše nicht mehr die Macht ergreifen.

Eine derartige Fabelkonstruktion ist auch der großen Geschlechtererzählung Bachofens unterlegt, jenes Gelehrten, der mit minutiösem Eifer in der Symbolik von Keramiken, in antiken Skulpturen und in den antiken Dramen die Spuren einer allumfassenden Herrschaft der Frauen erkennen wollte.

Eine klassische lineare Fortschrittsgeschichte, deren krasser Binarismus die Spuren des Mythos verrät, lässt der Autor Revue passieren: vom hetärischen Chaos über Matriarchat zum Patriarchat. Auf der Ebene der Sexualität ist es der Weg von der unkontrollierten Promiskuität zur Monogamie, deren Kern ganz offenkundig die männliche Kontrolle der weiblichen Reproduktion darstellt. Zwischen dem Hetärismus und dem Patriarchat befindet sich gleichsam als Übergang und Mittelstück der Erzählung eine Form von Matriarchat, das bereits klare Verhältnisse im Hinblick auf Vaterschaft und (mono-andrische) Partnerwahl schafft.[19] Ein solches Narrativ war in der Romantik, bei Creutzer wie bei Schelling schon angedacht, etwa wenn Schelling in seiner berüchtigten Berliner Antrittsrede über den Zusammenhang von Möglichkeit (Potenz) und Weiblichkeit meint:

---

[18] Vgl. dazu Wolfgang Müller-Funk, „Libussa Twofold: The Mythical Narrative of Woman Power in Brentano and Grillparzer – an Intertextual Approach", in: Marianne Henn/Clemens Ruthner/Raleigh Whitinger (Hrsg.), *Aneignungen, Entfremdungen. The Austrian Plawright Franz Grillparzer (1791–1872)*, Lang, New York, 2007, S. 68– 85.

[19] Vgl. etwa die für die Nach-68er-Ära exemplarische Studie von Uwe Wesel, *Der Mythos vom Matriarchat. Über Bachofens Mutterrecht und die Stellung der Frau in frühen Gesellschaften*, Suhrkamp, Frankfurt a. M., 1980.

Wolfgang Müller-Funk

Insofern diese Möglichkeit für sich nichts vermag und unfruchtbar ist (nichts gebiert), wenn nicht der Wille (das seiner selbst mächtige Seynkönnen) sich zu ihr schlägt, erscheint diese Möglichkeit als bloße *Weiblichkeit*, der Wille als Männlichkeit – hier ist schon ein mythologischer Ausdruck, und hier ist schon der Grund gelegt zu der nachher immer fortgehenden und immer weiter sich verzweigenden Geschlechterdoppeltheit der mythologischen Gottheiten.[20]

In dem für das Jahrhundert eigentümlichen Systemeifer hat der schweizerische Gelehrte, ein panoramischer Erzähler der Weltgeschichte, die drei Stufen vor seinem Publikum anschaulich ausgebreitet:

Die erste Stufe bezeichnet er als tellurisch und verbindet sie mit zwei Elementen, der Erde und dem Wasser; vor allem aber ist es die Mischung der beiden, die in seinen Augen für diese Form von Geschlechterverhältnissen und Sexualität so charakteristisch erscheint. Es sind der Sumpf, die Feuchtigkeit, der weibliche Schoß. All diese Elemente stehen in ihrer konnotativen Magie für eine hetärische Zeugungsmacht, für die Erdfeuchtigkeit einer vaterlosen Gesellschaft, in der Inzest, Promiskuität und Blutschande an der Tagesordnung sind; „unbewusster Vatermord" ist in sie strukturell eingeschrieben, ein Mord, der narrativ indes anders begründet ist als später bei Freud. Dort war es ja der männliche Urtyrann, der sich alle Weibchen unterwarf und von seinen eigenen Sprösslingen umgebracht wird. Aber bei Bachofen geht es darum, dass unter den Bedingungen einer hetärischen Gynaikokratie keine Vaterschaft möglich ist, weil diese Frauenherrschaft also auf der symbolischen Eliminierung des Vaters beruht. Liest man Bachofens große Erzählung gegen den Strich im Sinne eines Psychogramms männlicher Angst im 19. Jahrhundert (das auch das Zeitalter des Imperialismus ist), dann deutet sich hier bereits ein elementarer männlicher Geschlechtsekel gegenüber der „unreinen" Frau an, die ohne männliche Kontrolle sich mit möglichst vielen Männern zu begatten trachtet. Proto-psychoanalytisch gesprochen, sind die Frauen Mängelwesen, wollen in Besitz nehmen, was sie natürlich nicht besitzen: den Penis des Mannes. Wenn die Sexualität ekelhaft ist, dann verwandelt sich deren vermeintliche Repräsentantin beinahe zwangsläufig in ein Monstrum.

Die zweite Stufe bezeichnet der Verfasser des *Mutterrechts* als lunar, also dem Prinzip des Mondes, der Luna entsprechend. Diese kulturelle Welt ist noch immer maßgeblich von der Frau bestimmt, aber hier gibt es bereits – man denke

[20] Friedrich W. J. Schelling, *Philosophie der Mythologie*, a. a. O., S. 154.

auch an Creutzer – ein geregeltes Zusammensein der Geschlechter und damit eine Genealogie. Repräsentativ für diese Stufe ist der Mythos des Geschwister-paares Isis und Osiris, der weiblichen Gottheit mit dem sterblichen Mann. Es handelt sich um ein Matriarchat, in dem es bereits phallische und patriarcha-le Elemente gibt. Die lunare Stufe beruht auf einem „stofflichen Muttertum" und auf dem Ackerbau. Weitere Zuschreibungen sind „cerealisch-ehelich" und „himmlisch-lunar", ein feuchter Nachthimmel und die Gestalt der griechischen Erdgöttin Demeter. Hier wird deutlich, dass der philosophische Gegensatz von Materie (Stoff) und Geist und der Gegensatz von Hell und Dunkel hier für die binäre Oppositionsbildung der Geschlechter verwendet wird.

Das solare Zeitalter entspricht der Dominanz des Virilen, dem Patriarchat, der Herrschaft des Mannes als Vater und Gebieter. Dessen Eros ist mit der Son-nenmacht und der Geistigkeit verbunden. Tragende Werte sind Reinheit, Milde, Versöhnung und Licht. Aus dieser positiven Wertsetzung lässt sich umgekehrt und implizit auf jene Unwerte schließen, die mit dem verhängnisvollen Weib-lichen, vor allem in der ersten Stufe verbunden sind: Unreinheit, Kampf und Dunkel. Bachofen feiert die dritte Stufe menschlicher Entwicklung als „apolli-nisch", während das Dionysische, übrigens schon bei Creutzer und doch anders als später bei Nietzsche, unter dem Verdacht eines maßlos Weiblichen steht. Es erweist sich als ein letztes Aufbäumen gegen den Triumph des Männlich-Apolli-nischen. Am Ende stellt sich freilich heraus, dass das Späte schon im Anfang schlummert, wie Bachofen unter Hinweis auf einen Satz des Aristoteles fest-stellt: „[D]enn das im Werden Nachfolgende ist in Bezug auf die Natur des Din-ges das Vorhergehende und zuerst kommst das, was im Werden das Letzte ist [τὰ γὰρ ὕστερα τῇ γενέσει πρότερα τὴν φύσιν ἐστί, καί πρῶτον τὸ τῇ γενέσει τελευταῖον]."[21]

Die Ägypter haben die zweite Stufe der Entwicklung erreicht, ein lunares Matriarchat mit Integration der Vaterfigur. Der Übergang zur dritten Stufe er-folgt im klassischen Griechenland und der Mythos von Ödipus, der Sphinx und den Töchtern des Ödipus spielt dabei eine Schlüsselrolle. Bachofen verweist auf eine Textstelle in *Ödipus auf Kolonos*, in der davon die Rede ist, dass sich die Töchter des blinden Königs wie ägyptische Frauen benehmen, die gegenüber ihren Männern dominieren:

---

[21] Aristot., part. an., II, 1. Folgt der Ausgabe Aristoteles, *Περὶ ζῴων μορίων. Über die Teile der Tiere*. Griechisch und Deutsch, hrsg. von Alexander von Frantzius, Scientia, Aalen, 1978, 46 f.

Wolfgang Müller-Funk

Ha, wie sie ganz die Sitten des Ägyptervolks
Nachahmen in des Sinnes und des Lebens Art!
Dort hält das Volk die Männer sich zu Haus und schafft
am Webstuhl, und die Weiber fort und fort
Besorgen draußen für das Leben, den Bedarf.
Und die von Euch, o Kinder, welchen hier geziemt
Zu sorgen, wie die Mädchen hausen sie daheim;
Statt ihrer kümmert Ihr euch hier um meine Not,
Des Jammervollen.[22]

Sie gelten als *Parthenopaii*, als Kinder der Jungfrau; ihr Schildzeichen verweist, wie Bachofen detektivisch nachzuweisen sucht, auf das Muttersystem, dem gegenüber Kreon die Rolle des Usurpators einnimmt. Merkwürdig bleibt, dass dieser im Sinne Bachofens doch eigentlich positiv zu sehende Usurpator im antiken Drama so schlecht wegkommt.

Ödipus, der letzte inzestuöse Sohn-Mann, wiederum ist die positive Figur des Übergangs, er steht an der Wende von der ersten zur zweiten Stufe. Kraft und Zeugungslust („Schwellfuß") zeichnen ihn als einen potenten Mann aus. Der Sohn wird Gatte und Vater, und „dasselbe Urweib wird heute von dem Ahn, morgen von dem Enkel begattet."[23] „Er ist eine jener großen Gestalten, deren Leiden und Qual zu schönerer menschlicher Gesinnung führen, die, selbst noch auf dem Zustand der Dinge ruhend und aus ihm hervorgegangen, als letztes Opfer desselben, dadurch aber zugleich als Begründer einer neuen Zeit dastehen."[24] In Ödipus gewinnt Männlichkeit, männliche Kraft neben dem weiblichen Stoff, zum ersten Mal „selbständige Bedeutung". Bachofen fügt pathetisch hinzu: „[Mit Ödipus] beginnt der Kinder echte Geburt".[25]

Die Sphinx wird als Repräsentantin einer hetärischen Urhorde (der *Spartoi*) gesehen. Der Sturz der Sphinx von der Mauer bedeutet das Ende des Tellurismus, der Untergang der Spartoi, der Drachensöhne und der Sphinx. Aber auch den Untergang der Jokaste, der Großmutter ihrer Töchter und der Mutter ihres

---

[22] Johann J. Bachofen, *Mutterrecht und Urreligion. Unter Benutzung der Auswahl von Rudolf Marx*, Kröner, Stuttgart, 1984, S. 215.
[23] Johann J. Bachofen, *Das Mutterrecht. Eine Untersuchung über die Gynaikokratie der alten Welt nach ihrer religiösen und rechtlichen Natur*, Suhrkamp, Frankfurt a.M., 1975, S. 272.
[24] Ebd.
[25] Ebd., S. 273.

Gatten („avia filiorum est, quae mater mariti"[26]). Ödipus gehört also noch in die Genealogie der Spartoi aus der erste Stufe, die nur eine identifizierbare Mutter, aber keinen Vater haben.

Die Sphinx von Theben, die typhonische Sphinx, die Tochter des schrecklichen Giganten Typhon, repräsentiert ein archaisches und tellurisches Muttertum: Sie stammt nicht nur aus einer fernen Zeit, sondern entstammt zudem einem fernen Raum, einer Peripherie (Äthiopien). Ihr berühmtes Rätsel fasse, so lautet das Argument im *Mutterrecht*, nur mit Blick auf seine vergänglich-stoffliche Seite auf. Höchst eigenwillig interpretiert Bachofen die Selbstblendung des Ödipus als einen befreienden Akt, mit Hilfe dessen er sich von der hetärischen Macht der inzestuösen Urmutter befreit:

> Mit der Spange, dem Zeichen aphroditischer Geschlechtsverbindung, beraubt sich Ödipus des Augenlichts, weil er durch die Begattung der Mutter das reinere Gesetz der Lichtmächte verletzt hat. Darin liegt die Verurteilung jenes unreinen hetärisch-tellurischen Muttertums, dem Ödipus alle seine Leiden verdankt und über dessen Untergang er nunmehr zu dem rein demetrischen Gesetz fortschreitet.[27]

Der Mythos enthält Bachofen zufolge Erinnerungen an eine ältere Kulturstufe in religiöser Gestalt. Zugleich aber wird die Religion als Motor des kulturellen Fortschritts gesehen. Und in Revision des Rätsels der Sphinx ließe sich sagen, dass die Lösung der Hieroglyphe eine „allmähliche stufenweise Überwindung des Tierischen" darstellt.[28] Damit verschwindet aber zugleich die Autorität des Rätselwesens, eine Autorität, die sie unabhängig von ihrer schrecklichen Gestalt besitzt. Indem sie mit einer ekelhaften archaischen „tellurischen" Sexualität vor der Zeit des Mythos in Verbindung gebracht wird, verdichtet sich der Zusammenhang von Monstrosität und Weiblichkeit. Spuren solchen Ekels aus der bachofenschen Gelehrtenstube wollte Walter Benjamin übrigens auch noch in den weiblichen Gestalten in Kafkas Prosa gefunden haben, die der frühe Interpret Kafkas fast selbstverständlich mit der tellurisch-hetärischen Sumpfkultur bei Bachofen in Verbindung brachte.[29] Das symbolistische Dekor, dem ein gewisses Augenzwinkern, ein böser Geschlechterspaß anzumerken ist, verdeckt die durchaus handfeste, sich aus Ekel vor Weiblichkeit, vor allem aber eigener

---

[26] Ebd.
[27] Johann J. Bachofen, *Mutterrecht und Urreligion*, a. a. O., S. 219.
[28] Ebd., S. 223.
[29] Vgl. Anm. 8.

Sexualität speisender Misogynie: Sie ist bei Weiniger ebenso unübersehbar wie bei Kafka, dem Erfinder skurriler und obsessiver imaginärer Wesen, von denen Odradek nur das prominenteste ist, das im Übrigen ebenso wie die Sirenen und das Wesen mit dem endlos langen Schwanz Eingang in Borges' und Guerreros Anthologie gefunden hat.

Die Verbindung mit Hund und Schlange macht deutlich, dass die tierischen Anteile der griechischen Sphinx, dieses inzestuösen Mischwesens, insbesondere in den späten Bearbeitungen, nicht mehr als Ausweise von genealogischer Nobilität dienen, sondern als Hinweis auf eine vormenschliche Existenzweise, mit der im Erzählprozess etwa bei Bachofen einseitig die Frau belastet wird. Nur dem Mann ist es zu verdanken, dass sich das Lebewesen Mensch aus seiner tierisch dunklen Existenz zu befreien vermag. Jokaste und die Sphinx galten dabei als zwei Aspekte ein und desselben. Was diese Weiblichkeit so attraktiv macht, bleibt in diesem Horrorbild eigentümlich dunkel.

Leichte Übergänge. Entgrenzungsphantasien: Novalis

Die Romantik als eine Antwort auf die historische Epoche der Aufklärung lässt sich programmatisch mit der Formel der „Wiederverzauberung der Welt" fassen. Diese Formel existiert in einer totalisierenden und in einer exklusiven Version. In ihrer kulturrevolutionären Bedeutung bringt sie den Willen zur Remythisierung zum Ausdruck, in ihrer ästhetisch-modernistischen Intention findet diese Wiederverzauberung in ebenjenem Raum statt, den Dietmar Kamper als den Raum der Bilder und Texte bezeichnet hat.[30] In jedem Fall bedeutet die Romantik die Rehabilitierung des Imaginären und der ihr zugrunde liegenden Einbildungskraft. Gegen den Prozess, den ihr Aufklärung und Rationalismus gemacht hatten, wird Einspruch erhoben: Das ist auch *eine* Geburtsstunde der modernen Literatur. Bei Novalis, jenem Dichter, der ganz ungeniert die mythischen Bestände der verschiedensten Kulturen plündert und mischt, kommt die Figur der Sphinx an einer markanten Stelle vor. Sie ist zusammengeschrumpft auf einen komischen Popanz, den man einfach zur Seite schieben kann. Ihr weltberühmtes Rätsel wird auch gar nicht mehr gestellt, offenkundig, weil es nicht mit der romantischen Phantasie korreliert. Was der Mensch ist, steht dabei nicht zur Debatte, allenfalls, was er werden könnte.

---

[30] Vgl. Anm. 2 und Dietmar Kamper, *Zur Geschichte der Einbildungskraft*, Hanser, München, 1981, S. 7–18.

Wir befinden uns in einem imaginären Spiegelkabinett, in einer märchen-
haften Erzählung innerhalb eines romantischen Textes, der im Sinn eines schul-
buchmäßigen romantischen Programms als Prosa beginnt und sich als Märchen
erfüllen wird. Erzählt wird das Märchen von dem Dichter Klingsor und einer
der Zuhörer ist der junge Heinrich von Ofterdingen, der am Ende ein Liebender
und ein Dichter werden wird, beides zusammen und auf einmal. Keine Frage,
dass die weibliche Imago, Mathilde, ebenfalls schon im Erzählraum präsent ist.

In Klingsors allegorischem Märchen steht Fabel im Mittelpunkt, eine weibli-
che Figur und zugleich die Allegorie der Poesie, die „Milchschwester" der Liebe.
In dieser erotisch aufgeladenen Figurenkonstellation verkörpert Ginnistan die
Allegorie der Einbildungskraft, Eros die Allegorie der sexuellen Liebe, Fabel die
Allegorie der Dichtung und Sophia die Allegorie der Weisheit, die für Eros einen
Trank zubereitet. Es sind Szenen von Vereinigung und Mischung, in denen Eros,
das einzige männliche Wesen, als Säugling wie als Liebhaber fungiert.

Fabel begibt sich auf eine Wanderschaft, tritt freudig, wie es heißt, in eine
neue Welt ein – das ist, so steht zu vermuten, der romantische Raum des Imaginären, der durch die Einbildungskraft geschaffen wird. Dort begegnet sie einer
Sphinx, die als ausnehmend anziehend geschildert wird. Bemerkenswerterweise
wird sie als „eine" bezeichnet und nicht mit der thebanischen Sphinx identifiziert. Deshalb wird die berühmte Rätselfrage auch gar nicht gestellt, vielmehr
entsteht ein Frage- und Antwortspiel, bei dem Fabel am Ende souverän siegt:

> Endlich kam sie an das Tor, vor welchem auf einem massiven Postament eine
> schöne Sphinx lag.
> „Was suchst du?" sagte die Sphinx. „Mein Eigentum", erwiderte Fabel. – „Wo
> kommst du her?" – „Aus alten Zeiten." – „Du bist noch ein Kind" – „Und wer-
> de ewig ein Kind sein." – „Wer wird dir beistehn?" – „Ich stehe für mich. Wo
> sind die Schwestern?" fragte Fabel. – „Überall und nirgends", gab die Sphinx zur
> Antwort. – „Kennst du mich?" – „Noch nicht." – „Wo ist die Liebe?" – „In der
> Einbildung." – „Und Sophie?" – Die Sphinx murmelte unvernehmlichs vor sich
> hin, und rauschte mit den Flügeln. „Sophie und Liebe", rief triumphierend Fabel,
> und ging durch das Tor.[31]

Die Passage setzt eine vollständige Inversion und Dekonstruktion der Sphinx-Fi-
gur in Szene. Durch die dialogische Umkehrung des Fragespiels öffnet sich der

---

[31] *Novalis Werke. Studienausgabe*, Beck, München, 1981, zweite, neu bearbeitete Auflage,
S. 244.

Raum, wird die Schwelle spielerisch überschritten. Fabel rückt in die Position der Fragenden, die das romantische Programm, das Fabel verkündet, nicht kennt und nicht kennen kann. Zunächst ist es die (ägyptische) Schwellenhüterin, die Auskunft erheischt. Die Auskunft ist für die Entscheidung notwendig, ob Fabel in den neuen Raum eingelassen werden darf. Aber Fabel erwidert ihre Frage nicht auf eine Weise, die das Fabelwesen verstehen könnte. Kurzum, die Sphinx taugt nicht wirklich für das imaginäre Inventar der Romantik. Fabel beantwortet die Frage der Sphinx auf eine unbestimmte Weise („aus alten Zeiten"); überdies kann die Sphinx nicht verstehen, warum jemand ewig jung sein kann, der als „alten Zeiten" stammt.

Die Sphinx kennt Fabel, die metonymische Figur romantischer Poesie, nicht. Sie begreift auch nicht, dass diese keinen Beistand benötigt, eben weil die moderne Dichtung autonom ist. Eine Frage beantwortet die Sphinx scheinbar ganz korrekt: Denn die Liebe, Eros, ist in der Einbildung, was der Koitus von Ginnistan und Eros im Märchen versinnbillicht. Aber die Sphinx hatte es offenkundig im traditionellen, rationalistischen Sinn verstanden, eben dass die romantische Liebe „nur" eine Einbildung, eine Illusion sei. Aber letztendlich scheitert sie an der letzten Frage der Fabel, wo sich nämlich Sophia, die Weisheit, befindet. Das wird ihr in der Auseinandersetzung schlussendlich zum Verhängnis. Der letzte Schlussstein romantischer Programmatik lautet: Sophia und Liebe. Die Liebe, Eros, wird genährt, während sie sich mit der Einbildungskraft vermählt, als deren Milchschwester eben Fabel gilt, die aus diesen Verbindungen hervorgegangen ist. Durch das romantische Programm wird die Sphinx besiegt, die hier wieder in ihre alte Rolle als Schwellenhüterin eingetreten war.

Die Romantik als frühmoderne Entgrenzungsphantasie. In Novalis' verwildertem und synkretistischem Märchen kommt es zu erheblichen Umgruppierungen: Die Sphinx wird als imaginäres Wesen abgewiesen, aber die sexuelle Mischung, vor der Bachofen so graute, wird ganz selbstverständlich begrüßt und restituiert. So gibt es auch eine Inzestphantasie, etwa wenn Ginnistan sich in wilden Umarmungen mit Eros ergeht, den sie zuvor noch wie einen Säugling an ihre Brust genommen hatte. Der König schmilzt übrigens ganz ähnlich wie die Sphinx auf die Dimension einer Attrappe ein, wird zu einer Nebenfigur, die der Binnenerzähler schon bald aus den Augen verliert.

Novalis' Auseinandersetzung mit der Konfiguration der Sphinx ist einzigartig und aufschlussreich, tilgt doch dieser Karneval der Geschlechter jedes Moment an Dramatik und jeden Anflug von Tragik aus dem Verhältnis der Geschlechter. Wahrscheinlich kann deshalb deren Marginalisierung im Raum des Imaginären, der romantischen Dichtung betrieben werden. Diese ist durch vier Geschehenselemente charakterisiert:

1. Ihr Gegenüber ist nicht Ödipus, sondern eine weibliche Figur, die die Dichtung verkörpert („homosexuelle" Neutralisierung der geschlechtlichen Differenz).
2. Die Logik des Fragens wird umgekehrt, am Ende fragt nämlich Fabel die Sphinx (Neutralisierung der Gefährlichkeit der Sphinx).
3. Die Sphinx wirkt völlig ungefährlich und auch nicht besonders rätselhaft. Sie ist kein ernsthaftes Hindernis für Fabel (symbolische Entwaffnung der Sphinx).
4. Liebe und Weisheit, die romantische Losung, öffnen den Zugang zu einer romantischen Welt (programmatische Alternative zum Rätsel der Sphinx).

Die Sphinx wird also mit ganz anderen Mitteln geschlagen als im klassischen Narrativ; damit ist aber auch die Weisheit des Ödipus in Zweifel gezogen, die in jedem Fall keine Weisheit mit Liebe ist. Am Ende ist die Sphinx dysfunktional und deplatziert. Sie stürzt in keinen Abgrund, sie wird einfach beiseite geschoben. Fabel übernimmt ihre Stelle. Sie tritt dann in die Welt ihrer nicht näher benannten „Basen" ein: „Ich musste recht über eure Türhüterin lachen. Sie hätte mich gern an die Brust genommen, aber sie musste zuviel gegessen haben, sie konnte nicht aufstehn. Laßt mich vor der Türe sitzen, und gebt mir etwas zu spinnen. [...]".[32] Fabel, die Allegorie der Dichtung, ersetzt die Figur vom Rande der mythischen Welt.

Das Naive, ja vielleicht – um mit Broch zu sprechen – Kitschige an der romantischen Ästhetik, ist nur die eine Seite, die andere verdeckte lässt sich aus heutiger Sicht als Hintersinn beschreiben: Die Konfiguration der Sphinx wird im imaginären Raum aufgelöst.

Das Rätsel des weiblichen Raums: Freud, Devereux, Róheim

In das Narrativ des Ödipus, der rätselnd vor der Sphinx steht, hat sich auch Sigmund Freud begeben, der bekanntlich mehrere Sphingen besessen hat. Zu seinem 50. Geburtstag im Jahre 1916 schrieben ihm seine Schüler mit den Worten Sophokles' folgende hintersinnige Ehrung: „Der das berühmte Rätsel löste und ein gar mächtiger Mann war." Zwischen dem Rätsel des Ödipus und den Rätseln

[32] Ebd., S. 244.

der Psychoanalyse wird damit ein unmittelbarer Zusammenhang hergestellt. Ob Freud das Rätsel der Sphinx, das ein Rätsel des Menschen ist, gelöst hat, ist bis heute umstritten, vor allem im Hinblick auf die Weiblichkeit, für welche die Sphinx als Zerrbild zu stehen scheint. Mutterimago, Natur, Unbewusstes.

Im Sinne eines Gedankenexperiments ließe sich sagen, dass Freuds Sichtweise die Positionen von Bachofen, Creutzer, Novalis und der Jahrhundertwende kombiniert; aber sie stellt nicht eine bloße Summe dar, vielmehr entsteht aus dieser Kombination etwas produktiv Neues. Hinter dem Rätsel der Sphinx wird das Spiel von Liebe und Begehren sichtbar. Ödipus rückt wieder in die Position des tragischen und vergeblichen Helden ein und die Sphinx avanciert zum Inbegriff des Rätsels alles Weiblichen. Sie ist das völlig und unvergleichlich Andere des Mannes – das ist ein großes Thema des französischen Symbolismus und der Wiener Jahrhundertwende.[33]

Ähnlich und doch ganz anders als die Romantik verbleibt die Psychoanalyse, welche die Geschichte des Ödipus zu ihrem Kern-Narrativ macht, im Bannkreis des Mythischen. Das Emplotment der Psychoanalyse, die Geschichte gleichsam hinter der Sphinx ist tragisch: Immer schon hat sich das Schreckliche, welches wir erinnernd erneut erfahren, ereignet. Darin besteht der mythische Rest, den die psychoanalytische Arbeit aufbewahrt. Auf der Zukunft liegt der Schatten der Vergangenheit, des Vatermordes und Inzests. Davon berichtet letztendlich die Sphinx, die verdichtete Konfiguration des individuellen wie kollektiven Unheils. Unsere Sicht der Dinge ist pessimistisch, notiert der ungarische Psychoanalytiker und Ethnologe Géza Róheim am Ende seines Buches *Das Rätsel der Sphinx* von1932/1934. Das „Wesen" der Sphinx, ihr „Da-Sein", beruht auf einem verborgenen Narrativ:

> The sphinx herself then is the being with the indefinite number of legs, the father and mother in one person, and a representative of the two fundamental tendencies of the Oedipus situation which are awakened in the child when he observes the primal scene. In very truth only *Swollen Foot* can solve this riddle of the feet; for he is the victorious hero of the Oedipus tragedy of all mankind. [...] An intrapsychical force, out of the ontogenetic past, had taken the place of the father

---

[33] Vgl. Janine Burke, *The Sphinx on the Table. Sigmund Freud´s Art of Collection and the Development of Psychoanalysis*, Walker & Company, New York, 2006; Renate Schlesier (Hrsg.), *Freud, oder über eine Sphinx. Bruchstücke einer Rekonstruktion*, Basel/Frankfurt a. M., 1981; Éric Gubel (Hrsg.), *Le sphinx de Vienne. Sigmund Freud, l'art et l'archéologie*, Ludion, Gent, 1993.

as an obstacle to wishfulfilment; the external fight had become a battle within the mind.[34]

Freuds Psychoanalyse ist, wie Rolf Vogt in einer noch immer maßgeblichen Monographie zum Thema schreibt, eine Form von Aufklärung im Mythos und durch ihn hindurch: „Psychoanalyse ist also immer noch Mythos, gleichzeitig aber auch Aufklärung [...] Das tödliche Rätsel ist die Stelle, die historisch [...] den Übergang vom Mythos zur Aufklärung ausmacht." Anders als der antike Ödipus antwortet der neuzeitliche Freud auf die Frage der Sphinx nicht allgemein „Das ist der Mensch", sondern „Ich", mit einem Akt der Selbstanalyse.[35]

Die Ödipus-Sphinx-Szene wird zur Schlüsselszene und zum Zentralnarrativ der Freudschen Psychoanalyse: Die Konfrontation zwischen Ödipus und der Sphinx gibt der Annäherung an das Unbewusste eine symbolische Passform. Das bedeutet aber auch, dass das Unbewusste als weiblich imaginiert wird, als Raum, als Container so wie in der Deutung von Irmas Traum.

Die eigentliche Frage, die die Sphinx stellt, ist aber die folgende: Was will das Weib? Sie wird zum quälenden Problem infolge der Verliebtheit des männlichen Kindes in die Mutter. Die eigentliche Frage lautet recht besehen also: Was will der Mann?

Vogt zufolge war Freud übrigens auch die Geschlechtsumwandlung bewusst, die im kulturellen Transfer von Ägypten nach Griechenland geschehen war. In seiner Interpretation verkörpert die Sphinx in psychoanalytischer Deutung auch die undifferenzierte bisexuelle Einheit von Vater und Mutter. Sie hat aber vor allem die Bedeutung der allmächtigen verfolgenden und destruktiven Mutter – von der frühesten Kindheit bis zur sog. ödipalen Phase. Freud verschränkt Ent- und Remythologisierung: Er bedient sich eines Mythos, um ein zentrales psychologisches Drama zu klären und löst diesen mythischen Kreis wieder auf.

Seltsam mag anmuten, dass es das Hässliche und Abstoßende – denn auch dafür steht die Sphinx – ist, das Begehren stiftet. Die Allmacht der Mutter, dass sie selbst ein Phallus ist, wie Lacan später sagen wird, verträgt sich nur schwer mit jener Beschreibung Freuds, in der die Frau zum Mangelwesen wird.

Freud definiert das Unbewusste ganz ähnlich wie das Weibliche: „Mangel- und Lückenhaftigkeit als Konstruktionsprinzip".[36] Die Klitoris „benimmt" sich

---

[34] Géza Róheim, *The Riddle of the Sphinx*, Harper & Row, New York, 1974, S. 8.
[35] Rolf Vogt, *Psychoanalyse zwischen Mythos und Aufklärung oder das Rätsel der Sphinx*, Fischer, Frankfurt a. M., 1989, S. 111.
[36] Ebd., S. 128.

wie ein Penis, ist aber nur eine „verstümmelte Männlichkeit", ein „minderwerti-
ges Organ".[37] Die Vagina ist demgegenüber nur ein „Hohlraum", eine „Herberge"
für den Penis.[38] Oder gar eine Wunde. Das provoziert die Frage, woher denn
die Macht dieses vermeintlichen Mängelwesens Frau herrührt. Anders als bei
Bachofen geht es nicht um einen triumphalen Sieg über das mütterliche Prinzip,
vielmehr gelingt es Freuds Ödipus, sein Begehren von der Mutter auf eine andere Frau zu verschieben. Im Gefolge von George Devereux lässt sich viel eher
vermuten, dass die Sphinx jene Schwelle zum anderen Geschlecht markiert, den
Rand des weiblichen Innenraums der Vagina, der ebenso bedrohlich wie anziehend erscheint.[39]

Bereits 1951, also lange vor dem Feminismus der 1970er Jahre und vor Deleuzes und Guattaris *Anti-Ödipus* aus dem Jahre 1972, hat der französische Psychoanalytiker Georges Devereux die große Erzählung der Psychoanalyse Freuds
in Frage gestellt bzw. diese über sich hinausgetrieben: Er übt Kritik an der Be-
lastung des Kindes, das als sexuell aktiv und initiativ angesehen wird. Statt eines
Ödipus-Komplexes sollte man, so Devereux, viel eher von einem Laios- und
Jokaste-Komplex sprechen. Das Kind, das in der klassischen Version die imagi-
nierte Täterrolle einnimmt, gerät Devereux zufolge in die Opfersituation, weil es
für die sexuellen und aggressiven Gefühle der Eltern empfänglich sei – die ver-
störende Geschichte des sexuellen Missbrauchs in der Familie gibt Devereux darin eindeutig recht. Der französische Psychoanalytiker kritisiert auch schon die
Idee, dass der sog. Ödipus-Komplex biologisch oder phylogenetisch verankert
ist. Gleichzeitig betont er unter Hinweis auf die mythische Herkunftsgeschichte
des Laios die tabuisierten homosexuellen Impulse, die im ödipalen Dreieck im
Spiel sind.[40]

Warum ist die Sphinx eigentlich in den Abgrund gestürzt? Aus Gram und
Ärger über das aufgelöste Rätsel? Das ist eine Szene, die auf Vasenbildern,
Skulpturen oder Tafelbildern kaum zu sehen ist. Die Psychoanalyse hat sie zum
Verschwinden gebracht, darin besteht ihre Leistung wie auch ihre Grenze.

---

[37] Ebd.
[38] Ebd., S. 127 f.
[39] Vgl. George Devereux, *Baubo. Die mythische Vulva*, a. a. O.
[40] Zit. nach Rolf Vogt, *Psychoanalyse zwischen Mythos und Aufklärung oder das Rätsel der Sphinx*, a. a. O., S. 132.

Ettore Finazzi Agrò

LIMES/LIMEN.
Das „dritte" Brasilien von
Sérgio Buarque de Holanda

Es gibt besondere Zeiten in der Geschichte einer Nation, in denen sich Gedanken an eine (Neu-)Definition von kollektiver Identität besonders aufdrängen, oder anders ausgedrückt: Es wird versucht, das Bild einer Gemeinschaft (wieder-) herzustellen, indem man die ihr zugrunde liegenden gemeinplätzigen Muster überarbeitet. Dabei handelt es sich um einen vorwiegend historisch orientierten Vorgang, der sich aber durch eine topologische Herangehensweise (um es mit Pierre Nora zu sagen, eine Erforschung der *lieux de mémoire*) auszeichnet und durch die Hoffnung genährt wird, das Bild eines zerstückelten Vaterlandes neu zusammenzusetzen. Dabei sollen die Mosaiksteine einer Einheit und einer Identität zusammengetragen werden, deren Gesamtbild man längst aus den Augen verloren hat. Im Allgemeinen folgen diese besonderen Zeiten der Neubesinnung auf traumatische oder gar „katastrophale" Ereignisse, im Zuge derer der Sinn des „Gemeinschaftlichen" verloren gegangen ist, was Reflexionen über die Art und Weise, wie es zur Herausbildung der Nation kam, nach sich zieht.

In Brasilien bilden die 1930er Jahre eine solch besondere Zeit der Besinnung, die offenbar jede Gemeinschaft auf der Suche nach einer rekonstruierten Identität durchläuft. Dies gilt auch dann, wenn sich dies ausschließlich auf der Ebene des Imaginären ereignet, wobei der Versuch unternommen wird, einzelne Symbole eines Bezugsrahmens dem Gemeinschaftssinn entsprechend neu zu sortieren. Das Ende der politischen Hegemonie der Achse Minas Gerais – São Paulo (es folgte auf die Große Krise von 1929 und den Preissturz des Kaffees), der Aufstieg einer neuen Führungselite und das Sich-Abzeichnen einer Phase politischer Unruhe (welche die komplexe und ideologisch wandelbare Figur Getúlio Vargas verkörpert) markieren sicherlich eine Grenze und einen solchen Katastrophenmoment, die neue Interpretationen von Brasilien[1] hervorbringen. Unter diesen Interpreten einer sich gewandelten Bedingung der Moderne ist Sérgio Buarque de Holanda, dessen Werk und Wirken es hier zu reflektieren

---

[1] Für eine historische Rekonstruktion der Ereignisse der 1920er bis 1930er Jahre in Brasilien siehe Angelo Trento, *Il Brasile*, Giunti, Florenz, 1992, S. 45–93.

lohnt. Dabei soll natürlich die ganze Bandbreite hermeneutischer Positionen zur Bildung einer nationalen Identität, die der hier zu betrachtenden vorangingen oder folgten, nicht unterschlagen werden.

Buarque de Holanda war ein vielseitig Gelehrter, der sich allmählich von der Kritik und der Literaturgeschichte dann der Geschichtsschreibung *tout court* zuwandte. Er war ein Weggefährte der Modernisten in São Paulo und befürwortete eine grundlegende und tiefgreifende kulturelle Erneuerung. Obgleich sein Blick zum einen in die Zukunft der Nation gerichtet war, zeigte er zum anderen aber auch ein großes Interesse an der Kolonialzeit. Vor diesem Hintergrund verkörpert er vollkommen die Rolle eines Mittlers und Übersetzers in der Zeit zwischen der revolutionären Euphorie der zwanziger Jahre und der besonneneren und in mancher Hinsicht pessimistischeren Bewusstwerdung einer fehlerhaften und unzulänglichen Modernisierung, die sich ab 1937 am deutlichsten in der Diktatur des *Estado Novo* manifestiert. Vielleicht kann man daher Sérgio Buarque de Holanda, weit mehr als andere, als „um historiador nas fronteiras"[2] verstehen, oder anders ausgedrückt: Er selbst hat eine Zwischenposition inne, er selbst verkörpert jene ideale Schwelle, die heterogene Zeiten und Räume sowohl trennt als auch vereint, diskursive Dimensionen also, die inkompatibel erscheinen.

Nicht zufällig werden die Begriffe der Grenze und der Schwelle – *limes* und zugleich *limen* – schließlich im Werk dieses unorthodoxen Geschichtsschreibers verwendet: So zum Beispiel in *Raízes do Brasil* von 1936, ein Höhepunkt innerhalb seiner schriftstellerischen Tätigkeit. Hierbei handelt es sich um einen Text, der mitten in jene Zeit des Umbruchs und des Überdenkens der nationalen Kultur und Gesellschaft fällt. Den Beginn markiert in diesem Zusammenhang 1933 das Erscheinen von *Casa Grande & Senzala* von Gilberto Freyre, den Abschluss 1942 hingegen die Veröffentlichung von *Formação do Brasil Contemporâneo* von Caio Prado Júnior. Freilich mag die Zeitspanne hier willkürlich und auch durchaus strittig erscheinen. Sie ließe sich ausdehnen, denkt man nur an *Retrato do Brasil* von Paulo Prado aus dem Jahr 1928 (wobei man hier dann sogar ein Gründungswerk wie *Os Sertões* von Euclides da Cunha von 1902 anführen könnte) oder andererseits an *Formação da Literatura Brasileira* von Antonio Candido aus dem Jahr 1957 als Schlusspunkt dieser Ära. Zwischen diesen

---

[2] Vgl. Sandra Jatahy Pesavento, *Um historiador nas fronteiras. O Brasil de S. B. de H*, UFMG, Belo Horizonte, 2005.

genannten Titeln findet sich eine schier unendliche Reihe solcher „Interpretationen von Brasilien"[3].

Auf eine sehr eigene Weise ist *Raízes do Brasil* vor allem eine ausführliche und sehr eindringliche Analyse des Kolonialisierungsprozesses in Brasilien: genauer genommen, ein Blick auf die Ursprünge, um die Reife der „neuen Zeit" und die „Vertikalität" einer Revolution zu verstehen, die augenscheinlich eher etwas von einer Involution hat, einer Rückkehr in die Vergangenheit oder mindestens von einem beharrlichen Festhalten am Status quo. Die tiefliegenden, antiken Wurzeln der Gegenwart zu erklären, bedeutet für Sérgio Buarque de Holanda zu zeigen, wie die brasilianische Kultur und Gesellschaft seit jeher in einer „Falte" verharrt, die den nationalen Raum und dessen Zeit zweiteilt und jeden wirklich innovativen Vorstoß im Keim erstickt. Dieses betroffene und „komplizierte" Land, diese unglückliche Dimension, in der Willkür und Gefälligkeiten herrschen, kann für den brasilianischen Gelehrten keine Entwicklung und allgemeines Wohlbefinden verheißen. Auch die Möglichkeiten einer ernsthaften und vollendeten Demokratie kann er nicht in greifbarer Nähe sehen, so lange sich die Zukunft des Landes nicht von dessen Vergangenheit emanzipiert und so lange sich dessen Horizont kaum über die Ursprünge seiner Geschichte hinausbewegt. Deshalb erscheint es lohnend, dass sich auch dieser Aufsatz am Werk des brasilianischen Gelehrten orientiert, indem dabei auch hier eine bisweilen „vertikale" Stellung eingenommen und an den „Wurzeln" begonnen wird, um den begrenzten Charakter – auch einer „Grenze Europas" – zu analysieren, durch den Brasilien in einem unentrinnbaren Kreislauf verharrt.

Die Metapher der „Grenze" ist demnach als Möglichkeit einer figurativen Interpretation der brasilianischen Kultur zu verstehen, als erklärendes Bild ihrer „Überparteilichkeit", ihres Schwebezustands, ihres Nachgebens gegenüber dem Modernen und dem Archaischen und der Tatsache, die Schwelle zwischen Europa und Amerika zu sein. Und all dies hat seinen Ursprung an einer noch geheimnisvolleren und entlegeneren Grenze, an einem Fundament, das zu sehr im Zustand eines Dazwischen verharrt, als dass es sich Mündigkeit und Gehör verschaffen könnte: Diesem, in die Stille verbannten *limen* Stimme zu verleihen und eben Gehör zu schenken, könnte möglicherweise zu dem Rückschluss

---

[3] Anlässlich des 500. Jahrestages seit der Entdeckung sind von führender Seite brasilianischer Intellektueller drei umfangreiche Bände herausgegeben worden, welche eine Vielzahl von Schriften beinhalten, die sich mit der brasilianischen Identität auseinandersetzen. Vgl. Silviano Santiago, *Intérpretes do Brasil*, Nova Fronteira, Rio de Janeiro, 2000.

führen, dass wenn Brasilien Grenze zu Europa ist, das, was innerhalb des Kreislaufs liegt, der Mythos eines mehrfach erinnerten, aber nie gänzlich erklärten Ursprungs ist.

Dies ist der sehr bekannte Anfang von *Raízes do Brasil*:

> Es ist der Versuch, die europäische Kultur in ein ausgedehntes Gebiet zu verpflanzen, dessen natürliche Gegebenheiten sich ihrer tausendjährigen Tradition zwar nicht widersetzten, ihr jedoch weitgehend fremd waren, der die brasilianische Gesellschaft von ihren Ursprüngen an am tiefsten und nachhaltigsten geprägt hat. Unsere Formen des Zusammenlebens, unsere Institutionen und unsere Ideen stammen aus fernen Ländern, und wir, die wir uns noch damit brüsten, sie in einer ihnen häufig ungünstigen, ja feindlichen Umgebung aufrechtzuerhalten, sind noch heute Verbannte im eigenen Land. Wir können hervorragende Werke schaffen, die Menschheit um neue, unerwartete Aspekte bereichern, die Form der Zivilisation, deren Vertreter wir sind, bis ins Äußerste vervollkommnen: Tatsache ist, daß die Früchte unseres Fleißes oder unserer Faulheit immer Anteile eines Evolutionssystems in sich tragen, das einem anderen Klima und einer anderen Landschaft angehört.[4]

Abgesehen von dem beinahe fatalistischen Ton geht aus dieser Passage ganz eindeutig die an Stagnation grenzende Unbeweglichkeit hervor, mit der die historische Situation Brasiliens gekennzeichnet wird. Hier wird die Grenze (und das erste Kapitel trägt eben den Titel *Fronteiras da Europa*) als unabdingbarer *limes* verstanden, weil sie am Beginn von allem steht. Sie steht dabei nicht so sehr für eine Dialektik zwischen unterschiedlichen Orten und Zeiten, sondern eher für eine Art dichten Chronotopos, der sich als zäh, unentwirrbar und frei von Schwellen und Rissen darstellt. Begriffe wie Vergangenheit, Zukunft, Nähe und Ferne scheinen ihren Sinn verloren zu haben.[5] Die brasilianische Geschichte erscheint also wie von einer unbeweglichen Zeit bewohnt, die mit ursprunghaften Gebrechen beladen ist oder an der ein geheimer organischer Mangel nagt, von dem sie sich nicht befreien kann.

Von dieser Art sekulären *epokhé*, dieser endlosen zeitlichen Suspension – die sich im Übrigen in einem Raum ohne Ton und Fälligkeit ereignet – werden kei-

---

[4] Sérgio Buarque de Holanda, *Die Wurzeln Brasiliens*, Suhrkamp, Frankfurt a. M., 1995, S. 7.
[5] Zum Konzept des Limes vgl. Franco Rella, *Limina. Il pensiero e le cose*, Feltrinelli, Mailand, 1987 oder die wichtigen Beiträge von Eugenio Trías, *Lógica del límite*, Destino, Barcelona, 1991 und *La razón fronteriza*, Destino, Barcelona, 1999.

ne Hypothesen zur Fortentwicklung zugelassen. Ebensowenig gibt es Aufschluss zu Richtung und Ziel, zumal das Ergebnis in den Anfängen zu suchen und die Grenze auf die Wurzeln der Geschichte zurückzuführen ist, die sie determiniert und von Vornherein umschreibt. *Raízes do Brasil* ist ein Werk, das von der traurigen Erkenntnis durchdrungen ist, dass es unmöglich ist, eine „Gemeinschaft" zu errichten und für diese eine wirkliche Moderne zu entwerfen, da sich das „Gemeinschaftliche" nur durch die beharrliche Rückgewinnung des immer „ungelegenen" Archaischen erneuert: in der Neuauslegung einer Zeit also, die unwiederbringlich *von anderen* und *anderswo* ist.[6] Vor diesem Hintergrund erscheinen die bereits erwähnten Kapitelüberschriften umso mehr durchzogen von einer bitteren Ironie: Wenn Sérgio Buarque de Holanda erklärt, er wolle *„Novos tempos"* behandeln, so tut er dies wohl wissend, dass es keine Aussicht auf etwas Neues gibt. Wenn er hingegen die *„Nossa revolução"* analysiert, geschieht dies mit der Gewissheit, dass es keine revolutionäre Geste gibt, die Brasilien als tatsächlich kollektives Gefüge und zusammenhängendes Gebilde der Geschichte versteht. Dies ist deshalb der Fall, da die Geschichte in dieser ewiglich unzeitgemäßen und marginalen Grenz-Nation nur als ein Resultat oder ein Versprechen gedacht und gelebt werden kann, jedoch niemals wie etwas, das in seiner Unmittelbarkeit erfahrbar wird.

Einige Passagen aus *Raízes do Brasil* helfen mitunter dabei, Missverständnisse um die Figur *„homem cordial"* zu vermeiden, in der der Autor seine Vision eines unter sozialen und ethischen Gesichtspunkten gebrechlichen Brasiliens vereint. Dieses Brasilien ist belastet durch eine Herzlichkeit, die den Paternalismus und die Beliebigkeit nur mit großer Mühe überspielt. Es wird bewohnt von etwas, das man mit Roberto Esposito eine „immune Gemeinschaft" nennen könnte, die sich demzufolge aus Individuen zusammensetzt, die *„im* und *durch* den Verzicht aufs Zusammenleben [leben]"[7]. Ein Großteil der Kritiker hat diese Figur hingegen positiv und banalisierend gelesen, wodurch Sérgio Buarque de Holanda zu Präzisierung und permanenter Revision seines Buches gezwungen war. Dies war auch deshalb notwendig, um vor dem Hintergrund späterer geschichtlicher Ereignisse einige Betrachtungen der Erstausgabe zu aktualisieren

---

[6] Man beachte, wie sich die metaphorische Andeutung des Baumes im Titel des Buches gleich in den ersten Zeilen in der Beobachtung umwandelt, die Brasilianer seien dagegen *„desterrados"*, also Verbannte und ohne Erde in ihrem eigenen Land.

[7] Roberto Esposito, *Communitas. Ursprung und Wege der Gemeinschaft*, Diaphanes, Berlin, 2004, S. 28.

und zu revidieren. Tatsächlich erscheint die dritte und letzte Version des Werkes erst rund zwanzig Jahre später, im Jahr 1955. In der Zwischenzeit und nach Ereignissen unterschiedlicher Art scheint der Autor mit neuen und originellen Interpretationen der brasilianischen Identitätsbildung experimentieren zu wollen. Diese verbindet er nicht mehr zwangsweise mit einem gestörten Blick auf den Modernisierungsprozess. Diese Interpretationen lassen vielmehr Raum für eine unvoreingenommenere Lektüre, sie berücksichtigen stärker die Elemente der materiellen Kultur, welche die langwierige portugiesische Kolonialisierung zurückgelassen hat.

1956 veröffentlicht Sérgio Buarque de Holanda eine Vielzahl seiner in Zeitschriften erschienenen Essays in einem Band, dem er den Titel *Caminhos e Fronteiras* gibt. Dass sich dieses Buch von der anfänglichen Auseinandersetzung mit der Geschichte Brasiliens in *Raízes do Brasil* distanziert, geht bereits aus dem Titel hervor. Schließlich wird der Begriff „Grenze" mit der Vorstellung von Bewegung verbunden, und dieser „Weg" führt zu etwas hin und durch etwas hindurch. Insgesamt wird der Leser bereits ab der Einleitung mit einer Bestimmung des Konzepts „Grenze" konfrontiert, dessen dynamische Dimension betont wird. Dieses Konzept ist also mehr im Sinne von *limen* als von *limes* zu verstehen:

> Fronteira, bem entendido, entre paisagens, populações, hábitos, instituições, técnicas, até idiomas heterogêneos que aqui se defrontam, ora a esbater-se para deixar lugar à formação de produtos mistos ou simbióticos, ora a afirmar-se, ao menos enquanto não a superasse a vitória final dos elementos que se tivessem revelado mais ativos, mais robustos ou melhor equipados.[8]

Wie hieraus hervorgeht, scheint nichts *a priori* determiniert zu sein. Nichts wird innerhalb der vor-geschriebenen Grenzen europäischer Kultur und Ideologie festgeschrieben: Die Grenze wird – in Übereinstimmung mit ihrer Etymologie – wieder etwas, dem man gegenüber steht, und nicht etwas, das sich diesseits von allem und am Ursprung einer Nation befindet.

---

[8] Sérgio Buarque de Holanda, *Caminhos e Fronteiras*, Companhia das Letras, São Paulo, 1994, S. 12 f. Dt.: „Grenze also zwischen Landschaften, Völkern, Sitten, Institutionen, Techniken, bis hin zu heterogenen Idiomen, die sich hier gegenüberstehen. Sie schwächen sich, um Raum zu lassen für vermengte oder symbiotische Produkte, und sie bejahen sich wenigstens so lange, bis sie nicht definitiv besiegt worden sind von Elementen, die sich als aktiver, robuster oder als besser beschaffen erwiesen hätten." (Dt. d. Ü., in Anlehnung an die freie Übertragung ins Italienische von Ettore Finazzi Agrò).

Zum anderen hat Brasilien in den zwanzig Jahren, die zwischen der Erstausgabe von *Raízes do Brasil* und der Veröffentlichung von *Caminhos e Fronteiras* liegen, eine neue Phase beschritten, eine jener „besonderen Zeiten", von denen zu Beginn die Rede war: Nach dem dramatischen Untergang der „Ära Vargas" (durch den Selbstmord des Protagonisten) konnte schließlich eine repräsentative Demokratie installiert werden. Im Jahr 1956 kam Juscelino Kubitschek an die Macht. Dies ist gemäß der Initialen des neuen Präsidenten der Beginn der „Ära JK": Auch hierbei handelt es sich um eine Phase großer Veränderungen, um eine Zeit, die auch durch eine frenetische Modernisierung gekennzeichnet ist. Dafür steht auch das Motto Kubitscheks: „50 Jahre in 5", das 1960 zur Gründung der neuen Hauptstadt führt. Das Buch Sérgio Buarque de Holandas scheint ganz und gar in diese euphorische Phase der Wiederaneignung des Territoriums und damit auch der authentischsten Identität des brasilianischen Volkes zu passen. Diese liegt versteckt in den Untiefen des nationalen Raums: Brasília ist der Entwurf, das Konstrukt im idealen Zentrum der Nation und ist die Realisierung eines lang gehegten Traums (einer Utopie?). Die Illusion, das Ziel einer kulturellen organischen Einheit und sozialen Gleichheit endlich erreicht zu haben, wird durch den militärischen Staatsstreich 1964 erneut korrumpiert. Dieses Ereignis wird das Land wieder in eine lange von Trauer geprägte Zeit und in ein System grausamen „cordialismo" zurückfallen lassen, hinter dem sich ein andauerndes und schauderhaftes diktatorisches Regime verbarg.[9]

Aus dieser Perspektive stellt der Prozess der brasilianischen Kultur- und Gesellschaftsbildung eine unabdingbare Notwendigkeit dar, und Sérgio Buarque de Holanda widmet sich dieser Aufgabe, ohne noch die Gründe für das Scheitern der brasilianischen Modernität zu reflektieren. Er studiert vielmehr die Art und die Formen, mit denen die europäische Kolonisation schrittweise ihre Grenzen in das Innere des Landes verschoben hat, indem sie Sitten und Bräuche mit den autochthonen Bevölkerungen austauscht. Die in *Caminhos e Fronteiras* durchgeführte Analyse des Zivilisationsprozesses passt deshalb sehr genau zu dieser Übergangszeit – eben der „Ära JK" –, die zwischen dem Trauma des Verlustes und der Hoffnung auf eine Wiedergeburt liegt und die über die Rückgewinnung von scheinbar verlorengegangenen Traditionen endlich eine Verwirklichung und ein harmonisches Wachstum der Nation bedeutet.

---

[9] Für nähere Ausführungen zu den historischen Ereignissen vgl. Angelo Trento, *Il Brasile*, a.a.O., S. 95–126.

Es ist offensichtlich – und dessen ist sich der Autor gänzlich bewusst –, dass die Gefahr darin besteht, einseitige Kenntnisse von der Entstehung Brasiliens zu suggerieren.[10] Anders ausgedrückt, existiert die Gefahr, die Rolle und die „Siege" der indigenen Kulturen überzubewerten, die hingegen bekanntermaßen bezwungen und gegenüber der europäischen Kultur zum Schweigen verurteilt waren. Dies kann jedoch nicht dazu führen, die „Orte" zu ignorieren, die die Zeit der portugiesischen Expansion zurückgelassen hat: prekäre Räume, die vom komplexen Prozess der Eliminierung des Anderen zu zeugen scheinen. Es handelt sich um eine Art temporalen Spalt, in denen eine kulturelle Kombination oder Nebeneinanderstellung stattfindet und die eine Spur, oder gemäß Foucault einen „soupçon de couleur"[11], hinterlassen. Dies markiert unauslöschbar einen vermeintlich organischen und folgerichtig erscheinenden Vorgang, der so offensichtlich und klar ist, wie die Geschichte der Eroberung Brasiliens. Sérgio Buarque de Holanda geht auf die Suche dieser sich abrupt eröffnenden Rodungen des Sinns, die im ersten Moment als dichte und fortschrittliche Kolonisierung erscheinen. Er dringt in das brasilianische *sertão* vor bzw. in den immensen wilden Raum auf der Suche nach jenen Grenzen, die in Wirklichkeit Schwellen sind. Man könnte sie auch als poröse Linien verstehen, zumal sie nicht unnachgiebig Raum und Zeit im Sinne der Europäer definieren und dem Raum-Zeit-Verständnis der Eingeborenen entgegenstehen. *„Deixam lugar"*, schreibt er vielmehr. Sie schaffen Platz und ermöglichen zusammen einen Raum des Kompromisses für die einander sehr entgegengesetzten Zivilisationen.

Dies sind die „Wege" (und hier gebührt der Plural), die der brasilianische Historiker zu beschreiten versucht: Nicht also etwa die vom Fortgang der Zivilisation vorgegebene Route, die sich der Barbarei widersetzt; nicht die geraden Straßen also, sondern die gewundenen Pfade, die er zu Beginn seines Buches beschreibt:

> Alguns mapas e textos do século XVII apresentam-nos a vila de São Paulo como centro de amplo sistema de estradas expandindo-se rumo ao sertão e à costa. Os toscos desenhos e os nomes estropiados desorientam, não raro, quem pretenda servir-se desses documentos para a elucidação de algum ponto obscuro da nossa geografia histórica. Recordam-nos, entretanto, a singular importância dessas es-

---

[10] Vgl. ebd., S. 13.
[11] Michel Foucault, „Nietzsche, la généalogie, l'histoire", in: Suzanne Bachelard/Georges Canguilhem et. al. (Hrsg.), *Hommage à Jean Hyppolite*, PUF, Paris, 1971, S. 145–172, hier S. 151.

tradas para a região de Piratininga, cujos destinos aparecem assim representados como em um panorama simbólico.

Neste caso, como em quase tudo, os adventícios deveram habituar-se às soluções e muitas vezes aos recursos materiais dos primitivos moradores da terra. Às estreitas veredas e atalhos que estes tinham aberto para uso próprio, nada acrescentariam aqueles de considerável, ao menos durante os primeiros tempos. Para o sertanista branco ou mameluco, o incipiente sistema de viação que aqui encontrou foi um auxiliar tão prestimoso e necessário quanto o fora para o indígena.[12]

Es wird ersichtlich, wie wenig der von São Paulo aus betriebene Zivilisationsprozess[13] als geradlinig verlaufender Weg, als Invasion oder großzügiger Zugang zum Hinterland betrachtet werden kann. Es gilt vielmehr, hierin eine durchdringende Bewegung zu sehen, eine zufällige und erratische Erforschung, ein mühsames und langsames Eindringen, das buchstäblich den Spuren der Eingeborenen, den engen und schwierigen Pfaden der Indios folgt. Die Herrschaft über die Gebiete und über die Menschen, die die europäische Kultur in den neuen Kolonien jeweils vorfand, ist demnach nicht als eine direkte und nicht nur in eine Richtung verlaufende Straße zu sehen. Es handelt sich vielmehr um ein komplexes und vertracktes System zahlreicher Wege, das man sich als Labyrinth vorstellen kann; hierbei waren es allein die indigenen Völker, die – zu-

---

[12] Sérgio Buarque de Holanda, *Caminhos e Fronteiras*, a. a. O., S. 19. Dt.: „Auf einigen Karten und Texten des 18. Jahrhunderts wird das Bild eines Dorfes São Paulo gezeichnet, das als Zentrum eines weitläufigen Straßensystems erscheint und sich zum *sertão* und zur Küste erstreckt. Die rudimentären Bildnisse und zerrütteten Namen führen denjenigen in die Irre, der sich solcher Dokumente zur Erhellung einiger Unklarheiten in der historischen Geographie erhoffen mag. Dennoch erinnern sie an die Wichtigkeit dieser Straßen für die Region Piratininga. Ihre Schicksale erscheinen wie in einem symbolischen Panorama. In diesem, wie in einer Vielzahl anderer Fälle, mussten sich die Laien an die Lösungen und nicht selten auch an die materiellen Mittel der primitiven Völker halten. An den engen Sträßchen und den Durchgängen, die diese für ihren Gebrauch geschaffen hatten, hatten jene – zumindest zu Beginn – nichts Nennenswertes hinzuzufügen. Dem weißen und mischlingsfarbenen *sertanista* war das hier vorgefundene primitive Straßensystem ein nützliches und wertvolles Hilfsmittel, so wie es dies einst für den Eingeborenen gewesen war." (Dt. d. Ü., in Anlehnung an die freie Übertragung ins Italienische von Ettore Finazzi Agrò).

[13] Der Autor verweist gleich im Anschluss darauf, dass das Beispiel Piratiningas – der Eingeborenenname von São Paulo – für viele andere Regionen der *Terra de Vera Cruz* gelten kann.

mindest in den ersten Jahrzehnten des Zusammenlebens mit den Invasoren – den Ariadnefaden in den Händen hielten.

Das Straßennetz gleicht also unmittelbar einem „symbolischen Panorama", der räumlichen Metapher eines andauernden und von Hindernissen geprägten historischen Prozesses, den die Kolonialisierung der neuen Gebiete und die Akkulturation der neuen Untertanen notwendigerweise durchläuft: Beides beschreitet gezwungenermaßen die von den Kolonialisierten eröffneten gewundenen Wege, sodass in den *sertão* vorzudringen bedeutet, von seinen Bewohnern und Herrschern geleitet zu werden, von ihnen abhängig zu sein, ihnen zu vertrauen und ihnen treu zu folgen. Die Beschwerlichkeit und das Leiden auf Seiten der Europäer werden zudem noch durch die Tatsache unterstrichen, dass sie sich weder zu Pferd und erst recht nicht mit dem Wagen fortbewegen können, sondern zu Fuß. Ihre Füße sind nackt und blutig, die Haut aufgerissen von den Dornen entlang der schmalen Wege. Darüber hinaus zwingt die „Enge" der Wege zu einem indianischen Gänsemarsch: Ein Tribut an das kolonialisierte Volk, das den für Besatzungsprozesse typischen kollektiven und erdrückenden Charakter ausschließt.

Diese beharrliche Bewegung, die zumindest anfangs die Hierarchien zerrüttet und umkehrt, ist ein konkreter Hinweis für die Abhängigkeit, die sich verhängnisvoll auf Formen des Einverständnisses oder der Transkulturation zwischen den „Barbaren" und den „Zivilisierten" auswirkt. Wie in einem großen Labyrinth kreuzen sich die Wege, die Schicksale und kulturellen Diskurse von sehr unterschiedlichen Völkern, entfernen sich voneinander, um dann wieder zu überlappen, ohne jedoch – oder nur außerordentlich selten – den erschreckenden Kern einer hybriden Id-entität [sic] zu erreichen. Sie ist das „monströse" Ergebnis einer kulturellen Vermengung. Trotzdem sind es gerade diese Ausnahmen, also die wenigen uns bekannten Beispiele, in denen es auf Seiten der weißen Kolonialisten zu einer beinahe vollständigen Annahme der indigenen Gewohnheiten und Bräuche kommt, die sich als äußerst signifikant erweisen für die Identifizierung jener idealen und verdrängten Schwelle, welche zwei dem Anschein nach sehr unterschiedliche kulturelle Identitäten voneinander trennt und vereint.[14] Einer der bekanntesten Fälle, den auch Sérgio Buarque de Holan-

---

[14] Die Fälle, in denen es auf Seiten der weißen Kolonialisten zu einer beinahe gänzlichen „Verwilderung" kommt, findet man beispielsweise in verschiedenen Regionen Nord- und Südamerikas, wo diese – wie etwa in Brasilien – einen emblematischen Wert haben. Vgl., was die Vereinigten Staaten angeht, die wegweisende Studie von Richard Slotkin, *Regen-*

da in der Einleitung von *Caminhos e Fronteiras* nennt[15], ist der des aus Vouzela in Portugal stammenden João Ramalhos. Nur wenige Jahre nach der Entdeckung Brasiliens ging Ramalho hier an Land und wurde durch den Zusammenschluss mit mehreren indigenen Frauen das Oberhaupt eines weitläufigen Familiengefüges: Der *Capitão-Mor* namens Santo André da Borda do Campo zählt zu den Gründungsvätern São Paulos (1554). Sérgio Buarque de Holanda erkannte den Unterschied zwischen den portugiesischen *bandeirantes* und den britischen *pioneers*, erinnert an João Ramalho und an dessen Kinder, die als Mestizen aus diesen hybriden Verbindungen hervorgingen, und daran, wie sich der portugiesische Abenteurer den Begriff *fronteiro* – also Grenzgänger – zuschrieb, so als solle dies auch die Bedeutung von *limes* umfassen. Dies wäre dann nicht als objektive Begrenzung zu verstehen, sondern eben als Subjekt, das sich auf einer unbestimmten Schwelle bewegt und dessen Handlungen sich auf dem *limen* der Kulturen, Ethnien, unterschiedlicher Räume ereignen.

In dieser identitätslosen Identifizierung steckt womöglich der wahre symbolische Kern, der teilweise und kollektiv verdrängt und historisch ungeklärt ist. Er gehört einer Kultur an, die sich gemäß dem brasilianischen Historiker lediglich in begrenzten und neutralen Bedingungen wieder erkennen kann. Es handelt sich demnach um eine Kultur, die das durch die Grenzen Europas herbeigeführte Vermächtnis akzeptiert, die andererseits jedoch auch von dem profitieren kann, was die unterdrückten und sich schmerzvoll zurückgezogenen Völker hinterlassen. Hier sei an das beträchtliche Erbe der aus Afrika stammenden Kulturen erinnert, die gewaltvoll auf brasilianischen Boden transportiert wurden. Nur indem man diese Anhaltspunkte innerhalb des dichten Netzes des Zivilisationsprozesses richtig deutet, kann man möglicherweise begreifen, wie diese bis in die Moderne hinein (inter)agieren: Zuhören können – und nicht nur den Stimmen der Kolonisatoren, sondern auch (oder vor allem) der Stille der Kolonisierten und bzw. oder Subalternen – bedeutet, letztlich eine gemeinsame Sprache wiederzufinden, eine erlittene und sanfte Sprache, die fast unhörbar im Ursprung der Gegenwart nachhallt.

---

eration Through Violence: The Mythology of the American Frontier, 1600–1860, University of Oklahoma Press, 1973, S. 25–56.
[15] Vgl. Sérgio Buarque de Holanda, *Caminhos e Fronteiras*, a. a. O., S. 3. Zur Person João Ramalhos siehe auch Afonso d'Escragnolle Taunay, *João Ramalho e Santo André da Borda do Campo*, Empresa gráfica da revista dos tribunais, São Paulo, 1968.

Ettore Finazzi Agrò

Nicht zufällig nimmt sich *Caminhos e Fronteiras* in diesem Zusammenhang vor, die materiellen Spuren einer ursprünglich und organisch symbiotischen wie vermischten Kultur zu sammeln und zu studieren. In und anhand dieser Spuren ist es nämlich möglich, das Schicksal einer Gesellschaft nachzuvollziehen, die sich in einem Schwebezustand über einer Schwelle oder Grenze befindet, welche sie – obwohl selbst undefinierbar – definiert. Es ist ihre „Überparteilichkeit" bzw. ihr „Sonderstatus", der die brasilianische Kultur vollkommen charakterisiert und der sie stets zwischen zwei Grenzen hin und her schwanken lässt; zwischen verschiedenen Identitäten, zwischen heterogenen Zeiten und Räumen. Diese Sonderform kann man nur in einer grundsätzlich und immer wieder rastlosen Lebenssituation finden, an dem hypothetischen und idealen Rand, der die beiden Ufer der eigenen kulturellen Geschichte sowohl voneinander trennt als auch miteinander verbindet: Europa und Amerika, das Portugiesische und das Afrikanische, das Alte und das Neue, das Ländliche und das Städtische, der *sertão* und die Küste. Deshalb ist die geglückteste Metapher für diese Grenzidentität wohl diejenige, die in der erzählten bzw. erfundenen *estória* des bekanntesten brasilianischen Schriftstellers des 20. Jahrhunderts, João Guimarães Rosa, zu finden und entsprechend im Titel *A terceira margem do rio*[16] markiert ist.

Der Protagonist der Erzählung, der sich selbst auf unerklärliche Weise willentlich und unwiderruflich auf ein kleines Paddelboot verbannt hat, lebt die hypothetische Schwelle zwischen *zweien*. Der Rand, den es nicht gibt und der allein durch dessen hartnäckiges Verharren auf ihm sichtbar und (historisch) real wird, erscheint mir als die überzeugendste (Selbst-)Darstellung einer Kultur, die sich selbst in der prekären Kombination der Gegensätze situiert und stabilisiert. Anders ausgedrückt, befindet sie sich stolz im Durchgangsbereich zwischen verschiedenen Kulturen, die diese mehr neutralisiert, als dass sie sie synthetisiert. Dies hatte Sérgio Buarque de Holanda bereits Jahre vor João Guimarães Rosa scharfsinnig in seinen Beobachtungen in *Caminhos e Fronteiras* erkannt. Demnach bestünde die brasilianische Identität einzig in einem Abdriften des Sinns, in einem Festklammern an einer identitären Grenze, die das Produkt gegensätzlicher Identitäten und paradoxerweise gleichzeitig der sowohl räumliche als auch zeitliche kraftvolle Ursprung ist. Was das Übrige angeht, so hat Guimarães Rosa andernorts einem finsteren Diktat gleich verstehen lassen, dass

---

[16] Vgl. João Guimarães Rosa, „A terceira margem do rio", in: ders., *Primeiras estórias*, José Olympio, Rio de Janeiro, 1981, S. 27–32. Deutsche Übersetzung: *Das dritte Ufer des Flusses. Erzählungen*, Deutscher Taschenbuchverlag, München, 1971, S. 47–55.

dieser *limen*, auf dem sich die Art, Brasilianer zu sein, entscheidet, nur begriffen werden kann, wenn man beim Indio zu denken beginnt, bei dessen Kultur, bei dessen Priorität und Nachwirkung.

In *Meu Tio o Iauaretê*, das eines der ausdrucksstärksten und zudem erschütterndsten Werke des Autors ist, findet sich eine weitere schwierige Repräsentation von Grenze: jene, die an der Schwelle und an der Mündung des gegenwärtig Brasilianischen liegt. Der Protagonist, Sohn eines Weißen und einer Indianerin, ist in diesem Fall ein Mischling, der aufgrund seiner Unsicherheit bezüglich seiner Herkunft „überall" („Eu – toda a parte") lebt. Dabei erkennt er sich in einer Pluralität von Namen und Identitäten, die sich letzten Endes neutralisieren und aufheben („Agora tenho nome nenhum, não careço"),[17] und er ist sich leidvoll über die anwachsende Neigung gegenüber seinem natürlichen Ursprung bewusst. Damit geht auch die zunehmende Anerkennung einer mütterlichen und matriarchalen, also materiellen Verwandtschaft mitsamt ihrer „wilden" Komponente einher, bis zu dem Punkt, da er sich von einem Jäger der Jaguare in einen Menschenjäger und –fresser verwandelt hat: Er wird selbst zum Jaguar. In dieser Geschichte des Kannibalismus, die man auch als eine geeignete Neuinterpretation der überschwänglichen Anthropophagie Oswald de Andrades[18] der 1920er Jahre verstehen kann, besteht das wesentliche distinktive Moment darin, dass Guimarães Rosa versucht, vollständig die Perspektive des Anderen anzunehmen: In der Tat ist es Bacuriquirepa, Breó, Beró, Antonho de Eiesus, Macuncozo – so die zahlreichen Namen des Protagonisten –, der mit unglaublicher Zurückhaltung einem Besucher, der seinerseits hingegen weder Stimme noch Namen hat und der ihn zu Schluss umbringt, von seiner Metamorphose vom Menschen zum *onça* erzählt. Die Sprache desjenigen, der vollständig unter natürlichen Bedingungen lebt, wird vom brasilianischen Schriftsteller neu gedacht und in seiner gestaltlosen Musikalität neu hervorgebracht, wodurch er die beruhigende Barriere zwischen dem zivilisierten *Ich* und dem wilden *Anderen*, zwischen dem Menschlichen und dem Un-Menschlichen aufhebt. Auf diesem Weg führt er uns zu den Wurzeln der Sprache, zu den erschreckenden und gleichsam

---

[17] Vgl. João Guimarães Rosa, „Meu Tio o Iauaretê", in: ders., *Estas estórias*, Nova frontiera, Rio de Janeiro, 1985, S. 160–199.
[18] Zum *Manifesto antropófago* von Oswald de Andrade (1928) vgl. Ettore Finazzi Agrò/ Maria Caterina Pincherle, *La cultura cannibale. Oswald de Andrade: da Pau-Brasil al Manifesto antropofago*, Meltemi, Rom, 1999.

wundersamen Ursprüngen jener oben erwähnten „gemeinsamen Sprache"[19], wo das Wort mit der Stille oder mit dem Schrei verschmilzt: wo die Stille das Diktat der Erzählung umgibt, wo der Protagonist in den Erzählungen Rosas unartikulierte (aber deutlich indigene) Sätze schreiend erlischt.[20]

Vielleicht verkörpert die Person Bacuriquirepa genauso wie João Ramalho oder der ebenso bekannte Diogo Álvares Correia (genannt *Caramuru*, der in der Bahia des 16. Jahrhunderts eine vergleichbare Rolle zu der João Ramalhos für die Region São Paulo spielte)[21] den verdrängten Kern der brasilianischen Identität: Dies meint nicht ausschließlich einen Blickwinkel, der Weiß und Indigen eint, sondern sehr viel allgemeiner die Möglichkeit, die Gegensätze zu assimilieren, ohne sie zu vermischen. Es handelt sich demnach um eine Identität, die zwischen zwei Grenzen schwebt, die sich über einer neutralen Instanz ausbalanciert und letztlich weder hier noch dort ist. In einer verblüffenden und gleichsam schmerzvollen Allgegenwart bewohnt sie beide Orte. Dies macht aus meiner Sicht die wesentlichste Erkenntnis der Reflexionen Sérgio Buarque de Holandas aus, die er in *Raízes do Brasil* hinsichtlich der kulturellen Entstehung Brasiliens begonnen hatte und die er zwei Jahre nach der Veröffentlichung von *Caminhos e Fronteiras* in seinem wohl brillantesten und ausgefeiltesten Werk *Visão do Paraíso* abschließt. Hier steht abermals die europäische Vision eines paradiesisch anmutenden Brasilien im Mittelpunkt der Betrachtungen, eines

---

[19] Hier lohnt es, an den Versuch der jesuitischen Missionare zu erinnern, eine gemeinsame Sprache zwischen Europäern und Indios zu etablieren. Diese, als „*língua geral*" oder von den Eingeborenen als *Nhengatu* bezeichnete Sprache, wurde noch fast bis Ende des 19. Jahrhunderts verwendet.

[20] Als Auswahl der umfangreichen Literatur zu *Meu tio o Iauaretê*, die hier unmöglich in Gänze aufgeführt werden kann, möchte ich hinweisen auf meinen Aufsatz „A poética migrante de Guimarães Rosa", in: Marli Fantini (Hrsg.), *A poética migrante de Guimarães Rosa*, UFMG, Belo Horizonte, 2008, S. 36–44. *Das dritte Ufer des Flusses* und *Mein Onkel der Jaguar* habe ich behandelt in meinem Aufsatz „La soglia e l'assenza. Raffigurazioni dell'indigeno e del meticcio nella cultura brasiliana", in: Vittoria Borsò/Mauro Ponzi (Hrsg.), *Topografia dell'estraneo*, Mondadori, Mailand, 2006, S. 77–86.

[21] Seit dem 18. Jahrhundert (und zunehmend dann im 19. Jahrhundert nach der Unabhängigkeit von 1820) ging von *Caramuru* eine Auseinandersetzung über die Frage der Nationalität aus, da man in der Figur Diogo Álvares Correias und der legendären Verbindung zur indigenen Paraguaçu-Catarina die Vorzeichen einer authentischen brasilianischen Identität sah. Vgl. José de Santa Rita Durão, *Caramuru. Poema épico do descobrimento da Bahia*, eingeleitet und herausgegeben von Martins Ronald Polito, Fontes, São Paulo, 2001.

Europas also, das als ideale Grenze des nationalen Selbstbewusstseins dient. Doch das Vermächtnis, das das vorangehende Werk hinterlässt, liegt meiner Ansicht nach zweifellos in der akribischen Zeichnung eines „dritten Ortes" einer Kultur, die es einzig im Schwellenzustand zwischen Altem und Neuem, zwischen Archaischem und Modernem vermag, eine überzeugende, unbestimmte und undefinierbare Bestimmung von sich zu finden.

Was bleibt, ist die Perspektive des brasilianischen Gelehrten, die letzten Endes die Distanz des *limes* auf die Nähe eines *limen* zurückführt. Dabei werden unentwegt jene symbolischen Kreuzungen durchquert, die von hybriden Personen bewohnt werden – Subjekt und Objekt der Wünsche und des Grauens, ein Sinnbild für eine von Unmenschlichkeit geprägte Menschheit. Tatsächlich können wir in der anhaltenden Erforschung dessen, was sich zwischen Erfahrung und Phantasie und zwischen den Wurzeln der Gegenwart und den Bildern der Vergangenheit plötzlich eröffnet, so etwas wie einen möglichen Sinn der Nation finden. Dabei werden materielle Indizien, Spuren und wage Zeugnisse zusammengefügt, die die Zeit ausgelöscht und die Macht verdrängt hat. Sie erlauben uns aber, jenes Wissen aufzunehmen, das in seiner „trivialità", d. h. in seiner Selbstpositionierung an der Kreuzung dreier Wege, sich ewiglich in der Schwebe befindet. Es setzt unsere Gewissheiten Schachmatt und eröffnet uns plötzlich das Inter-dictum. Oder besser gesagt, das, was unentwegt zwischen unversöhnlichen Instanzen gesagt wird. Dies ist jene dritte und begrenzte Dimension, auf der Brasiliens unausrottbarer und okkulter Ursprung gründet.

Aus dem Italienischen von Sainab Sandra Omar

Elio Matassi

Die Klage und das Kreatürliche
bei Walter Benjamin

Von zwei Kulturen der Musik: Benjamin und Halm

Der vorliegende Essay wird von dem Ehrgeiz getrieben, die argumentative Entwicklung nachzuvollziehen, durch die das Thema der Musik im Denken Walter Benjamins bestimmend, d. h. auf theoretischer Ebene dominant wird. Von der *Metaphysik der Jugend* über Goethes *Wahlverwandtschaften* bis hin zum *Ursprung* lässt sich bei Benjamin eine Argumentationskette nachzeichnen, die der Musik eine immer entscheidendere Funktion zuweist. Aus diesem Grund wäre es nicht zu weit gegriffen, wenn man gar eine musikologische Lesart auf den Essay Benjamins über die *Wahlverwandtschaften* anwendete, welcher die esoterische in These, Antithese und Synthese gegliederte Disposition darlegt.

Ohne biographische Elemente überbewerten zu wollen, so hat die Musik unserer Ansicht nach einen entscheidenden Einfluss auf das Denken Benjamins ausgeübt, wie auch die beiden Briefe an Herbert Blumenthal vom 17.07.1913 und 15.05.1914 nahelegen. „Halms Buch erhielt ich 2mal (Du siehst: die Furie der Konfusion bestürmt meine Bibliothek)"[1], so berichtet Benjamin im ersten Brief. Er bezieht sich hier, worauf Scholem bereits hinweist, auf das bekannte Buch *Wege zur Musik* von August Halm, dem musikologischen Mentor aus dem Umfeld Wynekens. Auch wenn der Hinweis auf Halms *Von zwei Kulturen der Musik*[2] von 1913 plausibler erscheinen mag, so klingen doch im Titel des Buches bereits „die zwei Kulturen der Musik" an, die ihren Verfechtern zufolge in Beethovens Sonaten und Bachs Fugen zu finden seien. Einer „Kultur des Themas" in den Fugen Bachs stellt Halm eine „Kultur der Form" in den Sonaten Beethovens gegenüber. Anders ausgedrückt ist in der Fuge die Form eine Funktion des Themas, in der Sonate hingegen ist das Thema eine Funktion der Form. Dadurch, dass er Bruckners Symphonik zum authentischen Bezugspunkt macht, zeugt dieser Entwurf vom Willen das wagnersche Paradigma für das Musikdrama, das auch Nietzsche in *Die Geburt der Tragödie* teilt, zu überwin-

---

[1] Walter Benjamin, *Gesammelte Briefe*, hrsg. von C. Gödde und H. Lonitz, Suhrkamp, Frankfurt, 1995, Bd. I, S. 148.
[2] August Halm, *Von zwei Kulturen der Musik*, Georg Müller, München, 1913.

Elio Matassi

den und eine Lösung aufzuzeigen, wie sie Bloch in *Geist der Utopie* entwickelt. Als entschlossene Ablehnung der nietzscheanischen Formel „Bach, Beethoven, Wagner" entsteht so die Formel „Bach, Beethoven, Bruckner", wie explizit aus *Von zwei Kulturen der Musik* entnommen werden kann – eine Lösung die, wie im Folgenden dargelegt werden soll, mit Überzeugung gewonnen wurde und thematisch eng mit Benjamins *Ursprung*[3] verbunden ist.

Im zweiten Brief an Blumenthal bekräftigt Benjamin seine Vorliebe für August Halm: „Ich sass am Klavier, noch dazu ohne Noten, die ich immer noch nicht lesen kann, und spielte mir hinreissende Terzen und Oktaven vor. Das Schönste nämlich, was mir der Sommer hier bringen konnte, wird Ereignis: Max und Dora werden mit mir den Halm durchnehmen."[4] Wie zuvor bereits erwähnt, nahm Halm eine wichtige Rolle im Kreis um Wyneken ein, den Benjamin zwischen 1905 und 1906 als Lehrer im Landerziehungsheim von Haubinda kennengelernt hatte. Der Einfluss Wynekens auf seinen Schüler war so groß, dass Benjamin sich über seine Schulzeit hinaus und bis zu seiner Studienzeit für die Verbreitung seiner Ideen und als Mitglied der *Freien Studentenschaften* in Freiburg für die Einrichtung einer Abteilung für Schulreform einsetzte, wie er auch später in Berlin öffentlich für die Ideen seines Lehrers intervenierte.[5]

---

[3] Noch bevor Benjamin die Musikphilosophie der Romantik einführt, zitiert er im letzten Teil des *Trauerspiels* im Besonderen den „genialen" J. W. Ritter, explizit das neunzehnte Kapitel, das dem Entstehen des *stilo rappresentativo* und damit dem Relativen gewidmet ist. Es geht um zwei unterschiedliche Modelle von „absoluter Musik": Das erste bezieht sich auf das wagnersche Musikdrama und den Nietzsche der *Geburt der Tragödie*; das zweite ist eine radikalere Version, mit Bezugspunkten zu E. T. A. Hoffmann und J. W. Ritter. Es gipfelt mit August Halm in der Symphonik Bruckners. Bei Benjamin ist eine besondere Übereinstimmung mit dem zweiten Modell festzustellen. Vgl. Walter Benjamin, „Ursprung des deutschen Trauerspiels", in: *Gesammelte Schriften*, hrsg. von R. Tiedemann und H. Schweppenhäuser, Suhrkamp, Frankfurt a. M., 1974, Bd. I.1, S. 203–430, S. 385–388.

[4] Walter Benjamin, *Gesammelte Briefe*, a. a. O., Bd. I, S. 221 f.

[5] Um eine Vorstellung des philosophischen und pädagogischen Konzepts von Wyneken zu bekommen, das auf der Philosophie Hegels fußt, sei auf seinen Text *Die Idee der freien Schulgemeinde*, hrsg. von G. Wyneken und A. Halm, Diederichs, Jena, 1909, hingewiesen, auf den sich Benjamin möglicherweise bezieht, wenn er seinem Freund Ludwig Strauss sagt, dass er ihm einen Text von Wyneken senden will, damit dieser seine Ideen kennen lernen kann (vgl. den Brief vom 11.09.1912 an Ludwig Strauss, in: Walter Benjamin, *Gesammelte Briefe*, a. a. O., Bd I, S. 64 und die Anmerkung auf S. 68). Hingewiesen sei auch auf G. Wyneken, *Schule und Jugendkultur*, Diederichs, Jena, 1913. Um Einblick in das Profil Wynekens und die Jugendbewegungen der Zeit zu gewinnen, sei hingegen verwie-

Die intellektuelle Biographie Benjamins ist zweifelsohne wichtig, soll hier jedoch keinesfalls überbewertet werden. Nichtsdestotrotz bleibt festzuhalten, dass
das Thema der Musik von Beginn der *Metaphysik der Jugend* an im Mittelpunkt
einer theoretischen Reflexion steht und in eine enge wechselseitige Beziehung
zwischen einer messianischen Zeitkonzeption und der Sprache tritt, die erst mit
den von Gershom Scholem vermittelten Hebraistikkenntnissen volle Ausprägung erreicht.

Zu Tragödie und Trauerspiel

Bis zu diesem Zeitpunkt bestand die Begriffswelt Benjamins lediglich aus einigen, wenn auch erwähnenswerten, *aperçus*. Eng mit den Überlegungen zum
besonderen sprachlichen Wesen des *Trauerspiels* verbunden und somit fest in
der Theorie von Benjamins Werk verankert, beginnen die Ausformulierungen
einer kohärenten Musikphilosophie mit zwei bedeutenden Fragmenten: *Trauerspiel und Tragödie*[6] und *Die Bedeutung der Sprache in Trauerspiel und Tragödie*[7].
Der Argumentationsaufbau über die Musik, in dessen Mittelpunkt bislang die
Erlösung stand, wird beständig weiterentwickelt. Die neuen theoretischen Reflexionen drehen sich um die Achse Gefühl-Rührung: Wenn die *Trauer* nämlich
in ihrer Substanz ein Gefühl darstellt, welche metaphysische Verbindung kann
dann zum Wort, zur gesprochenen Sprache gezogen werden? Auf diese Frage

---

sen auf Giulio Schiavoni, „Benjamin e la pedagogia coloniale", in: *Nuova Corrente*, 1976,
Bd. 71, S. 239–287, sowie auf die dort zitierte Literatur. Empfohlen sei auch die Ausein-
andersetzung mit dem erweitertern und abgeänderten Essay in: Giulio Schiavoni, *Walter
Benjamin – Sopravvivere alla cultura*, Sellerio, Palermo, 1980. Über Benjamins Beziehung
zur *Jugendbewegung* gibt Michael Brücker Aufschluss in *Die Grundlosigkeit der Wahrheit.
Zum Verhältnis von Sprache, Geschichte und Theologie bei Walter Benjamin*, Königshausen
und Neumann, Würzburg, 1993, so besonders im ersten Kapitel „Ausgangspositionen:
Benjamin und die Jugendkulturbewegung" (vgl. S. 13–67). Hinsichtlich der Beziehung
Benjamins zur Hebraistik und zum Zionismus im Zusammenhang mit seiner Beteiligung an den Jugendbewegungen ist der jüngst erschienene Artikel erhellend: Gianfranco
Bonola, „Ebraismo della gioventù. Temi ebraici intorno al giovane Benjamin", in: *Anima
e paura. Studi in onore di Michele Ranchetti*, hrsg. von B. Bocchini Camaiani und A. Scat-
tingo, Quodlibet, Macerata, 1998.
[6] Walter Benjamin, „Trauerspiel und Tragödie", in: *Gesammelte Schriften*, a. a. O., Bd. II.1,
S. 133–137.
[7] Walter Benjamin, „Die Bedeutung der Sprache in Trauerspiel und Tragödie", in: *Gesammelte Schriften*, a. a. O., Band II.1, S. 137–140.

Elio Matassi

soll das Trauerspiel eine Antwort geben – eine Herausforderung, die ein ideales Pendant zum Trauerspiel in der klassischen Tragödie erkennt. Betrachtet man das Wort als „aktives und reines Subjekt" des Bedeutens und besteht das „reine Wort" in der der Tragödie eigenen Sprache, so stellt sein Gegenstück im Trauerspiel gewissermaßen das sich transformierende Wort dar:

> Es gibt ein reines Gefühlsleben des Wortes, in dem es sich vom Laute der Natur zum reinen Laute des Gefühls läutert. Diesem Wort ist die Sprache nur ein Durchgangsstadium im Zyklus seiner Verwandlung und in diesem Worte spricht das Trauerspiel. Es beschreibt den Weg über die Klage zur Musik.[8]

Von Interesse sind in diesem Zusammenhang besonders zwei Ansätze, die im Folgenden erläutert werden sollen. Während der erste die Laute der Natur als reine Laute des Gefühls ansieht, geht der zweite von einer direkten Beziehung zwischen Naturlaut und Musik aus, die zwangsläufig durch die Klage[9] vermittelt wird. Hier zeigt sich also ein Gefühlskreislauf, in dem die Musik eine Art Endpunkt markiert und einen Mehrwert schafft, mit dem das Trauerspiel den Zustand reiner Darstellung überwinde und ohne den sie eine schwere *diminutio* erlitte: „Das Spiel muß aber die Erlösung finden, und für das Trauerspiel ist das erlösende Mysterium die Musik; die Wiedergeburt der Gefühle in einer übersinnlichen Natur."[10] Nach dieser expliziten Darstellung des reinen Gefühls, der Klage, deren natürliches Gegenstück im rigorosen Argumentationskomplex Benjamins die Rührung darstellt, führt er als ein drittes Glied die Musik als das erlösende Mysterium an. Erneut wird die Musik eng mit dem Begriff der Erlösung in Verbindung gebracht. Wesentliche Voraussetzung für die Überwindung der reinen Darstellung des Spiels im Trauerspiel ist der messianische Charakter der musikalischen Sprache:

> Das Trauerspiel ruht nicht auf dem Grunde der wirklichen Sprache, es beruht auf dem Bewußtsein von der Einheit der Sprache durch Gefühl, die sich im Wort entfaltet. In dieser Entfaltung erhebt das verirrte Gefühl die Klage der Trauer. Sie muß sich aber auflösen; auf dem Grunde ebenjener vorausgesetzten Einheit geht sie in die Sprache des reinen Gefühles über, in Musik.[11]

---

[8] Ebd., S. 138.
[9] Diesbezüglich erweist sich der Brief von Benjamin an Scholem vom 30.03.1918 als fundamental, in dem an die Arbeit des Letzteren, *Über Klage und Klagelied,* erinnert wird.
[10] Walter Benjamin, „Die Bedeutung der Sprache in Trauerspiel und Tragödie", a. a. O., S. 139.
[11] Ebd.

Seiner eigenen Definition zufolge ist für Benjamin das Trauerspiel immer schon mit der Musik verbunden: Die Trauer evoziert sich selbst, bedarf jedoch zugleich der Erlösung. Erst das Zusammenspiel beider, d. h. Evokation und Erlösung, verleiht dem Trauerspiel das rechte Maß in der Darstellung. Die Musik bildet hier kein Anhängsel, das als überflüssiger Zusatz da sein, aber auch genauso gut weggelassen werden könnte. Ganz im Gegenteil ist sie eine Instanz, die im Kern der im Spiel vollzogenen spezifischen Kreisstruktur des Gefühls steht: Die Erlösung der Trauer, die sich in der Klage ausweitet, erfolgt durch die Musik. Durch die Anspannung und Auflösung des Gefühls in dieser Kreisstruktur vollzieht sich also die Darstellung. In dieser Struktur wird die gehörte und wahrgenommene Klage nicht nur zur Rührung, sondern zur Musik und Erlösung, ja gar zum Mysterium der Erlösung. Zwei alternative Modelle zeitlicher Abfolgen, die den Unterschied zwischen klassischer Tragöde und Trauerspiel hinsichtlich der Darstellungsformen strukturieren, finden sich im anderen Fragment, *Trauerspiel und Tragödie*, das lapidar mit den Worten endet: „Der Rest des Trauerspiels heißt Musik."[12]

Kennzeichnet die Tragödie faktisch den Übergang von der historischen zur dramatischen Zeit, so markiert das Trauerspiel jenen von der dramatischen zur musikalischen. Das Los des Trauerspiels entspricht dem der Musik und nicht ohne Grund wird diese Entsprechung im genialen Trauerspielbuch mit der „Auflösung des Trauerspiels in die Oper" besiegelt. Der bemerkenswerteste Aspekt seiner Ausführungen, in denen die musikalische explizit zur messianischen Zeitlichkeit in Relation gesetzt wird, besteht darin, wie sich Musik und Erlösung gegenseitig eng durchdringen. Dass es sich hierbei nicht bloß um Andeutungen, die mit viel Mühe zu Deutungen erhoben werden können, sondern um ein konkretes Konzept handelt, belegt das Trauerspielbuch in hinreichender Weise.

Klage und Rührung in der Musik

Auf geniale Art und Weise wird insbesondere im dritten Teil des umfangreichen Essays zu den *Wahlverwandtschaften* Goethes die Entwicklung von Klage und Rührung als Ursprung und Inhalt sowohl der Musik als auch der engen wechselseitigen Beziehung zwischen musikalischer Dominanz und dem Prozess der Auflösung des Scheins in ihrem zeitlichen Ablauf nachgezeichnet. Nicht ohne Grund endet der Essay damit, dass George eine Tafel am Bonner Geburtshaus

---

[12] Walter Benjamin, „Trauerspiel und Tragödie", a. a. O., S. 137.

Elio Matassi

Beethovens anbringt: „Doch welcher [Welt] ist es zugeeignet, wenn nicht dieser, der es mehr als Aussöhnung verspricht: die Erlösung."[13] Klage, Rührung und Erlösung sind die drei entscheidenden Momente von Benjamins Argumentation, deren Ziel die Überwindung der sichtbaren Schönheit und des rein Sichtbaren ist. Dabei verwendet er das Mysterium der Erlösung der Musik gegen Goethe selbst: „Wie denn der Schein, dem die Rührung verbunden ist, so mächtig nur in denen werden kann, die, wie Goethe, nicht von Ursprung an durch Musik im Innersten berührt und von der Gewalt lebender Schönheit gefeit sind"[14]. Das durch die Musik vollzogene Mysterium der Erlösung kann allein durch die genau vernommene und wahrgenommene Klage hervorgerufen werden. Den Mittelpunkt der intellektuellen und ästhetischen Welt Goethes bildete dagegen die Apotheose des Sehens und des Sichtbaren, wie es der alte Mystiker selbst in der Einleitung zur *Farbenlehre,* als ideale Leitlinie, unterstreicht:

> Wär nicht das Auge sonnenhaft,
> Wie könnten wir das Licht erblicken?
> Lebt nicht in uns des Gottes eigne Kraft,
> Wie könnt uns Göttliches entzücken?[15]

Bereits der von Goethe gewählte Name, Ottilie – eine Anspielung auf die Schutzheilige der Augenleidenden, welcher ein Kloster auf dem Odilienberg gewidmet ist –, ist für Benjamin signifikativ. So wird Ottilie auch „Augentrost" genannt, für die Männer, die sie erblicken, und „man darf in ihrem Namen auch des milden Lichtes sich erinnern, das die Wohltat kranker Augen und die Heimat allen Scheines in ihr selbst ist."[16] Hierin, in diesem Bereich, besteht auch der entscheidende Unterschied zwischen minimaler und maximaler Rührung, d.h. zwischen derjenigen, die durch „dionysische" Kommotio hervorgerufen wur-

---

[13] Walter Benjamin, „Goethes Wahlverwandtschaften", in: *Gesammelte Schriften,* a.a.O., Bd. I.1, S. 123–201, hier S. 201.

[14] Ebd., S. 192. Im Hinblick auf die kontroverse Beziehung von Goethe zur Musik ist die folgende Arbeit hilfreich: Claus Canisius, *Goethe und die Musik,* Piper, München, 1998.

[15] Johann Wolfgang Goethe, *Farbenlehre,* Freies Geistesleben, Stuttgart, 1988, 4. Auflage, S. 57. Hinsichtlich der Farbenlehre Goethes erhellend: Thea Rehbock, *Goethe und die „Rettung der Phänomene". Philosophische Kritik des naturwissenschaftlichen Weltbilds am Beispiel der Farbenlehre,* Hockgraben, Konstanz, 1995; Luca Farulli, *L'occhio di Goethe. La teoria dei colori,* ETS, Pisa, 1998; Luigi Marino, „La magia delle luci e delle ombre. Goethe e i colori", in: *La geografia dei saperi. Scritti in memoria di Dino Pastine,* hrsg. von Domenico Ferraro und Gianna Gigliotti, Le Lettere, Florenz, 2000, S. 269–290.

[16] Walter Benjamin, „Goethes Wahlverwandtschaften", a.a.O., S. 186.

de, und derjenigen, die als einzige den schönen Schein überwinden und dessen Selbstauslöschung in der Versöhnung garantieren kann. Nur die mit Tränen einhergehende Klage legt genaues Zeugnis über das Wesen der Rührung ab. In diesem Zusammenhang zitiert Benjamin Carl Albrecht Bernouillis Buch *Johann Jakob Bachofen und das Natursymbol. Ein Würdigungsversuch*[17]. Im Kommentar zu Kapitel 141 von *Das Mutterrecht* kommt Bachofen auf das Bild der Zikade zu sprechen, die ursprünglich der dunklen Erde angehörig von der mythischen Durchdringung der Griechen in die Rangordnung der himmlischen Symbole aufgenommen wurde. Entspricht dieses Schicksal etwa nicht dem der Ottilie, also dem der sichtbaren Schönheit? Ist die Rührung authentisch, so wird sie wesentlich zu einem Moment des Übergangs von einer undeutlichen Vorahnung eines wahrhaften ethischen Gebildes hin zum einzigen der „Erschütterung" würdigen Ergebnis: dem Sublimen. Dieser Übergang kennzeichnet das Verlöschen der Schönheit. Anders als die blendende Schönheit Lucianens oder Luzifers verlischt die Schönheit Ottiliens, da diese nur eine Form des Scheins ist. Bei Goethe verdanken die Figuren der Helena oder der berühmteren Mona Lisa das Geheimnis der ihnen eigenen Größe der Auseinandersetzung mit beiden Formen von Schein, während seine Ottilie selbst laut Benjamin gänzlich von dem einen verlischenden Schein bestimmt wird. Dieser erweist sich allerdings als umso bedeutender, denn „freilich erschließt der die Einsicht im schönen Schein überhaupt und gibt erst darin sich selbst zu erkennen"[18]. Der Zweck des Scheins liegt nicht in seiner Bestätigung, sondern in seiner Auflösung, in seinem Zerfall. Einen entscheidenden Beitrag in diesem Prozess leistet die Musik, da sie als Kunst nur marginal vom Schein in Konflikt gebracht wird. Wenn das Genie Goethes in einer kreativen, plastischen, poetischen Dimension Ausdruck findet, die die Sichtbarkeit und ewige Vergegenwärtigung hervorhebt, so verleiht die Musik der gesamten potentiellen Andersartigkeit Ausdruck und richtet sich auf das innere Hören, die Hellsicht, das Mysterium der Erlösung und die Möglichkeit, der Hoffnung Raum zu geben. Ihre Vorrangstellung gegenüber der Dichtung wird bestätigt, wie Benjamin prägnant in einem wichtigen Fragment darlegt – „Die Musik ist die Vollkommenheit der die Schönheit accidentiell ist"[19] –, gegenüber derjenigen künstlerischen Ausdrucksform also, die Goethe

---

[17] Carl Albrecht Bernoulli, *J. J. Bachofen und das Natursymbol. Ein Würdigungsversuch*, Schwabe, Basel, 1924.

[18] Walter Benjamin, „Goethes Wahlverwandtschaften", a.a.O., S. 193.

[19] Walter Benjamin, „Fragment 93", in: *Gesammelte Schriften*, a.a.O., Bd. VI, S. 126.

Elio Matassi

am stärksten zu eigen ist: „Die Poesie ist die Unvollkommenheit der die Schönheit wesentlich ist."[20] Wo die Schönheit und der Schein in ihrer Substanz in der Unvollkommenheit gefangen sind, da kann die Musik diese Vollkommenheit erlangen, denn sie stellt Schönheit und Schein nur „accidentiell" dar. Der ewig waltende Konflikt im Verhältnis von Musik und Poesie wird in Richard Strauss' *Capriccio* im ersten Aufritt auf ambivalente Weise ausgetragen: Flamand, der Musiker, und Olivier, der Dichter, werfen beim erfolglosen Versuch, die Gräfin zu erobern, das ewige Dilemma auf (Olivier leise, aber bestimmt: Den Worten folgt die Musik! Flamand heftig: Der Musik folgen die Worte!). Benjamin löst sich die Auseinandersetzung deutlich zugunsten der Musik. Die Musik stellt auf herausragende Weise, wie ein anderes wichtiges Fragment suggeriert,[21] den Kanon dar, und wieder bestätigt sich, dass mit der unheilvollen Verwechslung von Analogie und Affinität in der Musik eine vulgäre Form von intellektueller Unzulänglichkeit begangen wird, da, wie in einem weiteren Fragment zu lesen ist,[22] die Musik intrinsisch das reine Gefühl ausdrückt. Der Vorrang der Musik liegt also in der Erlösung, der Hoffnung, der bewussten Auflösung des Scheins, die sich gegenüber jenem in die Irre führenden der Sichtbarkeit, des Scheins und der Vergegenwärtigung durchsetzen müssen. Allein dieses extatische und messianische Primat kann das Gefühl in seiner Durchsichtigkeit und Reinheit, die Rührung in ihrer intensivsten Ausprägung und das Mysterium in seiner ganzen Würde treu wiedergeben.

Ist erst einmal die Bedeutung und zentrale Stellung der Musik erkannt, kann in dieser dazugewonnenen Bewusstheit ihre Bedeutung, die esoterische Veranlagung enthüllt werden. Das Primat der Musik bildet das Arkanum der angewandten triadischen Struktur und bietet auf unanfechtbare Weise eine Erklärung für das erste Glied dieser Trias, das Mythische als These, oder, mit anderen Worten, das Los einer blinden Schuldhaftigkeit. Nur durch die Musik kann die metaphysische Ursprungsschuld, für die es *per se* keine wie auch immer geartete Verantwortung geben kann, wieder erlassen, wieder vergeben werden, da sie sowohl die Dimension der Antithese (Erlösung) als auch die der Synthese (Hoffnung) beinhaltet. Der utopische und zugleich konkrete und konstruktive Charakter der Musik wird im Schlussteil des Essays über die *Wahlverwandtschaften*

---

[20] Ebd.
[21] Vgl. Walter Benjamin, „Fragment 94", in: ebd., S. 126.
[22] Vgl. Walter Benjamin, „Analogie und Verwandtschaft", in: ebd., S. 44.

bekräftigt: „Nur um der Hoffnungslosen willen ist uns die Hoffnung gegeben."[23] Die Hoffnung wird in dem Roman dort sichtbar, wo sich Eduard und Ottilie zum ersten und letzten Mal küssen. Gerade in dem Augenblick, in dem sie auf ihre Liebe verzichten, fallen sie einander überwältigt von der Leidenschaft in die Arme. In diesem kurzen Augenblick ihrer Unentschlossenheit stürzt das Kind – das Opfer unter ihnen – ins Wasser und ertrinkt. Ein Moment, den Goethes Erzähler so beschreibt: „Die Hoffnung fuhr wie ein Stern, der vom Himmel fällt, über ihre Häupter weg."[24] Hieraus zieht Benjamin den Schluss, dass „die letzte Hoffnung niemals dem eine ist, der sie hegt, sondern jenen allein, für die sie gehegt wird"[25]. Die von den Protagonisten des Romans gehegte Hoffnung ist die ihrer unerfüllbaren Liebe. Jene, die für sie gehegt wird, ist die ihrer Erlösung. Subtil erläutert Benjamin: „Damit tritt denn der innerste Grund für die ‚Haltung des Erzählers' zutage. Er allein ist's, der im Gefühle der Hoffnung den Sinn des Geschehens erfüllen kann, ganz so wie Dante die Hoffnungslosigkeit der Liebenden in sich selber aufnimmt, wenn er nach den Worten der Francesca da Rimini fällt, ‚als fiele eine Leiche'."[26] Hierin offenbart sich der stärkste Anreiz des Erzählens. Allein durch das Gefühl der Hoffnung kann sich die Bedeutung des Geschehens „erfüllen", wobei es natürlich unterschiedliche „Erzähler" und „Erzählungen" gibt. Goethe selbst widersteht der Verführung des Scheins nicht, wovon das dritte Gedicht der *Trilogie der Leidenschaft* Zeugnis ablegt – es entstand für Maria Szymanowska, eine Pianistin polnischer Abstammung. Goethe sieht in der Musik ein Instrument, um Mühen und Besorgnisse zu besänftigen, und ein Medium, um sich mit der Welt auszusöhnen – eine Sichtweise, die Benjamin für zu eng und oberflächlich hält, der stattdessen die entgegengesetzte Richtung einschlägt: weg von der süßlichen manierierten Ästhetik hin zum Pathos der Erlösung, der Hoffnung, um sich endgültig vom Schein zu befreien: „So entringt sie [die Hoffnung] sich ihm [dem Schein] zuletzt und nur wie eine zitternde Frage klingt jenes ‚wie schön' am Ende des Buches den Toten nach, die, wenn je, nicht in einer schönen Welt wir erwachen hoffen, sondern in einer seligen."[27]

Die einzige ästhetische Form, die gegen die verführerische Anziehungskraft des Scheins, welcher Schreiben und Erzählung unterliegen, resistent ist, ist die

---

[23] Walter Benjamin, „Goethes Wahlverwandtschaften", a. a. O., S. 201.
[24] Ebd., S. 200.
[25] Ebd.
[26] Ebd.
[27] Ebd.

Musik: „Heiler als Leidenschaft doch nicht hilfreicher führt auch Neigung nur dem Untergang die entgegen, die der ersten entsagen. Aber nicht die Einsamen richtet sie zugrunde wie jene. Unzertrennlich geleitet sie die Liebenden hinab, ausgesöhnt erreichen sie das Ende. Auf diesem letzten Weg wenden sie einer Schönheit sich zu, die nicht mehr dem Schein verhaftet ist, und sie stehen im Bereich der Musik."[28] Allein die Musik also kann sich als Kunst, d. h. dieser Lesart zufolge als nicht mehr oder nicht nur Kunst, dem Mysterium der Hoffnung öffnen. Die von Benjamin gewählten Verszeilen Stefan Georges auf der Tafel an Beethovens Geburtshaus in Bonn stellen dies unmissverständlich unter Beweis:

Eh ihr zum kampf erstarkt auf eurem sterne
Sing ich euch streit und sieg von oberen sternen.
Eh ihr den leib ergreift auf diesem sterne
Erfind ich euch den traum bei ewigen sternen.[29]

Benjamins Trauerspielbuch

Diese Überlegungen Benjamins knüpfen direkt an das Trauerspielbuch an, in dem die Musik ebenfalls einen thematischen Kern bildet. Benjamin verkündet dort programmatisch: „Demungeachtet aber ist die Musik – nicht dem Gefallen der Autoren, sondern ihrem eigenen Wesen nach – dem allegorischen Drama innig vertraut."[30] Mit derselben Entschlossenheit sagt Benjamin an anderer Stelle: „Einer fundamentalen geschichtsphilosophischen Auseinandersetzung über Sprache, Musik und Schrift allein wäre es unternehmbar."[31] Eine solche Analyse muss notwendigerweise die Einflüsse Wagners und Nietzsches vernachlässigen, um sich stattdessen einer Konfrontation mit der romantischen Musikphilosophie (J. W. Ritter und Chladni) zu öffnen, die durch eine „Wahlverwandtschaft" mit dem Barock verbunden ist. In erster Linie soll hier der Versuch unternommen werden, hierfür die Nachweise und Auswirkungen in der argumentativen Entwicklung Benjamins nachzuvollziehen, wobei im Folgenden zugleich eine Auseinandersetzung mit den herangezogenen Quellen eröffnet werden soll. Unsere Reflexionen wollen wir zunächst bei den Gründen ansetzen, weshalb

---

[28] Ebd., S. 191.
[29] Ebd., S. 201.
[30] Walter Benjamin, „Ursprung des deutschen Trauerspiels", in: *Gesammelte Schriften*, a. a. O., Bd. I.1, S. 203–430, hier S. 387.
[31] Ebd.

sich gegen Ende des Jahrhunderts „das Drama in der Oper auflöst": „Zur Oper drängte ferner die musikalische Ouvertüre, die dem Schauspiel bei Jesuiten und Protestanten voranging. Auch die choreographischen Einlagen wie der im tieferen Sinn choreographische Stil der Intrige sind dieser Entwicklung [...] nicht fremd."[32] Diese Untersuchung scheint vom Vorhaben Nietzsches unterstützt, Wagners Gesamtkunstwerk der klassischen, vom Barock vorbereiteten Oper gegenüberzustellen. Die Spannung, der Bruch, verläuft dabei entlang einer radikalen Verwerfungslinie des „Rezitativs", dessen Bestreben die Wiederherstellung des „ursprünglichen Klang[es] des Kreatürlichen" war. In diesem Kontext wird ein langer Ausschnitt des 19. Paragraphen aus Nietzsches *Die Geburt der Tragödie aus dem Geiste der Musik* zitiert:

> [J]a man durfte sich, bei der allgemeinen und ganz volksthümlichen Auffassung der homerischen Welt als der Urwelt, dem Traume überlassen, jetzt wieder in die paradiesischen Anfänge der Menschheit hinabgestiegen zu sein, in der nothwendig auch die Musik jene unübertroffne Reinheit, Macht und Unschuld gehabt haben müsste, von der die Dichter in ihren Schäferspielen so rührend zu erzählen wussten. [...] Das Recitativ galt als die wiederentdeckte Sprache jenes Urmenschen; die Oper als das wiederaufgefundene Land jenes idyllisch oder heroisch guten Wesens, das zugleich in allen seinen Handlungen einem natürlichen Kunsttriebe folgt, das bei allem, was es zu sagen hat, wenigstens etwas singt, um, bei der leisesten Gefühlserregung, sofort mit voller Stimme zu singen. [...] Der kunstohnmächtige Mensch erzeugt sich eine Art von Kunst, gerade dadurch, dass er der unkünstlerische Mensch an sich ist. Weil er die dionysische Tiefe der Musik nicht ahnt, verwandelt er sich den Musikgenuss zur verstandesmässigen Wort- und Tonrhetorik der Leidenschaft im *stilo rappresentativo* und zur Wohllust der Gesangeskünste; weil er keine Vision zu schauen vermag, zwingt er den Maschinisten und Decorationskünstler in seinen Dienst; weil er das wahre Wesen des Künstlers nicht zu erfassen weiss, zaubert er vor sich den „künstlerischen Urmenschen" nach seinem Geschmack hin d.h. den Menschen, der in der Leidenschaft singt und Verse spricht.[33]

Um diese Ansichten Nietzsches sowie in dessen Folge die Benjamins mit größerer Deutlichkeit erklären zu können, ist es unabdingbar, einen Schritt zurück

---

[32] Ebd., S. 385.
[33] Friedrich Nietzsche, „Die Geburt der Tragödie. Unzeitgemäße Betrachtungen I–III (1872–1874)", in: ders., *Werke. Kritische Gesamtausgabe*, hrsg. von Giorgio Colli und Mazzino Montinari, De Gruyter, Berlin/New York, 1972, Bd. III.1, S. 118–119.

zu gehen. In seiner Eröffnung zur Vorlesung über *König Ödipus* fixiert Nietzsche den Anfang der „Kultur der Oper" noch explizit in der Person Claudio
Monteverdis. Darin zitiert Nietzsche die bekannte Passage aus dem dritten Buch
von Platons *Politeia* (398d, I-2), in dem das Wesen der Musik der Vorrangstellung des Wortes unterliegt. Wie der Diener den Herrn begleitet, so beschränken
sich auch Harmonie und Rhythmus darauf, das Wort treu zu „begleiten", womit
der Musik eine reine Hilfs- und Begleiterfunktion zugedacht wird. Nietzsche
nimmt im 19. Paragraph der *Geburt der Tragödie* die platonische Polemik auf,
um erneut den *stilo rappresentativo* (das Melodram) anzugreifen, von ihm als
Stilvermischung abgewertet, in dem „die Musik als Diener, das Textwort als
Herr betrachtet, die Musik mit dem Körper, das Textwort mit der Seele verglichen wird"[34]. Bemerkenswert ist zudem, wie Platons Hypothese gerade auch von
J. W. Ritter umgekehrt wird, dem Autor, den Benjamin in einem Abschnitt des
Trauerspielbuchs direkt zu Rate zieht. Denn der radikal „pyramidale" Entwurf
der Sprache im Anhang der *Fragmente aus dem Nachlasse eines jungen Physikers*
findet ihren Höhepunkt im Klang, womit zugleich Bezug auf das Verhältnis zwischen Klang und Wort genommen wird. Ritter unterscheidet dabei drei Stufen
dieses „pyramidalen" Systems: 1. die anorganisch-universale Dimension, d.h.
den reinen Klang und die Musik; 2. die animalische Dimension der Tiere, der
eine erste Form der Trennung zwischen Sprache und Klang entspricht; 3. die
menschliche Dimension, in der die Aufspaltung zwischen Sprache und Klang
vollzogen ist. Der Wiedergewinn reiner Musikalität bedeutet somit eine Annäherung an Benjamins Vorschlag, den Urlaut des Kreatürlichen wiederzuerwe-
cken, was keinesfalls einer Gleichsetzung mit „der sinnlichen Vorliebe für den
reinen Klang" entspricht, die eine nicht zu unterschätzende Rolle beim Niedergang des barocken Dramas spielte. Wenn auch das Vertrauen auf die Rückkehr
des Tragischen (Wagners Musikdramen) noch vom Ästhetizismus verzärtelt ist,
so kommt doch die Alternative, die auf theoretischer Ebene mit J. W. Ritter entsteht und ihre prägnante Anwendung bei E. T. A Hoffmann wie auch in der mys-
tisch-monumentalen Symphonik Bruckners findet, Walter Benjamins Konzept
am nächsten.

---

[34] Ebd., S. 122.

Autorinnen und Autoren

Autorinnen und Autoren

Vittoria Borsò ist Professorin, Mitglied des Hochschulrates sowie stellvertretende Vorsitzende des Graduiertenkollegs „Materialität und Produktion" der Heinrich-Heine-Universität Düsseldorf. Von 1998 bis 2013 war sie C-4-Professorin für Romanistische Literatur- und Kulturwissenschaft (Spanisch, Französisch, Italienisch) an der Universität Düsseldorf, im Wintersemester 2013/14 war sie Fellow am Internationalen Kolleg für Kulturtechnikforschung und Medienphilosophie Weimar (IKKM). Forschungsschwerpunkte: Biopolitik, Bio-Poetik und Epistemologie des Lebens in Literatur und visuellen Medien, Ästhetik von Visualität und Schrift, Iberian Postcolonialities, Literatur und Kultur Mexikos. Publikationen (Auswahl): *Medialität und Gedächtnis. Interdisziplinäre Beiträge zur kulturellen Verarbeitung europäischer Krisen* (Hrsg. mit Gerd Krumeich, Bernd Witte, Stuttgart 2001); *Geschichtsdarstellung. Medien – Methoden – Strategien* (Hrsg. mit Christoph Kann, Köln 2004); *Übersetzung als Paradigma der Geistes- und Sozialwissenschaften* (Hrsg. mit Christine Schwarzer, Oberhausen 2006); *Unidad y pluralidad de la cultura latinoamericana* (Hrsg. mit Walter Bruno Berg, Madrid 2006); *Topografia dell'estraneo. Confini e passaggi* (Hrsg. mit Mauro Ponzi, Mailand 2006); *Transkulturation. Literarische und mediale Grenzräume im deutsch-italienischen Kulturkontakt* (Hrsg. mit Heike Brohm, Bielefeld 2007); *Das andere denken, schreiben, sehen. Schriften zur romanistischen Kulturwissenschaft* (Bielefeld 2008); *Benjamin – Agamben. Politics, Messianism und Kabbalah* (Hrsg. mit Claas Morgenroth, Karl Solibakke, Bernd Witte, Würzburg 2010); *Die Kunst das Leben zu »bewirtschaften«. Bíos zwischen Politik, Ökonomie und Ästhetik* (Hrsg. mit Michele Cometa, Bielefeld 2013). Zahlreiche Aufsätze zu Literatur-, Kultur- und Medientheorie sowie zu den Literaturen Europas (Frankreich, Italien, Spanien) und Lateinamerikas.

Sieglinde Borvitz ist Juniorprofessorin für Romanistische Literatur- und Kulturwissenschaft an der Heinrich-Heine-Universität Düsseldorf. Forschungsschwerpunkte: Biopolitik und Gouvernementalitätsstudien, Visuelle Kultur und Medienästhetik, Transgressives Schreiben, Europäisches Kino, italienische und französische Literatur des 19. bis 21. Jahrhunderts. Publikationen (Auswahl): *Figurationen des Anderen* (Hrsg. mit Nicole Welgen, Düsseldorf 2011), *Controcorrente. Die kruden Visionen von Cipri und Maresco* (Düsseldorf 2014), *Animaliter. Zeitgenössische Erzählungen aus Italien* (Hrsg. mit Wiebke Langer, Düsseldorf 2014).

Massimo Donà ist Ordinarius für Theoretische Philosophie an der Philosophischen Fakultät der Universität *Vita-Salute San Raffaele* in Mailand sowie darüber hinaus Jazztrompeter und Leiter eines eigenen Quartetts. Publikationen (Auswahl): *Filosofia del vino* (Mailand 2003); *Magia e filosofia* (Mailand 2004); *Sulla negazione* (Mailand 2004); *Serenità. Una passione che libera* (Mailand 2005); *Filosofia della musica* (Mailand 2006); *Arte e filosofia* (Mailand 2007); *L'anima del vino. Ahmbè* (Buch und CD, Mailand 2008); *L'aporia del fondamento* (Mailand 2008); *I ritmi della creazione. Big Bum* (Buch und CD, Mailand 2009); *„La Resurrezione" di Piero della Francesca* (Mailand, Udine 2009); *Il tempo della verità* (Mailand, Udine 2010); *Filosofia. Un'avventura senza fine* (Mailand 2010); *Abitare la soglia. Cinema e filosofia* (Mailand, Udine 2011); *Filosofia dell'errore. Le forme dell'inciampo* (Mailand 2012); *Eroticamente. Per una filosofia della sessualità* (Saonara 2013); *Misterio grande. Filosofia di Giacomo Leopardi* (Mailand 2013); *Pensare la trinità. Filosofia europea e orizzonte trinitario* (mit Piero Coda, Rom 2013); *Erranze* (Mailand 2013).

Ettore Finazzi Agrò ist Ordinarius für Portugiesische und Brasilianische Literatur an der Universität *La Sapienza* in Rom im Fachbereich für Interkulturelle Europa- und Amerikastudien. Er ist Direktor der Zeitschriften *Letterature d'America* und *Studi Portoghesi e Brasiliani*. Außerdem ist er Vorstandsmitglied der *Associazione Internazionale dei Lusitanisti* (AIL). Forschungsschwerpunkte: galizisch-portugiesische Lyrik, epische Erzählung des 16. Jahrhunderts, portugiesische Literatur des 20. Jahrhunderts, insb. Fernando Pessoa, Mário de Andrade, Manuel Bandeira Clarice Lispector und João Guimarães Rosa. Publikationen (Auswahl): *O Alibi infinito* (Lissabon 1987); *Um lugar do tamanho do mundo: Tempos e espaços da ficção em João Guimarães Rosa* (Belo Horizonte 2001); *Formas e mediações do trágico moderno: uma leitura do Brasil* (São Paulo 2004); *Travessias do pós-trágico: os dilemas de uma leitura do Brasil* (São Paulo 2006); *Entretempos: mapeando a história da cultura brasileira* (São Paulo 2013).

Dario Gentili war Post-Doc-Stipendiat am *Istituto Italiano di Scienze Umane* (SUM) und DAAD Post-Doc-Stipendiat am *Walter Benjamin Archiv* in Berlin. Gegenwärtig ist er Wissenschaftlicher Mitarbeiter am Lehrstuhl für Moralphilosophie an der Universität *Roma Tre* und Forschungsstipendiat am SUM. Forschungsschwerpunkte: Moralphilosophie, Politische Philosophie, Rechtsphilosophie, Germanistik, Italienische Politische Philosophie, Marxismus, Politische Theologie (Messianismus), Architektur, Stadttheorie, Ursprung und Natur der modernen Metropole, Biopolitik, Neoliberale Gouvernementalität, Theorie der Krise. Publikationen (Auswahl): *Il tempo della storia. Le tesi 'sul concetto di storia' di Walter Benjamin* (Neapel 2002); *La crisi del politico. Antologia de „Il Centauro"* (Hrsg., Neapel 2007); *Topografie politiche. Spazio urbano, cittadinanza, confini in Walter Benjamin e Jacques Derrida* (Macerata 2009); *Il messianismo ebraico* (Hrsg. mit Ilana Bahbout, Tamara Tagliacozzo, Florenz 2009); *Soglie. Per una nuova teoria dello spazio* (Hrsg. mit Mauro Ponzi, Mailand 2012); *Pensare con Jean-Luc Nancy* (Hrsg. mit Claudia Dovolich, Mailand, Udine 2012); *Italian Theory. Dall'operaismo alla biopolitica* (Bologna 2012).

Paolo Giaccaria lehrt Politische Geographie und Wirtschaft an der Universität Turin. Forschungsschwerpunkte: Biopolitik der Nahrungsmittelproduktion, Kolonialismus im Mittelmeerraum, Verbindungen zwischen Geschichte, Philosophie und Geographie, insbesondere das Verhältnis von Biopolitik und Geopolitik in der Moderne. Publikationen (Auswahl): *Lo sviluppo locale al Nord e al Sud* (Hrsg. mit Egidio Dansero, Francesca Governa, Mailand 2008); *Geografia del sistema manifatturiero piemontese. Nuove forme di organizzazione e coordinamento* (Hrsg. mit Vincenzo Demetrio, Rom 2010); *Geografia economico-politica* (Hrsg. mit Sergio Conto, Ugo Rossi, Mailand 2013). Nächstes Jahr erscheint sein gemeinsam mit Claudio Minca verfasstes Buch *Hitler's Geography* (Chicago 2015).

Gabriele Guerra ist seit 2011 Dozent für Wirtschaftsdeutsch an der Universität *Ca' Foscari* in Venedig; zuvor war er Wissenschaftlicher Mitarbeiter am Institut für Neuere Deutsche Literatur an der Philipps-Universität Marburg und Dozent für deutsche Literaturgeschichte an der Universität *La Sapienza* in Rom. Studien der Germanistik, Philosophie und Judaistik in Rom und Berlin; Promotion an der Freien Universität Berlin im Fachbereich Allgemeine und Vergleichende Literaturwissenschaft. Forschungsschwerpunkte: Grenzbereiche zwischen Literaturwissenschaft, Religions- und Kulturgeschichte, insbesondere: Deutschjudentum der ersten Hälfte des 20. Jahrhunderts, Literatur der Konservativen Revolution und deutsche Reisende der Goethe-Zeit. Aktuelles Forschungsprojekt zum Thema *Giovanni Papini und Hugo Ball: Avantgarde, Mystik und Radikalismus*. Publikationen (Auswahl): *Judentum zwischen Anarchie und Theokratie. Eine religionspolitische Diskussion am Beispiel der Begegnung zwischen Walter Benjamin und Gershom Scholem* (Bielefeld 2006); *La forza della forma. Ernst Jünger dal 1918 al 1945* (Rom 2007); *Spirito e storia. Saggi sull'ebraismo tedesco 1918–1933* (Rom 2012).

Michael Jennings ist „Class of 1900 Professor of Modern Languages" am Institut für Germanistik, außerordentlicher Professor an den Instituten für Architektur und Kunstgeschichte, Leiter der Alexander-Kluge-Sammlung an der Universität Princeton (USA). Ferner ist er Vorstandsvorsitzender der *International Walter Benjamin Society* und Vorstandsmitglied der Uwe-Johnson-Gesellschaft sowie im wissenschaftlichen Beirat der Zeitschriften: *Transit – A Journal of Travel, Migration, and Multiculturalism in the German-Speaking World*; *links – Rivista di letteratura e cultura tedesca*; *Cultura – International Journal of Philosophy and Culture*. Forschungsschwerpunkte: Europäische Kulturgeschichte des 20. Jahrhunderts, Theorie der Kunstgeschichte (insb. Riegl, Worringer), Modernismus und kapitalistische Moderne (insb. Musil, Kafka, Johnson), Kultur der Weimarer Republik (insb. Berliner Dadaismus, Döblin, Mann, Literaturkritik), Ästhetik des 18. Jahrhunderts (insb. Sturm und Drang, Lenz, Hölderlin), visuelle Kunst, insb. Photographie (u. a. Moholy-Nagy, Sander, Renger-Patzsch). Publikationen (Auswahl): *Dialectical Images: Walter Benjamin's Theory of Literary Criticism* (Ithaca, New York 1987); *The Writer of Modern Life: Essays on Charles Baudelaire* (Cambridge 2007); *The Work of Art in the Age of its Technological Reproducibility and other Writings on Media* (Hrsg. mit Brigid Doherty, Thomas Levin, Cambridge 2008); *G: An Avant-Garde Journal of Art, Architecture, Design, and Film, 1923–1926* (Faksimile-Ausgabe hrsg. mit Detlef Mertins, Los Angeles 2010); *One Way Street* (Hrsg. mit Miriam Bratu Hansen, 2015); *Walter Benjamin: A Critical Life* (Hrsg. mit Howard Eiland, Cambridge 2014). Zudem ist er Herausgeber der englischsprachigen Gesamtausgabe von Walter Benjamin: *Walter Benjamin, Selected Writings*. 4 Bde. (Cambridge, London 1996 ff.).

Irene Kajon ist Ordinarius für Philosophische Anthropologie an der Universität *La Sapienza* in Rom. Sie war Gastprofessorin an der Universidad Nacional Autónoma in Mexiko-Stadt und an der Université d'Aix-Marseille; Forschungsaufenthalte an der Columbia University in New York, der McGill University in Montreal und der Université de Montréal. Forschungsschwerpunkte: Humanismus, jüdische Philosophie, Religion und Kultur. Aktuelles Forschungsprojekt zu den jüdischen und platonischen Wurzeln des europäischen Humanismus: von Philon von Alexandria über Maimonides, Spinoza, Moses Mendelssohn, Hermann Cohen bis hin zu Levinas. Publikationen (Auswahl): *Ebraismo e sistema di filosofia in Hermann Cohen* (Padua 1989); *Fede ebraica e ateismo dopo Auschwitz* (Perugia 1993); *Profezia e filosofia nel ,Kuzari' e nella ,Stella della redenzione'.*

L'influenza di Yehudah Ha-Lewi su Franz Rosenzweig (Padua 1996); *Il pensiero ebraico del Novecento. Una introduzione* (Rom 2002); *Ebraismo laico. La sua storia e il suo senso oggi* (Assisi 2012).

Elio Matassi war Professor für Moralphilosophie und Leiter des Instituts für Philosophie an der Universität *Roma Tre*. Forschungsschwerpunkte: deutsche Philosophie des 19. und 20. Jahrhunderts (insb. Hegel, Lukács, Neukantismus, Frankfurter Schule), Philosophie der modernen und zeitgenössischen Musik (insb. Bloch, Benjamin, Adorno), Philosophie des Hörens (insb. Kurth), Theorie des Fußballs. Professor Elio Matassi verstarb am 17. Oktober 2013. Publikationen (Auswahl): *Il giovane Lukács. Saggio e sistema* (Neapel 1979, 2011); *Eredità hegeliane* (Neapel 1992); *Bloch e la musica* (Salerno 2001); *Musica* (Neapel 2004); *L'idea di musica assoluta, Nietzsche e Benjamin* (Rapallo 2007); *Filosofia dell'ascolto* (Rapallo 2010); *La Pausa del Calcio* (Rapallo 2012); *Pensare il calcio* (Rapallo 2013).

Claudio Minca ist Professor und Leiter des Lehrstuhls für Kulturgeographie an der niederländischen Universität Wageningen. Er war Gastprofessor an der Universität London, an der University of Colorado Boulder und an der Rikkyo-Universität in Tokyo. Aktuelle Forschungsschwerpunkte: Tourismus- und Reisetheorien der Moderne, Verräumlichung von (Bio-)Politik, Verhältnis von modernem Wissen, Raum und Landschaft in der postkolonialen Geographie. Publikationen (Auswahl): *Travels in Paradox* (Hrsg. mit Tim Oakes, Boulder 2006); *Social Capital and Urban Networks of Trust* (Hrsg. mit Jouni Häkli, Farnham 2009); *Real Tourism* (Hrsg. mit Tim Oakes, London 2011); *Moroccan Dreams* (Hrsg. mit Lauren Wagner, London 2014).

Pietro Montani ist Philosoph und lehrt Ästhetik an der Universität *La Sapienza* in Rom. Forschungsschwerpunkte: Ästhetik, Kunst und neue Technologien, Visual Culture. Gegenwärtig beschäftigt er sich mit dem Einfluss der neuen Medien auf die imaginären Prozesse und auf den Gemeinsinn. Publikationen (Auswahl): *L'estetica contemporanea* (Roma 2004); *Bioestetica. Senso comune, tecnica e arte nell'età della globalizzazione* (2007); *Arte e verità dall'antichità alla filosofia contemporanea* (Rom, Bari 2003); *Opere scelte* von Sergej M. Ejzenstein (Hrsg., Venedig 1989–2004); *L'occhio della rivoluzione* von Dziga Vertov (Hrsg., Mailand 2011); *L'immaginazione narrativa* (Mailand 2000); *L'immaginazione intermediale* (Rom, Bari 2010).

Wolfgang Müller-Funk ist Professor für Kulturwissenschaften am Institut für Europäische und Vergleichende Sprach- und Literaturwissenschaft an der Universität Wien sowie Forschungskoordinator der Philologisch-Kulturwissenschaftlichen Fakultät. Gastprofessuren und Fellowships an zahlreichen in- und ausländischen Hochschulen, u. a. in Innsbruck, Birmingham, Szeged, Zagreb, Bratislava, Rom, Lissabon, Palermo, Gießen und am Trinity College Dublin. Forschungsschwerpunkte: Literatur und Kultur Österreichs im Kontext des zentraleuropäischen Raumes (Central European Studies), Theorie des Narrativen, Kulturtheorie, Romantik, Avantgarde und Moderne. Publikationen (Auswahl): *Die Enttäuschungen der Vernunft. Von der Romantik zur Postmoderne* (Wien 1990); *Der Intellektuelle als Souverän* (Wien 1995); *Erfahrung und Experiment. Studien zu Theorie und Geschichte des Essayismus* (Berlin 1995); *Junos Pfau. Texte zur historischen Anthropologie der Medien* (Wien 1999); *Die Farbe Blau. Beiträge zu einer Epistemologie des Romantischen* (Wien 2000); *Die Kultur und ihre Narrative. Eine Einführung* (Wien, New York 2002, erw. Neuauflage 2008), *Einführung in die Kulturtheorie. Schlüsseltexte der Kulturwissenschaften* (Stuttgart 2006); *Komplex Österreich. Fragmente zu einer Geschichte der modernen österreichischen Literatur* (Wien 2009); *Kulturanalyse im zentraleuropäischen Kontext* (Hrsg. mit Daniela Finzi, Ingo Lauggas et al., Tübingen 2011); *Joseph Roth. Besichtigung eines Werks* (Wien 2012, 2. erw. Auflage); *Psychoanalyse, Monotheism and Morality* (Hrsg. mit Ingrid Scholz-Strasser und Hermann Westerink, Löwen 2013); *Der Wille zur Hoffnung. Manès Sperber – ein Intellektueller im europäischen Kontext* (Hrsg. mit Anna-Marie Corbin, Jacques Le Rider, Wien 2013); *Die Dichter der Philosophen: Essays über den Zwischenraum von Denken und Dichten* (Paderborn 2013).

Alexis Nuselovici (Nouss) ist Professor für Vergleichende Literaturwissenschaft an der französischen Universität Aix-Marseille. Vorab lehrte er an den Universitäten Cardiff in Großbritannien und Montreal in Kanada. Er war Gastprofessor in Brasilien, der Türkei, Spanien und Frankreich. Forschungsschwerpunkte: Theorie der Übersetzung, Europäische Kulturen, kulturelle Hybridität und Métissage, Holocaust-Literatur. Publikationen (Auswahl): *Métissages. De Arcimboldo à Zombie* (Paris 2001); *Plaidoyer pour un monde métis* (Paris 2005); *Paul Celan. Les lieux d'un déplacement* (Lormont 2010); *Pasolini, Fassbinder and Europe: Between Utopia and Nihilism* (Hrsg. mit Fabio Vighi, Newcastle upon Tyne 2010).

Mauro Ponzi ist Ordinarius für Neuere Deutsche Literatur an der Philosophischen Fakultät der Universität *La Sapienza* in Rom. Forschungsschwerpunkte: Exilliteratur, Goethe-Zeit, Komparatistik und Medienwissenschaft. 1986/1987 Stipendium der Alexander von Humboldt-Stiftung in Berlin (Freie Universität), Gastprofessor 1994 an der Universität Roskilde in Dänemark, 1996 und 1999 an der Heinrich-Heine-Universität Düsseldorf, 1996 Stipendiat im Literarischen Colloquium Berlin, 1998 bei der Goethe-Gesellschaft in Weimar, 2006 an der Humboldt-Universität Berlin. Seit 2001 Herausgeber der Zeitschrift für deutsche Literatur- und Kulturwissenschaft *links* (Pisa, Rom), seit 2004 des *Hermann-Hesse-Jahrbuchs* (Niemeyer, Tübingen). Seit 2008 Mitglied des Vorstandes der *Internationalen Walter Benjamin Gesellschaft*, seit 2012 Präsident der *Associazione Italiana Walter Benjamin*. Publikationen (Auswahl): *Pasolini und Fassbinder. Eine Duographie* (Hamburg 1996); *Goethes Rückblick auf die Antike* (Hrsg. mit Bernd Witte, Berlin 1999); *Theologie und Politik. Walter Benjamin und ein Paradigma der Moderne* (Hrsg. mit Bernd Witte, Berlin 2005); *Topografia dell'estraneo* (Hrsg. mit Vittoria Borsò, Mailand 2006); *Organizzare il pessimismo. Walter Benjamin e Nietzsche* (Rom 2007); *Il cinema del muro. Una prospettiva sul cinema tedesco del dopoguerra* (Mailand 2010); *Klassische Moderne. Ein Paradigma des 20. Jahrhunderts* (Hrsg., Würzburg 2010); *Melancholie und Leidenschaft. Der Bildraum des jungen Goethe* (Heidelberg 2011); *Identità multipla: Heimat e identità culturale nella Germania unita* (Rom 2013); *Pasolini e Fassbinder. La forza del passato* (Rom 2013).

Fabio Vighi lehrt seit 2000 Kritische Theorie und Kinoästhetik an der Universität von Cardiff in Großbritannien. Forschungsschwerpunkte: psychoanalytische Theorie (insb. Jacques Lacan), Kino und zeitgenössische europäische Philosophie. Publikationen (Auswahl): *Sexual Difference in European Cinema: the Curse of Enjoyment* (Eastbourne 2009); *On Zizek's Dialectics: Surplus, Subtraction, Sublimation* (London, New York 2010); *Critical Theory and Cinema: Rethinking Ideology through Film Noir* (London 2012); *States of Crisis and Post-Capitalist Scenarios* (Hrsg. mit Slavoj Zizek, Heiko Feldner, Farnham, Burlington 2014); *Critical Theory and the Crisis of Contemporary Capitalism* (London, New York, 2014).

Bernhard Waldenfels ist Philosoph und Mitbegründer der Deutschen Gesellschaft für phänomenologische Forschung. Von 1976 bis 1999 war er Ordinarius für Philosophie an der Ruhr-Universität Bochum und hatte zahlreiche Gastprofessuren inne, u. a. Rotterdam, Paris, New York, Rom, Louvain-la-Neuve,

Autorinnen und Autoren

Debrecen, San José/Costa Rica, Prag, Wien und Hongkong. Forschungsschwerpunkte: Phänomenologie, Alteritätsphilosophie, Responsivität, Leiblichkeit, von Husserl und Schütz bis hin zur neueren französischen Philosophie (insb. Derrida, Foucault, Levinas, Merleau-Ponty). Publikationen (Auswahl): *Der Stachel des Fremden* (Frankfurt a. M. 1990, 1998); *Einführung in die Phänomenologie* (München 1992); *Topographie des Fremden* (Frankfurt a. M. 1997); *Grenzen der Normalisierung* (Frankfurt a. M. 1998); *Sinnesschwellen* (Frankfurt a. M. 1999); *Vielstimmigkeit der Rede* (Frankfurt a. M. 1999); *Das leibliche Selbst* (Frankfurt a. M. 2000); *Bruchlinien der Erfahrung* (Frankfurt a. M. 2002); *Spiegel, Spur und Blick. Zur Genese des Bildes* (Köln 2003); *Phänomenologie der Aufmerksamkeit* (Frankfurt a. M. 2004); *Grundmotive einer Phänomenologie des Fremden* (Frankfurt a. M. 2006); *Schattenrisse der Moral* (Frankfurt a. M. 2006); *Ortsverschiebungen, Zeitverschiebungen: Modi leibhaftiger Erfahrung* (Frankfurt a. M. 2009); *Sinne und Künste im Wechselspiel: Modi ästhetischer Erfahrung* (Frankfurt a. M. 2010); *Hyperphänomene: Modi hyperbolischer Erfahrung* (Berlin 2012).

Bernd Witte. Nach Studium und Promotion in den Fächern Germanistik, Gräzistik und Philosophie 1976 Habilitation mit einer Arbeit über die Literaturkritik Walter Benjamins. 1994 bis 2010 Lehrstuhlinhaber für Neuere Deutsche Literatur an der Heinrich-Heine-Universität Düsseldorf, seit 2010 Leiter der Arbeitsstelle „Martin Buber Werkausgabe" an der dortigen Philosophischen Fakultät. Publikationen (Auswahl): *Walter Benjamin – Der Intellektuelle als Kritiker* (Stuttgart 1976); *Christian Fürchtegott Gellert: Sämtliche Schriften.* 7 Bde. (Hrsg., Berlin 1988–2008); *Goethe Handbuch.* 5 Bde. (Hrsg. mit Theo Buck, Hans-Dietrich Dahnke, Regine Otto, Peter Schmidt, Stuttgart 1996–1999); *Benjamin Blätter.* Bd. 1–6 (Hrsg. mit Sascha Kirchner, Vivian Liska, Karl Solibakke, Würzburg 2005–2013); *Goethe – Das Individuum der Moderne schreiben* (Würzburg 2007); *Jüdische Tradition und literarische Moderne. Heine Buber Kafka Benjamin.* (München 2007); *Gedächtnisstrategien und Medien im interkulturellen Dialog* (Hrsg. mit Sonja Klein, Vivian Liska, Karl Solibakke, Würzburg 2011).

www.ingramcontent.com/pod-product-compliance
Lightning Source LLC
Chambersburg PA
CBHW020528270326
41927CB00006B/485